Jedes Kind ist mein Einziges

Die Deutsche Bibliothek - CIP-Einheitsaufnahme
Gillis-Carlebach, Miriam:
Jedes Kind ist mein Einziges: Lotte Carlebach-Preuss; Antlitz einer Mutter und Rabbiner-Frau / Miriam Gillis-Carlebach.–
Hamburg: Dölling und Galitz, 1992
ISBN 3-926174-42-0

Ehrenbergstraße 62, 2000 Hamburg 50
Tel.: 040/3893515-75

Produktion: Dölling und Galitz Verlag GmbH
Gestaltung:Wilfried Gandras
Herstellung und Lektorat: Stefanie Rummelspacher
Druck: Clausen & Bosse, Leck/Schleswig

ISBN 3-926174-42-0

Miriam Gillis-Carlebach

Jedes Kind ist mein Einziges

Lotte Carlebach-Preuss
Antlitz einer Mutter und
Rabbiner-Frau

Dölling und Galitz Verlag

Lotte Carlebach gebührt der ergreifende Satz
des Propheten Jeremia, den sie selbst als die schönste Stelle
im Rosch-Haschana-Gebet empfand:
So spricht Gott:

Ich gedenke Dir die Liebe Deiner Jugend,
die Minne Deines Brautstandes,
daß Du mir willig folgtest in der Wüste,
dem Lande saatenlos.

(Jeremia 2, 2)

Lotte Carlebach-Preuss; Altona 1932.

Inhalt

Zweiter Teil

Anhang

Editorische Notiz

In dem vorliegenden Buch wurden erläuternde und zusammenfassende Anmerkungen sowie direkte Quellenhinweise den jeweiligen Abschnitten direkt zugeordnet.

Vier zusätzliche Register bieten weitere Erklärungen:

1) Ein alphabetisch geordnetes Glossar übersetzt bzw. erläutert die im Text vorkommenden hebräischen und jiddischen Ausdrücke.

2) Das alphabetische Personenregister wurde nach Möglichkeit durch zwei weitere Informationen ergänzt: den ehemaligen oder Geburtsnamen und ein Zeichen (*) bei den Namen derjenigen, die im Holocaust umgekommen sind.

3) Quellennachweise und Literatur wurden durchlaufend numeriert.

4) Nachweise für die von mir benutzten Quellen, Dokumente und Aussagen in den jeweiligen Kapiteln werden in einem Register entsprechend der Numerierung im Quellen- und Literaturnachweis aufgeführt.

5) Ein Abbildungsnachweis.

Die Briefe wurden, so weit es sinnvoll war, vollständig wiedergegeben. Eventuelle längere Auslassungen wurden durch eingeklammerte Punkte [...] gekennzeichnet, eigene Ergänzungen durch eckige Klammern [ ]; sie sind so deutlich von den in den Briefen vorkommenden Originalkommentaren in runden Klammern () abgesetzt. Namen werden z.T. nur mit Anfangsbuchstaben wiedergegeben, um nicht erwünschte Identifizierungen zu verhindern.

Bei allen, die mir bei diesen Zusammenstellungen behilflich waren, möchte ich mich bedanken.

Einleitung

Heute fange ich ganz einfach an zu schreiben. Es liegt mir wie ein Stein auf dem Herzen – ich bin in einer Art Panik, nicht beenden zu können, was nur ich und kein anderer sonst tun kann und wird.

Aus der Sicht der Erfahrungen bis in die Gegenwart hinein und der bedrückenden Möglichkeit des Vergessens grabe ich mich zurück in die graue Masse der Vergangenheit, um zu schreiben, was war, soweit ich dies erinnern und erforschen kann, und, wenn irgend möglich, mit Quellen und Aussagen zu konfrontieren.

Ich befasse mich schon lange mit dem Versuch, über die jüdische Mutter in Deutschland während des Holocaust zu forschen, über diejenige Mutter, die ihre täglichen Pflichten innerhalb und außerhalb des Hauses trotz allem so normal wie möglich erfüllen und ihnen gerecht werden wollte. Aber dieses Buch ist ausschließlich meiner Mutter, Frau Charlotte-Helene, genannt Lotte, Carlebach, geb. Preuss gewidmet. Sie ist nicht eine der Mütter; sie ist die Mutter für all diejenigen, deren Schicksal nirgendwo beschrieben steht.

Eine berechtigte Frage ist – was sind meine Quellen? Offizielle Dokumente und amtliche, nüchtern gehaltene und doch mit Absicht so quälende Verordnungen; chronologische und zufällige Dokumente wie etwa Zeitungsausschnitte und Annoncen oder auch Dokumente persönlicher Art: Gedichte, Reden und dergleichen. Und dazu Aussagen derer, die in diesem erweiterten Rahmen ein echteres Bild hätten entwerfen können; wenige Aussagen auch derer, die im Carlebachschen Haus wohnten und dessen Hilfe in Anspruch nahmen – in gewöhnlichen Jahren wie in Schreckenszeiten: Viele von ihnen waren weder physisch noch seelisch imstande, sich zu erinnern; oder ihre Erinnerungen waren vom Schatten der Ereignisse getrübt – und was Lotte Carlebach betrifft – oft auch überwältigt von der Erinnerung an die imposante und charismatische Erscheinung meines Vaters, des Oberrabbiners Dr. Joseph Carlebach.

Aber einige Aussagen gibt es dennoch: Von den wenigen, die sich eben doch bereit erklärten, etwas zu erzählen, von anderen, die es ganz beiläufig taten, ohne daß wir uns seinerzeit bewußt wurden, daß diese Aussagen später einmal einem gezielteren Zweck dienen sollten.

Es gibt auch Briefe über Lotte Carlebach, sehr wenige allerdings. Und die etwa sechzig Briefe von Lotte Carlebach selber habe ich, wo immer möglich, erbeten und erbettelt. Die meisten Briefe waren an ihre Mutter, Frau Martha-Rachel Preuss, gerichtet und an Verwandte und Freunde. Einige Briefe an die verschiedenen Carlebach-Kinder in England blieben erhalten, aber keiner, der an mich selbst gerichtet war. Durch einen Hurrikan im Jahre 1944 in Herzlia (Israel) wurde mein gesamtes Schrift- und Bildmaterial aus meinem Wohnzelt in alle Winde zerstreut. Trotzdem gelang es, eine beträchtliche Anzahl von Fotografien wiederzufinden, z.T. von Lotte Carlebach aufgenommen. In ihnen drückt sich Lottes Blick auf die damaligen großen und kleinen Ereignisse aus. Sie veranschaulichen eine ganze Epoche, die wir zu Grabe getragen haben (H. Cohn 1945).

Ebenso sind wichtige Dokumente aus anderem Besitz verloren gegangen: Eine Postkarte vom Deportationsplatz in Hamburg, eine andere aus dem Zug, der »in Richtung Osten« rollte, und eine weitere Postkarte, vermutlich aus einem Konzentrationslager bei Riga.

Keinem ist etwas vorzuwerfen. Die einzige legale kritische Frage diesbezüglich muß ich mir selber stellen: Warum mußten über fünfzig Jahre vergehen, bis ich anfing, Quellen und Aussagen zu sammeln, und bis ich den Entschluß faßte, auch die Aufgabe des Schreibens selbst zu übernehmen – in Worten, überschattet von nie vergessenem Geschehen und nie getröstetem Schmerz. Das ist der einzige Weg, um über Lotte Carlebach zu schreiben. Ihr unbekanntes und unerkanntes großes Beispiel ist Symbol für die vielen namenlosen Heldinnen, für jene Mütter und deren Kinder im Holocaust, »aus denen sich der Segen des Erbes von Generationen herschreibt« (Joseph Carlebach, 1930). Es sei Lotte Carlebachs Verdienst, daß sie alle zurückgerufen werden – in ihrem Namen.

Trotz des Entschlusses und trotz der wiederholten Versuche ging diese Arbeit sehr langsam voran. Viele gute und aufrichtig gemeinte Ratschläge, private und akademische, waren undurchführbar; die Quellenerschließung bei weitem schwieriger als vorauszusehen, die Konzeptbildung und die Wahl der Sprache von vielen Zweifeln begleitet. Bei dem endgültigen Entschluß war die »Muttersprache« der Briefe – als Hauptkomponente des Buches – maßgebend, die ja auch die Sprache des Geschehenen ist; allerdings spürte ich auch ein scheues Verlangen, noch einmal meine Kraft zu versuchen mit Worten einer Sprache, in der ich zwar aufgewachsen, aber die über Jahrzehnte bei mir brachgelegen hatte. Sie diente mir weder zum Sprechen noch zum Lesen oder zum Schreiben, und meine Kinder haben sie nicht erlernt. Andererseits bemächtigte sich meiner auch eine innere Angst, daß eine Übersetzung für mich ein zeit- und gefühlsraubendes Wühlen in Worten des Schmerzes bedeuten würde. Es schien mir ein Ringen um Formulierungen zu sein – letzten Endes enttäuschend in ihrer Unechtheit.

Die biographischen Aufzeichnungen und Erinnerungen wurden nach verschiedenen Gesichtspunkten zusammengestellt: Aufzeichnungen und Erinnerungen, die historischen oder wenigstens Allgemeinwert haben; Erinnerungen an Lotte Carlebach, die sie in gewissen Maße charakterisieren; Erinnerungen, die aus dem Inhalt ihrer eigenen und der an sie gerichteten Briefe sprechen, und schließlich Erinnerungen, die sich mir so stark eingeprägt haben, daß sie sich mir fast gegen meinen Willen aufdrängten, ja förmlich diktierten. Meistens können sie der Konfrontation mit anderen Erinnerungen standhalten – und doch bleibt ihnen etwas Persönliches haften.

Das vorliegende Buch setzt sich aus zwei Hauptteilen zusammen, die nicht streng voneinander getrennt sind. Auf der Grundlage verschiedenartiger Quellen werden im ersten Teil die Geschehnisse bis 1938 erzählt, ihnen folgen die im Zweiten Teil die Briefe Lotte Carlebachs hauptsächlich aus den Jahren 1938-1941, an die sich Kinderbriefe und Briefe Lotte Carlebachs an die Kinder anschließen – ergänzt durch Briefe des Vaters (Teil II) und

Zeugenaussagen. Für den interessierten Leser enthält der dritte Teil Quellenverzeichnisse und erläuternde Register.

Die einzelnen Abschnitte des ersten Teils sind in lockeren, großen Zügen nicht streng chronologisch zusammengestellt. Die Überschriften sind eigentlich nur als Erinnerungs- und Gedankenimpulse zu betrachten – denn während des fortgesetzten Schreibens ballte sich in mir ungewollt alles wie ein Knäuel zusammen: Überlieferungen, eigene Erlebnisse und persönliche Erinnerungen, später Erfahrenes und Erforschtes. Mit dem Briefteil beginnt eine allmähliche Veränderung – all das einstmals Fröhliche und Naive versinkt, da die unvorstellbare Grausamkeit alles bis zur Unkenntlichkeit entstellt.

Erster Teil

Urgroßmutti Mathilde Halberstadt-Wolff; etwa 1875.

»Aus der Jugendzeit«. Martha Halberstadt und die Brüder Julius (links) und Siegfried (rechts); etwa 1882

Urgroßmutti Mathilde Halberstadt mit ihren fünf Kindern: Rudolph, Mathilde Halberstadt, Max, Siegfried, Martha, Julius; etwa 1890

Anfänge

Der Hamburger Anfang

Meine Mutter Lotte Carlebach-Preuss wurde in Berlin geboren, und ihr Schicksal führte sie auch in andere Städte und Länder. Trotzdem ist ihre Geschichte eine Hamburger Geschichte; alle Spuren und Fäden führen nach Hamburg zurück, und die unfaßbaren, gleichsam bleiernen Schwerpunkte ihres Lebens sind dort unauslöschlich eingegraben.

Die erste, mir noch lebendige Hamburger Spur führt zu Lotte Carlebachs Großmutter, meiner Urgroßmutter, Michele Mathilde Halberstadt, geb. Wolff. Sie kam am 25. Dezember 1856 in Hamburg zur Welt, »und bis zu ihrem Tode blieb sie ein Hamburger Kind und wurde als solches beschrieben und gepriesen: » ... immer dankbar freute sie sich der Stunden; die Blumen begrüßte sie als ihre Seelenverwandten, und die hochwertige Wohnkultur einer Alsterpartie mochte sie zum Entzücken bringen ... Ein Stück Althamburg mit seiner Lebensfreude und edler Bürgerlichkeit verkörperte sich in ihr ... «

Die Vorsehung hatte unserer Urgroßmutter Halberstadt, von uns immer Urgroßmutti genannt, schwerste Belastungsproben auferlegt, » ... und hat sie alle Prüfungen der Bitterkeit erfahren lassen. Schon in früher Kindheit, umgeben von einer Geschwisterzahl, die uns heute wie ein Märchen anmutet [sie waren sechzehn Kinder], mußte sie die harte Schule eines überstrengen Vaters still erleben, als älteste Schwester ernste Pflichten für die jüngeren Kinder auf sich nehmen ...« Nach damaliger Sitte in jüdischen Kreisen heiratete sie jung, mit achtzehn Jahren; ihr Mann, Wolf Halberstadt, war Besitzer eines koscheren, nach jüdischem Gesetz geführten Schlachterladens, mit Fleisch- und Wurstwaren, deren Zubereitung und Behandlung den strengen

Ritualvorschriften genau entsprachen, und hatte damit ein gutes Einkommen.

Aber ihre fünf Kinder, eine Tochter und vier Söhne, zog Mathilde Halberstadt allein auf, da sie bereits seit 1884, mit achtundzwanzig Jahren, verwitwet war; auch der Bruder ihres verstorbenen Mannes, Dr. Joseph Halberstadt, Arzt am jüdischen Krankenhaus und in einer Praxis am Jungfernstieg, der ihr als Vormund ihrer Kinder zur Seite stand, erlag schon ein knappes Jahr später einer Herzkrankheit. Und schließlich beraubte sie die Nachkriegszeit ihres Vermögens und der Grundlage ihrer Existenz.

In ihren kurzen Memoiren zeichnete Urgroßmutters älteste Tochter, Martha-Rachel Halberstadt-Preuss, ein lebenstreues Bild von Urgroßmutti: eine wunderbare Erzieherin, die ihren Kindern eine unbeschwerte, kindgerechte Jugend zu schaffen wußte; um ihnen eine Freude zu bereiten, gab sie sogar für kurze Zeit der Bitte nach, doch ein Zicklein in der Wohnung zu halten – bis dieses anfing, ringsherum die Tapeten abzuknabbern.

Sich selbst beschrieb unsere spätere »Oma Preuss« als »schwarzes Judenmädel«, mit blauen Augen. Sie war eine musikbegabte Schülerin am Wandsbeker Lyzeum, beherrschte verschiedene Sprachen und hatte auch, wie viele Töchter der besser situierten jüdischen Familien, Klavier- und Tanzunterricht. In ihren Kindheitserinnerungen hob sie hervor, wie sehr ihre Brüder sie als älteste Tochter beneideten und sie zu ärgern versuchten, da die Großmama väterlicherseits sie, als einziges Mädel in der nahen Familie, sichtlich vorzog. Und wenn sie, um schlank zu bleiben, ihre Reisportion mit einem Ei vertauschen durfte, hieß es: natürlich, weil sie ein Mädchen ist.

Als Urgroßmutti sechsundsiebzigjährig starb, standen außer Martha nur zwei der vier Halberstädtischen Söhne an ihrem Grab. Siegfried, der ältere der beiden, trat, nachdem er als Soldat im Ersten Weltkrieg gedient hatte und fast vier Jahre in Gefangenschaft gewesen war, in den kaufmännischen Beruf ein, um seine verwitwete Mutter zu unterstützen. Dank seiner Frömmigkeit war er es auch, »der die Schabbate und Festtage ihr verschönte«, im Kreise seiner Familie, seiner Frau Rebecka, geb. Ettlinger, und seinen vier Söhnen Hermann, Walter, Manfred und Julius.

Der andere anwesende Sohn war Max, der Jüngste. Er war von Beruf Kunstfotograf, einer der ersten, die auch Landschaften fotografierten; der »Photofreund« gab 1927 eine Sondernummer heraus, die ausschließlich ihm gewidmet war. Er hatte sein Atelier in Hamburg, und viele unserer späteren »Neun-Kinder-Bilder« wurden dort von ihm aufgenommen. Der vornehme, ritterlich aussehende Max heiratete Sophie Freud, die Tochter Siegmund Freuds. Ihre Schönheit war beinahe sprichwörtlich, und selbst der im allgemeinen so kühle und zurückhaltende Opa Preuss äußerte sich seinerzeit begeistert über sie als »die schönste Frau, die er je gesehen habe«.

Urgroßmutter hatte in der Wohnung von Max und Sophie Halberstadt ein schönes Zimmer gehabt, mit großen Fenstern und einem herrlichen Ausblick. Am Grab seiner Mutter stand Max jedoch bereits als Witwer, und sein älterer Sohn Ernst wuchs mutterlos auf: Sophie erlag im Jahre 1920 wahrscheinlich den Folgen einer Kopfgrippe, und drei Jahre später starb auch der jüngere Sohn Heinz, genannt Heinerle (1923). Später heiratete Onkel Max Tante Berta Katzenstein, Ernstels erste Lehrerin, und ihre einzige Tochter Eva kam öfters in unser kinderreiches Haus, um mit uns zu spielen und sich auszutoben.

Siegfried und Max, der älteste und der jüngste der Halberstädter Söhne, lebten in Hamburg, Urgroßmutti zum Trost. Die beiden anderen Söhne starben noch zu ihren Lebzeiten: Über den älteren, Julius, ist nur wenig bekannt.

Oma Preuss erzählte uns, daß er ein Siebenmonatskind war und in den ersten Wochen »in einem ausgepolsterten Schuhkästchen in der angewärmten Ofenröhre« am Leben erhalten wurde. Er war ein körperlich zartes Kind und nicht leicht aufzuziehen; er ging mit dem jüngeren Bruder Rudolph in dieselbe Klasse. Anfänglich hatte er wohl schulische Schwierigkeiten; Urgroßmutti lernte alle Fächer mit ihm und wiederholte den vorschriftsmäßigen Leseabschnitt über die Kartoffel, »bis die Kartoffel ihr zum Halse herauswuchs«. Dank der unermüdlichen Hilfe seiner

Mutter absolvierte er erfolgreich die Kaufmannslehre, aber schon im Jahre 1925, kurz nach seiner späten Heirat, starb er kinderlos.

Auch den Zweitjüngsten, Rudolph, mußte Urgroßmutti überleben. Er studierte und wurde Kinderarzt. Im ersten Weltkrieg diente er als Militärarzt an der Front und starb schwerverwundet in Frankreich im Alter von fünfunddreißig Jahren. Er hatte kein Grab, an dem Urgroßmutti sich ausweinen konnte, sondern nur einen goldglänzenden Namen auf einer hohen Säule zwischen 365 anderen Namen verschollener jüdischer Soldaten, die so selbstverständlich für ihr deutsches Vaterland gekämpft hatten. Jedesmal, wenn sich der Todestag einer ihrer Lieben jährte und Urgroßmutti auf den Ohlsdorfer Friedhof ging, kam sie an seinem Namen vorbei. Wir Kinder kannten ihn nur aus Erzählungen. Wie ich später herausfand, blieb unsere Mutter eine gute Freundin der Witwe Tante Betty Braunschweig aus Mailand.

Und nun zum ältesten der fünf Kinder, Martha Preuss, meiner Großmutter. Sie wohnte in Berlin und kam selten nach Hamburg, wußte aber ihrer Mutterverehrung rührenden Ausdruck zu geben. Zu Urgroßmuttis siebzigstem Geburtstag schloß sie einen »heimlichen Pakt« mit den täglichen Lieferanten, und alle kamen und gratulierten Urgroßmutti mit passenden Geschenken – die ihre Tochter Martha vorsorglich vorher bezahlt hatte. Urgroßmutti freute sich wie ein Kind über all die Überraschungen, deren Ursprung auch in der nächsten Familie erst Jahre später bekannt wurde.

Martha Preuss konnte mehr als andere das Schicksal von Michele Mathilde Halberstadt nachfühlen, denn auch sie war Witwe, als sie am Grab ihrer Mutter stand, und zog an ihrer Stelle die traurige Bilanz: der Mann, der Schwager, zwei Söhne, ein Schwiegersohn, eine Schwiegertochter und ein Enkel – alle gingen vor ihr, über alle trauerte sie.

Mein Vater Joseph Carlebach (damals Oberrabbiner in Altona), sprach den Nachruf »Am Sarge von Mathilde Halberstadt« und gab seinem und meiner Mutter gemeinsamen Schmerz bewegten Ausdruck: »An diese Bahre vermag ich nicht wie sonst wohl, wenn mich mein Beruf mit den Menschen am Tage ihres Schmerzes zusammenführt, kraft der Ewigkeit des biblischen

Urgroßmutti Mathilde Halberstadt; etwa 1930.

Wortes und der Weite religiöser Weltbetrachtung das Herz aus dem Banne der Trauer und der Tränen in die höheren Sphären des Trostes und der Selbstbesinnung hinaufzuführen. Denn ich selbst stehe hier als Trauernder; wie alle lieben Angehörigen unserer Dahingegangenen schlägt auch mich der Gedanke nieder, daß wir hier Abschied nehmen müssen, bitteren Abschied von einem Wesen, das unser Leben bereichert, unsere Seele erfüllt, unseren Kreis beglückt hat. Du teure Frau, könnten wir doch noch einmal das Haupt vor dir neigen und deine Hände segnend ... fühlen, könnten wir noch einmal dein helles Bild schauen und den weichen Klang deiner Stimme hören, daß diese Stunde des Scheidens von dir uns zum Segen werde, wie dein ganzes Leben für uns ein Quell des Segens gewesen ist.

Einzigartig war diese Frau im Wesen. Sie lehnte alle Feierlichkeit, alle steife Autorität, selbst die Würde ihrer grauen Haare ab; ... Sie war der gute Engel unseres Kreises, abgöttisch geliebt von allen, vom Ältesten bis zum lallenden Enkelkinde hinab ... Der Gruß der Wehmut und Sehnsucht steigt zu ihr auf in die Sphären der Ewigkeit, und ihre stummen Lippen geben uns ihren Dank zurück. Dir eine Tat der Liebe zu tun, beglückte uns mehr als dich. Du, die du uns unsäglich viel bedeutet hast, ein Ideal reinen Frauentums.«

Mir ist Mathilde Halberstadt als »Urgroßmutti« in lebhafter Erinnnerung. Sie war oft bei uns, und manchmal waren wir bei ihr. Ich sehe sie an ihrem »Nähtisch«, nahe beim Fenster. Sie war sehr gepflegt, und ihr schönes Gesicht war nur um die Augen herum wie in gleichmäßige, kleine, weiche Runzeln gelegt. Urgroßmutti »ging meistens in Schwarz«; andere Farben verbinden sich mit ihr nur als kleine Blümchen in ihrer Haube. Bei meinen Erinnerungen an sie kommt mir immer ein Lied in den Sinn:

Rote Rosen auf meinem Hut
Ich hab sie gern, sie stehn mir gut
Rosen auf mein'm Hütchen.

Urgroßmutti hatte uns dieses Liedchen, das mit Tanzschritten verbunden war, wohl nicht beigebracht; aber in ihrer Gegenwart haben wir Urenkelinnen es öfters aufgeführt und versucht, so graziös zu sein, daß es mit ihrer Erscheinung und den Blümchen auf ihrer Haube in Einklang stand.

Die Erinnerung an Urgroßmutti verbindet sich mit unserer Altonaer Zeit vor 1933 und birgt etwas wie Glücklichsein in sich. Als Urgroßmutti im Juli 1932 starb, war ich gerade zehn Jahre alt. Es war das erste Mal in meinem Leben, daß ich meine Mutter am Telefon aufschluchzen hörte und sah, wie sie in Tränen ausbrach; als ahnte sie, daß diese Epoche des Glücklichseins mit Urgroßmuttis Tod zu einem jähen Ende kommen wird. Unser Vater schickte jeden von uns Kindern zu Mutti, um sie zu umarmen und zu trösten – über den Verlust der Großmutter und, wie ich erst viel später begreifen konnte, zugleich ihrer tapferen verständnisvollen Freundin, die nie ihren Humor verloren hatte. Mein Vater pflegte über sie zu sagen: eine Lebenskünstlerin.

Familie Preuss Berlin

Martha Halberstadt, Urgroßmuttis einzige Tochter, war langjährige Hamburgerin, bis sie nach Berlin zog. Für damalige Verhältnisse heiratete sie spät, erst mit vierundzwanzig Jahren, den vierzigjährigen Arzt Dr. Julius Preuss, unseren, uns Kindern unbekannten Großvater. Der berühmte Arzt und Historiker, Professor Karl Sudhoff, schrieb über ihn:

»Sein Leben ist schnell erzählt. Im einzigen jüdischen Hause des Dorfes Groß Schönbeck in der Uckermark am 5. September 1861 geboren, hat er in Angermünde und Prenzlau die höhere Schulvorbildung erhalten, in Berlin das medizinische Studium betrieben mit dem glänzenden Erfolge, daß der gefürchtete Examinator [Professor Rudolph] Virchow ihm das Zeugnis ausstellte: »Sie können medizinisch denken!« Und das war natürlich die Vorbedingung für seine historischen Studien neben der gründlichen Einweisung in das Verständnis des Talmud und in alle notwendigen antiquarischen Kenntnisse, die ihm gelehrte Rabbiner in Prenzlau und Berlin angedeihen ließen, bis er selbst zum Studium völlig reif war...

Nach mehreren Jahren einsamer Landpraxis in der Heimat siedelte er nach Berlin in einen der weniger begüterten Winkel der Millionenstadt über. Dort hat er sich seinem Beruf in treuer Pflichterfüllung gewidmet und in einer nicht abreißenden Kette vortrefflicher Untersuchungen nach und nach das gesamte Gebiet der biblisch-talmudischen Medizin und Hygiene erschöpfend dargestellt.«

Das Leben an der Seite dieses ernsten Mannes war wohl nicht sehr leicht für seine Frau Martha; trotzdem blickte sie auf ihre knapp dreizehnjährige Ehe als auf eine vom Schicksal gütige und wunderbare Fügung zurück, wie sie selbst in den schwersten Jahren immer wieder betonte: » ... Wir zogen nach Berlin, wo ich an der Seite des intelligentesten Mannes, den ich je kennenlernte, zwölfeinhalb unvergeßlich schöne Jahre verlebte. Er sagte stets, mein Standardwerk sind meine Kinder. Leider konnten sie ihren prachtvollen Vater nur so kurze Zeit genießen. Ich auch, aber

Dr. Julius Preuss und Martha Preuss (Opa und Oma Preuss); etwa 1900.

dafür hatte ich das große Los gezogen und bin, auch heute noch, selbst für diese kurze Zeit dankbar.«

Nach der Hochzeit zog Opa Preuss mit seiner Frau von der Schönhauser Allee, wo er bis dahin gewohnt hatte, in eine typische Berliner, an der Straße gelegene Etagenwohnung in der damaligen Weissenburgerstraße Nr. 6 (heute Kollwitz-Straße). Der lange ,dunkle Korridor verband auf der einen Seite die Wohn- und Schlafräume und auf der anderen Seite das Sprech- und Wartezimmer miteinander. Es gab in der Wohnung auch eine große Bibliothek von Opa Preuss mit Bücherreihen, die mit langen und schweren Vorhängen versehen waren. Später befand sich dort auch, in einem extra angefertigten, rechteckigen Schränkchen, das mit einem bestickten Parochet, einem Tora-Vorhang geschmückt war, eine vorschriftsmäßig handgeschriebene Tora-Rolle, die Großvater Preuss sich schreiben ließ und die später für ihn von vielleicht vorgeahnter Wichtigkeit war. Beides, die Tora-Rolle und der Vorhang, sind heute bei den Enkeln von Großvater Preuss in Israel, bei den Kindern seines Sohnes Otto-Jacob.

Die Preussens gehörten zu der frommen jüdischen Trennungsgemeinde in Berlin, der sogenannten »Adaß-Jisroel« (Israelitische Synagogen-Gemeinschaft, abgekürzt »Adaß« genannt). Auch die nächste Verwandschaft und der Freundeskreis der Familie zählten zu den Mitgliedern dieser Gemeinschaft. Dazu gehörte nicht nur die rituell geführte koschere Küche, die streng zwischen Fleisch- und Milchspeisen trennte, die genaue Befolgung der Schabbat-Ruhe und der Feste, sondern auch die täglichen Gebete und die Vertiefung, das »Lernen« jüdischer Quellen, die in deutscher Übersetzung und in zeitgemäßer deutscher Erklärung auch von orthodoxen Frauen und Mädchen gelernt, geschätzt und sehr gepflegt wurden.

Julius Preuss war Arzt und Forscher zugleich, von ungeheurer Strenge gegen sich selbst und peinlichster Genauigkeit in bezug auf seine wissenschaftliche Forschung, der er »kühl bis ins Herz hinein« gegenüberstand. Seine tiefe Frömmigkeit erweckte in ihm eine Ehrfurcht vor jedem menschlichen Geschöpf und bewirkte seine humane Einstellung zu jedem Kranken, ohne sich von Rang oder Reichtum beeindrucken zu lassen.

Unser Vater erzählte uns, daß Opa Preuss es ablehnte, den Titel »Professor« oder »Kaiserlicher Sanitätsrat« anzunehmen. Er fürchtete, daß ärmere Leute sich scheuen würden, einen so hochbetitelten und daher unweigerlich teuren Arzt aufzusuchen. Er war der Arzt der Armen und der Einfachen, der Arbeiter, in deren Viertel er anfangs seine Wohnung hatte, und der Bauern, zu denen er per Droschke über Land fuhr, um sie zu behandeln. Erst kurz vor seinem Tod nahm er den Titel »Sanitätsrat« an, aber verzichtete entschlossen auf das »Kaiserliche« Attribut.

Manches Mal wurde der streng religiöse Opa auch am Schabbat zu weit entfernt wohnenden Kranken gerufen und mußte daher mit der Droschke fahren. Obwohl die Benutzung von Fahrzeugen dem orthodoxen Juden am Schabbat eigentlich verboten ist, gibt es eine höhere Vorschrift, die direkt befiehlt, im Falle eines Schwerkranken dieses Gebot zu übertreten. Opa Preuss bezweifelte jedoch, daß seine kleinen Kinder diesen Ausnahmezustand verstehen könnten; er legte es deshalb Oma ans Herz, die Kinder in solchen Fällen vom Fenster wegzunehmen, um ihren Vater bei diesem »Gesetzesübertritt« nicht beobachten zu können.

Gleichzeitig war Preuss ein sehr empfindlicher Mann. Wie aus seinen erhaltenen Tagebüchern zu ersehen ist, litt er unsäglich unter Lärm, lauten Manieren und unästhetischer Umgebung. Vielleicht keimte in ihm schon seine spätere, von ihm geahnte Krankheit, die ihn so sensibel machte, wie auch aus einigen geschriebenen Andeutungen hervorgeht. Schon in einem seiner Briefe aus dem Jahre 1898 an den Forscher der Flora und Fauna des Heiligen Landes, Professor Immanuel Löw, fügte er seiner Unterschrift eine hebräische Bemerkung bei: Rofe Velo Lo – Arzt, aber nicht für sich selbst. Auf seine Bitte hin waren diese Worte in seinen so einfachen grauen Grabstein gemeißelt, bis sie durch Frevlerhand unkenntlich gemacht wurden.

Eine weitere, noch deutlichere Vorahnung ist in einer Tagebucheintragung vom Mai 1905 verzeichnet: »Wir haben gegenseitiges Testament gemacht ... ich glaube nicht, meine Familie genügend sichergestellt zu haben ... zudem verlassen mich die Todesahnungen nicht; ich bin fest überzeugt, daß ich kein hohes Alter erreichen werde, wenigstens nicht in Arbeitskraft und Arbeitsgelegenheit.« (S. 9).

Am 16. Dezember 1900, nach dem jüdischen Kalender am ersten Abend des Lichtfestes Chanukka, wurde unsere Mutter, seine älteste Tochter, geboren. Sie erhielt zwei hebräische und zwei deutsche Namen: Chana-Elischewa und Charlotte-Helena, vielleicht eine Kombination der Namen ihrer als Kind verstorbenen Großtante, die 1855 als Schewa-Charlotte Wolff zur Welt gekommen war.

Oma Preuss erzählte mir viele Jahre später, wie sie als junge, unerfahrene Mutter enttäuscht war von dem Anblick des eben geborenen haarlosen Babys, für das sie deswegen viele hübsche Mützchen häkelte. Und auch, wie sie sich das erste und einzige Mal gegen ihren Mann als Arzt und Vater auflehnte, als das Baby Lotte, wenige Monate alt, an einer schweren Darminfektion erkrankte. Dr. Preuss teilte seinen Eltern mit, daß das Kind den Schabbat wohl nicht überleben würde. Nie darf ein frommer Arzt so etwas sagen! – warf sie ihm vor. Am nächsten Morgen traf dann auch unvorhergesehen die Besserung ein.

Opa Preuss, der Arzt, erwähnte in seinen Tagebüchern seine Tochter Lotte nur zweimal: 14. 8. 1902 »Das Töchterchen (noch nicht zwei Jahre alt) mußte monatelang (bei Keuchhusten) bis in den Januar hinein Chinin in großen Dosen schlucken, bis sich der Schlußkatarrh endlich hören ließ. Sie hatte in der schlimmen Zeit stündlich einen Anfall gehabt und ist sehr heruntergekommen, geistig aber hat sie sich in (dem Kurort) Heringsdorf ganz auffallend entwickelt und ihren Sprachschatz bedeutend erweitert.«

1905 beschreibt er Lotte auch im Vergleich zu ihrer drei Jahre jüngeren Schwester Gretel: »Gretel entwickelt sich G'tt Lob körperlich gut, weit besser als Lottchen, geistig bleibt sie weit hinter ihr zurück. Seit Ende Oktober zeigt sich auch hierin ein fast täglich wahrnehmbarer Fortschritt; sie spricht fast Alles, wenn auch nicht Alles deutlich und in so korrekten Sätzen wie Lotte im gleichen Alter. Dabei ist sie so drollig, daß sie von allen Seiten verzogen wird und das blasse Lottchen fast in den Hintergrund

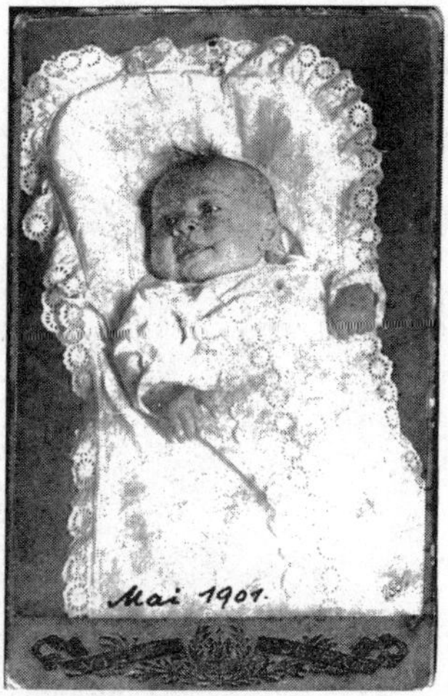

Lotte Preuss, 1901 ...

... 1902 ...

... und 1903.

Oma Preuss mit ihren Töchtern, Grete (links) und Lotte (rechts); etwa 1904.

Die beiden Schwestern Lotte und Grete Preuss; etwa 1904).

Die beiden Schwestern Lotte und Grete Preuss; etwa 1906.

Die beiden Schwestern Lotte und Grete Preuss; etwa 1907.

Die beiden Schwestern Lotte und Grete Preuss; etwa 1905.

ie drei Preuss Kinder; etwa 1909.

Lotte Preuss etwa 1908 ...

... 1909 ...

... 1910.

tritt. Sie [Lotte] hat schon zweimal Mittelohrenentzündung durchgemacht, die eine Herabsetzung der Hörschärfe trotz aller Lufteinblasungen zur Folge hatte, hat dauernd Schnupfen und trotz wollener Unterkleider wieder einen hartnäckigen Bronchialkatarrh ... ich mußte mich entschließen, ihr am 1. November von [Prof.] Baginsky Mandeln und Adenoide [Polypen] entfernen zu lassen. Seitdem läßt sie sich die Lufteinblasungen anstandslos gefallen. Ich überzeuge mich immer wieder, daß ihre scheinbare Launenhaftigkeit mit ihrem körperlichen Befinden im Zusammenhang steht. Will's G'tt wird sie jetzt kräftig und kernig werden. Merkwürdig ist, daß das sonst so ungewöhnlich intelligente Kind von dem chirurgischen Eingriff keine Spur einer Erinnerung bewahrt. Sie hat stark geblutet, gegurgelt, fremde Ärzte gesehen und weiß nur, sie ist mit Vater in einer Droschke gefahren, so stark hat offenbar der Schock, nicht etwa ein lokales oder gar allgemeines Narkotikum, jede Erinnerung ausgelöscht. Möge es ihr so mit allen unangenehmen Eindrücken ihres Lebens gehen.«

Das dritte Kind, ein Sohn, im Februar 1907 geboren, wurde nach Julius Preuss' Vater Otto-Jacob genannt. Er war ein kleiner, schelmischer Junge, ein Sonnenschein im Hause des nun kränkelnden Vaters. Noch zu seinem fünfzigsten Geburtstag im September 1911 verfaßte Oma mit den Kindern zusammen ein kleines Gedicht für ihn:

Gut Jontew [Jomtow], Schana Towa, so tönt's zu
dieser Stund'
In aller Herren Länder, aus aller Juden Mund.
Doch wir, wir Doktorskinder, wir haben's besser noch,
Hat unser liebes Pappilein Geburtstag heute doch.
Den doppelten Glückwunsch, den bringen wir jetzt dar,
G'tt möge Dich [be]schützen noch viele viele Jahr.
Das Täschchen für die Schlüssel hat Gretelein gestickt,
Den Kragenschoner schwarz und grau
hat Lottelein gestrickt
Doch Otto, Dein Bübchen, hat's Beste doch gemacht,
Er saß bei Muttis Handarbeit und hat dazu gelacht.

In diesen Jahren war er nicht nur in seiner großen und anstrengenden Praxis beschäftigt, sondern widmete sich gleichzeitig seiner wissenschaftlichen Forschung über die Biblisch-Talmudische Medizin. Bald darauf wurde er bettlägerig; der Schabbatliche Gottesdienst wurde nun im Preuss-Haus abgehalten und aus der erwähnten eigenen Tora-Rolle die vorschriftsmäßigen wöchentlichen Tora-Abschnitte vorgelesen. Unfähig, sich selbst zu bedienen und zu sprechen, standen ihm in dieser schweren Zeit drei Frauen zur Seite: seine Frau Martha, die ihn nicht nur pflegte, ihm alle Bürde und Verantwortung für den täglichen Unterhalt abnahm und die Kinder musterhaft großzog; » ... sondern sie saß an seiner Seite, die Wörterbücher wälzend und Korrekturen lesend«, und sie selbst schrieb die Anmerkungen in das bis heute erhaltene Manuskript seines Buches. Die kleine neunjährige Grete, die es mit Geschick verstand, ihrem Vater die schmalen Lederriemen, die Tefilin, bei dem Morgengebet genau nach Vorschrift um seinen Arm zu winden, konnte ihn durch drollige Geschichtchen zum Lachen bringen. Die dritte war seine Tochter Lotte, die (abgesehen von ihren Schulstunden) nicht vom Bette ihres Vaters wich, für ihn die täglichen Gebete flüsterte, ihm vorlas und alles daran setzte, ihn zu verstehen und ihm zu helfen.

Das Jahr am Krankenbett und das Vorbild der aufopfernden Liebe der Mutter für den kranken, genialen Vater trugen meiner Meinung nach dazu bei, Lottes Lebenseinstellung zu prägen und zu vertiefen. Von dem schon erwähnten Prof. Sudhoff wissen wir, daß Opa Preuss eigentlich eine rein akademische Laufbahn erstrebt hatte:

»Er hatte mich, den Nichtjuden bei dem einmaligen Zusammensein derartig tief in sein Innerstes sehen lassen, daß ich wußte: Sein Ideal war die klassische Philologie gewesen, deren praktische Lehrlaufbahn ihm der Umstand unmöglich gemacht, da er Jude war ... sein historisches Urteil, das unbestechlich nur der Wahrheitsergründung und Wahrheitskündigung diente, [war] kühl bis ans Herz hinan. Darum aber legt Frau Historia über sein Grab zu seinem Andenken den schönsten Palmenzweig, ihm als dem Meister der historischen Kritik, der aufbauenden, nicht der zerstörenden.«

Über Lottes Schulzeit gibt es nur wenig mündliche Aussagen. Es ist nicht sicher, ob sie in einem Kindergarten war. Sie besuchte das Margarethenlyzeum, aber in welche Klasse sie dort eingeschult wurde, ist nicht bekannt. Als Familie Preuss, des leidenden Vaters wegen, auf Anordnungen der Ärzte für einige Monate aufs Land (nach Heringsdorf) übersiedelte, war er sehr besorgt um die Schulbildung der beiden Töchter. Er bestand darauf, daß sie früh schlafen gingen, um am nächsten Morgen den Frühzug nach Berlin ja nicht zu versäumen und um rechtzeitig in die Schule zu kommen.

Es gibt keine Belege dafür, ob Lotte Preuss das Abitur gemacht hatte. Aber eines ist ganz sicher: Lotte war Schülerin von Joseph Carlebach, sowohl im Margerethenlyzeum, als auch im Religionsunterricht der Adaß-Jisroel, in welcher religiös und modern gebildete Lehrer und angesehene, führende Mitglieder dieser Gemeinde unterrichteten, die den jungen Mädchengruppen geistige und zugleich auch charakterliche Vorbilder waren.

Im Margerethenlyzeum unterrichtete unser Vater, Oberlehrer Dr. Joseph Carlebach, Naturwissenschaft und Kunstgeschichte. Er selbst erzählte uns Kindern selten und nicht direkt Persönliches aus dieser Berliner Schulzeit, aber trotzdem wurde bekannt, daß er, um mit Lotte Preuss zusammen zu sein, den Direktor bat, doch in ihrer Klasse Ia unterrichten zu dürfen, in seiner Aufregung jedoch die Klasse Ib als die gewünschte angab. Und dann, als er endlich in das richtige Klassenzimmer kam, rief er vor lauter Verwirrung und Verlegenheit aus: Lotte Preuss, rühr doch nicht immerzu im Tintenfaß herum! Aber er erfand noch einen weiteren »Trick«, um in Lottes Klasse zu verweilen, denn »seine Liebe fand keine Grenzen«, wie Oma Preuss sich später ausdrückte, so blieb er nicht nur Lehrer, sondern wurde auch Schüler in ihrer Klasse: Von der hintersten Schulbank aus beteiligte er sich zusammen mit den Schülerinnen begeistert am Zeichenunterricht.

Einige seiner Schul- und späteren Zeichnungen mit jüdischen Themen hingen im Laufe der Jahre in Korridoren unserer diversen Wohnungen; letzten Endes wohl beschlagnahmt, wurden sie nie wieder aufgefunden.

Eigentlich ist es nicht ganz klar, wann und wie die Freundschaft zwischen dem Preusseschen Arzthaus und dem Oberlehrer Dr. Joseph Carlebach anfing. Zum Teil ist die Entstehung dieser Freundschaft auf Begegnungen in der Adaß-Jisroel-Gemeinschaft zurückzuführen, an dessen Veranstaltungen Joseph Carlebach teilnahm, als er Student an der Universität und gleichzeitig am Hildesheimischen Rabbinerseminar war. Aber offenbar bestanden auch sehr gute Beziehungen zwischen Preuss und Carlebachs Elternhaus in Lübeck. Schon im Jahre 1910 schrieb Julius Preuss einen wissenschaftlichen Aufsatz im Jubiläumsbuch zu Ehren von Rabbiner Dr. Salomon Carlebach, Vater von Joseph Carlebach. Er selbst schrieb zweimal über Dr. Preuss, das erste Mal nach Erscheinen des Buches »Biblisch-Talmudische Medizin«, das Julius Preuss in unermüdlicher Forschungsarbeit, trotz seiner anstrengenden Praxis und der bedrohlich schleichenden Krankheit geschrieben hatte:

» ... im Drange des Berufes, keine Akademie, keine Gesellschaft und kein Assistent haben ihm dabei geholfen ... Julius Preuss hat uns nach zweiundzwanzigjähriger unabläßiger Forschungsarbeit eine erschöpfende Darstellung der Medizin in unseren religiösen Quellenschriften geschenkt, wie sie bisher unerreicht ist und für alle Zeiten klassisch bleiben wird ... man könnte von einem literarischem Ereignis sprechen.« Am 13. September 1913, nach langem, schweren Leiden verschied Opa Preuss. »Eine große Trauerversammlung hatte sich auf dem Friedhof der Adaß-Jisroel-Gemeinde eingefunden, unter ihnen Dozenten des Rabbiner-Seminars, Rabbiner, viele ärztliche Kollegen und Freunde. Dr. Munk machte die kurze Mitteilung, daß der Verstorbene sich jeden Nachruf am Grab verbeten habe. Nur ein Gebet sollte für ihn gesprochen werden. Dieses besonders verfaßte Gebet schloß auch eine Bitte ein für die aufopfernde Witwe und für die drei jungen Waisenkinder – ein Bittgebet »für ein langes und friedliches Leben«.

Danach schrieb Joseph Carlebach ein zweites Mal über Dr. Julius Preuss und würdigte ihn in einem schriftlichen Nachruf. Er schrieb über die besonnene Ruhe seines Wesens, den sittlichen Gehalt seiner Persönlichkeit – und auch über seine heldenmütige

Gattin: »G'tt segnete ihn auch mit dem höchsten Erdenglück ... er ließ ihn ein Weib finden, das ganz in ihm aufging, seine Tätigkeit unterstützte ... sie schuf ihm ... ein trautes Heim« – Worte, die auch auf seine nähere Beziehung und Freundschaft zu Familie Preuss deuteten.

Wie ihre Mutter, meine Urgroßmutter, Tilli Halberstadt, zog also auch Oma Preuss ihre Kinder allein auf. Sie war eine junge Witwe von siebenunddreißig Jahren, und die drei Kinder, Lotte, Gretel und Otto, waren fast dreizehn, neun und sechs Jahre alt.

Manches Mal war Oma Preuss geneigt, die beiden Schwestern zu beschreiben und zu vergleichen: Während die jüngere Schwester Gretel mehr praktisch veranlagt war und ihrer Mutter in den schwierigsten Situationen mit Geschick und Charme zugleich Rat geben konnte, war Lotte ein durchgeistigter Typ und weckte in ihrer Mutter durch ihr ruhiges Benehmen und ihre Intelligenz die Erinnerung an ihren Vater. Sie war sehr reif für ihr Alter, selbständig im Denken und interessierte sich besonders für alles jüdische Lernen.

Leider fragte ich Oma nie, ob Lotte wie ihre jüngere Schwester Gretel Gruppenleiterin oder wenigstens Mitglied in dem Jugendbund der streng-frommen »Esra« war. Oma erwähnte nur, daß sie regelmäßig jeden Schabbat in die Synagoge nach »Schul« ging (Artillerie- oder Gipsstraße?), und aufmerksam den Predigten von ihrem Vormund, Rabbiner Dr. Ezra Munk, zuhörte und auch eine leidenschaftliche Leserin war. Wohl schon in den jungen Jahren begann sie sich für Erez Israel, für das Land der Väter zu begeistern. Sie war anscheinend niemals Zionistin im herkömmlich politischen Sinn – ihre Palästinasehnsucht war die eines seelisch tief religiösen Gemütes.

Nach dem Tod von Großvater fand Martha Preuss einen Weg, der ihr ein leidliches Einkommen versprach, ihr die Möglichkeit bot, sich den Kindern zu widmen und auch ein streng-religiöses und doch modern-kulturelles Haus zu führen. Sie übersiedelte in eine größere Wohnung in der Liniensraße 119 und eröffnete dort eine Pension für orthodoxe Studenten, teils von der Universität und teils vom besagten Rabbiner-Seminar. Das war keine leichte Aufgabe. Wegen der in rasendem Tempo fortschreitenden Inflation (es waren die Kriegs- und Nachkriegsjahre) war Frau Dr. Preuss gezwungen, öfters die Pensionspreise zu erhöhen. Diese Mitteilungen an die Pensionatsstudenten gehörten zu den Aufgaben der Tochter Gretel, die sie mit Diplomatie und Taktgefühl zu erfüllen wußte; und sie fand auch die richtigen Wege, die knappen Lebensmittel rationell zu verwalten. So blieb im Preusseschen Haus nicht nur ein erträglicher Lebensstandard, sondern auch das jüdische Milieu erhalten: Der Schabbat und die Feiertage wurden stimmungsvoll begangen und die jüdische Lernatmosphäre eifrig gepflegt. Es bildete sich in dem Haus etwas wie ein Diskussions- und Lernkreis, der auch zur Erinnerung an Julius Preuss hoch in Ehren gehalten wurde und viele Beteiligte aus der Adaß-Jisroel-Gemeinde anzog. In diesem Rahmen war Joseph Carlebach zwar kein Pensionsbewohner, aber häufiger Besucher im Haus und bevorzugter Vorleser, vor allen von klassischen Dramen. Außerdem erzählte er von den Erlebnissen seines zweieinhalbjährigen Lehraufenthaltes in Palästina; und wahrscheinlich war die junge Lotte beeindruckt von seinen lebendigen Beschreibungen.

In den Jahren jedoch, in denen Lotte Preuss von einer kleinen bezopften Schülerin zu einem blühenden jungen Mädchen heranwuchs, sah Joseph Carlebach sie wohl nur selten. 1914, ein Jahr nach dem Tode ihres Vaters, brach der Erste Weltkrieg aus. Joseph Carlebach hatte gerade seine Rabbinats-Autorisation am Berliner Rabbiner-Seminar erworben und meldete sich freiwillig zum Militär. Bald nach seinem kurzem Dienst als Telegrafist in Mainz wurde er als Hauptmann für Kultur und Bildung nach Kowno (in Litauen) versetzt mit dem Auftrag, dort ein jüdisches Gymnasium zu gründen, um auf diese Weise die deutsche Kultur in die jüdische Welt des Ostens zu bringen. Wegen dieser organisatorischen und pädagogischen Aufgabe konnte er nur selten nach Berlin kommen.

Trotzdem blieb Joseph Carlebach auch nach seiner Versetzung nach Kowno in Verbindung mit Familie Preuss; er nutzte seinen, wenngleich nicht regelmäßigen Urlaub, um sich weiter an dem Lernkreis zu beteiligen. Oft brachte er seine, ihm als Haupt-

Joseph Carlebach in Berlin;
etwa 1917.

Lotte Preuss; etwa 1916.

mann zustehenden Sonderrationen von Kaffee und Zucker mit und steckte sie heimlich und diskret Oma Preuss zu, die er außergewöhnlich verehrte.

Nach einer längeren Unterbrechung, in welcher er Lotte monatelang nicht gesehen hatte, stand er ihr bei einem seiner sporadischen Besuche gegenüber. Sie, ein junges, eben siebzehnjähriges bildschönes Mädchen, und er ein fast doppelt so alter, bärtiger Hauptmann in Uniform. Schon am nächsten Morgen kam er zu Oma Preuss, um sie, wie damals Sitte, um die Hand ihrer Tochter zu bitten. Er hatte sich mit niemandem beraten, nicht mit seinen Lübecker Eltern und auch nicht mit seinen verschiedenen Brüdern oder Freunden aus seinem Kreis.

Der Antrag kam für Oma Preuss wie eine verwirrende Überraschung. Joseph Carlebach war ein Mann mit zweifacher Bildung, mit einer Doktorwürde in Mathematik und einem Rabbinatsdiplom, begabt und beliebt als Redner, aus einer der angesehensten Rabbiner-Familien in Deutschland, ein Schulmann mit Welterfahrung, in allen Kreisen bekannt, der ihrem Haus besonders nahe stand. Sie, die künftige Schwiegermutter, war nur sieben Jahre älter als er und ihre Tochter, Lotte Preuss mit ihren knapp siebzehn Jahren, achtzehn Jahre jünger als ihr fünfunddreißigjähriger Bewerber. Sie fühlte die schwere Verantwortung in dieser Entscheidung und beschloß Rabbiner Dr. Ezra Munk, den Vormund ihrer Kinder, um Rat zu fragen und seine Meinung zu hören. Munk entschied in Anlehnung an die Bibel: »Fragen wir doch nach des Mädchens Ausspruch (1. Moses 24, 57)«. Aber, nach damaligem Brauch und Anstand, konnte Joseph Carlebach ihr die Frage nicht selber stellen, sondern der Antrag wurde durch die Mutter und den Vormund vermittelt. Lotte Preuss erbat eine zwölfstündige Bedenkzeit. Sie schloß sich in ihr Zimmer ein mit einigen deutsch geschriebenen, erzieherischen und biblischen Werken von Rabbiner Samson Raphael Hirsch. Als sie gegen Abend aus ihrem Zimmer kam, sagte sie ganz ruhig: Ja, ich will.

Trotzdem wurde ihr Entschluß von seiten des Vormunds noch unter eine Bedingung gestellt. Sie müßte mit der Heirat ein volles Jahr, bis zu ihren achtzehnten Geburtstag, warten.

Lotte Preuss als Braut von
Joseph Carlebach, 1917.

Joseph Carlebach in Uniform,
etwa 1917.

An jenem Abend hätte Oma Preuss ihre Tochter gerne noch einmal allein gesprochen, um sie vielleicht über ihre Gefühle und Beweggründe auszufragen. Aber schon kam Joseph Carlebach mit einem riesigen Strauß roter Rosen, und die Kunde der Verlobung verbreitete sich schnell in den Kreisen der Gemeindemitglieder. Das jüdische Berlin war in Aufruhr. Beide Familien, Carlebach und Preuss, waren bekannt, berühmt und fromm – aus dieser Sicht war nichts gegen den »Schidduch«, gegen die Eheverbindung einzuwenden; aber der Altersunterschied war Anlaß zu verwundertem Kopfschütteln. Und darüber hinaus zu »psychologischen« Vermutungen, wie etwa: Die arme Witwe wollte ihr Kind »unters Dach bringen«.

Die Schulbankfreundinnen sahen in Dr. Carlebach einen respektheischenden Lehrer, eine imposante und überwältigende Erscheinung, »einen Riesen Atlas, der die Säulen des Himmels auf seinen Schultern trägt« (H. Cohn, 1982), zu dem sie mit Scheu und Begeisterung zugleich aufblickten. Nun fragten sie sich, wie Lotte Preuss, ein Mädchen aus ihrer Klasse, es »wagte«, an seiner Seite zu leben. Und überhaupt, wenn schon einen Lehrer, dann einen etwas jüngeren, wie den Schöngeist Dr. Leo Deutschländer.

Nur die vierzehnjährige Schwester Grete blieb gelassen: Lotte hat sich verlobt? Nicht normal.

Auch ich fragte mich manchmal wie Oma Preuss: Was waren die Beweggründe meiner Mutter zu diesem, auch für damalige Zeiten, doch ziemlich ungewöhnlichen Schritt? Je länger ich mich mit unserer Familiengeschichte und mit ihrem Schicksal befasse, um so klarer wird mir:

»Es war ihr eigener, reifster Entschluß, an der Seite eines Mannes zu leben, dessen Größe sie schon als junges Mädchen ahnte«; deutlicher als andere erkannte sie in Joseph Carlebach eine überragende Persönlichkeit, der an seiner Seite eine Frau brauchte, die nicht mit ihm wetteiferte, sondern ihn unterstützte und beschützte, damit seine große Begabung zur Entfaltung und Anerkennung gelange.

Zehn Jahre nach ihrer Verlobung, zum sechzigsten Geburtstag ihres Vormundes, Rabbiner Dr. Munk, schrieb sie einige Zeilen unter den Glückwunschbrief ihres Mannes – und zwischen den Zeilen lese ich ihre Dankbarkeit über seinen Rat an Oma Preuss: Fragen wir doch nach des Mädchens Ausspruch.

Altona, den 21. November 1927

Sehr geehrter Herr Doktor! Loj"t [Auf lange Tage]

Ich habe den Worten meines Mannes eigentlich nichts mehr hinzuzufügen. Jedenfalls ist es mir schwer, meinen Gefühlen Ausdruck zu geben für alles, was ich an einem Ehrentage, wie dem heutigen, für Sie auf dem Herzen habe. Unmöglich ist es zu danken für die unendliche Fülle von Freundschaft und Treue, die Sie uns schon seit 14 langen Jahren, Tag für Tag, in jeder Lebenslage bewiesen. Ich möchte sagen, daß das Lebensglück, daß uns Kindern Preuss zuteil geworden (und somit auch unserer Mutter) wir nicht zum kleinsten Teil Ihnen verdanken, der Sie Ideal und Vorbild unserer Jugendjahre waren und noch sind. Ich kann zum heutigen Tage Ihnen nur wünschen, daß Sie eine Vergeltung all Ihrer Liebesmühe finden mögen in Ihren Kindern, die ja so ganz in Ihrem Sinne sich entwickeln, so wie in der Freude und im vollen Erfolg Ihres Berufes.

Mit den herzlichsten Masal-Tow-Wünschen und Grüßen für Sie und Ihre liebe Frau, der jedes meiner Worte mitgilt, in treuer Verehrung

Ihre Lotte Carlebach

Zwischen Berlin und Kowno

Die Verlobungsfeier von Lotte und Jo fand im Preusseschen Haus in Berlin statt, und Oma Preuss setzte sich mit allen Kräften dafür ein, die Feier würdig und traditionell zu gestalten. Aber die erste Begegnung mit der Lübecker Rabbiner-Familie, den neuen Carlebach-Schwiegereltern, war keine leichte Behauptungsprobe für die sehr junge, zurückhaltende Lotte Preuss; der patriachalische Schwiegervater strich ihr über ihr langes, seidiges Haar: Es sei zwar sehr schade, aber das Haar müsse nach der Hochzeit vollkommen verdeckt werden. Seine Frau, Lottes künftige Schwiegermutter Esther Carlebach, legte dieses Gebot für sich auf die damals übliche Art aus: Sie trug ein handgehäkeltes, weißes Häubchen auf einem prachtvollen Perückenhaarturm. Ihre junge Schwiegertochter verdeckte ihre eigenen Haare am Anfang mit einer zopfartigen Perücke, aber im Laufe der Jahre trug sie nie mehr einen »Scheitel«, wie die Perücke der frommen Frauen genannt wurde, sondern nur noch eine fest um den Kopf gelegte dunkle Kopfbedeckung, die sie in der Erinnerung aller als Lotte Carlebach kennzeichnete.

Um die eingeschüchterte Lotte ein bißchen aufzuheitern, erzählte Großmutter Esther aus Josephs Kinderstube. Er war nämlich der achte der zwölf Carlebach-Kinder und schon als Baby besonders munter und lebhaft gewesen. »Alle meine Kinder konnte ich im Salon baden, und trotzdem blieb dieser Raum immer salonfähig. Aber Baby Jo strampelte und spritzte soviel um sich herum, daß er in der Küche gebadet werden mußte, denn alles war naß und stand unter Wasser … «; als kleiner Junge kletterte Jo in dem großen Rabbiner-Haus auf den Dachboden, wo vor Pessach der Mazza-Vorrat für die gesamte Gemeinde aufgestapelt lag. Mit einem alten Besenstiel hieb er jedem Mazza-Paket eins über, und erst am Seder-Abend stellte sich heraus, daß es in der ganzen Lübecker Gemeinde keine einzige heile Mazza mehr gab.

Manches Mal zeigte Jo sich äußerst rebellisch seinem Bruder Alexander gegenüber, der elf Jahre älter und damit der

Älteste war, und er war nicht bereit, dessen erzieherische Anweisungen zu befolgen.

Aber das Gebot der Elternverehrung nahm Joseph Carlebach höchst genau und unterwarf sich den elterlichen Anweisungen eigentlich ausnahmslos. Er selbst erzählte Schwiegermutter Preuss, daß er so spät heirate, da alle seine Heiratsvorschläge in seinem Lübecker Zuhause nicht den rechten Anklang gefunden hatten und er sich den Wünschen seiner Eltern nicht widersetzen wollte. Aber auf seine große Liebe Lotte Preuss war er nicht gewillt zu verzichten. Da seine Eltern den Altersunterschied zwischen dem Paar sicher mißbilligen würden und er einem eventuellen Konflikt aus dem Wege gehen wollte, verschwieg er sein Geheimnis bis zum offiziellen Verlobungstermin.

An jenem Abend sah Lotte fast die ganze vielköpfige Carlebach-Familie zum ersten Mal: die vier verheirateten Töchter mit ihren würdigen Ehegatten und die stattlichen Ehefrauen der sechs verheirateten Söhne, von denen vier Rabbiner waren. [Der vielversprechende Sohn Rabbiner Dr. David Carlebach war schon 1913, im Alter von achtundzwanzig Jahren, gestorben]. Vom Äußeren wie vom Temperament her ähnelten die Brüder dem Bräutigam Joseph Carlebach. Jedoch nur der Leipziger Rabbiner, Dr. Ephraim Carlebach, schon fast an die vierzig Jahre, begrüßte Lotte als »Schwester« – für gewöhnlich wurde sie einfach nicht wie eine Erwachsene behandelt. Und als bei der Verlobungsfeier abends die große Standuhr zehn schlug, sagte selbst der Vormund, Rabbiner Dr. Munk, aus lauter Gewohnheit: Lotte, du mußt ins Bett – obwohl er ihr doch noch kurz zuvor die große Entscheidung für ihr ganzes Leben überlassen hatte.

Nach der Verlobung mußte Joseph Carlebach zu seiner Militärstelle nach Kowno zurückkehren. Aus dieser Zeit sind keine Briefe oder andere Dokumente erhalten geblieben. Trotzdem wurde die Sehnsucht zwischen der jungen Braut und ihrem Verlobten zum Tagesgespräch – sowohl in Berlin als auch in Kowno, wo er im Auftrage des deutschen Militärs als Gründer und Direktor eines großen jüdischen Gymnasiums fungierte. Seine Abiturientenschüler verglichen ihn mit der sagenumwobenen Gestalt des Rabbi Akiba aus dem Talmud, auf den seine bescheidene und heldenhafte Frau vierundzwanzig Jahre wartete, bis er sein Talmudstudium beendet hatte. Und in Berlin besangen und bedichteten die Backfischfreundinnen Lottes Sehnsucht nach ihrem »Jo«.

Es scheint, daß Oma Preuss nicht die Absicht hatte, ihre Tochter zu einer strengen und pedantischen Hausfrau zu erziehen. Sie wollte, daß Lotte das Lyzeum beende und die wenigen Monate bis zu ihrer Hochzeit ganz ihren geistigen und jüdischen Interessen nachginge; und sie versuchte, soweit die Inflationszeit und ihre pekuniären Verhältnisse es ihr erlaubten, für Lotte eine kleine Aussteuer vorzubereiten.

Das Hochzeitsdatum wurde auf den 1. Januar 1919 festgesetzt – zwei Wochen nach Lottes achtzehntem – und vier Wochen vor Joseph Carlebachs sechsunddreißigstem Geburtstag. Er bekam nur einen Tag Urlaub und fand seine Verlobte schwer krank vor. Die Trauung fand zwar an dem vereinbarten Termin in Berlin statt, aber die junge Braut war so schwach, daß sie unter dem Trauhimmel auf einem Sessel sitzen mußte und dem eben angetrauten Ehemann nicht folgen konnte. Erst drei Wochen später fuhr sie dann allein nach Litauen, in einem Waggon zusammen mit meist betrunkenen, nicht gerade wohlerzogenen Soldaten; und als sie in dem winterlichen, eiskalten Kowno ankam, war sie auch aller ihrer Koffer beraubt.

Oma Preuss erzählte mir über die Kownoer Zeit ihrer Tochter: Lotte, jetzt Carlebach, kam im schwersten Winter nach Kowno in Joseph Carlebachs frühere Junggesellenwohnung. Außer ihrem vielbeschäftigten Ehemann, der zugleich Lehrer, Offizier und Schuldirektor war, kannte sie dort keinen Menschen; und tagsüber, während Joseph Carlebach an der Schule, bei der Schulbehörde oder im Militäramt in Anspruch genommen war, konnte sie sich wegen fehlender Kenntnis der fremden Sprache mit niemandem unterhalten. In Kowno waren zwar noch weitere deutschsprechende jüdische Berliner oder Mitglieder anderer Gemeinden vorübergehend stationiert, wie z. B. der Bremer Schwager, Feldrabbiner Dr. Ignatz Rosenack, oder der Advokat und Schriftsteller Dr. Sammy Gronemann, die meisten waren aber eben nicht mit Frau und Familie dort.

Hinzu kam für Lotte noch einerseits ihre Position, die ihr eine nähere Bekanntschaft mit gleichaltrigen Mädchen erschwerte, und andererseits ihr junges Alter, das der Bekanntschaft mit den würdigen Kownoer Rabbiner-Frauen oder Frauen von Schullehrern im Wege stand. Diese Frauen waren Mütter von Abiturientinnen der Mädchenklasse – letztere waren gerade so alt wie die Frau des hochverehrten Schuldirektors. Es fehlte ihr eine Freundin, die ihr zumindest über das Kownoer alltägliche Leben Auskunft hätte erteilen können: über Preise im Laden, über Bräuche, Sitten und über Kochrezepte. So rief Lotte in Berlin an, um sich mit ihrer Mutter über die passende Speisekarte für ein Lehrertreffen in ihrer Wohnung zu beraten und Anweisungen zu bekommen, wie man mit einer Kriegsration Hackfleisch wohl Frikadellen für zwanzig Personen zubereiten könnte.

Die schönen Stunden in Kowno waren für das jung verheiratete Ehepaar Carlebach das gegenseitige Kennenlernen. Lotte zeigte großes Interesse an Joseph Carlebachs pädagogischen Aufgaben. Sie war eine der wenigen, die seine neuen Erziehungsideen verstand, begeistert unterstützte und in ihm den geborenen, talentierten Lehrer, den Schüler-»Rattenfänger von Hameln« sah. Und beide beschlossen, daß ihre Kinder in einer natürlichen, jüdisch-häuslichen Umgebung aufwachsen sollten, »mit möglichster Freiheit, so ungekünstelt wie Blumen im Felde« (Aussage Edith Jacobson, 1984).

Kurz vor der Geburt ihres ersten Kindes brachte Jo Lotte nach Berlin zurück; in Kowno fehlten ihr die nötigsten Bedingungen für die Pflege eines Babys. Und die junge, noch nicht neunzehnjährige Frau sehnte sich nach der sorgenden Hand und der Nähe ihrer Mutter. Vor seiner Rückreise nach Kowno, so erzählte man in der Familientradition, ging der bärtige, uniformierte Hauptmann noch in das große Berliner Kaufhaus »Robinson« (oder »Wertheim«) und erstand dort zum Erstaunen der eleganten Verkäuferinnen »ein Umstandskleid für einen Backfisch«.

Es war allerdings nicht sicher, ob Joseph Carlebach zur Geburt noch einmal von seinem Posten beurlaubt werden würde. Außerdem war die Frage, wer den Vater, falls das Erstgeborene ein Junge werde, bei der Zeremonie des »Brit Mila«, dem traditionellen Beschneidungsakt des acht Tage alten Knaben vertreten könne, da der Lübecker Schwiegervater, Rabbiner Schlomo Carlebach, wenige Monate zuvor verschieden war. Der Brief, den Lotte Carlebach diesbezüglich an ihren Schwager, den erwähnten Leipziger Rabbiner Dr. Ephraim Carlebach schrieb, ist das früheste schriftliche Dokument, das von ihr erhalten blieb.

Berlin, 27. Oktober 1919

B"H Lieber Ephraim!

Du wunderst Dich sicher, so mittendrin und ganz persönlich einen Brief von mir zu bekommen. Und wenn Du auch zu Ende gelesen hast und siehst, was ich will, wirst Du mich sicher noch auslachen – aber sogar auf diese Gefahr hin will ich Dir schreiben. Denn Du bist zwar nicht mein ältester Schwager, aber der einzige, der auch wirklich wahren Herzens zu mir gesagt hat: »Sage doch, daß Du meine Schwester bist!« und daß ich diese Worte nie vergessen kann (es sind nun schon zwei Jahre her!) Ich möchte Dich nun um etwas bitten: (natürlich, sonst schreibt sie nicht, wirst Du sagen!). Du weißt, daß ich unser Kind B"H um dieselbe Zeit erwarte wie Recha [Frau von Moses Carlebach, gleichfalls aus Leipzig], und es ist noch sehr fraglich, ob Jo dann herkommen kann. Nun ist es auch möglich (was ich Jo's wegen wünsche, mir ist es ganz egal), daß es ein Junge wird und wir hier einen Brit haben. Es wäre natürlich nicht schön, wenn der Vater nicht dabei wäre, aber man muß ja beizeiten mit allen Möglichkeiten rechnen. Nun werden ja, denke ich – wegen des Awel-Jahres, [des Trauerjahres um Großvater Carlebach] die Geschwister von auswärts gar nicht kommen, Jo will es auch aus eben diesen Gründen nicht, sondern nur ein Minjan [vorschriftsmäßige zehn Männer] haben, hier aus Berlin, der Mohel [Beschneider], [Rabbiner Dr.] Munk, [Rabbiner Dr.] Hoffmann etc. usw.

Ich habe nun die große und herzliche Bitte an Dich (und das ist eigentlich das Lächerliche an dem ganzen Brief, die beiden »wenns«); falls es ein Junge ist und falls Jo nicht kommen kann, daß Du dann auf jeden Fall den Vater vertrittst (Du hast ja auch am meisten Übung!) Andernfalls weiß ich nicht, ob Du es wegen

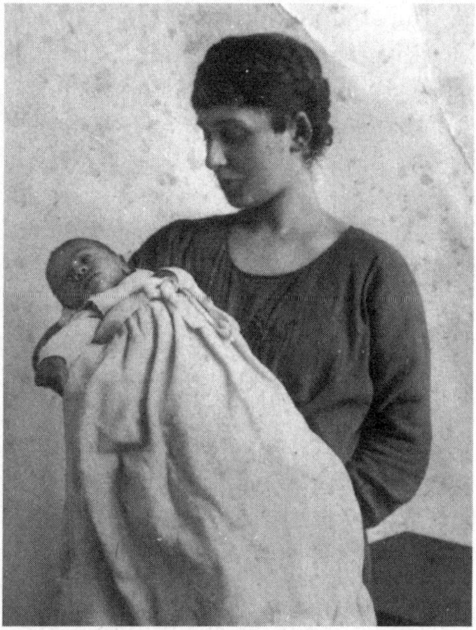

Lotte Carlebach mit ihrem ältesten Töchterchen Eva, Berlin 1919.

Joseph Carlebach mit seinem ältesten Töchterchen Eva, Lübeck 1920.

des Trauerjahres willst, und außerdem will ich auch jetzt keinem Menschen unseretwegen eine Reise zumuten. Aber wenn Jo nicht kommen sollte (ich bin schon im voraus ziemlich unglücklich bei dem Gedanken) ist die Mizwa [Gebot] sicher so groß, daß sie alle andern Bedenken überwiegt. Ich weiß mit der Verteilung der Mizwot [Ehrengebote] bei dieser Gelegenheit noch nicht so recht Bescheid, doch daß Du dann an erster Stelle stehst, ist ja selbstverständlich.
Ich möchte Dich nur noch bitten, (außer [Deiner Frau] Trudel natürlich), <u>keinem</u> auch von den Leipziger Geschwistern, nichts, auch keinen Ton von meinem Brief zu sagen. Sei mir nicht böse über die Zumutung und lach mich nicht aus. Wenn der Brief vielleicht zu einfältig ist, so schreib ihn noch auf Conto Jugend (obgleich ich Chanukka schon 19 werde!).
Seid beide innigst gegrüßt von
Eurer treuen kleinen Schwester Lotte.

Zwei Wochen später wurde die älteste Tochter, Eva Sulamit geboren, nach der Mutter von Julius Preuss Eva genannt und nach dem Vater von Jo – Salomon – dessen Name indessen in die weibliche Form »Sulamit« abgeändert wurde.

Die kleine Eva Sulamit, schwarzhaarig und temperamentvoll, war das Ebenbild ihres Vaters. Jo war überglücklich. Jeden Tag erfand er einen neuen Kosenamen für sie, wie »Sonnenstrahl« und »Schmetterlingsflügel« – daran konnten sich die damaligen Gratulanten noch nach mehr als fünfzig Jahren mit Gewißheit erinnern.

Später kamen dann auch für die anderen Kinder passende Kose- oder Spitznamen hinzu, wie etwa Zuckerpudel, Genoveva, [vom Platz] verschobenes Komma, Kapellmeister und dergleichen, je nach Charakter, Situation und Phantasie.

In Lübeck

Wie schon erwähnt, wurde das Töchterchen Eva im Trauerjahr um Großvater Carlebach geboren. Seit dem Todestag im März 1919 drängte Großmutter Carlebach darauf, daß einer ihrer Söhne das Lübecker Rabbinat übernehme. Die Wahl fiel auf Joseph Carlebach, der die nötige Qualifikation besaß, aber kein anderes Rabbinat dafür preisgeben mußte. Weder Lotte noch Jo waren von dieser Idee begeistert. Trotzdem konnte Joseph Carlebach es nicht übers Herz bringen, die mütterliche Bitte abzuschlagen. Aber direkt, nachdem er innerlich widerstrebend in Lübeck zugesagt hatte, kam von anderer Seite ein neuer Vorschlag: die Leitung der bekannten Hamburger Talmud Tora Realschule, der sogenannten T.T.R. zu übernehmen. Aber erst durch einen vor kurzem gefundenen Brief wurde mehr über die bereits vergessenen Konflikte und Zweifel von Lotte und Jo angesichts der Rabbinatsstelle bekannt. Joseph Carlebach schrieb an seinen Schwager, den Hamburger Wilhelm (Willy) Cohn:

[o.D. Februar 1920]

... nun zweitens zu der Hamburger Stelle. Lotte ist Feuer und Flamme dafür, wie sie sich von der ersten Stunde gegen das Lübecker Rabbinat sträubte, bettelte und flehte, ich soll es nicht annehmen, so will sie auch jetzt noch, daß ich entschieden Lübeck ausschlage und nach H[amburg] mich melde. Als ich zur Zeit [Rabbiner Dr. Jacob] Hoffmann fragte, was er von Lübeck halte, antwortete er mir wie alle Berliner Freunde: Sie dürfen es nicht, weil Hamburg in Aussicht steht. Am Lübecker Rabbinat hatte ja niemand außer den Familienangehörigen Interesse. Der Glanz, der durch den seligen Vater s[eligen] A[ndenkens] darüber gebreitet ist, blendete [meinen Bruder] Alex und Dich und [meine Schwester] Mirjam, in Lübeck eine Realität zu sehen. Ich selbst kann diese Meinung nicht teilen. Rabbonus [Rabbinat] an und für sich bedeutet für mich Berufswechsel, der in so späten Jahren bedacht sein will ... Ich selbst fühle eine Verpflichtung gegenüber Lübeck nur, wenn [mein Bruder] Hartwig oder [mein Schwager]

Leo Neuhaus nicht gewollt hätten. Durch die falsche Mitteilung, daß dies der Fall ist, kam meine Annahme zustande. Es ist nicht der einzige Reinfall. Eine Kette von Enttäuschungen knüpft sich bereits an meinen Amtsantritt. Die Behandlung durch den Vorstand ist unter aller Kanone schlecht. Der Vorstand, in dem mein Bruder und mein Schwager sitzen, bot mir für den Monat meiner Tätigkeit, für all die Reden und die Arbeit, M 625.– Gehalt an, ohne zu fragen, ob ich auch Reisespesen von Kowno nach Lübeck gehabt hätte. Mit dieser Bezahlung kann ich faktisch nicht einmal die Kosten der Hin- und Herreise, geschweige die meiner Vertretung [im Kownoer Schulamt] decken. Materiell ist Lübeck traurig, aber selbst da ist das Gehalt noch um 25% gegen das mir versprochene zurückgeblieben. Kurz, wie ich Alex sagte: Vor Tafel hieß es anders. Das ist mein Anfang- und Schlußeindruck von Lübeck. Sogar die Ansprachen von Landau, die wie Brombeeren wohlfeil sind, und ein Obstkorb des Vorstandes ändern daran nichts.

Dennoch kann ich mich nach Hamburg nicht melden. Ich kann mein Wort der Gemeinde Lübeck nicht brechen. Wäre ich ein Vierteljahr in Lübeck gewesen, so wäre ich ohne Zaudern gegangen. Aber jetzt, nachdem sie ein halbes Jahr auf mich gewartet haben, kann ich nicht anders als hingehen, und sei es auch mit Preisgabe der größten Chancen meines Lebens. Was in Hamburg bedeutsam ist, ist nur: die vielen Juden. Dort kann man ins Breite arbeiten. Durch das Hinzutreten der Universität könnte man auch auf die studentische Jugend Einfluß gewinnen und selbst Wissenschaftler bleiben. Aber mit G'ttes Hilfe wird Hamburg einen fähigen Anderen finden.

Bevor Joseph Carlebach im April 1920 nun doch nach Lübeck übersiedelte, um die nicht gewollte, schlecht bezahlte Stelle zu übernehmen, verschied seine Mutter, Großmutter Esther Carlebach, geborene Adler. So zog er mit seiner jungen Frau Lotte in das alte Carlebachsche Haus in der St. Annenstraße Nr. 13, das unmittelbar mit der Lübecker Synagoge verbunden war. Nach jüdischer Sitte soll im Trauerhaus im Laufe des ersten Jahres nichts verändert werden, und Lotte graulte sich geradezu vor den

Lotte und Jo in Lübeck (vierte und fünfter von rechts, Reihe 2), bei der Bar-Mizwa von Julius (Mitte), Sohn von Alexander und Sonja Carlebach, 1922.

dunklen Möbeln und den vielen Geräten, die unverändert und mahnend an alte Zeiten und an vergangene Generationen erinnerten. Eine zweite Schwangerschaft erschwerte ihr das treppab, treppauf in dem großen Haus. Außerdem verglich die bewährte Köchin, Frau Caroline Pesch, die junge Mutter ständig mit der früheren energischen Rabbiner-Hausfrau. Aber eigentlich war es nicht nur die Köchin: Von der ganzen Gemeinde wurde Lotte sozusagen unter die Lupe genommen. Denn ihre Schwiegermutter, Esther Carlebach, war die in Lübeck geborene und dort seit frühester Kindheit bekannte Rabbiner-Tochter des Vorgängers Sussmann Adler. Sie war Enkelin von Rabbi Ephraim Joel Fischel, Rabbiner im benachbarten Moisling. Und endlich war sie über vierzig Jahre die Lübecker »Rebbezin«, die maßgebende Rabbiner-Frau von Dr. Salomon Carlebach. Als er selbst seinerzeit im Jahre 1870 nach Lübeck berufen wurde, war die sechzehnjährige Esther Carlebach schon als Lehrerin in der moislingischen jüdischen Elementarschule wie auch in engeren jüdischen Kreisen als Dichterin und Schriftstellerin bekannt. Sie hielt ihre Familie fest zusammen, war eine gute Organisatorin, die zu ihren eigenen zwölf Kindern immer weitere Zöglinge in ihrem Haus aufzog und so zu dem monatlichen Budget selbst etwas beisteuerte; außerdem war sie im Jüdischen Lübecker Frauenverein tätig. Im Licht all dieser bewundernswerten Aktivitäten wurde die noch nicht zwanzigjährige Lotte ständig mit ihrer dominanten Schwiegermutter, die allen noch lebhaft in Erinnerung war, verglichen.

Die jüngere Generation jedoch zollte ihr viel Ehre; vor allen waren es die Jeschiwa-Bachurim der von Joseph Carlebach gegründeten talmudischen Hochschule. Diese Schüler, teils Lübekker und teils Litauer aus Kowno, die sich um Joseph Carlebach scharten, waren ständige Gäste am Carlebachschen Mittagstisch, am Schabbat und an Feiertagen; und Lottes ungekünstelte und selbstverständliche Gastfreundschaft empfanden sie direkt als wohltuend. Sie spielten gerne mit der kleinen, besonders aufgeweckten Eva-Sulamit und brachten ihr auch allerhand drollige Gesten bei, wie z. B.: auf die Frage: Wie predigt Pappi? streckte sie beide Ärmchen in die Luft und fuchtelte begeistert herum. Die Jeschiwa-Schüler wurden nicht müde, die herumliegenden Spiel-

Lotte und Jo in Lübeck.

Vier Generationen. Von links nach rechts: Oma Preuss, Esther und Eva, Lotte Carlebach und Urgroßmutti Halberstadt, 1921.

sachen aufzuheben und die ständig verlorengegangenen Schnuller unter dem Kinderbettchen zu suchen. Und als das zweite Töchterchen jetzt in Lübeck geboren wurde, nach Großmutter Carlebach Esther genannt, waren sie auch bereit, ihre Wiege zu schaukeln, damit sie einschlief.

Unterdessen kam eine offizielle Aufforderung von der jüdischen Gemeinde in Hamburg, die Direktorstelle in der T.T.R. anzunehmen. Diesmal siegte Lotte: Jo, jetzt Rabbiner Dr. Joseph Carlebach von Lübeck, sagte zu – sich selbst, seiner Frau und dem Beruf zu Liebe; aber wiederum mußte sie, wie nach ihrer Verlobung, ein Jahr in Lübeck »auswarten«, bis sie nach Hamburg umziehen konnten. In diesem Jahr tat Joseph Carlebach sein Möglichstes, damit der Lübecker Rabbiner-Nachfolger eine lebendig-aktive, jüdisch-religiöse Gemeinde vorfinden werde; und gleichzeitig bereitete er die Reorganisation der Hamburger T.T.R. vor und den Lehrplan für das neue Schuljahr; außerdem vereinbarte er, daß Rabbiner Schmuel-Joseph Rabinow aus Litauen und die »Talmudjünger« mit nach Hamburg kämen, um auch dort eine Jeschiwa zu begründen. Nebenbei suchte er eine neue Wohnung – in der unmittelbaren Nähe der Schule. Dann kam der große Umzug nach Hamburg in die Bieberstraße 2: Im zweiten Stock wohnte hier das kinderlose Rabbiner-Ehepaar Rabinow und in der ersten Etage – Direktor der T.T.R., Dr. Joseph Carlebach mit Frau und zwei Kindern.

Hamburg – Bieberstraße 2

In der Anfangszeit meines Vaters als Direktor der T.T.R., nun in der Freien und Hansestadt, wurde ich als dritte Tochter und als erstes Hamburger Carlebach-Kind Anfang Februar 1922 in der Bieberstraßenwohnung geboren und bekam von der T.T.R.-Schülerschaft ein silbernes Eßbesteck geschenkt, in das mein Name Mirjam röschenumkränzt eingraviert war. Noch am Ende desselben Kalenderjahres kam dann endlich der ersehnte Sohn auf die Welt. Er wurde nach Lottes Vater Julius-Jizchak genannt, aber in der Familie wurde er von Anfang an nur Buli gerufen. Oma Preuss berichtete, daß Jo direkt krank war vor Freude über die Geburt seines Sohnes, obwohl Lotte ihn in ihrer stillen Art schon vorher leicht zurechtgewiesen hatte: Es ist doch ganz egal und überhaupt: Ich werde Töchter gebären, bis du dich freust. Das war ihr Motto.

Von Beginn an versuchte Lotte Carlebach, den Unterschied zwischen Schule und Haus deutlich zu machen, und wie ihre Großmutter Tilly allen Förmlichkeiten ablehnend gegenüber, verbot sie sich geradezu, von den uns besuchenden Schülern mit »Frau Direktor« angesprochen zu werden: Nochmal Frau Direktor, und du bekommst einen Patsch.

Als ungewöhnlich galt auch die Tatsache, daß die vielbeschäftigte Mutter Lotte, trotz der nun schon vierköpfigen Kinderschar und einem Haus, das immer voll mit Gästen und Schülern, bei Herrn Deutschländer in der Handelsschule Grindelallee 43 Stenographie und Schreibmaschine lernte. Vermutlich war dies ein gemeinsamer Beschluß: daß Lotte ein bißchen aus der Kinderstube herauskomme; vielleicht wollte Jo ihr damit eine Basis schaffen, die Lotte ermöglichte, an seiner literarischen Arbeit teilzunehmen. Wie weit sie diesen Kurs wirklich beendete, ist schwer zu sagen. Ich vermag auch nicht zu beurteilen, ob sie die erworbenen Kenntnisse damals schon nutzen konnte. Jedenfalls kamen sie Jo und Lotte nach vielen Jahren sehr zugute.

Das fünfte Kind, Judith, geb. 1924, war dann wieder ein kleines Mädelchen, schon als Baby von besonderer Schönheit.

Die Hebamme verglich die fünf Carlebach-Kinder mit Pfannkuchen: Der erste ist ein bißchen verbrannt (Eva hatte schwarze Haare), der zweite ist nicht genug gebacken (Esther war besonders blaß), der dritte ist zu dünn (Mirjam war zart) und der vierte zu dick (Buli). Erst nach all diesen Versuchen gelingt es, ein perfektes Pfannkuchen-Baby zu backen. Als Oma Preuss etwas später zu Besuch kam, fand sie ihre Tochter sehr überlastet und besorgt – auch meinetwegen, da ich ihrem Urteil nach aussah wie »ein Hahn zum Umpusten«. Deshalb stimmte Lotte zu, mich für einen Monat bei Oma in Pflege zu geben. So fuhr Mutti dann einen Tag nach Berlin, um mich, also ihr Töchterchen, zu besuchen. In einem Brief berichtete sie Jo, der sich anläßlich einer Vortragsreihe nicht in Hamburg befand, darüber:

[o.D. Ende 1924]

Nun bin ich G.s.D. wieder in unserem schönen Zuhause, bei unseren geliebten Kindern, die ich alle B"H gesund und munter antraf und die mich mit wahrem Jubel und Geheul begrüßten. Auch der eine Tag in Berlin war so schön, meine kleine Mirjam ist zu süß geworden, sie ist immer wie ein kleines Hündchen hinter mir her gelaufen. Ich habe Mutti [Oma Preuss] gesagt, daß das Kind spätestens zu den Feiertagen wieder nach Hause soll. Mutti mag zwar an die Trennung gar nicht denken. Ich fand sie auch diesmal schlecht aussehen. Die Geschichte mit … hat ihr Nebbich [leider] viel Herzweh und ganz ergrautes Haar gemacht. In Hamburg angelangt, empfing mich auch gleich böse Nachricht über Ernstl von Onkel Max [Sohn aus der Ehe mit Sophie Freud]. Er ist sehr schwer erkrankt, es kommen zwei Mal täglich zwei Ärzte – und wissen nicht, was es ist. Es ist wirklich schrecklich, was der arme Mensch durchmachen muß. Der liebe G'tt soll ihm nur sein einziges Kind lassen Amen. Du kannst Dir denken, daß ich dadurch sehr aufgeregt bin, sonst hätte ich Dir einen ganz anderen Brief geschrieben … Komm nur bald zurück.
Cilly und Leo Neuhaus waren so aufmerksam gegen mich, ich schenkte, um mich zu revanchieren, Cilly eine schöne Radierung von Hermann Struck mit Rahmen für drei Mark, laß sie Dir mal zeigen. Sag Cilly, ich laß sie tausend Mal grüßen, ich hatte ihr

eigentlich zu Schabbat einen Brief zugedacht, bin aber jetzt durch die Sache mit Ernstl nicht in der Stimmung. Es ist auch gleich Schabbat, ich bin erst nach fünf [Uhr] angekommen.
Ich freue mich auch, wenn ich Dich mit G['ttes] H[ilfe] erst gesund wieder hier habe. So wollen wir noch einen einsamen Schabbat ertragen, denken aber alle stündlich und immerzu an Dich.
Lotte
Eva, Esther, Mirjam, Jizchak und Judith, besonders aber nochmal von der Ersteren.
P.S. Hat Zeew (?) Dir den Brief von Rosenheim gegeben?
Ich habe bei Pfeiffer nichts bezahlt, auch nicht meine Wäsche im Betrag von 5,60 Mark.

Aus dem geplanten einen Erholungsmonat für mich wurde ein ganzes Jahr. Dieses Pflegejahr und die Tatsache, daß ich meiner Mutter ganz besonders ähnlich sah, brachten Oma wohl dazu, mir in späteren Jahren viel aus Lottes Leben zu erzählen; manches Mal ließ sie auch ganz vorsichtig und nur andeutungsweise durchblicken, was sie über das Schicksal ihrer Tochter dachte.

Nach einem Herzanfall mußte Jo auf Anraten des Arztes für einige Zeit zur Erholung fahren. Zwei undatierte Briefe von Lotte stammen, wie wir nachgerechnet haben, aus dieser Zeit:

[o.D.Mitte 1925]

Meine flüchtige Karte von Dienstagnachmittag wirst Du wohl bekommen haben. Gestern war ich den ganzen Tag zu Bett (Eva fragte: Kommt nun Frau Lopard, weil du so fein im Bett liegst?). Herta ging um 6 Uhr aus und ist bis heute Abend 6 noch nicht wieder erschienen. Du kannst Dir denken, wie entsetzlich müde ich bin. Aber inzwischen habe ich so geliebte Grüße von Dir gehabt, daß alle Müdigkeit wieder verflogen ist. Für Deine Karte aus Lehrte allein einen innigen festen Kuß … ich muß sie immer und immer wieder lesen. Und heute morgen kam das Paket an die Kinder.
Nein, von der Begeisterung kannst du Dir gar keine Vorstellung machen. Um die Serviettenringe schlugen sie sich erst eine halbe

Stunde, wer den weißen, wer den schwarzen und wer »den mit die Pilze«.
Und dann kamen die goldenen und silbernen Riesenzigarren. Und als erst mein Estherlein sich auf den Bauch klopfte und mit ihrem berühmten Augenzwinkern entdeckte, daß »da rosane Sahne drinne« ist, da war überhaupt der Gipfel der Glückseligkeit erreicht. Und Eva bemerkte in ihrem Backfischton dazu: Das ist doch wirklich reizend von Pappi, daß er für jedes Kind so viel Eis in die Zigarren reingetan hat. Mein Buli sagte gar nichts, er war stumm vor Entzücken, und als ich mich umdrehte, hatte er bereits die ganze Zigarre mitsamt Silberpapier und Papierring im Mund und kaute mir immer wieder die Worte: »meckt gut, meckt gut«.
Das sind also die neuesten Neuigkeiten über unsere Kinder.
Sonst passiert ja nichts Interessantes in unserer stillen Klause. Der Rabkower Raw rief Dienstag nochmal an, er wollte Dich besuchen. An Post wird Dich interessieren, daß Abraham Heckscher für die Jeschiwa einen Monatsbeitrag von 50 Mark zeichnete; Iwan Meyer hier einen einmaligen von 200 Mark.
Und was soll ich Dir von mir noch schreiben? Der Brief ist zwar »schwach«, aber meine Liebe und meine Sehnsucht sind um so stärker. Und ich fühle mich ja so unendlich glücklich durch so eine Karte wie die aus Lehrte ... ich denke ja immer und immer nur an Dich und wäre so unendlich gern mit Dir auch nur ein einziges Mal durch den Wald gewandert. Ich habe noch nie den Wald in Schnee gesehen. Wie herrlich ruhig und friedlich und zugleich frisch und froh muß das machen ... Was macht Dein Herz? ... Sei nicht böse (Hertha ist schuld), ich bin zu abgespannt. Ich schreibe morgen mehr.

o.D. Ende 1925

Schreibutensilien gibt es ja in unserem Hause nicht. Sämtliche Füllfederhalter sind verschwunden. Nun kommt wieder so ein einsamer Schabbat ohne Dich. Es fehlt doch wirklich der ganze Sinn und Zweck des Lebens, wenn Du nicht da bist. Aber ich will nicht undankbar sein, wenn ich so meine fünf Zuckerhühner am Tisch sitzen habe, ist das doch auch nicht ohne ... Sie fragen alle immerfort nach ihrem Pappi, möchten so gern wieder Osse Scha-

»Die ersten Vier«: Esther, Mirjam, Buli und Eva, 1923.

»Mit den ersten Fünf«.
Reihe 1: Lotte Carlebach mit Judith, Buli, Eva;
Reihe 2: Mirjam und Esther, 1924.

lom [den Friedensrefrain] mit Dir singen, Deine sonore Stimme (so steht heute im Israelit) hören. Wir sind heute [Freitag-] Abend bei Frau Rabinow eingeladen, ich habe angenommen, weil sie so sehr gequält hat, ich habe ihr einen kleinen Obstkorb raufgeschickt. (Im Israelit steht übrigends die Anzeige von einem Sohn bei dem jungen Dr. Lerner und Frau, geb. Feist. Vielleicht willst Du dem Großvater gratulieren).
Sonst ist von mir nichts zu berichten. So in den Tagen, wenn Du nicht da bist, fällt mir die zerstörte Freundschaft mit Deutschländer und Käthe doch ein bißchen schwer auf die Seele. Aber es mußte wohl so kommen. Ich passe auch heute nicht mehr zu Käthe. Und [zu] Deutschländer ..., seit er der Leiter des Weltdirektoriums ... etc. ist. Das einzige, was mir wirklich leid tut, ist die Spannung mit Munk. Wenn man ihn aus all der leidigen Politik mal herausläßt, als Mensch ist er doch was Großartiges. Allein seine Freundschaft zu unserem Haus, die doch unwandelbare Treue ist zu einem Freund, der nun schon 12 Jahre nicht mehr am Leben ist ...
Eben lese ich das Geschmier nochmal durch. Da kommt es mir vor, als ob die letzten Zeilen etwas vorwurfsvoll waren. Das soll es wahrhaftig nicht sein ... nur ein Konstatieren der Tatsachen. Ich habe nach keinem Menschen in der ganzen weiten und nahen Welt Sehnsucht oder Verlangen, wenn ich Dich nur habe. Komm nur recht bald und recht gesund zu mir zurück, sei mir nicht böse über meinen dummen Briefe. Hab mich immer so lieb und denk an mich, ich bin doch die glücklichste Frau der Welt durch Dich.

Ich hab Dich unsagbar lieb
Deine Lotte

Wie Oma Preuss dann später erzählte, beließ Lotte es nicht bei diesen »Freundschaftsspannungen«, sondern machte es sich zur Aufgabe, als beschwichtigende Vermittlerin für alle Seiten den richtigen tolerant-versöhnenden Ausgleich zu finden, ermöglicht durch ihren feinen Humor und ihr Taktgefühl einerseits und ihr Verständnis für reale Situationen anderseits.

In dieser Hamburger Epoche wurde 1925 noch ein Junge geboren, dem Geburtseintrag nach schon im Altonaer jüdischen Krankenhaus. Er erhielt den würdigen Namen Salomon, so genannt nach Joseph Carlebachs Lübecker Vater. Aber wie sein zwei Jahre älterer Bruder Julius-Buli, erhielt auch er gleich einen zusätzlichen Rufnamen: Peter, für den »täglichen Gebrauch«.

Nach Kowno und Lübeck war Bieberstraße 2 die erste Wohnung für Lotte Carlebach, die nicht übernommen, sondern von ihr mit eingerichtet worden war. Wenngleich den verhältnismäßig bescheidenen pekuniären Verhältnissen angepaßt, war doch wenigstens einiges von der Einrichtung und dem Mobiliar nach ihrem Geschmack. Die Wohnung hatte auch andere Vorzüge. Sie war ganz in der Nähe der T.T.R., und so dauerte der Schulweg von Vater nur wenige Minuten. In der oberen Etage wohnte, wie gesagt, die kinderlose Familie Rabinow, und nicht selten kletterte eines der Carlebach-Kinder zu ihnen die Treppe herauf, um sich mit mit einem ergatterten Spielzeug ungestört beschäftigen zu können, ohne es mit anderen Geschwistern teilen zu müssen. Diese Gelegenheit nützte ich wohl des öfteren aus, da es mir besonders schwerfiel, mich an den Kinder-Kibbuz zu gewöhnen, nachdem ich ein ganzes Jahr das einzige kleine Kind in Oma Preussens Haushalt, der nur aus Erwachsenen bestand, gewesen war. Mein Vater pflegte später zu sagen, daß meine starke individuelle Empfindlichkeit in dem Berliner Aufenthalt ihren Ursprung gehabt hätte, und daß er niemals wieder etwas Ähnliches erlauben würde.

Das Beste an der Bieberstraße aber war, daß wir dort während der ganzen Zeit, in der Joseph Carlebach als Schuldirektor in Hamburg amtierte, wohnten. Das gab uns das Gefühl von »unserer Wohnung«, von sicherer Geborgenheit.

Nach etwa fünfundsechzig Jahren stand ich wieder vor dem Eingang in der Bieberstraße 2. Das Haus hatte den Krieg scheinbar unversehrt überstanden. Die ganze kleine Straße hatte ihr Aussehen kaum verändert. Der Wind raschelte in den Bäumen wie früher, als könnte ich die Luft schnuppern. Durch die mit Eisenstäben vergitterten Fenster konnte ich moderne Computer sehen und Regale mit Akten. Kein Kindergetrampel war zu hören, und ich suchte vergebens nach den Garderobenhaken mit den Kindermänteln, aus deren Ärmeln je ein mit Seidenband angebundener Handschuh lugte. Das war ein Patent, das auch meine Mutter benützte, damit wir uns nicht um die Handschuhe zanken, sie verwechseln oder während des Spiels verlieren konnten. Plötzlich denke ich an das Wort Gamaschen, an die Wärme, die von ihnen ausging. Heute ist das kein Wort zum Benutzen oder zum Sprechen. Es ist nur ein Wort, das erinnert.

Zehn Jahre Altona/Elbe

Ein Altonaer Umzug

Noch zur Zeit der Bieberstraße wurde Direktor Joseph Carlebach zum Oberrabbiner von Altona und Schleswig-Holstein gewählt. Die Übergabe des Direktorpostens der T.T.R. an den von Joseph Carlebach vorgeschlagenen, sehr jungen Naturwissenschaftler Arthur Spier ging im Laufe des Jahres 1925/1926 vor sich; und wie bereits vorher in Lübeck und Hamburg fungierte Joseph Carlebach auch diesmal gleichzeitig an zwei Stellen. Infolgedessen war unser Vater den ganzen Tag nicht zu Hause und kam erst gegen Abend heim; er verbrachte seine Zeit abwechselnd in der Hamburger Grindelhofschule und dem Altonaer Rabbinatsbüro. Der Name von Oberrabbiner Carlebach wurde im Altonaer Adressbuch von 1926 in der Breitestraße verzeichnet, aber getreu der Familientradition war diese Wohnung in Nr. 15 nur sein Amtsbüro, während die Familienwohnung sich weiterhin in der Bieberstraße befand. Im Laufe der folgenden Jahre wurde die Breitestraße auch immer nur als das jüdische Gemeindebüro angegeben. Wenn der Stellenwechsel meines Vaters nicht gleichzeitig mit einem Wohnungswechsel verbunden war, hatte das seine Gründe: Wir waren bereits eine Familie mit sechs Kindern; sowohl die Wohnungssuche als auch die Übergangszeit von Hamburg nach Altona waren dementsprechend nicht einfach.

Eigentlich gibt es keine direkten Anhaltspunkte für Lotte Carlebachs Meinung zu dieser zweifachen Veränderung. Der erlebten Lübecker Zeit nach zu urteilen, war es schwer für sie, Jo nicht im aktiven Schulberuf, sondern auf einer Rabbinatsstelle zu wissen; und was Hamburg im Vergleich mit Altona betraf, hatte ersteres doch einige Vorzüge für sie gehabt: Die Hamburger Bieberstraßenwohnung lag im jüdischen Grindelviertel; ringsher-

Hofansicht der Papagoyenstraßen-Synagoge von 1917

Eingang zur Altonaer Papagoyenstraßen-Synagoge.

um waren jüdische koschere Geschäfte und vertraute Gesichter, die auch der Kinder wegen so wichtig waren; außerdem liebte sie, die ehemalige Berlinerin, Hamburg als Großstadt; und vielleicht wurde dort nicht so viel Kleinstadtgossip getrieben, wie sie es schon in Lübeck erfahren hatte. In Hamburg hatten wir Verwandte – mütterlichseits die schon erwähnten Halberstädter, vor allen anderen Urgroßmutti Tilly, und von der Carlebachschen Seite – Willy Cohn und seine Frau, Lottes Schwägerin Mirjam mit ihren vier Söhnen, Hermann, Ali, Leo und Salo in der Villa Werderstraße Nr. 13. Die mit Jungen gesegnete Tante Mirjam war unserer überwiegend weiblichen Kinderschar sehr zugetan, doch war das wohl nicht der einzige Grund einer sich immer mehr vertiefenden Freundschaft zwischen den beiden Schwägerinnen.

Aber trotz all dieser Hamburger Vorzüge stimmte Lotte zu, nach Altona zu ziehen und den Status einer Rabbiner-Frau, einer »Rebbezin« anzunehmen – denn mehr als andere konnte gerade sie diese Entscheidung verstehen: In Hamburg mußte Joseph Carlebach sich auch in seinem Amt als Schuldirektor den Ansichten des Vorsitzenden des Schulvorstandes, des dortigen Oberrabbiners Dr. Spitzer, unterstellen – und außerdem durfte er sich, entsprechend den vorbestimmten Statuten, zu einer Predigt oder Andacht in der Bornplatz- oder Dammtorsynagoge nur mit ausdrücklicher Genehmigung des Schulvorstandes einladen lassen – auch nach Lottes Ansicht ein hemmender Umstand für eine so stürmisch-schöpferische und visionserfüllte Persönlichkeit wie Joseph Carlebach, der auch schon selbst als Rabbiner gewirkt hatte.

Aber am liebsten hätte sie ihren Mann als Rabbiner in Berlin gesehen, in einer Position, die ihm auf Umwegen angeboten wurde. Jo empfand den Vorschlag »berauschend wie Alkohol am frühen Morgen ... Solche glänzenden materiellen Aussichten, ich komme mir heute schon wie Rothschild vor. Meine Frau war für ein begeistertes Ja, sie glaubt, sie würde ihrem Mann ein Plätzchen an der Sonne erobern ...«. Was die Verantwortung für Altona betraf, kam der Ruf der Berliner Gemeinde zu früh, und »das Herz bricht beim bitteren Nein«.

So zogen wir endgültig um nach Altona. Meine früheste Erinnerung geht an unsere Wohnung in der Palmaille 120 und sogar an den Umzug selber. Ein großer, dunkelgrüner oder grauer Möbelwagen stand vor unserer Haustür, und wie ein Drache verschlang er allmählich unsere gesamten Möbel in seine Eingeweide. Ich stand mit meinem jüngeren Bruder Buli fasziniert und erschrocken zugleich vor dem Monstrum. In einem unbeachteten Augenblick kletterten wir zusammen in diese halbdunkle Höhle und versteckten uns in einer alten offenen Truhe »zum Aufpassen auf unsere Sachen«. Von dem ganzenEreignis erinnere ich nur die mollige Wärme und das Dämmerlicht, das uns wie eine Wolldekke umgab, bis wir beide einschliefen; und dann den tränenfeuchten Gutenachtkuß meiner Mutter, als sie uns abends im neuen Kinderzimmer zu Bett brachte, nachdem wir, wie ich Jahre später er-fuhr, den ganzen Tag mit Polizeiaufwand gesucht worden waren.

Ausgelöst durch dieses Erlebnis entstand eine besonders innige Liebe zwischen Buli und mir. Wir wurden buchstäblich unzertrennlich. So half ich meinem kleinen Bruder, auch die »Kohlenkiste« in unserem Keller von innen zu erforschen: Ich hielt die kleine Schnapptür zu den Brickets hoch, und er krabbelte nach Belieben raus und rein – ausgerechnet nachdem Mutti ihm einen gestärkten, weißen Anzug angezogen hatte, zu Ehren eines bevorstehenden Besuches von Oma Preuss aus Berlin.

Schon bald nach dem Umzug in die Palmaille 120, am 16. Dezember 1928, feierten wir Muttis achtundzwanzigstem Geburtstag, und Vater dichtete eine weitere Strophe zu der traditionellen Chanukka-Melodie:

Maos Zur Jeschuati
Ist Geburtstagsmelodie
Denn vor 28 Jahr
Muttilein geboren war…
Wir erinnern ganz genau
Der Himmel damals war so blau
Und Muttilein, als Baby klein
Begann gleich Maos Zur zu schrei'n

Und eine Woche danach zählten wir bereits neun Kinder. Diese sich wie eine Perlenkette aufreihende Kinderschar fesselte Lotte natürlich sehr ans Haus, und des öfteren, wenn sie bei öffentlichen Feiern oder Zeremonien vermißt wurde, hieß es nach ihrem eigenen Ausspruch: Lotte Carlebach – amtlich verhindert.

Doch erzählte man viel von ihrer so besonders jugendlichen Erscheinung. Noch in Hamburg, bei einer Schulfeier in der T.T.R., als sie sich auf den für sie reservierten Platz setzte, wurde sie von dem Platzaufseher zurechtgewiesen: Stehe aber schleunigst hier auf. Dieser Platz gehört doch der Frau Direktor. Und ein anderes Mal, als sie schon die würdige Frau Oberrabbiner präsentierte, gingen zwei Journalisten eine Wette zugunsten der jüdischen Winterhilfe ein; der eine behauptete »dieses junge Mädchen wäre Mutter von neun Kindern und die Ehegemahlin von Oberrabbiner Dr. Carlebach«, während der andere schwor, daß das nicht wahr sein konnte – und natürlich die Wette verlor.

Die sich dynamisch verlängernde Kinderreihe war, für mich jedenfalls, mit der Klapperstorchlegende verbunden. Eine von den Hertas oder Emmas, wie unsere stets wechselnden Kindermädchen oder Hausgehilfinnen genannt wurden, erzählte uns die wundersame Geschichte von diesem rotschnabeligen Vogel, der dafür sorgte, in kleinen bestickten Steckkissen die Schar unserer Kinder zu vermehren. Nur zweierlei war dazu nötig. Zum einen mußte man Zucker auf die Fensterbank streuen und zum anderen das Storchenlied singen:

Storch, Storch Steiner,
Mit der langen Beiner
Storch, Storch Schniebel-Schnabel
Mit der langen Ofengabel,
Warum hast du über Nacht
Uns kein Brüderlein gebracht

Diese Angelegenheit schien mir absolut glaubwürdig, weil die Sache mit den Babys immer zu der von mir gewünschten Zeit klappte. Es waren allerdings keine Brüderlein, sondern noch drei kleine Mädchen, die in Altona nacheinander am 11. August

1926, 24. Oktober 1927 und 24. Dezember 1928 zur Welt kamen. Das letzte, dessen weibliches Geschlecht von unserem Rabbiner-Vater eindeutig vorausgesagt wurde – als er Senta Meyer, der Berichterstatterin von Joseph Carlebachs Vorträgen und Arbeitsgemeinschaften, zuflüsterte: »Es ist wieder ein kleines Mädchen unterwegs« und dazu verschmitzt lächelte. Das kleine prophezeite Weihnachtsbaby sollte scherzhafterweise »Dajene'le« genannt werden – »nun ist's aber genug«! Aber das Jüngste der Carlebach-Kinder erhielt den Namen Sara Stella nach der im Mai 1928 verstorbenen Schwester Joseph Carlebachs, Sara, Frau von Oberbibliothekar Dr. Moritz Stern aus Berlin. Wir Kinder nannten sie einfach »Baby« – ein Name, den sie ihr ganzes kurzes Leben lang beibehielt – als Inbegriff alles Kleinen, unsäglich Liebenswerten. Ich sehe vor mir, wie auf Riesenrädern, einen sehr hohen weißen Kinderwagen, aus dem sich kleine, pummelige Ärmchen strecken mit ganz winzigen Händchen – wie die einer bezaubernden Prinzessin.

Für das neunte Oberrabbinerkind, das Töchterchen Sara, übernahm Reichspräsident Paul von Hindenburg im Februar 1929 die Patenschaft; eine Tatsache, die sowohl amtlich als auch journalistisch bekannt gegeben wurde (Israelit, Nr. 9, S. 5, 1929). Für mich war die Zeitungsannonce damals nicht so beeindrukkend wie ein kleiner wollener Babyanzug, der niemals getragen, sondern als Patengeschenk in Ehren gehalten, zum Andenken an dieses Ereignis sorgfältig aufbewahrt und bei besonderen Gelegenheiten herumgezeigt wurde. Diese präsidiale Ehrung wie auch andere wichtige Vorkommnisse wurden in ein foliogroßes, dickes Buch eingetragen, die jeweils dazu passenden Zeitungsausschnitte eingeklebt und zur Erinnerung aufbewahrt.

Das Buch gehörte wohl auch zu einem, meiner Erinnerung nach geordneten Archiv, von dem nach dem Krieg zwar nur wenige, aber sehr wichtige Fragmente von meinem Bruder Peter wiederentdeckt wurden. Vaters gesamte wertvolle Bibliothek war jedoch nicht mehr aufzufinden. Er selbst deutete in einem seiner Briefe vom April 1940 an, daß diese beschlagnahmt wurde Einer dem widersprechenden Aussage nach sollte damals »ein kleiner Teil der Bibliothek im Gemeindehaus der Beneckestraße2 gelagert worden sein und wurde im Jahre 1943 einem Bombenangriff zu Folge verbrannt« (Adolph Herz Archiv, 28.12.1943).

Zurück zu den beiden anderen Prinzessinnen Ruth Rosa Cilly – in Kürze Ruth genannt, und Noemi. Ruth war die einzige »Altonaerin«, die seinerzeit nicht im Krankenhaus, sondern zu Haus geboren wurde. Sie war so blond und so blauäugig, daß mein Vater sie oft scherzhaft, als »das Milchmädchen von Parchem« vorstellte. Im Jahre 1935 [oder 1936] mußten meine armen Eltern durch eine Blutuntersuchung beweisen, daß die nordisch aussehende Neunjährige keine Arierin war, sondern ein echt jüdisches Rabbinerkind. Meine älteste Schwester Eva hingegen sah ganz »Carlebachsch« aus. Sie hatte lange schwarze Zöpfe, schwarze Augen, und mit ihrem dunklen Teint wurde sie schon in den frühen dreißiger Jahren als »Judenmädel« identifiziert und beleidigt. In einigen Läden wollte man ihr keine Lebensmittel verkaufen, und so fiel diese Aufgabe uns jüngeren Kindern zu. Wir anderen sahen nämlich mehr »gemischt« aus: Außer Ruthi und mir hatten alle Kinder braune Augen und braunes Haar in allen Schattierungen; Esther, Ruthi und Baby hatten kurzes Haar, eine Art »Bubikopf«, meistens von Mutti selbst geschnitten. Wir anderen Töchter hatten Zöpfe, auf den ausdrücklichen Wunsch unseres Vaters hin. Auch ich hatte braunblonde, lange Zöpfe und mit meinen rosa »Schabbat-Bäckchen« sah ich wohl nicht gerade jüdisch aus, denn manches Mal fragten mich Leute auf der Straße: Wie heißt du denn, kleines Mädchen – und wenn ich knickste und meinen biblischen Namen, Mirjam, angab, bekreuzigten sie sich und sagten: Jesus, die Maria.

Nach Aussage von Frau Kahn wurden wir kleinen Carlebach-Kinder schon recht früh in den jüdischen Aguda-Kindergarten im Altonaer Volksheim, Wohlersallee 58, eingeschrieben. Wir drei »großen« Mädchen trugen winzige, dunkelblaue Trägerfaltenröcke mit dazu passenden Pulloverchen und Buli einen »Bleyle«-Strickanzug mit Knöpfhosen – alles wurde im Saisonausverkauf erstanden – ich selber erinnere mehr die rotabgepaspelten Kleiderschürzen, die wir an Wochentagen von beiden Seiten benützten. Dagegen gab es am Schabbat und an Feiertagen weiße Schabbat-Schürzen, und besonders wenn Oma Preuss bei uns zu

Lotte Carlebach mit ihren neun Kindern, 1931.
Reihe 1: Peter, Noemi, Lotte Carlebach, Baby, Buli.
Reihe 2: Mirjam, Ruthi, Eva, Esther, Judith.

mehrwöchigen Besuchen kam, war sie der »Schürzen-Ermahner«.

Die Vormittagsstunden im Kindergarten bewirkten nicht nur eine große Entlastung meiner Mutter, auch die ständig wechselnden Hausgehilfinnen, damals einfach »Mädchen« genannt, denen wir immer irgendwo im Weg standen oder lagen, atmeten auf, wenn wenigstens ein Teil der Kinder nicht gesehen und nicht gehört wurde. Denn die vielen Kinder und der dynamische, alles andere als luxuriöse oder ordentliche Haushalt fand bei den meisten Mädchen keinen großen Anklang, und nur selten meldete sich jemand oder, genauer gesagt, jemand Passendes auf Muttis Annonce hin, im Israelit (Nr. 5, S. 10, 1929):
»Frau Dr. Carlebach sucht tüchtige, sehr kinderliebe Stütze«.

Wir hatten niemals eine langjährige treue »Maria« wie andere Leute. Im Gegenteil – Mutti war immer auf Mädchensuche, und bei jeder ihrer Geburtstagsfeiern wurde das Problem von uns Kindern »künstlerisch« vorgetragen:

Die verkleidete »Hausfrau« sitzt und erwartet die Kandidatinnen, die sich vorstellen sollen:
... in sechs Wochen das sechste Mädchen schon ... Horch da klopft's,
das wird wohl schon die Siebte sein, G'tt gebe, daß sie fromm und brav sei ... Herein. Was wünschen Sie?
Dienen.
Sie dienen?
Sie meinen wohl des schönen Kleides wegen ... am Sonntag geh ich nur in Atlas und trage Handschuh mit 99 Knöpfen dran und mein Schatz führt mich zum Tanz.
Einen Schatz haben Sie auch?
Nicht nur einen, sondern Drei.
[Aus der Kinderaufführung »Die ewige Mädchenfrage«]

Emmy Roth jedoch war ein Kindermädchen, die es zwei volle Jahre (etwa 1928-1930) bei uns aushielt; sie erzählte mir vor kurzem als schon Fünfundachtzigjährige ihre Erinnerungen und Eindrücke über die Carlebachs aus der Palmaille 120: Emmy kam zu uns, gerade als Baby geboren war und Mutti danach sehr krank war (Brief Joseph Carlebachs an Fritz Warburg, Dezember 1928). Im allgemeinen hielt sich Mutti mit dem Baby und dem Zweit- oder »Vorjüngsten« in ihrem kleinen Zimmer auf bei verschlossener Tür. Nur selten kam sie in das große Kinderzimmer, um dann immer nur eines der Kinder zu sich »einzuladen«. Wenn keine Gäste in Sicht waren, trug Mutti ihr schulterlanges Haar offen, da das streng um die Stirn gelegte Kopftuch ihr wohl öfters Migräne verursachte. Auch ich erinnere Muttis »offenes», ganz glattes, hellbraunes Haar, aber Emmy beschrieb sie als »rotblond«. Mit ihren tiefgrauen Augen und dem Baby auf dem Arm wirkte Mutti nach Emmys Beschreibungen geradezu engelsgleich.

Emmy wohnte mit uns in dem großen Kinderzimmer: In der Mitte stand der wachstuchbedeckte, lange, niedrige Kindertisch und rings herum die kleinen Kinderstühle. Die Kinderbetten waren in einem großen Kreis an den Wänden entlang aufgestellt, zwischen ihnen – auch Emmys Bett. Für den Besucher jedoch waren die Betten zunächst unsichtbar, denn um jedes war eine Gardine gewunden, die dem einzelnen Kind, wenn erwünscht, die nötige private Intimität ermöglichte. Manchmal besuchten wir uns abends gegenseitig, und wer traurig oder ängstlich war, konnte auch in Emmys Bett klettern.

Spielsachen hatten wir allerdings sehr wenig: Unsere Hauptbeschäftigungen waren Singen, beim Vorlesen zuzuhören oder papierne Ausschneidepuppen an- und auszuziehen. Emmy erinnerte die Carlebachsche Kinderschar als artig und leicht zufriedenzustellen, einer half dem anderen, und besonders Eva, die Älteste, war bald selber umsichtig wie ein Kindermädchen. Am Freitagabend saßen auch die ganz Kleinen mit am Tisch im Eßzimmer, aber an den diversen Fasttagen wurde bei uns nicht gekocht, und auch die Kinder wurden daran gewöhnt, sich mit einer ganz einfachen Mahlzeit zu begnügen.

Emmy, als nicht–jüdische Hilfe, bekam an diesen Tagen eine extra Bezahlung, um in einem Restaurant zu essen. Ihrer Aussage nach erhielt sie die Stelle bei uns durch das Arbeitsamt; sie schuf sich eine gute Arbeitsroutine, wie z.B.: Die Babys wurden morgens gebadet, wenn die »Großen« in der Schule bzw.

im Kindergarten waren – diese dagegen abends vor dem Schlafengehen. Sie brauchte sich nur um die Kinder kümmern und nicht um das Kochen und Putzen. So wurde sie »gut mit uns fertig« und erntete auch die dafür gebührende Anerkennung. Trotzdem rieten ihre Freunde ihr, eine leichtere Stelle mit nur zwei Kindern anzunehmen.

Emmys Eindrücken nach zu urteilen war Mutti damals sehr unglücklich: Sie ging nie aus, und es schien ihr, daß sie von Vater vernachlässigt wurde. Emmy meinte, daß Mutti wenig Kontakt zu ihren vielen Kindern hatte und daß die aufeinanderfolgenden Schwangerschaften nicht von ihr gewollt waren. Oma Preuss dagegen flehte Mutti direkt an, sich vor Schwangerschaften zu schützen, was sie aber strikt und überzeugt ablehnte, wenngleich sie sich gesundheitlich manches Mal überfordert fühlte.

Über sich selbst berichtete Emmy, daß sie 1939 nach einem mehrjährigen Amerikaaufenthalt in das neu orientierte Hamburg zurückkam und anfänglich von dem Umschwung begeistert war. Erst zwischen 1943 und 1944 fing sie an zu verstehen, daß »selbst die jüdischen Kinder nicht verschont wurden«. Und was geschah mit Ihrer schönen stillen Mutter, dem Rabbiner-Vater und den drei Kleinen? Das fragte Emmy mich im Jahre 1991 – fünfzig Jahre danach.

Carlebach-Gerichte

Unsere Mutter war immer mehr als vollauf beschäftigt, auch in Zeiten, da die besagte Mädchenfrage einigermaßen geregelt war. Ich erinnere z. B. nicht, daß unser Mädchen kochte; das besorgte meine Mutter selbst, und oft war sie außergewöhnlich erfinderisch mit Kochrezepten, die nicht nur einige Probleme des schmalen Haushaltsbudgets lösten, sondern auch das, seit dem 1933 erlassenen »Schächtverbot« mangelnde koschere Fleisch ersetzten. So gab es den berühmten »falschen Hasen«, der sich bei uns, indem mehr altes Brot zu dem gemahlenen Hackfleisch und der Füllung mit harten Eiern zugegeben wurde, fast in einen vegetarischen Hasen verwandelte; es gab auch Frikadellen aus Haferflocken, die Mutti in überzeugender Weise »argentinisches Gefrierfleisch« nannte. Einmal bekamen wir aus dem Ausland echtes Gefrierfleisch, das aber, wohl durch die lange Lagerung im Zoll, nicht mehr ganz frisch war. Trotzdem wurde diese seltene Ware nicht weggeworfen. Das Fleisch wurde in einer Kalilösung gewässert, in schmale Streifen geschnitten und sehr scharf gebraten. Der Geruch verbreitete sich von der Kellerküche aus über alle Zimmer; sorglos und, ohne Schaden zu nehmen, taten wir uns an dem Fleisch recht gütlich. Aber meistens ersetzten Fische, am Altonaer Fischmarkt erstanden, den Bedarf an Fleisch; und Muttis gebratene Schollen mit Kräutermayonnaise, die statt des Bratens auf den Schabbattisch kamen, waren geradezu berühmt.

Statt Schmalz schmierten wir »Affenfett«, aus Kokosfett »Palmin« zubereitet, auf das Brot oder auf die Schabbatlichen Chalot oder Berches [geflochtenes süßliches Weißbrot]. Diese Chalot, sowie Kuchen und Brot wurden nur bei Herrn Konjarski, dem koscheren Altonaer Bäcker, gekauft. Oft waren in dem Brot größere »Hefelöcher«, und Mutti pflegte uns auf scherzhafte Weise zu erklären, wie diese Löcher entstehen: Herr Konjarski sei nämlich mit allen seinen Gesellen durch das Brot gekrochen. Konjarski spielte auch eine wichtige Rolle bei unserem Freitagmittag-Menü, das wohl aus pekuniären Gründen und wegen der Vorbereitungen für die bevorstehenden Schabbatmahlzeiten äu-

BÄCKEREI UND CONDITOREI

KONIARSKI

ALTONA, Gr. Mühlenstr. 87, D 2 Altona 5903

Filiale ALTONA, J. Goldstein, Gr. Prinzenstr. 35, D 2 Altona 8234

Filiale HAMBURG, R. Frenkel, Bornstr. 22, H 4 Nordsee 9511

Unter Aufsicht Sr. Ehrw. des Herrn Oberrabbiner Dr. Carlebach.

Anzeigen für koscheres Essen aus der Allgemeinen Zeitung des Judentums und dem Israeltischen Kalender 1912 – 1928

ßerst einfach gehalten wurde. Es gab Kakao und »Konjarskis Brötchen von gestern«. Diese Mahlzeit, von uns Kindern besonders geliebt, bekam den Namen »Tante Dora«, denn aus unerklärlichen Gründen erinnerte uns dieses Menü an Torte mit Zuckerguß von Tante Dora aus der Hansafibel S. 34. Andere Gerichte waren Grießbrei mit Himbeersaft oder Schokoladenplätzchen, aus dem Geschäft von Frau Ammermann, Palmaille 66; oder es gab Grießsuppe mit Rosinen und ähnliche Kindermenus. Mutti kaufte auch immer Bruchkekse, denn sie waren billiger; manchmal fanden wir zwischen dieser einfachen Ware auch einen »vornehmeren« Keks; und der ehrliche Finder wurde von uns anderen Kindern beneidet.

Beneidet wurden wir andererseits von den vielen, vielen Kindern, die jedes von uns Neunen unangemeldet mit nach Haus bringen durfte, ja, wir wurden sogar direkt dazu ermuntert. Das Eindrucksvollste für die jungen Gäste waren nicht die eigentlichen Speisen, sondern der Umstand, daß es immer etwas zu essen gab. Man mußte bei uns nicht warten, bis die Uhr einem anzeigte, daß man hungrig sei oder daß man sich jetzt zu Tisch setzte. Es wurde immer etwas angeboten, und die Kinder wurden gebeten, sich nicht zu genieren. Für viele Kinder, sowohl aus deutsch geregelten, pedantisch-»jeckischen« Häusern, als auch aus jüdischen Waisenhäusern in Hamburg, war das direkt ein Erlebnis.

Mutti selbst aß gerne das Oberteil vom Kaiserbrötchen, eine hauchdünne »Grafenschnitte« Schwarzbrot oder Pumpernickel mit Butter und trank dazu ganz starken Tee ohne Zucker, von uns kurzerhand als »Gift« bezeichnet, aus einer blauen »zwiebelgemusterten« Porzellantasse.

Als ich viele Jahre später durch Zufall in Herzlia ein kleines Häuschen auf einem Hügel dem Meer gegenüber entdeckte, dessen Küche mit solchem blauen »Zwiebelmustergeschirr« ausgestattet war – erträumte ich mir dieses Häuschen als Erholungsort für Mutter – nach dem Krieg.

Aber damals als Kinder verabscheuten wir Butter und hielten uns im allgemeinen an Margarine, wie etwa an die koschere »Tomor«-Margarine, die wie Kernseife aussah und manches Mal auch nicht ganz unähnlich schmeckte. Mein Vater rührte überhaupt keine Milchspeisen an: weder Milch noch Käse noch Butter oder Ähnliches. Er trank kochend heißen, schwarzen Kaffee aus einer »silbernen Thermos«, und außer am Freitagabend und am Schabbat nahmen wir wenige Mahlzeiten gemeinsam mit ihm ein. Sehr selten sorgte er für unser Frühstück oder Abendbrot; rückblickend meine ich, nur in Zeiten, in denen Mutti im Krankenhaus lag. Aber eine der seltenen Frühstücksszenen, bei der doch die ganze Familie zusammen war, soll hier festgehalten werden:

Nur Pappi bekam morgens zum Frühstück ein Ei, ein Spiegelei, von beiden Seiten gebacken: An den Rändern braun gebraten und dann ganz kurz auch auf die Gelbeiseite umgedreht, damit das Eiweiß wirklich weiß werde und nicht durchsichtig und glibberig bleibe. Nachdem Mutti das heiße Ei auf Vaters Teller jongliert hatte, schnitt er es in der Mitte durch und bugsierte erstmal die Hälfte auf Muttis Teller; auf seinem Teller blieben die andere weiße Hälfte und das Eigelb, das sich beim Durchschneiden auf die Fläche seines ganzen Frühstückstellers ergossen hatte. Jedes der neun Kinder kam nun der Reihe nach, von uns als »nach der Älte« betitelt, mit seinem halben Brötchen und tunkte dies in das flüssige Eigelb ein. Ich erinnere nicht nur ganz plastisch die Kinder-Orgelpfeifenriege, sondern auch den paradiesischen Geschmack der wohl ungewöhnlichen Mahlzeit.

Diese und andere seltene Szenen ausgenommen, war Vater manches Mal direkt hilflos uns kleinem Gekrabbel gegenüber und wußte nicht genau, wie ein Streit um einen Puppenteller mit Plastilinkartoffeln entstehen konnte und wie die darum vergossenen Kindertränen zu trocknen waren. Das war eine richtige Mutteraufgabe, die Mutti, »Frau Lotte als große Trösterin«, den anschaulichen Berichten von Senta Gerstein-Meyer entsprechend, mit sagenhafter Ruhe, viel Nachsicht und Kinderverständnis löste.

Noch ein ausgesprochenes Carlebach-Gericht im jährlichen Menü bestand aus »Suppe mit Tannennadeln« und gehörte zum Laubhüttenfest. Letzteres ist ein Herbstfest, an welchem wir, in Erinnerung an Israels Wüstenwanderung mit der sich daraus ergebenen Unbeständigkeit der Behausung, sieben Tage in mit

Laub bedeckten Hütten leben sollten. »Ganz fromme« Männer schliefen, lernten und lebten wirklich in dieser, auf hebräisch Sukka genannten Hütte, aber wir aßen dort nur unsere Mahlzeiten.

Die Sukka war zwar eng, aber ungemein gemütlich mit winzigen, gardinenbehangenen Fensterchen, mit kindlich gemalten Bildern der drei Kleinen und mit geschwungen geschriebenen hebräischen Versen aus der Bibel von den Großen; geschmückt und verziert mit Girlanden und seidenpapierenen Ketten, mit Goldbronze angemalten Kastanien und kunstvoll ausgeschnittenen Vögeln, Röschen und laternenartigen Körbchen, die mittels kleiner Steinchen langestreckt von der Decke herunterhingen. Die Sukka hatte ein doppeltes Dach: Einmal das gesetzmäßig vorgeschriebene Laubdach, eben aus Tannenzweigen bestehend. Am Tag bei schönem Wetter schienen die Sonnenstrahlen durch das dunkelgrüne Laub hindurch, aber noch schöner war es bei Nacht, wenn die Sterne wie goldene Augen durch die Zweige lugten. Das zusätzliche zweiteilige Dach war mit Teerpappe bedeckt und konnte mittels Stricken auf- und zugezogen werden. Wenn es nun regnete und gar stürmte, sollte das zusätzliche Dach vorsichtig herabgelassen werden, was aber wegen seines schweren Gewichtes nicht immer gelang. Die Seile machten sich dann »selbständig«, die geteerte Pappe polterte auf das Laubdach herunter, und die erschütterten Tannenweige verloren einen Teil ihrer Nadeln, die in unseren Suppentellern landeten. Die Hauptsache war, daß der Segensspruch über den Wein bei offenem Dach, also vor dem Regenguß gesprochen wurde, denn dann konnte man mit der feierlichen Mahlzeit beginnen. Wenn Mutti die Suppe ausgeteilt hatte und es anfing zu strömen, zu donnern und zu blitzen, wurde das Dach zugezogen. Es war ein abenteuerliches und heimisches Gefühl zugleich – den prasselnden Regen auf dem Teerpappendach zu hören und die Suppe zwischen den Tannennadeln so schnell und so heiß wie möglich auszulöffeln. Manchmal klebten sich die Tannennadeln an den Kräppchen fest; diese Sukkot-Suppeneinlage bestand aus kleinen, mit Hackfleisch gefüllten Teigtäschen, die in der Suppe mit den Tannennadeln um die Wette schwammen.

In der Sukka wurden besondere hebräische Lieder gesungen und auch als Kanon vertonte, passende Bibelverse; eine besondere traditionelle Carlebach-Melodie, »Ata Echad Weschimcha Baruch«, war nach dem hebräischen Aleph Bet aufgebaut: In jeder der sechs Strophen wurden vier der zweiundzwanzig hebräischen Buchstaben »aufgebraucht«, von denen die zwei ersten übersetzt und angepaßt an das ABC, etwa folgendermaßen veranschaulicht werden könnten:

Du bist Allein
Dein Name ist Benedeit
Dein Volk Israel ist Chassidisch (fromm)
Die Völker sind Demütig
Du bist Ewig
Dein Name ist Felsenfest
Dein Volk Israel ist Großartig usw.

Die einzelnen Liedreihen wurden durch ein sich fröhlich wiederholendes Bambambam Bambam Bambam verbunden. Dadurch stand man am Laubhüttenfest sozusagen mit G'tt »auf Du«.

Am Sukkot-Fest wurden vier verschiedene Israelpflanzen wie zu einem Bündel zusammengehalten, um die Mannigfaltigkeit und Zusammengehörigkeit der Kinder Israels zu symbolisieren; in der Synagoge wurden alle vier gemeinsam nach entsprechendem Segensspruch hin- und hergewogen:

Der lange, schlanke Palmenzweig, die zarte Myrthe mit den winzigen Blättchen, die Bachweide mit ihren länglichen, schlappen und ausgewaschenen Blättern und die duftende Zitrusfrucht, Etrog genannt, die in Form und Farbe einer Zitrone ähnelt, und die ihrer Empfindlichkeit wegen vorsichtig in einer silbernen, weich ausgepolsteten Etrog-Büchse gebettet war. Im jüdischen Kinderkalender gab es eine Kinderaufführung, auf einer Legende basierend, »Benjamin mit dem Sack«, die in der jüdischen Altonaer Gemeindeschule bei Schulfeiern inszeniert wurde. Das Stück handelte von dem bettelarmen Benjamin, der unbeirrt durch den Spott seiner Nachbarn solche Etrogim paradoxerweise nach dem Sukkot-Fest verkaufte, und zwar auf den Rat von

Elijahu, dem unerkannten Vorboten des Messias; weiter handelte das Stück von der scheinbar unheilbar kranken Prinzessin, die durch den Etrogduft gesund geworden war, von dem fürstlichen Lohn und natürlich vom glücklichen Ende – die Prinzessin war gesund, Benjamin reich und der König-Vater glücklich.

Der Etrog nach Sukkot spielte aber noch eine andere Rolle: Er wurde zu einer Spezialität, zu Etrog-Marmelade eingemacht. Diese aufwendige Prozedur sollten wir bei Tante Sonja Carlebach lernen, der Witwe unseres uns unbekannten Onkel Alex aus Lübeck. Weil sie ursprünglich aus Rußland stammte, sangen wir über sie das Lied:

Sonja, Sonja, deine schwarzen Augen
Küsse ich im Traum viel tausend Mal
Kann's nie vergessen
Wunderbare Blume aus dem Wolgatal.

Allerdings sah Tante Sonja nicht blümchenähnlich aus, sie war wohlbeleibt, und wenn sie lachte, hörte sogar ihr kleiner, ständig keifender Hund mit seinem Gebell auf. Sie wohnte in der Grindelallee 122, einem Neubau mit weißlackierten Türen. Bevor Eva und ich in das Marmeladengeheimnis eingeweiht wurden und die entwässerten und entkernten Etrogscheiben mit Zucker vermischten, wollte die Tante uns zu Makkaroni mit Tomatensoße einladen. Als sie sich aber anschickte, die Dose mit dem Tomatenpüree zu öffnen, spritzte der dickliche rote Saft nach allen Seiten, punktierte die lackierten Tür- und Fensterrahmen und den verdutzten Hund und klebte wie rote Tannenzapfen an der weißgetünchten Decke. Tante Sonja lachte, bis ihr die Tränen von den Wangen kullerten. Kinder, rief sie, das ist ja zu komisch. Nie hätte ich mir so einen herrlichen Spaß erlaubt, und jetzt hat es mich so überrascht. Und sie lachte und lachte.

Bis heute weiß ich nicht, wie man besagte Etrog-Marmelade einmacht – aber ich erinnere Tante Sonja und bewundere ihre Gabe, in ärgerlichen unabänderlichen Situationen sich nicht vom Verdruß übermannen zu lassen, sondern die Komik zu genießen. Und bis heute höre ich in mir ihr unbekümmertes Lachen ob der Tomatenpüreebescherung.

Die Israelitische Gemeindeschule

Die Palmaille war eine der ältesten und schönsten Straßen Altonas; die Häuser auf der Straßenseite mit den geraden Zahlen, zu denen unsere erste Wohnung gehörte, waren zwar nicht zur Elbaussicht hin gelegen, aber unter den hohen Bäumen der breiten Promenade war viel Platz für unsere Kinderspiele. In der Palmaille Nr. 17, schräg gegenüber unserer Wohnung, lag die neue jüdische Gemeindeschule Altonas mit ihrer schweren, dunkelgrünen Eingangstür, die der jüdischen Gemeinde durch den Einsatz unseres Vaters zur Verfügung gestellt wurde, nachdem sie neunzig Jahre in der Grünestraße gewesen war. Direkt daneben, Nr. 21, war »der Heringskeller«, wo man bei einem dicken Mann mit einer immer feuchten blauen Schürze um den Bauch für fünf Pfennig saftige Salzgurken aus einem tiefen Faß herausgefischt bekam und in die man ohne jegliche Einwickelzeremonie sofort reinbiß.

Noch unvergeßicher jedoch war der erwähnte Bonbon- und Zuckerladen von Frau Ammermann, die Schokoladenplätzchen in allen Größen mit buntem Zucker darauf verkaufte. Die Besuche dieser beiden Läden gehörten zu einer Reihe anderer Kindheitserlebnissen in dieser Straße, zu denen noch Erlebnisse aus der späteren Wohnung in der Palmaille 57 kamen. Der Alltag der politischen Ereignisse warf dann jedoch die ersten schweren Schatten über sie.

Mit der jüdischen Gemeindeschule in Altona verbinden sich viele Erinnerungen, ganz besonders an unseren ersten Schultag. Buli und ich waren so unzertrennlich, daß Mutti ihre Einwilligung gab, uns zusammen einzuschulen, obwohl Buli gerade erst fünf Jahre alt wurde. So trotteten wir beide mit neuen Ranzen, aber ohne Schultüte, in die Schule. Die meisten Kinder wurden von den Eltern oder den Müttern begleitet, und viele Kinder weinten. Das war mir absolut unverständlich, denn die Schule schien mir so natürlich wie Himmel und Erde. Es tat mir zwar leid, daß wir keine Schultüte hatten, aber das war kein jüdischer Brauch, wie mein Vater sagte.

Buli und ich versuchten darüber nachzudenken, warum es Mütter gibt, die ihre Kinder in die Schule brachten, und Mütter, die das nicht taten; und er war bereit, meine einfache Erklärung anzunehmen, daß Begleitung nur für weinende Kinder angebracht sei. Übrigens wurden wir beide getrennt: Wir waren zwar in derselben Klasse, aber es gab hier und auch später eine Jungen- und eine Mädchenseite, bis wir nach Hamburg in getrennte Schulen kamen. Jedenfalls ließen wir uns von Anfang an diese, von einer objektiven Instanz durchgeführte Trennung anstandslos gefallen. Und vielleicht war es auch Muttis Absicht, uns durch die Schule an unabänderliche Situationen zu gewöhnen. Aber die dann folgende gewaltsame Trennung gegen Ende des Schuljahres wurde zu einem traumatischen Erlebnis, das wir beide nicht vergessen konnten, wenngleich es Buli viel schwerer traf als mich, da er derjenige war, der aus der Klasse herausgezerrt wurde. Unser gegenseitiges Gefühl der besonderen Zusammengehörigkeit wurde jedoch durch die Trennung nicht beeinträchtigt. Wir blieben innig miteinander verbunden.

Am ersten Schultag erzählte uns die Lehrerin, Fräulein Lisbeth Caspari, die Geschichte von Schneewittchen. Während sie sprach, zauberte sie mit bunter Kreide die Geschehnisse dieses Märchens wie eine Fee auf die an den Wänden der Klasse hängenden Tafeln. Und dann öffneten wir endlich die Hansafibel und lernten das tintenbekleckste große I.

Von Anfang an war ich begeistert von der Schule und verschwieg sogar manchmal Hals- oder Ohrenschmerzen, um nichts zu versäumen: Die Kinder und die Jungen, die mich an den Zöpfen zogen, die Lehrer und Lehrerinnen, den Hebräischunterricht, die Biblische Geschichte, die Hansafibel, die Musikstunden und den Religionsunterricht, der nachmittags eigentlich nur für jüdische Schüler aus nichtjüdischen Schulen bestimmt war. Allerdings kann es sein, daß mein Lerneifer ganz einfach mit der Tatsache zusammenhing, daß mein Vater diesen Unterricht erteilte.

In der zweiten Klasse lernten wir bei Hauptlehrer Sommer im Fach Biblische Geschichte über König Salomon, der schon mit jungen Jahren den Thron bestieg, die spannende Geschichte: Gott erschien ihm des Nachts und fragte ihn, ob er einen besonderen Wunsch hätte, um sein Volk besser regieren zu können. Und bevor Lehrer Sommer uns verriet, welche weise Bitte Salomon sich von G'tt erflehte, fragte er uns der Reihe nach: Was hättest du dir denn vom lieben G'tt gewünscht? Es interessierte mich überhaupt nicht, was die anderen Kinder sagten, ich war ganz mit meinem eigenen Wunsch beschäftigt und sagte: eine Puppe mit Schlafaugen. Es war mir aber vollkommen unverständlich, daß Herr Sommer daraufhin in schallendes Gelächter ausbrach und noch weniger, daß meine Mutter noch am selben Tag dem lieben G'tt meinen geheimen Herzenswunsch abgelauscht hatte.

Die Schule zeichnete sich durch Veranstaltungen aus wie Musik, Chor und Tanz, Turn-»Pyramiden« und vor allen Dingen Kinderaufführungen, die dem »Jüdischen Kinderkalender« entnommen oder von Lehrer Philipp Moddel verfaßt wurden. Die Veranstaltungen, in denen auch die häuslich erworbenen Talente der Schüler zur Geltung kamen, fanden als Hauptprobe erst vor der gesamten Schülerschaft statt und wurden dann den Eltern vorgeführt. Einmal erlaubte meine Mutter uns, für so eine Veranstaltung meine kleine vierjährige Schwester Noemi »auszuleihen«. Sie war »Marie auf der Wiese«, die mit einem grünen, blumengeschmückten Kleidchen zwischen den Kulissen von »Sternblumen weiß und den Glocken so blau« verlorengegangen war, bis die Geige des zehnjährigen Walter Lichtheim jubelte, »das ist keine Sternblum, ein Köpfchen ist das, ich habe sie gefunden, gefunden im Gras«.

Im dritten oder vierten Schuljahr spielten Walter und ich das Gebrüderpaar Joseph und Benjamin in einem sogenannten Schattenspiel, hinter einem weißen Riesenlaken, das vor die Bühne gespannt war. Aber als Walter, also Joseph, ausrief: Komm, laß dich umarmen, mein Benjamin! fiel ich vor lauter Schreck zwischen die Bühne und das Laken.

Der schwarzhaarige Walter und sein blonder Bruder Ludwig, von uns nur »der Walterle und der Luzele« genannt, waren die Söhne des Direktors der Wasserwerke, Dr. Georg Lichtheim und seiner Frau Margarethe, der Pianistin, sie wohnten in der Palmaille 22 und waren mit uns befreundet. Später besuchte

»Noch eine Marie auf der Wiese« – Baby; 1934
(Lotte Carlebach).

Sara (Baby), 1930
(Lotte Carlebach).

Walter das Altonaer Christianeum. Er wurde am 25. Oktober 1941, mit dem ersten großen »Transport« der Hamburger Juden, mit seiner Mutter nach Litzmannstadt deportiert, und wir konnten ihn nie wiedertreffen. Auch Fräulein Caspari, der ich seit meiner Einschulung 1928 so viel Schulerleben verdanke, kam nie wieder. Im Jahre 1988 fand ich im Hamburger Staatsarchiv ihren Namen in den Eintragungen vom königlichen Schulinspektor Wagner mehrfach löblich erwähnt. »Die Schule selbst wurde schon im Oktober 1938, nicht gerade sang- und klanglos, geschlossen, denn einer der rechtfertigenden Gründe war eine Verfügung der Kultus- und Schulbehörde vom 3. 12. 1937, im Lehrplan der Israelitischen Gemeindeschule alles auszulassen, was nach einem Schmarotzen am deutschen Kulturgut aussieht.« Insbesondere wurde in der Judenschule das Singen vaterländischer Lieder untersagt, weil es einfach nicht angehe, daß Lieder wie »Ich hab mich ergeben«, »Der gute Kamerad« [ich hatt' einen Kameraden], »Schleswig-Holstein meerumschlungen« usw. aus Judenmund erklingen«.

Aber eines der Schulerlebnisse, das letzthin auch durch Mutti arrangiert wurde, verdient noch erzählt zu werden. Es war mit dem Geburtstag von Hans, einem Schulfreund aus der untersten Klasse, verbunden. Buli und ich waren beide zu seiner Geburtstagsfeier eingeladen. Obwohl Familie S. nicht jüdisch-rituell koscher, sondern ganz im Gegenteil, »stock-Treife« war, durften wir dort hingehen. Wie ich später verstand, telefonierten die assimilierten Eltern, nicht bewandert in den jüdischen Sitten und Gesetzen, um bei Mutter zu ermitteln, was mit den beiden Rabbiner-Kindern zu machen sei. Eine große Überraschung erwartete uns im Geburtstagshaus. Neben der großen, bunten Kaffeetafel mit Luftballons und Knallbonbons für die vielen Kindergäste stand ein kleiner runder Tisch bereit, nur für uns beide, für Buli und mich, mit verlockenden Zehnpfennigstücken von Konjarski. Ob wir uns abgesondert fühlten an dem kleinen Extratisch? Beileibe nicht! Viele Kinder hatten wir auch zu Hause, aber einen unbeaufsichtigten Kuchenteller nur für uns beide, das war ein Erlebnis, das wir bis auf den letzten Kuchenkrümel hin ausnützten. Die Kinderfreundschaft mit Hans hielt an, bis er in die Sexta der T.T.R. kam und ich in die Sexta der Mädchenschule Carolinenstraße 35.

Es vergingen über sechzig Jahre, bis ich diesen ehemaligen Schulfreund unerwartet wiedertraf. Es war im Leo-Baeck-Institut in New York, als jemand meinen Mädchennamen nannte, um mich ans Telefon zu rufen, woraufhin er mich plötzlich ansprach. Er erzählte kurz über Schreckliches, das er durchgemacht hatte, aber auch über Wunderbares, das ihn rettete; und nachher sprachen wir von zu Hause. Er ist einer der wenigen, der mehr über Mutti als über meinen Vater erzählen wollte. Vor allen war es ihre ruhige und deshalb auch so beruhigende Art, die ihn als Kind so anzog. Später zeigte er mir sein Schulzeugnis aus der ersten Klasse, in dem Lehrerin Frl. Lisbeth Caspari bemerkte, daß er ein zurückhaltendes, schüchternes Kind war. Die ungezwungene, unaufdringliche Wärme, die Mutti eigentlich jedem Kind gegenüber ausstrahlte, war für Hans ein bleibendes Erlebnis, über das er wehmütig und doch tröstend sprach.

Kleine Zwischenfälle und Kranksein

Um von unserer Wohnung Palmaille 120 aus in die Schule zu kommen, mußte man die Palmaille zweimal überqueren: Denn links und rechts liefen an der Allee zwei Fahrwege entlang; soweit ich mich erinnere, gab es außer dem Autoverkehr auch eine Straßenbahn. Buli und ich wählten den Ammermannschen Schokoladenladen, um von dort aus die Straße zu überqueren, nachdem wir ausgiebig die ausgestellten Süßigkeiten in dem kleinen Schaufenster bewundert hatten. Eines Tages waren wir spät dran, und um noch rechtzeitig in der Klasse zu sein, vergaßen wir Muttis Anweisungen zur Vorsicht und rannten direkt in ein Auto. Der Chauffeur bremste noch rechtzeitig, war aber so wütend, daß er die Tür aufriß und Buli, den er für den älteren männlichen Beschützer hielt, eine gehörige Ohrfeige gab. Buli bekam, wie öfters, sofort starkes Nasenbluten und der Mann – einen gehörigen Schreck. Um uns zu beruhigen und abzulenken, schob er uns in den Laden von Frau Ammermann und sagte: Kauft, was ihr wollt, es ist alles in Ordnung. Damit kam er allerdings billiger weg, als er wohl ursprünglich dachte. Denn hundert Gramm Katzenzungen war alles, was wir wollten.

Einen anderen Unfall hatte mein Bruder Peter. Er wollte meinem Vater am Schabbat nach Schul entgegenlaufen und geriet unter die Straßenbahn. Zum Glück war der Schaffner äußerst geistesgegenwärtig, aktivierte eine Art »Auffang«-Vorrichtung, und mein Bruder kam mit leichten Quetschverletzungen davon. Nachdem meine arme, erschrockene Mutter ihn ins Bett gelegt und der Arzt ihn untersucht hatte, schlief er dann ein. Am späten Nachmittag kam dann die große Überraschung – der Schaffner kam in unser Haus, um sich nach dem Befinden des kleinen Patienten zu erkundigen. Da stand er nun vor dem weißlackierten Bett und drehte seine Schaffnermütze etwas verlegen mit den Händen hin und her. Natürlich bedankten sich meine Eltern bei dem Mann, der sich aber strikt weigerte, irgendein Geschenk anzunehmen. Wir Kinder waren einfach überwältigt. Selbst der höchste Staatsbesuch hätte nicht so einen Eindruck gemacht wie dieser echte Schaffner in seiner Uniform und der Schaffnermütze, der dem kleinen Rabbiner-Sohn gute Besserung wünschte.

Assoziativ verbinde ich hiermit auch die Freundschaft mit unserem Altonaer Briefträger. Am Schabbat wurden von uns keine Briefe geöffnet, denn das Aufreißen gehört zu den neununddreißig Aktivitäten, die eine wesentliche Veränderung des Materials hervorrufen und deshalb am Schabbat nicht ausgeführt werden dürfen. Einmal in der Woche also warf unser Briefträger die Post nicht in den Briefkasten, sondern übergab uns an der Haustür die von ihm geöffneten Briefe. Das war sein Schabbat-Zeichen für die Freundschaft mit der Rabbiner-Familie.

Es war immer irgendwas los bei so vielen Kindern – eines von ihnen war krank oder hingefallen oder hatte irgendeinen Unfall. So wurde auch meine Schwester Esther einmal angefahren, als wir auf dem Weg zu einer Geburtstagsfeier waren. Ich dachte, wie sie mir später vorwarf und ich zu meiner Schande gestehen muß, dabei mehr an die versäumte Feier als an ihren Schmerz und Schreck. Eines Tages kam Eva mit einem halbausgebrochenen Vorderzahn nach Haus, nachdem Buli mit seinem Fahrrad in das ihre reingefahren war. Peter, der »Trinker« genannt, trank buchstäblich alles: einmal Terpentinöl, ein anderes Mal Pappis Herztropfen, und endlich leerte er eine Flasche Wein aus. Unsere verängstigte Mutter saß vierundzwanzig Stunden an seinem Bett, bis er seinen »Rausch« ausgeschlafen hatte. Außerdem hatten wir, »natürlich« nie zusammen, sondern immer abwechselnd unsere gewöhnlichen Kinderkrankheiten wie Masern und Windpocken, Halsentzündung und verdorbene Mägen.

Kranksein hatte auch seine gute Seiten, da Mutti uns Kinder, im allgemeinen zu Selbstständigkeit und Anspruchslosigkeit angehalten, im Bett richtig verwöhnte mit Lieblingsspeisen, mit kleinen Bettspielen und mit Vorlesen; zärtliche Liebe ist ein passender Ausdruck für ihre Art, die die konkrete Arznei weniger bitter und die Wunden weniger brennend empfinden ließ. Und für kleine harmlose Wunden durch Hinfallen, aufgeschlagene Knie oder einen Splitter in der Hand empfahl sie ihre Humormedizin, wie das Spiel: Tante Hötschel ist krank: Ja, was hat sie denn? Zahnschmerzen. Ach, die Ärmste! Und dann mußte man die Zähne berühren. Und wenn dann noch Schmerzen in der großen Zehe oder am Rücken dazu kamen und man wie ein Akrobat alles zusammen berühren mußte – ja dann war schon alles Schmerzhafte vergessen.

Wenn wir wirklich krank waren, mußte ein Arzt hinzugezogen werden. Dr. Henri Hirsch war der am längsten ansässige von allen und war unser richtiger Familienarzt, den wir mit eintönig sich wiederholenden Versen besangen. Dann war eine Zeitlang Dr. Louis Frank unser Arzt, den wir eigentlich mehr von der Synagoge her kannten, denn an den Feiertagen war er Muttis Lieblingsvorbeter. Dagegen war Dr. Nelken mit den borstigen Haaren ein ausgesprochener Kinderarzt, der noch Jahre nach seiner Auswanderung nach Israel versuchte, sich um die Carlebach-Kinder zu kümmern; unser Hamburger Arzt Dr. Willy Bodenheimer ging nach Amerika. Wir Kinder drückten uns allesamt vor ärztlicher Untersuchung jeder Art – keine der Töchter war so leicht bereit, sich »vor einem Mann auszuziehen« – aber irgendwie spürten wir, daß für Mutti als Arzttochter Anwesenheit und Meinung eines Arztes überaus wichtig waren; sie sah im Arzt den Verbündeten in ihrer Sorge um Pappi, und in den vielen Krisenzeiten waren die jeweils zuständigen Ärzte für Mutti immer von besonderer Bedeutung.

Ein- oder zweimal machte Mutti mit einem Teil der Kinder eine Erholungsreise nach Travemünde. Die Erholung sah dann folgendermaßen aus: ein winziges Zimmerchen mit einer noch winzigeren Küchenecke, in der nur »milchig« gekocht wurde. Die einfachen Mittagsmahlzeiten wurden auf unkonventionelle und abenteuerliche Weise in der Ferienwohnung eingenommen, aber morgens und abends aßen wir am Strand. In solchen Sommertagen schien Mutti besonders fröhlich, irgendwie befreit von herkömmlicher Routine und abgezirkelten, sie langweilenden Manieren. Sie freute sich über unseren Appetit, durch die Seeluft verursacht, über unsere sonnengebräunte Haut und beobachtete von ihrem Liegestuhl aus unsere im Sand gebuddelten »Kuhlen« und Luftschlösser. Einmal stach mich beim Spielen eine Biene. Mutti war »wie ein Blitz« bei mir: Im Nu hatte ich eine kühlende Kompresse auf dem schmerzenden Rücken und Limonade aus einem »Klappbecher« zur Beruhigung. Ich war damals noch sehr klein, vielleicht sechs oder sieben Jahre alt – aber Muttis erste Hilfe bleibt mir unvergeßlich.

Wenn aber eine der Verwandten, und besonders wenn Oma sich nicht wohl fühlte, war Mutti mehr als eine geübte Krankenpflegerin. Zum Teil wurden diese Verwandtschaftspatienten bei uns im Haus gesund gepflegt oder auf andere Weise von Mutti versorgt. Daß Kinder kranker Mütter oder aus Familien der diversen Gemeindemitglieder in Krisenzeiten, wie etwa während einer Schiw'a, der siebentägigen Trauerwoche, bei uns als Logiergäste weilten, war so selbstverständlich, daß es sozusagen gar nicht mitgezählt wurde. Je nach Lage machte Mutti Krankenbesuche, schickte von ihr gekochte Gerichte ins Haus, von denen besonders Erdbeeren mit Zitronencreme als Heilmittel wirkten, oder mobilisierte eine ihrer beiden großen Töchter, um in dem besagten Haushalt zu helfen. Wenn es aus Zeitmangel gar nicht anders ging, sandte sie einen Blumenstrauß mit eilig dazu geschriebenem Gruß und Wunsch an die Kranken und ihre Familien.

In einer Situation äußerster Zeitknappheit befand sich Mutti auch, als Jahre später Dr. Holzer, Rabbiner der Hamburger Dammtorsynagoge, im Krankenhaus lag. Sie beauftragte also unsere jüngste Schwester Sara, »Baby«, in einem der nächsten Läden für zwei Mark einen Blumenstrauß zu bestellen, um ihn direkt ins Krankenhaus an den Rabbiner auszuliefern. Eine knappe Stunde später bekam Mutti einen Telefonanruf von Frau Rabbiner Holzer, die sich vor Lachen kaum halten konnte. Es stellte sich nämlich heraus, was aus dieser Bestellung geworden war. Baby war schnurstracks zu Frau Dr. Holzer gegangen und hatte ihr erklärt: Mutti hat jetzt keine Zeit. So gehen Sie doch in den nächsten Laden und kaufen ein paar Blumen für Ihren Mann. Hier haben Sie auch zwei Mark dafür. Welches Masal, was für ein Glück, daß Frau Holzer Sinn für Humor hatte!

Aus der Altonaer Zeit zum Thema »Kranksein« paßt auch folgender Brief an Muttis langjährige beste Freundin, Cary Möller, als sie im Krankenhaus lag:

[o.D. 1928]
B"H Mozae Schabbat [Schabbat-Ausgang]
Liebe Frau Möller,
Ich fürchte sehr, daß mein Besuch gestern Sie doch zu sehr angestrengt hat. Ich bin zu lange geblieben. Hoffentlich konnten Sie trotzdem gut schlafen. Mir persönlich war es eine unendliche Freude, Sie verhältnismäßig so gut zu finden. Sie wissen ja, daß es keine Schmus sind, wenn ich Ihnen sage, wie ich in Sorge war um Sie und wie glücklich ich bin, daß Sie B"H über den Berg sind. Nun hat der Arzt getan, was in seiner Macht stand, und es ist ihm mit G'ttes Hilfe gelungen. Nun müssen Sie aber auch das Ihrige tun, um recht bald gesund zu werden. Gut essen, auch wenn's nicht so gut schmeckt wie zu Hause. Woher sollen sonst die Kräfte wiederkommen?
Entschuldigen Sie, ich sehe eben, daß ich anfange, Ihnen eine Schabbat-Predigt zu halten. Nehmen Sie's nicht für ungut! Es ist von Herzen gemeint. Wir warten doch alle, daß Sie bald wieder wohl und munter sind, Ihr Mann, Ihre Kinder, – und ein bißchen auch. –
Ihre Sie herzlich grüßende und
gut Schabbat wünschende L. C.
P. S. Leider ein wenig in Eile, weil ohne Mädchen, trotz der Hilfe der Kinder, viel Arbeit ist.

Mutti selbst litt sehr an Migräne und lag ein- oder zweimal schwer krank und in direkter Lebensgefahr im jüdischen Krankenhaus (Brief an F. Warburg 8.1.1928). Sie hatte dann ein Einzelzimmer mit Doppeltür unter Schwester Johannas oder Schwester Tonis Aufsicht. Letztere wurde von uns »der Besen« genannt, weil sie uns immer nach sehr kurzem Besuch wieder rauswarf. Wir halfen Mutti aus Kräften, die für sie fein zubereiteten Mahlzeiten mit aufzuessen, und Schwester Toni sagte dann zu ihr mit süßsaurem Lächeln: Ja, wenn Ihre Kinder da sind, haben Sie immer guten Appetit.

Aber die Krankenhausaufenthalte während der Geburten, von Mutti oft als ihre besten Ruhe- und Erholungskuren bezeichnet, wurden entschieden der manches Mal zur häuslichen Pflege eingesetzten Fräulein Meergut vorgezogen. Wir Kinder wurden im Laufe der Jahre mehr und mehr mit dem Israelitischen Krankenhaus vertraut. Abwechselnd begleiteten wir unsern Vater am Schabbat zu Fuß auf dem langen Weg von Altona nach Hamburg und wieder zurück, denn am Schabbat durfte man nicht fahren. So verinnerlichten wir das jüdische Gebot des Krankenbesuches, wenn er, von Bett zu Bett gehend, die Kranken im Hospital aufmunterte. Von Mutti lernten wir eigentlich dasselbe, nur aus anderer Sicht – den helfenden Krankenbesuch bei bedürftigen Familien.

Kennst du das Haus in der Werderstraße?

Zu unseren nächsten Lieblingsverwandten in Hamburg, die wir von Altona aus besuchten, gehörten die Cohns: Pappis verheiratete Schwester, für uns »Tante Mirjam«, Onkel Willy und ihre vier Söhne.

Ihr Haus in der Werderstraße 13 war in unseren Kinderaugen eine Traumvilla, was Vornehmheit und Reichtum betraf. Da gab es Hausgehilfinnen, die Tante Mirjam mit »gnädige Frau« anredeten, Jungenskinderzimmer mit unendlich vielen überkandidelten Spielsachen, extra Küchen für Milchding und Fleischding, ein Biedermeierzimmer, eine Sukka, die keineswegs an eine provisorische Wüstenbehausung erinnerte, und auf dem gepflegten Rasen konnte man Kricket spielen. Es schien, als hätte auch Mutti eine stille Vorliebe für dieses hamburgische Paradies, das sie in einem Album zu Cohns silberner Hochzeit im Jahre 1934 mit humorvoll zusammengesetzten Zeitungsschnipseln zutreffend zu beschreiben wußte.

Tante Mirjam, die Mutti um ihre siebenköpfige Töchterschaft fast beneidete, da sie, so Judith, doch Nebbich nur vier Söhne hatte, verwöhnte uns bezopfte Carlebach-Töchter mit blankgeriebenen, rotbackigen Äpfeln und mit dicken Scheiben Lübecker Marzipanbrot, das wir zu Hause, wenn überhaupt, nur als hauchdünne Grafenschnitten auf der Zunge zergehen ließen. Jedesmal, wenn wir alle oder einige von uns zu Tante Mirjam gingen, bereiteten wir uns sorgfältig vor, berieten untereinander, was wir anzogen, putzen die Stiefel und versuchten, unsere dunkelbraunen Wollstrüpfe sorgfältig und an beiden Beinen gleichmäßig runterzurollen. Besonders unsere große Schwester Eva als die Welterfahrenste unter uns, begutachtete unser Aussehen mit pedantischer Strenge. Wir mußten einfach vornehm sein.

So geschah es an einem regnerischen und kalten Wintertag, daß wir uns auf den Weg zur Werderstraße anschickten. Wir hatten einen großen schwarzen Regenschirm, der seiner vielen

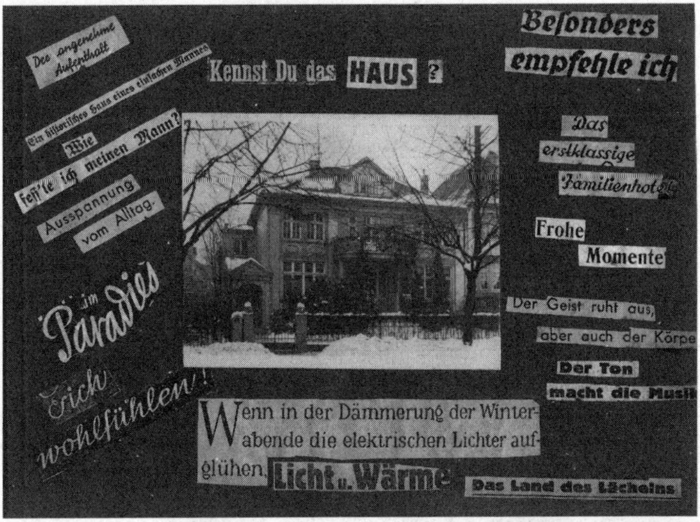

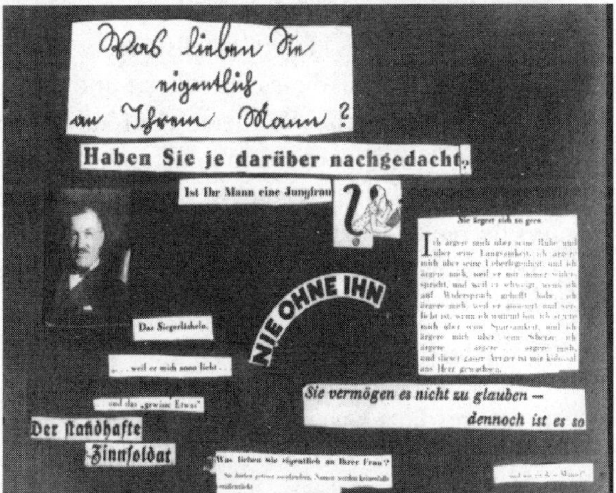

»Das Haus in der Werderstraße«; »Was lieben Sie eigentlich an Ihrem Mann?« (aus dem Album von Lotte Carlebach für Tante Mirjam Cohn-Carlebach, 1934).

Löcher wegen von uns »Sternenhimmel« getauft worden war. Eva ging in der Mitte und beschirmte zu diesem Besuch uns Auserwählte von beiden Seiten. Unterwegs träumte ich schon vom Vorgeschmack der Werderstraße 13.

Besonders freute ich mich auf das »elektrische Frage- und Antwortspiel«, in dem eine kleine Glühbirne aufleuchtete, wenn man die richtige Antwort auf eine Frage mittels kleiner Elektroden antippte. Zu Hause hatte ich schon heimlich nachgeguckt, wer der Erfinder der Eisenbahn war, wer die »Mikrobenjäger« verfaßt hatte und in welchem Jahre Kolumbus Amerika entdeckt hatte. Aber als Partnerin gegen meinen Vetter Salo in diesem Spiel zu gewinnen, war doch nicht so wichtig wie die Vorbereitungen zum Eintritt in den Salon. Wie immer würde Esther meine festgeflochtenen, braunblonden Zöpfe aufmachen und vor dem goldgerahmten, großen Spiegel mein langes Haar mit ebenso vergoldeten Kamm und Bürste frisieren. Es war für mich absolute Seligkeit.

Aber gerade, als wir durch das Tor in den Vordergarten gelangten, versteiften sich die Drähte des Schirms, er ließ sich plötzlich nicht mehr richtig zuklappen und konnte deshalb bei unserem Eintritt ins Haus nicht diskret verschwinden. Es war uns allen völlig klar, daß dieses zerlöcherte und zerbrochene Stück die vornehme Eleganz der Werderstraße 13 direkt entweihen würde. Andererseits war der Schirm in all seiner Dürftigkeit doch auch ein unentbehrlicher Regenschutz und durfte keinesfalls Hefker, also herrenlos verlassen werden. Eva fand schnell entschlossen eine angemessene Lösung. Eine von uns mußte mit dem Schirm vor der Tür bleiben und auf ihn aufpassen. Ich ließ mir die von ihr getroffene Auserwählung widerspruchslos gefallen, weniger aus Gehorsam gegen sie, sondern mehr um die Ehre unserer Familie zu retten: die Existenz unseres »armen« Schirmes durfte auf keinen Fall vor aller Welt bloßgestellt werden. So stand ich fröstelnd an einen der beiden Steinblöcke gepreßt am Eingangstor des Vordergartens, den Rücken der Haustür zugewandt, um den Schirm vor neugierigen Familienaugen zu verbergen und mich – vor frechen, beänstigenden Jungens. Wie lange ich dort stand? Es waren vielleicht zwei einsame Stunden; und erst gegen

Abend hörte ich endlich die fröhlichen Stimmen der Cohn-Carlebach Familie, die ihre kleinen Gäste zum Tor begleiteten. Und dann entdeckte mich Onkel Willy. Auf seine erstaunte Frage, was machst du denn hier, gab ich die ehrliche Antwort: Ich muß doch auf den Schirm aufpassen! Und dann geschah etwas für mich ganz und gar Unverständliches. Alle lachten. Tante Mirjam kullerten, nach Carlebachscher Art, die Tränen vor Lachen über ihre Backen, und sie rief: Da muß ich doch sofort bei Jo anrufen. Vielleicht lachten sie über den armseligen Schirm oder über das nun entdeckte Geheimnis oder vielleicht über mich.

Mutti und Pappi erwarteten uns in seinem Studierzimmer. Pappi stand an seinem Stehpult, es schien, als hätte er den Hörer nach einem langen Telefongespräch gerade wieder aufgelegt. Er sagte nur: Meine kleine Genoveva. Mutti streichelte meine ordentlich gebliebenen Zöpfe, und ich fühlte die innige Wärme ihrer Umarmung. Ihr brauchte ich nichts zu sagen, statt dessen konnte ich nun endlich weinen. Am Abend schenkte Pappi mir aus seiner Bibliothek die zwei Bände von Friedrich Hebbels Werken mit einem wunderschön verschnörkelten Monogramm von Großvater Salomon Carlebach und der Tragödie Genoveva.

Ein anderes Mal schenkte Pappi mir die fünfbändige Kunstgeschichte von Anton Springer. Das war allerdings viel später, als ich schon in die Oberrealschule T.T.R. ging. Wir lernten bei dem dortigen Geschichtslehrer über die klassischen Säulen: Die dorischen, die jonischen und die korinthischen Säulen. Lehrer Dr. Niemeyer erklärte uns, daß man die Bauten nach dem Stil der Säulen zeitlich einschätzen konnte. Diese plausible Tatsache fand ich geradezu phantastisch und wollte mich unbedingt von der Richtigkeit dieser Aussage selbst überzeugen. So fand Pappi mich in unseren »guten Eßzimmer« ganz allein, umgeben von allen möglichen Büchern, um dies Geheimnis herauszufinden. Aus lauter Begeisterung über mein Interesse überraschte er mich mit diesem ehrenvollen Geschenk.

»Mein Onkel, der Rambam«

Eigentlich war es »mein Onkel, der Rambam«, der mir zum Bewußtsein brachte, was es mit Büchern auf sich hat, sowohl mit dem Bücherschreiben als auch dem Bücherlesen. Irgendwie dämmerte es mir, daß dieser berühmte, aus Spanien stammende und in Altägypten wirkende jüdische Philosoph und Leibarzt des Sultans nicht mein »richtiger Onkel« sein konnte, und deshalb hatte sich der Ausdruck »Onkel Rambam« auch nie in meinen Sprachgedanken eingeprägt, sondern eben nur die Formel, »mein Onkel, der Rambam«.

Daß er aus einem weitentfernten exotischen Land kam und daß ich ihn nicht persönlich kannte, änderte nichts an meinem Verwandschaftsgefühl; er war Arzt, wie mein Großonkel väterlicherseits aus Lübeck, Dr. Ephraim Adler, der sich an drei der frühesten Zionisten-Kongresse beteiligt hatte; und noch mehr wie mein Großvater mütterlicherseits, Opa Preuss, der ein gelehrtes Buch über die Biblisch-Talmudische Medizin verfaßt hatte. Auch diese beiden Verwandten kannten wir nur aus Erzählungen, und doch wußten wir mit gefühlsmäßiger Bestimmtheit, daß sie zur Familie gehörten; ich erweiterte einfach diesen Ahnenkreis der Ärzte zurück bis zum Rambam, denn gleich ihnen widmete er sich aufopfernd den Kranken, die in Scharen in seine Sprechstunden kamen. Vater erzählte uns, daß der Rambam (Maimonides) manchmal so erschöpft war, daß er seine Patienten liegend untersuchte, aber niemals schloß er die Tür vor den Leidenden.

Während mein Vater ihn beschrieb, sah ich meinen Onkel, den Rambam, ganz leibhaftig vor mir in einem halbdunklen Raum, dessen Wände mit teppichartigen Tapeten behangen waren, halb liegend auf einem Diwan, der Pappis Ledercouch ähnelte, vor ihm eine lange, lange Reihe Kranker und Gebrechlicher. Trotz meiner Phantasie hatte ich auch praktische Ideen, nämlich daß irgend jemand, und am besten ich selber, doch auch für den Rambam sorgen müßte. Ich würde immer einen Teekessel »auf Klein«, also auf kleiner Gasflamme bereitstellen, um meinen Onkel, den Rambam, mit stark gesüßtem und vor allen Dingen kochend heißem Tee bei Kräften zu halten. Vater zeigte mir einige der vielen Bücher, die der Rambam geschrieben hatte: Das Buch der Gebote und das vierzehnbändige Werk, Hajad Hachasaka, »Die starke Hand«, in dem er Diskussionen über gewichtige jüdische Gesetze mit absoluter und bestimmender Sicherheit zur Entscheidung brachte. Manchmal schlenderte ich an den Rambam-Regalen entlang und streifte die schweren Riesenbände ganz locker mit dem Handrücken. Hätte ich wohl nur einen einzigen Band schreiben können? Oder wenigstens einige hundert große Seiten nur mit einem kleinen Aleph vollmalen? Oder ist Bücherschreiben in Hebräisch ein Geheimnis oder vielleicht ein Wunder? Einmal lag ein Rambam-Buch aufgeschlagen auf dem langausgezogenenen Tisch im Studierzimmer. Inmitten der Seite war ein kleines Viereck aus größeren hebräischen Buchstaben zusammengesetzt und ringsherum lange Spalten mit winzigen hebräischen, sogenannten »Raschi«-Schriftzeichen, die das Viereck wie ein unendliches Buchstabenmeer umgaben.

Ein anderes Rambam-Buch, den »More Newuchim, den »Führer der Ratlosen«, gab es auch in deutscher Übersetzung. Ich war höchstens acht oder neun Jahre alt, als ich Pappi daraus vorlesen sollte. Er hatte einen Brauch, wenn er mittags zu Hause war, zehn Minuten zu schlafen und lag dann, wie der Rambam auf der Ledercouch in seinem Zimmer, sein großes, schwarzes Käppchen über die Augen gezogen. Zu Beginn machte ich wohl viele Fehler bei den schweren ,unbekannten Wörtern, aber Vater verbesserte mich nie, als würde er wirklich fest schlafen. Bald fand ich eine Art Lesetechnik auch für die schwierigsten Stellen, ich ließ meine Augen blitzschnell wie heimliche Spione die Zusammensetzung der Wörter noch vor dem lauten Aussprechen abtasten und fand großen Spaß an diesem Spiel.

Einer der Ausdrücke, der sich mir einprägte, war »die Ursache der Bewegung«, und nicht nur, weil er durch die vielen Wiederholungen leicht lesbar und geläufig wurde. Zum ersten Mal in meinem Leben wurde ich durch dieses Buch mit der Tatsache konfrontiert, daß nicht alle Leute auf der Welt an G‘tt glaubten, und daß man selbst G‘ttes Existenz zu beweisen hat und zwar vernunftsmäßig, fast physikalisch.

Bisher war die Gottesexistenz eine erhebende und beruhigende, gefühlsmäßige Gewißheit. Nachts in meinem Bett unter der Federdecke hatte ich lange Gespräche mit Ihm und war sicher, daß dank Ihm meine konkretesten Wünsche eines Tages in Erfüllung gehen würden. Wenn ich Pappi also aus dem Buch »Der Gott der alten Hebräer« vorlas und dort ein furchterregender Rachegott beschrieben wurde, der noch dazu bei seinem unaussprechlichen Namen genannt wurde, empfand ich das als grobe Unwissenheit, und ich war sicher, daß »mein Onkel, der Rambam« auf meiner Seite stand.

Nicht lange darauf las ich aus dem Buch »Stern der Erlösung« von dem so jung verstorbenen Franz Rosenzweig vor, während Pappis käppchenbedeckter Schlafminuten. Wahrscheinlich waren wir alle, oder die meisten von uns, Pappis Vorleser, aber wir tauschten darüber keinerlei Gedanken aus, jeder von uns wollte wohl darin ein geheimes Privileg hüten. Sicher wurden uns durch diese Lesestunden die Namen vieler jüdischer Denker geläufig. In einem jüngst aufgefundenen Brief meines Vaters kam das direkt zum Ausdruck:

Hamburg, den 22. 11. 1936 Hallerstraße 76

… ganz besonders die drei Kleinsten machen uns viel Freude. Ihr Schwatzen ist köstlich. Um nur ein Beispiel zu nennen: Da war kürzlich Frau Rosenzweig aus Frankfurt bei uns, und nur die drei Kleinsten waren zu Hause. Sie sagte: Dann bestellt euren Eltern einen Gruß von Frau Rosenzweig. Darauf Ruth: Heißt Ihr Mann Franz? Von dem erzählt Pappi immer so viel, das ist der Mann, der so viele Briefe geschrieben hat. Buli hat ein Buch mit lauter Briefen von ihm, den kenne ich! Die Frau Dr. Rosenzweig soll sich wie ein Schneekönig gefreut haben über diese kindliche Charakteristik und lachend davongegangen sein.

Bedingt durch die oft schwer zu meisternde Lektüre las ich zu Anfang mehr im technischen Wettlauf mit mir selber; aber bald darauf entwickelte sich in mir ein Lesedrang, der vor keinem Buch haltmachte. Manchmal kam Mutti nachts an mein Bett und sagte: Nun ist es aber genug, und knipste das Licht aus. Dabei war

Ruthi neben dem Auto von Kinderarzt Dr. Curt Nelken, 1934 (Lotte Carlebach).

Ruthi vor der Haustür von Kinderarzt Dr. Curt Nelken, Palmaille 29, 1934 (Lotte Carlebach).

Bücher auch für die Kleinen; Noemi und Baby auf der Verandatreppe mit einem Bilderbuch; etwa 1933 (Lotte Carlebach).

Mutti selbst eine leidenschaftliche Leserin, obwohl sie eigentlich nie Zeit dafür hatte. Immer lagen Bücher auf ihrem Nachttisch, die sie abends bis spät und auch morgens noch gern im Bett weiterlesen wollte. Es waren dickbändige Romane wie »Ferien vom Ich« oder »Wenn einer aus dem Blechnapf frißt« oder auch »Rëubeni« von Max Brod, »Die Erdrosselung der Kirche in Rußland« und andere Bücher mit derartigen Themen, die ich aber nicht mehr erinnere.

Das Besondere war, daß Mutti auch sozusagen mit uns zusammen oder parallel dieselben Bücher las. Daher kannte sie unsere gesamte Kinder- und Jugendlektüre und wußte, was jeden von uns interessierte – sowohl meine frühesten Lieblingsbücher, wie »Kai aus der Kiste«, der seine kleine Schwester mit einer, oder besser mit meiner Traumpuppe »mit Schlafaugen« überraschte, »Die Abenteuer des Baron von Münchhausen« und »Der kleine Prophet« von Egmund Fleg als auch die späteren: »Sternstunde der Menschheit« von Stefan Zweig, »Der Opfergang« von Rudolf Georg Binding und »Die gute Erde« von Pearl S. Buck. Wir alle lasen auch die Bücher von Thomas Mann »Die Buddenbrooks« und zitierten daraus in neunstimmigem Sprechchor: »Sei glöcklich, mein gutes Kind«; wir kannten das vierbändige Werk »Joseph und seine Brüder« und den »Zauberberg«. Jahre später fand ich in Thomas Manns »Dr. Faustus«, die Beschreibung eines Lübecker scharfsinnigen Rabbis, der nicht schwer als unser Großvater Salomon Carlebach identifiziert werden konnte. Aber meine Freude und Sympathie für Manns mit Ironie durchwobene Literatur wurden durch eine seiner Tagebucheintragungen schwer getrübt: Im Jahre 1933 schrieb er, daß auch die »Entjudung der Justiz« in Deutschland am Ende kein Unglück sei. Immer und immer wird die Freude, wie durch schwarze Nachtschattengewächse, mit unsäglicher Enttäuschung verdüstert.

Manch eines unser auserkorenen Bücher fand Mutti zu schwer für uns oder einfach meschugge, aber weder sie noch Pappi setzten uns zensorische Büchergrenzen. Mutti verschenkte auch gerne Bücher, und besonders in der späteren Hamburger Epoche war sie in der benachbarten Bücherstube eine oft gesehene und interessierte Bücherfreundin und -käuferin.

Um meine hebräische Lesefertigkeit der deutschen anzugleichen, und wenn es ging, noch zu übertrumpfen, erfand ich eine andere Lesemethode und zwar, die Aramäischen Gebetabschnitte leise, aber sorgfältigst und genau herzusagen – wenngleich diese meistens nur in ganz kleinen, fast nebensächlich anmutenden Buchstaben neben den fett gedruckten Hauptgebeten in dem Siddur eingeschaltet waren und mir dies Idiom des Hebräischen weitaus unverständlich war.

Hebräisch und Deutsch waren zwei verschiedene Welten, in denen ich mich mit gleicher Verbundenheit, aber ungleicher Intensität von nun ab bewegte, denn die hebräische Lektüre war für mich viel begrenzter; sie beschränkte sich auf die alten Quellen und vor allen Dingen auf die Bibel. Mehrere dieser hebräischen Bücher sahen nicht nur von innen verwirrend ähnlich aus, sondern auch von außen. Sie waren nämlich in der Altonaer Buchbinderei von Moneczk gleichmäßig in braungelb gescheckte Pappe gebunden. Trotzdem erkannte ich meinen auserkorenen hebräischen Bibelband ohne weiteres. Es war das erste Buch Moses Bereschit, das wegen der vielen Geschwister in der Josephs-Geschichte mich an unser Zuhause erinnerte. Und unter den vielen Müttern war Rachel, die Frau Jacobs, meine Bevorzugte.

Carlchen Floersheim, der Mann von Pappis langjähriger Altonaer Sekretärin, Ilse Moeller, pflegte mich des öfteren zu prüfen. Er zitierte den zweiten Teil eines beliebigen Bibelsatzes und erwartete, daß ich schnell den ersten Teil dazu fand, was mir des öfteren gelang. Meine Geschwister neckten mich deswegen und prophezeiten, daß ich selbst an meinem Hochzeitsabend die Bibel lesen würde. Andere Prophezeiungen galten den anderen Kindern. Eva würde strenge Gouvernante, Esther schwunghafte Künstlerin und Buli ein berühmter Tierarzt werden, Spezialgebiet weiße Mäuse und Meerschweinchen. Judith kündete uns an, daß sie Säuglingspflegerin werden wollte, aber das Sicherste von allen war Babys Zukunft: Sie würde, wie ein Meißner Porzellanfigürchen, als graziöseste Primaballerina die Bühnen der Welt erobern und damit in dem Carlebachschen Rabbiner-Stamm die erste Tänzerinnendynastie begründen. –

Freitagabend

Die Altonaer Synagoge war in der kleinen Papagoyenstraße gelegen, und der Weg nach »Schul«, wie die Synagoge ausschließlich genannt wurde, führte durch die Breitestraße, die mir immer wie aus einer anderen, bedrohenden Welt erschien – vor allem im Vergleich mit der so vertrauten Spiel-Palmaille.

Mutti ging sehr selten an einem »gewöhnlichen« Schabbat nach Schul, für die beiden Jungen war das »nach Schul gehen« obligatorisch, für uns Mädels eigentlich selbstverständlich. Mein Vater, wie viele von den würdigen Gemeindemitgliedern, gingen in schwarzem oder jedenfalls dunklem »Gehrock« und mit Zylinder nach Schul. Einmal spuckte ein frecher Junge meinen Vater an, ein zweiter versuchte, ihm den Zylinder vom Kopf zu reißen, und dann rannten sie schnell weg.

Aber Vater erwischte den einen und schüttelte ihn hin und her wie einen Lulaw. [Palmenzweig]. Auch ich war hin- und hergerissen – einerseits stoz darauf, daß Vater sozusagen gewonnen hatte, aber andererseits erfüllte mich die Szene mit unheimlicher Angst: Wenn sie schon wagen, einen so großen (in meinen Augen) und respektvollen Mann anzugreifen, was wird dann mit den gewöhnlichen Leuten und den kleinen Kindern werden. Von da an versuchte ich immer den Weg nach und von Schul mit oder neben ihm zu gehen und wurde so seine ständige Begleiterin.

Wir Mädchen gingen »nach oben in die Frauenschul'« wie in eine Theatergalerie und standen auf Muttis Platz in der Mitte der ersten Reihe. So konnten wir genau den G'ttesdienst verfolgen: Wir konnten die Bewegungen des Vorbeters, des Chasans, nachmachen und andächtig lauschen, wenn unser Vater den letzten Abschnitt des Schma-Israel-Gebetes [Schema-Israel] vortrug; und vor allen Dingen – mit dem von Meno Cohn dirigierten Chor mitsingen.

Im Laufe der Jahre wurden wir mit vielen stimmungsvollen Altonaer Synagogenmelodien vertraut; am Freitagabend gab es auch ein besonderes Empfangslied für die Schabbat-Braut, Lecha Dodi – komm mein Schatz; bei ihrem

Eintreten kehrte man sogar dem Tora-Schrein den Rücken, und die singende Gemeinde verbeugte sich ihr zu Ehren.

Im Laufe der Jahre und bedingt durch unser regelmäßiges »Schul«-gehen, lernten wir einige Melodien dieses Schabbatlichen Empfangsliedes, hatten aber keine Ahnung, daß diese hebräische Hymne mehr als 2000 verschiedene Melodien hat – und damit die meisten musikalischen Kompositionen, die je für einen lyrisch-religiösen Satz geschrieben wurden. Die amerikanische Wochenschrift Colliers brachte diese interessante, preisgekrönte Mitteilung, die im Jahre 1943 im »Gemeindeblatt« der neuen jüdischen Gemeinde in Monte Video bekanntgegeben wurde (N.o. 18, 16. Januar 1943). In demselben Blatt erschienen die ersten Nachrichten über Oberrabbiner Carlebachs »natürlichen Tod« in Riga. –

Nach dem Gottesdienst, oder kurz »nach Schul«, gingen wir nach unten in den langen Vorraum der Männerschul, um auf Pappi zu warten. Ein Strom von hellem Licht kam von einer kolossalen, ährenförmigen Lampe, und festlich gekleidete Männer und Kinder umringten unseren Vater, um ihm einen guten Schabbat zu wünschen. Nur der dunkle Rückweg warf seine langen schwarzen Schatten auf das holperige Pflaster der alten Papagoyenstraße.

Doch im Moment, da wir nach Hause kamen, meistens durch einen oder mehrere angekündigte oder unangekündigte Gäste begleitet, war alles Dunkle und Unheimliche vergessen. Der gedeckte Tisch mit dem weißen Tischtuch, die brennenden Kerzen, der besondere Geruch der Gerichte, die auf der Schabbatplatte brodelten, und Mutti endlich, wohlverdient, nach allen Mühen, auf einem Sessel sitzend – all das zusammen strömte sozusagen Sicherheit aus. Manchmal sang mein Vater ein kleines jiddisches Lied:

Freitig ojf der Nacht
Oj wenn man kimmt von Schul aheim
Sitzt die Weibele und lacht
Und die Stub is Molej Chen.
Und sie bringt a Stickele Fisch

Wos sie selber hot gemacht
Ojf den Schabbes-Tisch
Oj Freitag ojf der Nacht.
Oj Freitag ojf der Nacht
Is jeder Jid a Melech
Jeder Winkel lacht
Und in Stub, in Stub is frehlach…

Nachher sangen wir alle in mehrstimmigem Chor die traditionellen Schabbatlieder, angefangen mit dem vierstrophigen Empfangslied für die Schabbatengel, Schalom Alechem Malache Haschalom. Zu dem Lied gab es bei uns verschiedene Melodien, z. T. von Pappi komponiert: die Kindermelodie, die Berliner, die »Dreiwochenmelodie« und andere mehr. Pappi nahm abwechselnd eines der drei Kleinen auf den Arm und ging singend um den großen, ovalen Tisch herum und wir sorgfältig aufgereiht hinterher. Bei dem nächsten Lied über »die Engel, die uns auf Händen tragen«, standen wir alle mit erhobenen Händen um den Tisch.

Danach versammelten wir uns alle um Mutti, und das biblische Eschet Chajil, König Salomons Gedicht zum Lob der »tüchtigen Frau«, wurde zitiert, ganz leise angefangen und dann lauter und lauter bis zu der Stelle: Viele Töchter haben sich als tüchtig bewiesen, aber du übertrumpfst sie alle, We'at Alit Al Kulanu. Auch diese Melodie war von unserem Vater improvisiert komponiert worden, und wir Kinder erweiterten diese in ein temperamentvolles, musikalisches, sich vielmals wiederholendes Frage- und Antwortduett. Zu dieser unvergeßlichen Szene »Mutti auf dem Sessel und wir neun Kinder«, angefeuert durch unseren Vater, singend und fröhlich um sie herum, paßt nur der etwas altmodische Ausdruck, »die Huldigung der Frau« in seiner ursprünglich glanzvollen Bedeutung.

Am Schabbat wurden wir von den Eltern gesegnet mit dem herkömmlichen Spruch: Daß G'tt uns Mädchen dem Vorbild der Erzmütter und die beiden Jungens dem der Erzväter angleichen möge. Erst reihten wir uns vor Pappi auf; aber Mutti segnete uns, im Sessel sitzend, und so beugten wir uns zu ihr herunter, und in dieser Intimität flüsterte sie jedem Kind auch ein kleines persönliches Wort zu.

Bei Pappis Solosegensspruch über den Wein begleiteten wir ihn mit leisem, mehrstimmigem Gesumme; aber als die beiden bescheidenen Berches angeschnitten wurden, die, um sie nicht vor dem stolzen Kiddusch-Becher zu »beschämen«, unter einem weißen, gestickten Chala-Deckchen warteten und über die nur der Segensspruch des alltäglichen Brotes gesprochen wurde – schmetterten wir ihnen zu Ehren ein kräftiges Amen.

Nachher bei Tisch verteilte Mutti die Suppe aus einer riesigen Suppenterrine. Der Gast oder die Gäste waren natürlich die ersten und wurden eindringlich gebeten, nicht zu warten, bis alle neun oder mehr Kinder ihre Suppenportion vor sich hatten, sondern anzufangen, bevor die Suppe kalt wurde. Pappi erleichterte ihnen ihre Unsicherheit über die passenden Manieren, indem er nach dem ersten Löffel ausrief: Die Suppe ist ein Gedicht! und wir alle im Chor begeistert zustimmten.

Nicht immer hatten die Gäste es so leicht bei uns, denn sie wurden von uns neun Kindern kritisch unter die Lupe genommen, und ihr Aussehen, ihre Gesten wie auch ihr Appetit waren Anlaß zu Getuschel und Gekicher. Wenn es zu schlimm wurde, schickte Pappi den Hauptanstifter in die Küche, und manchmal kam er uns nach – offiziell, um mit uns zu schimpfen, aber meistens, um mit uns mitzulachen.

Einer der damaligen Gäste, ein Rabbiner und später Professor, den ich nach sechzig Jahren auf einer wissenschaftlichen Konferenz traf, erinnerte sich gleich, nachdem ich mich vorgestellt hattte, an die »etwas unartigen neun Carlebach-Kinder«.

Pappi verteilte das Huhn, das nicht selten, besonders seit dem Schächtverbot vom 21. April 1933, einem Auslandspaket aus Holland oder Dänemark entstammte, und dessen Verteilung einer ähnlichen Prozedur unterlag wie die des schon erwähnten Spiegeleis. Je nach Anzahl der Gäste bekamen wir Kinder einen ganzen oder einen halben Hühnerflügel, einen ganzen oder halben Hühnerhals, aus dem sich eine Ader wie ein dünner weißer Faden herausschlängelte. Unsere besondere Kinderbezeichnung war dafür: die Seele vom Huhn. Zum Nachtisch gab es meistens einen steifen, gelben Vanillewasserpudding mit Himbeersaft. Das war ein »ausgesprochen jekkisches« Gericht, das nach Omas Aussage von Gästen aus Osteuropa als ungenießbar abgeurteilt wurde, »denn damit stärkt man dort die Wäsche«.

Beim und auch nach dem Essen war der Schabbatliche Singsang noch lange nicht zu Ende. Einige der Melodien waren wie Imitationen von klassischen Opern, und ein anderes Schabbatlied war uns Kindern absolut unsympathisch, da der Inhalt zu sehr auf wohlerzogene, sittliche Kinder abgestimmt war, als müßte man, so Esther oder Judith, den ganzen Tag beten und Milchsuppe essen. Aber zum Tischgebet nach der Mahlzeit jubilierten wir wieder vielstimmig, begeistert und phantasievoll. Dieser Kindergesang und Chor gehörten zu den eindrucksvollsten Erinnerungen der vielen, vielen Gäste, die im Laufe der Jahre an- oder unangemeldet den Freitagabend mit uns verbrachten.

Wenn ich mich an diese Gesänge erinnere, meine ich, Muttis Stimme kaum gehört zu haben. Manchmal summte sie ganz leise die eine oder andere Melodie mit, aber nur sehr selten hörte ich sie singen. Ihre Singstimme war glockenartig wie die einer zarten, leicht zitternden Spieluhr, nur viel bescheidener wie auch Muttis Wesen. »Ihr« Lied, welches zu singen sie sich manchmal von uns überreden ließ, war letzten Endes wie eine traurige Voraussage:

Schneeglöckchen, Schneeglöckchen
Klingelingeling
Schneeglöckchen kling
Öffnet mir ihr Kinder
's ist so kalter Winter
Öffnet mir die Türen
Laßt mich nicht erfrieren.

Das Lied der eisigen Kälte und der verschlossenen Türen . –

Neun Carlebach-Kinder verbeißen sich das Lachen.
Reihe 1: Baby, Noemi, Ruthi Judith, Peter.
Reihe 2: Buli, Eva, Mirjam, Esther; etwa 1935.

Behnstraße 39 und die »Caro«

In meiner Erinnerung sind die diversen Umzüge nicht immer ganz scharf umrissen. Anhand von Eintragungen in alten Adreßbüchern, auf Personenkarten und in anderen dokumentierten Verzeichnissen könnten die einzelnen Umzüge noch zurückverfolgt werden. Mindestens ebenso wichtig wie das formale Zurückverfolgen jedoch sind wohl die Erlebnisse, die ganz mit den Konturen einer bestimmten Wohnung verschmelzen.

Unsere neue Altonaer Wohnung war in der Behnstraße Nr. 39. Die Straße war zwar nicht so vornehm wie die Palmaille, hatte aber wenigstens einen ähnlichen Namen, sie hieß nämlich: Palmaillenhain. Wir waren Nr. 1 der fünf oder sechs Häuser eines Rondells; und der runde, gepflasterte Hof war von nun an unser Spielplatz. Als wir später in der Schule, unter Regie von Musiklehrer Robert Müller-Hartmann, das Singspiel von Wetzig und Popolka »Die Reise um die Erde« aufführten, erinnerten die Worte eines der Lieder an diesen etwas unfreundlichen Hof:

»Es lassen die Häuser und Straßen uns Kindern zum Spielen keinen Raum, das Pflaster ist unser Rasen, die Hauswand ist unser Baum.« Assoziativ verbinden sich hiermit auch andere Lieder dieser Aufführung, wie »Kirschblüten weiße trägt wieder mein Baum« oder »Ich gehe ein bißchen spazieren im Urwald«.

Da der Umzug in die neue Wohnung mit meinem Schulwechsel zusammenfiel, war es ein doppelter Abschied: von der Palmaille als Spielallee und von der Palmaille als Inbegriff von Schule, in der ich das Wort »Direktor« nie gehört hatte; es gab eben nur den Hauptlehrer Max Sommer. In Hamburg jedoch stand die Schule unter Leitung von Direktor Dr. Alberto Jonas. Daß sich in einer Schule eigentlich zwei Schulen befanden, eine Volks- und eine Realschule, die sich zwar in der Pause in einem Hof befanden, aber nie zusammen im Kreis spielten, schien mir so unlogisch, wie die Rechenaufgabe über die Schnecke, die innerhalb einer auf Sekunden nachgerechneten Zeit auf einen hohen Berg raufrutschen wollte und immer wieder ein Stück zurückrutschte – um auszurechnen, wie hoch der Berg sei.

Am Eingang Behnstraße 39, Haus Nr. 1.
Reihe 1: Ruthi, Buli,
Reihe 2: Eva, Peter, Judith, Esther.
Reihe 3: Joseph Carlebach, Noemi, Hausgehilfin, Lotte Carlebach, Hausgehilfin; etwa 1931.

So verabschiedeten wir uns nun von den Mädchen-Jungens gemischten Volksschulklassen und übersiedelten in die Sexta der Real-Mädchenschule der Deutsch-Israelitischen Gemeinde, die wir aber wie in früheren Jahren »Töchterschule« nannten, weil sich das vornehmer und so gesittet anhörte. Ich war im großen Zweifel, ob ich dort »mitkommen würde«, weil mir die neuen und unbekannten Schülerinnen alle sehr belesen und intelligent erschienen und keine Tagträumerinnen wie ich zu sein schienen. Auch der Schulhof, in der damals mit C geschriebenen Karolinenstraße 35, von uns der Kürze wegen »Caro« genannt, war eng, ernst und diszipliniert, schwarzerdig oder graupflasterig, mit hohen dunklen Mauern und geradezu baumlos – jedenfalls im Vergleich zu dem langgestreckten, mit Obst- und Kastanienbäumen gesegneten Altonaer Schulgarten. Das empfanden alle von uns; also die sieben kleinen Carlebach-Töchter, die die Caro im Laufe der Jahre besuchten. Eine nach der anderen lernte dort bei Fräulein Heilbut: Die Zwiebel hat sieben Häute, ... und eine nach der anderen sehnte sich zurück in die Altonaer Schule, Palmaille 17. Mutti tröstete und ermunterte uns mit verdrehten Unsinnsversen wie: Im Grinterhunde einer Grappelpuppe saß ein merschwütiger Leichenzehrer und neichzete die Rattenschisse seiner lielgeviebten Frau; oder auch mit spaßigen Geschichten aus ihrer eigenen Schulzeit in Berlin: Die damaligen Schülerinnen pflegten die Unterschriften ihrer verehrten Lieblingslehrerinnen auszuschneiden und zusammen mit dem Frühstücksbrot zu verspeisen. Diesen »heidnischen« Backfischbrauch hätten sie aber nie bei ihren orthodoxen, nur männlichen Lehrern der Adaß-Religionsschule angewandt. Dann gab es auch die Geschichte über den Schulaufsatz von [Tante] Cilly, mit dem geflügelten Satz: »Und dann setzten wir uns aufs Sofa und waren beleidigt«; den Höhepunkt bildete die schulische Gesangstunde, in der das Lied »In einem kühlen Grunde« aus Sittlichkeitsgründen zensiert wurde. So sang die Mädchenklasse im Berliner Margarethen-Lyzeum sehnsuchtsvoll über den entschwundenen »Onkel«, der den peinlichen Ausdruck »mein Liebchen« ersetzte.

Wir gingen jetzt nicht mehr die wenigen Schritte zur Schule, sondern fuhren morgens und mittags mit Linie 27 durch die

Reeperbahn und das Millerntor. Esther und ich kannten die Gesichter aller Leute, die tagtäglich die gleiche Straßenbahn um die gleiche Zeit benutzten, und dichteten ihnen phantasievolle, für unsere Begriffe charakteristische Namen an wie »Madame Butterfly«, »König Peter«, »Rombus« und »sind's die Augen« (geh zu Ruhnke). In früheren Jahren konnten wir noch »Geschwister fahren«, also zwei Geschwister fuhren auf eine Fahrkarte, eine fürsorgliche Maßnahme für kinderreiche Familien. Wir hatten immer Schwierigkeiten damit, weil wir so unglaublich verschieden aussahen. Als nun diese Regelung abgeschafft wurde, waren jedenfalls wir Kinder direkt froh darüber.

In der Caro gab es Lehrer und Lehrerinnen für differenzierte »Zwillingsfächer« wie Englisch und Französisch, Algebra und Geometrie, Chemie und Physik. »Meine gutbenoteten Fächer« waren alles, was mit Hebräisch zusammenhing und außerdem Englisch, Chemie und Geometrie, also immer nur einer der »Zwillinge«. Auch im Turnunterricht war ich nur gut am Reck, aber beim Völkerball wurde ich sofort »abgebackt« und war miserabel in Schwimmen und Wettlaufen; und an die Hohlsaumdeckchen im Handarbeitsunterricht dachte ich jeden Montag früh mit Schrecken.

Die große Entschädigung fand ich in den Musik- und Singstunden bei Robert Müller-Hartmann. Vielleicht weil auch er so etwas wie ein »Zwillingsproblem« hatte. Hartmann, der die feinsten Musiknuancen heraushörte und uns wirklich zu Musikkultur anleitete, konnte selbst nicht singen. Manches Mal, wenn wir bei einem Lied einen viertel Ton »daneben hauten«, war er direkt verzweifelt; er konnte uns den richtigen Ton jedoch nur durch das Klavier, nicht durch seine vollkommen unmelodische Stimme korrigieren. Er lehrte uns die Spitzbubenlieder der großen Komponisten: »Es ist ein Schuß gefallen« von Beethoven (?); und »Lieber Freistädtler, lieber Gauli Mauli« von Mozart(?). Wenn er fröhliche Musik spielte, rief er aus: Hört ihr denn nicht, der Kompositor freut sich, der Kompositor freut sich!

Bei Müller-Hartmann mußte man nicht auf Anhieb den Namen des Komponisten wissen, aber unbedingt, in welchem Zeitalter und in welchem Land die Musik verfaßt worden war und vor allen Dingen, was sie ausdrückte. Einmal veranstaltete er ein Musikquiz: Er spielte ein Motiv aus einem beliebigen Musikstück, und wir sollten es nach den besagten Kategorien identifizieren. Gegen Ende der Unterrichtsstunde spielte er etwas mir völlig Unbekanntes besonders schön in einer ergreifenden Traurigkeit. Eine Schülerin rief: Das ist aber was ganz Altmodisches! Dann war es still in der Klasse. Müller-Hartmann verließ seinen Platz am Klavier, und am Fenster stehend, sagte er ganz ganz leise: Das habe ich komponiert. Ich war sehr betroffen. Warum hatte ich nicht gleich gesagt, daß es besonders ergreifend war. Jetzt war es zu spät, der Zauber war vorbei. –

Meine beste Freundin, die ich in der Caro kennengelernt hatte, war Margot Ellern aus der Parkallee 5. Auch sie kam als Schülerin in die Sexta der Caro, aber nicht wie ich aus Altona, sondern von der Hamburger Johnsallee-Schule. Vom ersten Tag an waren wir so unzertrennlich, daß mein Vater uns den Namen gab: Schleswig-Holstein »mehr« umschlungen. Ich glaubte auch zwischen Mutti und der durch den Tod ihrer Mutter früh verwaisten Margot eine tiefere Zuneigung zu spüren, der aber Mutti mehr Ausdruck gab als Margot selber. Mein Vater, ein guter Freund von Margots Vater, dem Bankier Carl Ellern, war begeistert von Margot, von ihrer Intelligenz, ihrer Schlagfertigkeit und ihrer reifen Lebenseinstellung. Ende 1938, nach der sogenannten Kristallnacht, als auch Margots Vater verhaftet und in ein KZ verschleppt wurde, schrieb Mutti: »Margot hat wie eine Löwin für ihren Vater gekämpft, und es gelang ihr tatsächlich, ihn herauszubringen.« Jahre später waren es Margot und ihr Vater, die mir noch für kurze Zeit zu einem Briefkontakt mit meinen Eltern verhalfen.

Mit der Behnstraßenwohnung verbinden sich arme, oder wie wir Kinder sagten, Vernebbichte Leute. Die dominanteste Figur unter ihnen war wohl Reb Jankele. Vielleicht war er an die achtzig Jahre alt, aber mit seinem langen, weißen Bart, seinem runden schwarzen Käppchen und seinem dunklen Kittel mit der Seidenkordel schätzten wir ihn auf mindestens hundert Jahre. Er sprach fast nur jiddisch. Warum Reb Jankele wohl bei uns wohnte? Er konnte sich nicht an die Hausordnung im jüdischen

Altersheim in der Blücherstraße anpassen, und obgleich das Altersheim streng religiös und rituell geführt wurde, war es ihm doch nicht fromm genug. So wurde ihm eben ein Zimmerchen im Rabbiner-Haus eingeräumt. Unsere stets wechselnden Mädchen waren außer sich. Sie behaupteten, er hätte Flöhe, und überhaupt passe er nicht in einen modernen Haushalt. Aber er blieb doch eine lange Zeit bei uns, ohne daß wir von Mutti eine Klage wie die der Mädchen hörten. Reb Jankele hatte in seinem Zimmer immer Kandiszucker, kleine kristallförmige süße Klümpchen, die durch dünne, weiße Fäden zusammengehalten wurden. Die Jungen wurden von ihm mit Kandis belohnt, wenn sie einen Vers aus den alten Quellen zu zitieren wußten. Aber wir Mädchen brauchten unsere jüdischen Kenntnisse nicht zu beweisen. Um mit dem verlockenden, süßen Zeug belohnt zu werden, mußten wir ihm nur versprechen, mit einbrechender Dunkelheit abends nicht mehr auf die Straße zu gehen – selbst nicht, wenn Mutti uns in den Laden um die Ecke schickte, um ein Päckchen Grieß oder ein Pfund Mehl zu kaufen. Reb Jankele überredete uns nicht direkt zu Ungehorsam. Er sagte eben nur, daß kleine Mädchen nicht im Dunkeln auf die Straße gehen sollten, und das wäre die einzige Bedingung, um den Faden zu zerreißen und mit den zuckerigen Kristallen bedacht zu werden. Wir fanden bald einen unkomplizierten Ausweg aus dem Kandiskonflikt: Wir besuchten Reb Jankele in seinem Zimmerchen erst, nachdem wir unsere abendlichen Einholepflichten bereits hinter uns hatten.

Reb Jankele schien uns der ideale Partner für Frau Ehrlich. Sie war eine alte, arme, vernachlässigte und nicht gerade appetitlich aussehende Frau, die immer Pech oder Schlehmasel hatte. Sie kam, die Schürze über dem Mantel, ihr Kopftuch unterm Kinn mit zwei Zipfeln zugebunden und jammerte: Man hatte sie bestohlen, sie hatte was verloren, keiner will ihr helfen und ähnliches mehr. Da Pappi sie nie ohne ein Trostwort und eine Trostgabe wegschickte, wurde ein von ihm selbst verfaßter Singsangvers zu einem geflügelten Reim:

Eines Kinder ist gefährlich,
Pappis Liebe zu Frau Ehrlich.

Einmal brachte Frau Ehrlich ein geschächtetes Huhn zur Begutachtung. Sie hatte alles Geld dafür ausgegeben und nun, als sie sich anschickte, die Eingeweide »auszunehmen«, hatte sie im Magen einen Nagel gefunden! Und wenn der Nagel die Magenwand durchbohrt hat, ist das Huhn treife [denn es könnte ja sein, daß das Huhn an der Verletzung der Magenwand gestorben sei und nicht durch die vorschriftsmäßige rituelle Schächtung], und so alles Geld umsonst rausgeschmissen. Das war das Schlehmasel von Frau Ehrlich! In Pappis Studierzimmer lag das karge, gerupfte Huhn auf einer Unterlage aus Zeitungspapier auf dem langen, mit einer grüner Plüschdecke bezogenen Tisch neben einer offenen Talmud-Folie, in der Pappi einen Ausweg suchte, um das Huhn für koscher zu erklären. Es nützte nichts, das Huhn war absolut treife, denn der Nagel hatte tatsächlich die Magenwand durchbohrt. Wie wurde das Huhn dennoch plötzlich koscher? Ganz einfach. Frau Ehrlich bekam ein anderes Huhn, ein koscheres. Woher? Das wußte nur Mutti.

Wie gesagt schien es mir, daß besonders die Behnstraßenwohnung der Wallfahrtsort für arme Leute und den nicht abreissenden Strom der »Sonntagmorgen-Schnorrer« war. Aber eigentlich waren diese Bittsteller eine ständige Begleiterscheinung, wo immer wir auch wohnten. Schnorrer wurden bei uns wie Besuch behandelt, und außer den üblichen Almosen wurde ihnen Tee angeboten, und je nach Lage der Küchenvorräte gab es auch etwas dazu. Manchmal unterhielten wir Kinder uns mit den Schnorrern, die uns ihre Zarot, ihre Sorgen, ausführlich schilderten; und bald hatten wir Kategorien für die Einteilung der Schnorrer aufgestellt, die anonym, aber in einer bestimmten Reihenfolge an unsere Tür klopften: So gab es unter anderen den Bekowet-Anständigen, den Vernebbicht-Bemitleidenswerten, den Verchuzpet-frechen Schnorrer und andere mehr. Später stellte sich heraus, daß einer unter ihnen auch ein Ganaw, also ein Gauner war, und zwar klaute er den rabbinischen Koscher-Stempel, in einer der meist unbeaufsichtigten Minuten seiner Mahlzeit. Zuerst wollte Pappi es gar nicht glauben, und wir wurden zu einer intensiven Entdeckungsaktion angehalten und rutschten unter Tischen und Sofas herum, wie früher, als wir die verlorenen Schnuller suchten. Und dann gab es endlose Telefongespräche, die vor einer Koscher-Illusion mit Hilfe des entwendeten Stempels warnten.

Im Jahre 1935, als Joseph Carlebach auf einer kurzen Israelreise war, schrieb ihm sein ältestestes Töchterchen Eva: »Der Stempel ist wieder da!« Demzufolge war dieses Ereignis bereits nach der Behnstraßenzeit passiert, vielleicht Anfang 1935. Wie lange oder wie kurz auch der Stempel in unbefugten Händen war – die Aufregung erfaßte uns Kinder alle – die Schnorrer wurden auch weiterhin immer großzügig empfangen.

Aber der Ausruf: »Der Stempel ist wieder da!« wurde später als Deckausdruck benutzt, um mitzuteilen, daß aus einer schwierigen Gestapositutation ein Ausweg gefunden worden war. Andere sprachliche Tarnausdrücke waren: »Sanatorium« für KZ, und entsprechend wurde die Entlassung als »ist wieder gesund« beschrieben; »die Brötchen haben ausgezeichnet geschmeckt«, wenn man heil über die Grenze gekommen war, wenn dagegen alles schief ging, hieß es: »Die Butter war schon ranzig.«

Ereignisse um 1933

Der fünfzigste Geburtstag unseres Vaters war der 30. Januar 1933. Über dieses Datum sagte Dr. Klaus von Dohnanyi im Jahre 1983, daß es wie ein Fluch klänge, doch für Joseph Carlebach bedeutete es Geburt und Leben. Unser Vater selbst jedoch wollte dieses auf ihn bezogene Datum nicht wahrhaben, ganz besonders seiner untrügerischen Vorahnungen wegen, »daß wir in Deutschland noch schwere Jahre vor uns haben«; und so verbot er sich geradezu, seinen fünfzigsten Geburtstag in der Öffentlichkeit bekanntzugeben. Zwar verlief der besagte Montag in dieser Hinsicht sehr glimpflich, aber schon am Donnerstag hatte der eifrige Journalist J. L. das wohlgehütete Geheimnis entdeckt und veröffentlichte einen kleinen Geburtstagsartikel im Hamburger Familienblatt. Demzufolge strömten nun am Schabbat Besucher und Blumen. Meine arme Mutti! Die scherzhafte Frage: Wer hat recht? Ich! Wer hat schuld? Meine Frau! Eine Frage, auf die Mutti im allgemeinen genauso humorvoll antwortete: Da sitzt der Vater! Dieser Ausdruck war jetzt sehr ernst gemeint. Trotzdem diskutierte Mutti in der Küche mit Pappi, um ihn zu überzeugen, den Pilgerzug der Gratulanten mit Sewer Panim Jafot, mit guter Miene, zu empfangen, selbst wenn das Spiel für ihn ein bitterböses sei ... Einmal benutzte Pappi die rhetorische Frage: Wer hat Schuld? bei seiner Schabbat-Predigt auf der Kanzel. Wir Töchter guckten einander erschrocken an, vielleicht würde Pappi jetzt aus Gewohnheit und lauter Begeisterung ausrufen: Meine Frau! Jede von uns, so stellte sich später heraus, beschloß im Herzen in diesem Falle von der Frauenschul aus zu rufen: Da sitzt der Vater! Aber wir hatten wohl Pappis Fähigkeit, Kanzel und Familientisch auseinanderzuhalten, unterschätzt. Alles ging predigtgemäß und würdig vor sich. Mutti war die verläßlichste Schweigerin, wenn es darauf ankam, Pappi schwere Situationen zu »ersparen« – aber die Medien waren eben pfiffiger und hatten den Schweigepakt gebrochen.

Ein eigentlich »umgekehrter« Fall ereignete sich zwei Jahre später, denn diesmal war Pappi Mutti böse, weil sie etwas

»Wer hat schuld?« – Oberrabbiner Joseph Carlebach bei einer Ansprache; etwa 1933.

verschwiegen hatte. Es war an einem herrlichen Sommertag, da die Altonaer Gemeinde die jüdischen Schleswig-Holsteiner Provinzkinder über Schabbat eingeladen hatte. Die etwa dreißig kleinen Gäste aus den verschiedenen Zwerggemeinden waren bei diversen Familien untergebracht und trafen sich nun »nach Schul« zu einem Riesenfrühstück an großen und kleinen Tischen im Eßzimmer des Rabbiner-Hauses. Dort erzählte mein Vater ihnen wie ein Schauspieler biblische Geschichten und brachte sie dazu, begeistert in den jüdisch-chassidischen Gesang einzustimmen, und lockte frohes Kinderlachen hervor.

Mutti hatte nicht nur das Frühstück vorbereitet, sondern hatte auch sorgfältig alle Zeitungen versteckt und sowohl Bekannte als auch uns Kinder beschworen, Pappi nichts von einer sie selbst erschütternden Todesnachricht wissen zu lassen: Dr. Leo Deutschländer aus Wien war plötzlich im Alter von sechsundvierzig Jahren gestorben. Deutschländer, der geniale Organisator des Bet Jacob, der Erziehungsbewegung für orthodoxe Mädchen, hatte jahrelang mit meinem Vater zusammengearbeitet. Eine ausgedehnte gemeinsame Fahrt im Jahre 1932 nach Polen und Litauen im Auftrage des Keren Hatora zur Erkundung jüdisch-orthodoxer Lern- und Erziehungsinstitute im Osten hatte die beiden Männer nach einer kurzen, von Mutti geschlichteten »innerpolitischen« Krise, einander besonders nahe gebracht; wie immer hatte Mutti durch ihr Zureden zur Überwindung der damaligen Spannung beigetragen. Mutti selbst kannte ja Leo-Schmuel Deutschländer persönlich von der Religionsschule her, noch aus ihrer Jugendzeit. Jetzt ließ sie sich ihren Kummer aber nicht anmerken, denn sie wollte, daß Pappi mit ganzem Herzen den schönen Kinder-Schabbat verbringe. Mitten beim begeisterten Gesang kam Julian Lehmann, der Journalist für eine Reportage über dieses Kinder-Ereignis, und fragte plötzlich und ganz unmittelbar: Was sagen Sie denn zu Deutschländers Tod?

Auch diesmal mußte die Küche wieder für die Diskussion herhalten. Pappi sagte zu Mutti: Wie kannst du mich angesichts dieser Todesnachricht lachen und tanzen lassen ... Und Mutti antwortete auf ihre Art ganz ruhig und leise: Das ist unsere Pflicht dem Schabbat und den Kindern gegenüber ... Meine tapfere

Mutti! Schon so oft versuchte sie Jo Aufregungen zu »ersparen«, aber wurde ihr das auch gebührend anerkannt? Und wie wurde sie damit fertig?

Wie sie damit fertig wurde – die einfachste Antwort von der Welt ist auch die wahrste. Mutti liebte Pappi, und Pappi liebte Mutti. Diese wunderbare Gewißheit war das Zauberfundament unseres Hauses, wie ich es beinahe ehrfürchtig empfand. Die Worte dafür fand Mutti in ihrem so feinen Humor, der nie ins Banale überschlug. Ein von ihr zusammengestelltes, geklebtes Albumblatt bleibt bezeichnender Ausdruck, selbst wenn es ursprünglich Tante Mirjam und Onkel Willy gewidmet war.

Etwa Anfang des Jahres 1933 war ich das erste Mal bei Rosel F. eingeladen. Die Eltern hatten ein großes Wäsche- und Wollgeschäft in einer der Altonaer Hauptstraßen. Ich erinnere nicht genau, ob ich mit dem Auto abgeholt wurde oder nicht, aber mir wurde unterwegs erklärt, daß Rosel nicht gesund sei und man mit ihr keine tobenden Kinderspiele veranstalten könne. Rosel hatte ein Kinderfräulein und eine Pflegerin, sehr viele Spielsachen und viele, viele Puppen. Sie saß mit einer Wolldecke zugedeckt in einem Sessel, war sehr blaß und sprach, wenn überhaupt, ganz leise. Sie erinnerte mich an das kranke Stadtkind aus den Heidi-Büchern. Zum Abendbrot wurde sie gefüttert; sie konnte wohl keine festen Speisen vertragen, und so bekam auch ich eine hauchdünne Schnitte Weißbrot ohne Rinde mit dick Butter drauf und ganz »labbriges« Rührei, beides für mich unerträglich. Ich drückte mich vor dieser Mahlzeit mit Ausreden über koscher. Die ganze Familie wurde zusammengerufen, um mich zu bestaunen – irgendwie schien das unvorstellbar: ein kleines Mädchen, das gar nicht jüdisch aussah und vorzügliches Deutsch sprach und dennoch die über zweitausend Jahre alten rituellen Speisegesetze befolgte.

Einige Wochen später ging ich in besagten Strumpf- und Wolladen. Die rosa, weißen und hellblauen Angoraknäule füllten den Laden wie zarte Wolken. Ich wurde sehr liebevoll behandelt, sowohl als Rabbiner-Tochter als auch als Rosels kleine Freundin, und verließ den Laden mit einem hübsch eingepackten Paketchen mit hellblauer, weicher Angorawolle – erstanden, um ein Mützchen zu häkeln für ein neugeborenes Knabenbaby aus einem der vielen Carlebachschen Familienzweige.

Heute weiß ich: Einige Tage darauf war der erste April 1933, der Boykott-Schabbat. Wie kam es, daß ich an so einem gefährlichen Tag überhaupt nach Schul gehen durfte? Ganz einfach: Mutti mußte über Schabbat mit Judith, die am Blinddarm operiert wurde, im Krankenhaus bleiben, und so schlich ich hinter meinem Vater her. Erst Jahre später verstand ich, was er auf dem Weg zu einem der Gemeindemitglieder sagte. Der Mann fragte ihn nämlich: Wie geht es denn Ihrer kleinen Tochter? Und Vater antwortete: Ihr Schnitt schmerzt nicht so wie der Schnitt ins deutsche Judentum.

Und so sah ich den konkreten »Schnitt«: Geschäfte mit uniformierten Männern in langen, braunen Mänteln vor der Tür. Hatte ich auch geschulterte Gewehre gesehen? Vielleicht. Aber die Schaufenster!

Viele waren demoliert, auch der schöne Wolladen, wo die Leute so nett zu mir waren und die Babywolle so weich ... auf die Scheibe war mit dicker Ölfarbe das Wort Jude gemalt, und die Farbe kleckerte in langen schmierigen Streifen herunter. Wo hatte ich nur schon mal die Worte gehört: In den öden Fensterhöhlen wohnt das Grauen ... Vielleicht von meiner älteren Schwester Eva, als sie das Lied »Die Glocke« von Schiller auswendig lernen mußte. Plötzlich waren die Worte kein langweiliges Gedicht mehr. Von jetzt ab war alles wahr: Die Öde, die Fensterhöhlen, das Grauen ... Es war wie lähmende Angst und beklemmende Unsicherheit, die sich uns Jüdischen Kindern in Deutschland, langsam bemächtigte. Was wird uns jetzt drohen?

Nach beinahe sechzig Jahren fand ich einen ganz kleinen, fast unbekannten englischen Aufsatz von Stefan Zweig, betitelt: »The Jewish Children in Germany«, in dem er alles voraussagend beschrieb: »The experienced organized humiliation, the feelings of defenselessness, and our tormented soul«.

In Donners Park

In unserer Familie wurde eigentlich nie in Gegenwart der Kinder über Politik geredet. Wir hatten kein Radio, und ich erinnere von zu Hause nur jüdische Zeitungen, wie den Israelit, das jüdische Familienblatt oder die Laubhütte, in denen wir eben die Kinderbeilagen lasen, mit Kinderrätseln oder Erzählungen in Fortsetzungen, wie etwa »Auf Irrwegen« von Julian Lehmann oder ähnliches. Mein Jüdischsein war mir selbstverständlich und eigentlich wunderbar: Ich liebte den Schabbat und die Feste, das hebräische Gebetbuch, alle Vorschriften, die Schul und natürlich meine Eltern, diesen Inbegriff der heimischen jüdischen Atmosphäre.

Deswegen empfand ich es als äußerst ungerecht, daß plötzlich an verschiedenen Stellen, an Hauseingängen, Gittern, in Parks und an anderen Plätzen kleine Zettel mit gemeinen Aussprüchen über Juden angeklebt waren wie etwa: »Die Juden sind unser Unglück« und andere boshafte Ausdrücke. Meine ganz natürliche Reaktion war, wenn irgend möglich, sie abzureißen. Obwohl ich keine Ahnung hatte, was für Folgen diese Handlung haben könnte, war ich instinktiv sehr vorsichtig, erzählte niemandem von meinem Plan und war darauf bedacht, nicht dabei gesehen zu werden. Ich war mir noch nicht bewußt, daß es mein »nichtjüdisches Ponim« [Panim] war, daß mich vor jeglichem Verdacht bewahrte, etwas Gesetzwidriges verbrochen zu haben. Einmal, nachdem ich blitzschnell einen Zettel abgerissen hatte und versuchte, mich schleunigst aus dem Staub zu machen, wurde ich von Leuten auf der Straße gefragt, ob ich jemanden gesehen hätte, der schnell weggelaufen sei. Ich machte einen Knicks und schüttelte den Kopf – so wurde ich, und vor allen meine Eltern, durch mein naiv-deutsches Aussehen vor schlimmsten Folgen bewahrt. Ein anderes Mal fand ich in einem sehr vornehmen Hauseingang auf der weißgrauen, gemergelten Marmorwand einen Zettel: »Große Klappe, wenig Geist, das Ganze A. H. heißt.« Da nichts gegen die Juden auf diesem Zettel stand, ließ ich ihn gnädigerweise unbeschädigt.

Das alles muß sich schon in meiner Schulzeit ereignet haben. Ich konnte zwar als Rabbiner-Tochter schon mit fünf Jahren Hebräisch lesen, denn ich lernte mit dem vierjährigen Buli zusammen bei unserem ostjüdischen Privatlehrer »Reb Eisner« das Aleph-Bet, hebräische Gebete und die ersten Verse aus der Bibel in wörtlicher Übersetzung; aber die deutschen Buchstaben lernte ich später in der ersten Klasse, und die komplizierten Wörter verstand ich wohl erst acht- oder neunjährig.

Aus dieser Zeit erinnere ich auch einen Spaziergang mit meinem Vater in Donners Park. Erst erklärte er mir, wie man die verschiedenen Bäume an ihren Blättern erkennen könne, wie z. B. die Mispel, und dann ging er mit mir zum Heine-Pavillon. In einem kleinen hellen Vieleck, das fast wie ein Rundbau wirkte, war das weiße Marmordenkmal Heinrich Heines aufgestellt mit dem traurigen Kopf, in der einen Hand die Feder, und in der anderen Hand hielt er einige lose Blätter mit dem Text:

Was will die einsame Träne
Sie trübt mir ja den Blick
Sie bleibt aus alten Zeiten
In meinen Augen zurück.

Diese Zeilen las ich damals nicht, sondern erst später, als ich auch über die Odyssee dieses Denkmals einiges erfahren konnte:

Die Statue, Werk des dänischen Bildhauer Louis Hasselriis, stellte den alternden Dichter dar, wie er in der »Matratzengruft« zu Paris sinnend sein Leben überdenkt. Die Kaiserin von Österreich hatte sie sich für ihren Park in Korfu meißeln lassen, der ehemalige deutsche Kaiser hatte es von dort entfernt, und so mußte es ruhelos wandern, wie der lebende Dichter. Bei dem Versuch einer Aufstellung in Hamburg wurde es verschmutzt, und schließlich wurde es von der Familie Campe der Stadt Altona geschenkt. Diese gab ihm seine würdige Stätte im Ottensener Donners Park – bis auch hier ihn wieder Frevlerhand erreichte.

Als das Denkmal im Jahre 1927 von Korfu über Hamburg nach Altona gebracht und in Donners Park aufgestellt wurde, hatte mein Vater zu Ehren Heines ein kleines Festmahl veranstaltet, und ein anderer orthodoxer Rabbiner, Dr. Posner aus Kiel, hatte darüber in seinen Archivmaterialen besondere Aufzeichnungen hinterlassen, so außergewöhnlich und wichtig erschien ihm diese Nachricht.

Auch uns Kindern wurde zu Hause mit viel Verehrung über Heine erzählt, und Vater zitierte fast alle seine Gedichte auswendig, von denen einige sich besonders in mein Gedächtnis einprägten, wie der Rhythmus aus dem Lied Donna Clara: Laß die Mohren, laß die Juden ..., aber vor allen waren es die hebräischen Melodien mit dem Gedicht über den Dichter Jehuda Halewi, das sozusagen »am meisten Heine war«.

Einerseits seine Worte köstlichen Spottes: »Endlich rissen alle Knöpfe an der Hose der Geduld« – und dann wieder der Rhythmus in klingender, höchster Lyrik: »Ja – er war ein großer Dichter, Stern und Fackel seiner Zeit, der voranzog der Geschichte Israels in der Wüste des Exils ...« Diese Worte, die Pappi stets mit besonderer Bewegung zitierte, wenn er uns über Jehuda Halewi erzählte, erinnerten mich immer an die wundersame Verknüpfung der beiden Dichter, weit über Grenzen von Zeit und Ländern, aber noch mehr schien es mir, als wären sie auf meinen Vater selbst bezogen.

Vielleicht hatte das Heine-Denkmal deswegen eine so ungeheure Anziehungskraft auf mich, und ich beschloß, diesen traurigen und einsamen Dichter oft zu besuchen.

Wenn man in Donners Park eintrat, sah man zuerst das hohe, mit Efeu umrankte Donners Schloß. Irgendwie glaubte ich nicht, daß Donner einfach der Name eines Grafen oder eines anderen berühmten Mannes war, ich dachte vielmehr an Blitz und Donner oder an das Schloß von Dornröschen. Zwei andere Parkabschnitte waren der Rosengarten und der Schwanenteich. Um den letzteren versammelten sich immer viele Kinder mit ihren Müttern, die den weißen Schwänen oder den braunschwarzen Entchen mit dem ulkigen Wackelschwanz kleine Brotstücke zuwarfen.

Der Heine-Pavillon stand in einem der letzten Abschnitte des Parkes. Nicht viele Besucher verirrten sich bis dorthin, und der kleine Bau war wie mit einem Kranz von Ruhe und Stille umgeben. Man konnte ganz nahe an die Statue herantreten, den kühlen Marmor berühren, zu ihr aufblicken und sozusagen mit ihr sprechen. Aber eines Nachmittags war der zauberhafte Park wie verändert. Zuerst war es nur ein beklemmendes Gefühl ohne einen sichtbaren Grund – bis ich zum Heine-Pavillon kam. Der kleine Rundbau war durch ganz dicke, dunkelbraune Seile abgesperrt und Heines Statue wie ein Häftling mit diesen häßlichen Tauen gefesselt worden. Seine Hand war angebrochen, als sei er schwer verletzt. Plötzlich entdeckte ich ganz in der Nähe ein schäbiges Brett, an zwei langen Stäben angenagelt, das überhaupt nicht in die schöne Anlage des Donners Parkes hineinpaßte. Auf dem Brett war ein zeitungsähnliches Papier angeschlagen. Weil es so hoch war, konnte ich nur die Schlagzeilen erkennen und traute meinen Augen nicht. Da stand etwas über die Juden geschrieben. Daß sie ein mörderisches Volk seien. Instinktiv begriff ich: Das war schlimmer als alles, was bisher auf den Zettelchen geschrieben stand: Das war gegen mich, meine Eltern, unseren Schabbat – gegen alles. Ich schaute mich um. Kein Mensch war weit und breit zu sehen, und ich fühlte plötzlich Entsetzten und Angst in mir aufsteigen. Weil das Brett so hoch war, konnte ich nicht rankommen, um das Papier abzureißen, wie ich es schon mal mit den kleinen Anklebern gemacht hatte. Aber es war wohl mehr als die technische Schwierigkeit, die mich davon abhielt. Ich hätte ja nach einer Kiste suchen können oder nach irgendeiner anderen Klettergelegenheit. Aber ich versuchte es gar nicht, es war ein Gefühl eines von vornherein verlorenen Kampfes. Ob meine Eltern wohl davon wußten?

Als ich nach Hause kam, sah Mutti gleich, daß nicht alles, wie sie es formulierte, ganz koscher mit mir war und fragte: Wieso siehst du denn so grün aus? Aber meine Kehle war wie mit den gräßlichen Seilen zugeschnürt, und ich kämpfte mit den Tränen. Sie umarmte mich und sagte nur: meine Süße. Die Wärme, die Zärtlichkeit und die Tatsache, daß zu Hause alles genau so war wie immer, all das beruhigte mich anscheinend. Vielleicht hatte ich doch nicht richtig gelesen. Ich empfand eine Art Dankbarkeit dafür, daß ich nichts erzählen mußte und die provokativen Worte, die ich gelesen hatte, nicht auszusprechen brauchte.

Auch in Donners Park war ich wieder nach über einem halben Jahrhundert. Frau Dr. Käthe Starke, eine Altonaer Dramaturgin, die Theresienstadt überlebt hatte, und ihr Sohn nahmen mich mit dorthin. Aber es war alles anders: Der Park schien mir viel größer als damals, die satten grünen Rasenflächen unendlich, die Einteilung und Wege verwirrend und irreführend. Ich fand nicht, was ich suchte, nämlich den Heine-Pavillon mit der vornehmen Marmorstatue. Statt dessen brachten Freunde und Bekannte Bücher mit Abbildungen des ehemaligen Heine-Denkmals oder fuhren mich zum Hamburger Rathausplatz zu dem neuen dunklen, metallenen Heine. Für dieses Denkmal hatte kein jüdisch-orthodoxer Rabbiner ein kleines Festessen veranstaltet, keiner las mit unbändiger Freude dazu Heines Vers aus den hebräischen Melodien, Prinzessin Schabbat:

Schalet schöner Götterfunken, Tochter aus Elysium, also klänge Schillers Hochlied, hätt' er Schalet je gekostet … Schalet ist des wahren G'ttes koscheres Ambrosia …

Etwa fünfzehn Jahre später war es Mutti, die einen »Dialog« zwischen dem Dichter und Oberrabbiner Joseph Carlebach dokumentierte: Heinrich Heine verfaßte nämlich im Jahre 1843, anläßlich der Einweihung des von seinem Onkel Salomon Heine gestifteten Israelitischen Krankenhauses ein lobendes Gedicht über das Krankenhaus, da es Kranke mit »drei Gebresten behaftet« aufnimmt: mit Armut, Körperschmerz und dem schlimmste der dreien – dem Judentum.

Im Juli 1941, hundert Jahre nach der Grundsteinlegung, erhielt Heine sozusagen eine persönliche Antwort auf seinen bitteren Vers. Joseph Carlebach hatte ein Gedicht verfaßt, sein letztes Gedicht – und die von ihm initiierte Vorverlegung der Feier auf das Grundsteinlegungsdatum war ein Ausdruck seiner Vorahnung des unabwendbaren Schicksals – und seines Bekenntnisses zum Jude-Sein.

Dieses Gedicht wurde von Mutti mit Durchschlägen abgetippt, und um unseren Vater nicht zu gefährden, setzte sie seine Initialen in ihrer eigner Handschrift darunter. So ist es letztendlich ihr zu verdanken, daß uns dieses Zeugnis von Größe und Tragik erhalten blieb.

Hamburg 13
20. Juni 1941
Dem jüdischen Krankenhaus
in Hamburg zur Hundertjahrfeier:

Vergangen sind nun volle hundert Jahre
Seitdem dies Hospital ein Edler schuf
Für Menschenkinder, welche dreifach elend
Durch Armut, Körperschmerz und Judentum.

Wohl manche Wandlung hat das Werk erfahren;
Zu Glanz und Größe ist's emporgestiegen,
Und wieder kleiner ward's im Zeitenwandel,
Fast ärmlich schlicht im Tag des Säculums.

Doch eins in ihm blieb gleich in Mondenwechsel:
Die schöne Menschlichkeit liebreicher Pflege,
Die hohe Kunst selbstloser großer Ärzte
Und seiner Schwestern selbstvergess'ne Treue.

Ein Segenstrom hat sich aus ihm ergossen,
Hat krafterneuernd, schmerzenstillend Vielen
Mit starker Hand einfühlend tät'gen Mitleids
Den Tod gescheucht und Leben neu geweckt.

Darin erfüllt' es seine Ziehlbestimmung.
Im Andern aber griff's hinaus darüber:
Nicht Arme sind's allein und nicht nur Juden,
Die Pflege sich und Balsam hier geholt.

Sieh' alle, alle suchten Heil und Obdach
In seinen stillen, saub'ren, sonn'gen Sälen;
Verschwunden war von Arm und Reich die Trennung,
Der Religionen Scheidewand vergessen.

Doch die als Juden hier Genesung suchen,
Die heut' besonders, so fern wie nah,
Nur hier als kranke Juden weilen dürfen,
Ist's wahr, gilt ihnen Judesein als Elend?

Ist's wirklich tausendjähriges Gebrechen,
Aegypt'sche Plage und verschleppter Glaube,
Wie Dichtermund im Weihspruch einst gespöttelt
Aus trag'scher Weltverbitt'rung Höllenqualen?

Wir wissen's besser, die wir seine Welt
In ihrer Süße, ihren Giften kennen.
Nein, unser Glaube grad war der Beglücker,
Der weltenüberwindend stark uns macht.

Auch dieses Fest der jüdischen Menschenliebe
Den hundertjährigen Triumph begeht.
Bestärkt in uns das stolze Treubekenntnis:
Ein Jude sein ist letztes, höchstes Glück!
J. C.

Aus der Kellerküche

Die Palmaille 57, schräg gegenüber der ersten Wohnung in Nr. 120, war schon unsere dritte Behausung in Altona, denn zwischen den beiden Palmaillehäusern wohnten wir ja, wie erwähnt, auch noch in der Behnstraße 39, und die letzte Altonaer Wohnung war in der Klopstockstraße Nr. 25. Aber die Palmaille 57 war die schönste von allen. Das Haus hatte einen terrassenförmig langschüssigen Garten, der fast bis zur Elbe herunterreichte, in dem man sich auf dem Rasen nach Belieben austoben, unter der »gestutzten« Eiche einbrödlerisch verstecken oder Küken in einem Puppenwagen großziehen konnte. Dadurch merkten wir Kinder gar nicht oder fast gar nicht, daß die breite Palmaille-Allee kein Spielplatz mehr war. Täglich fanden dort langstündige Aufmärsche statt von Männern in braunen Hemden, die links und rechts und geradeaus marschierten und ihre Gewehre auf- und abschulterten. Aber nicht nur erwachsene Männer und Jugendliche exerzierten dort. Kleine acht- oder zehnjährige Jungen waren schon früh morgens paradebereit in der Palmaille und wurden stundenlang gedrillt. Da kam es des öfteren vor, daß einer der schmächtigeren Kleinen ganz einfach zusammenklappte und ohnmächtig wurde. Diese Kinder wurden dann ohne viel Aufstand in unser Haus gebracht und auf eines der Kinderbetten oder auf unser berühmtes »Knochensofa« gelegt. Dieser Ausdruck stammte mit dem Sofa zusammen noch aus Muttis Kindheit in Berlin, erfunden wegen einer dazumal herausgesprungenen Feder, die wir immer vergeblich zu entdecken versuchten. Mutti gab den strohblonden, uniformierten Jungen Tee und legte ihnen feuchte Taschentücher auf die Stirn, streichelte manchmal sogar über ihr blasses Gesicht und sagte: Nu Nebbich, zum Erbarmen, es sind doch nur kleine Kinder.

Zu dieser Palmaille-Wohnung gehören auch die Kellerküchenerinnerungen. Die besagte Küche war riesig groß, weiß gekachelt und mit einem richtigen, etwas altmodischen Herd ausgestattet, der sich vielleicht zwei bis drei Meter lang an der Wand erstreckte. Im allgemeinen wurde diese Küche gar nicht

Mirjam und Esther, Juni 1933
(Lotte Carlebach).

Im Garten: Judith und Baby beim Turnen
(Lotte Carlebach).

Im Garten: Noemi und Baby; etwa 1931
(Lotte Carlebach).

Im Garten: Ruthi und Peter; Juni 1933
(Lotte Carlebach).

zum Kochen benutzt, außer in Sonderfällen, wie bei der Gefrierfleischaktion. Mutti hatte eine kleine Küche im ersten Stock einbauen lassen, direkt neben dem Wohn- und Eßzimmer. Ich empfand diese Etagenküche wie einen unpassenden Eindringling. Es war ziemlich eng dort und nicht so leicht, die diversen, im täglichen Gebrauch benötigten Geschirre, Bestecke und Kochtöpfe unterzubringen: nämlich das für Milchspeisen, kurzerhand das »milchige« Geschirr genannt, das mit blaukarierten Handtüchern abgetrocknet wurde und hauptsächlich für leichtere Mahlzeiten, also für Frühstück und Abendbrot benutzt wurde. Bei festlichen milchigen Mahlzeiten, wie am Purim morgens oder am Schawuot abends, wurde Milchding auf der blauen Kaffeedecke gedeckt. Für das Geschirr der Fleischspeisen, oder richtiger für jedes gekochte, nur anscheinend »fleischige« Mittagessen, waren jedoch die rotkarierten Handtücher bestimmt. Dann gab es auch noch das »parvene« Glasgeschirr für Tee, Obst und andere Lebensmitteln, die weder zu Milch- noch zu Fleischgerichten gehörten. Zum Beispiel – am Freitagabend nach Tisch kamen jedesmal zwischen zwanzig bis dreißig Jugendliche der obersten Schulklassen in unser Haus und lernten mit unserem Rabbiner-Vater Psalmen, Abschnitte aus den »großen Propheten« oder auch moderne hebräische Dichtung; und wir Kinder, angetan mit unseren weißen Schabbat-Schürzen, unterbrachen diese Lernstunde, wenn wir Äpfel, in ganz dünne Scheiben geschnitten, auf Glastellern anbieten durften.

Auch der Hering zu dem sogenannten »Herings-Schiur« wurde auf Glastellern angerichtet und der dazugehörige Schnaps in kleinen Glasbechern rumgereicht. Dieser »Herings-Schiur«, ein ostjüdischer Brauch, fand am späten Schabbatnachmittag statt, um die Schabbat-Braut mit einen etwas wehmütigen Abschied in den letzten Stunden vor ihrem Ausgang zu begleiten – mit Chassidischem Sologesang von Kantor Ziegel und kurzen Tora-Worten von Rabbiner Duckesz – und mit Hering auf Glastellern.

Außer dem schon genannten Geschirr dieser drei Kategorien gab es eine weitere dreifache Auflage, und zwar das Pessach-Geschirr, für die acht Tage dieses Festes bestimmt. Während des ganzen Jahres war dies in einer Kammer neben der Kellerküche verstaut und wurde um die Osterzeit gegen das Chomez-Geschirr ausgetauscht. Dies erfordete ein intensives Auf und Ab auf den Kellertreppen, ein Job, den ich mit Begeisterung erfüllte, angesichts des meiner Meinung nach viel schöneren Pessach-Geschirrs. Besonders waren es die breiten, braunen Keramiktassen, die uns jedes Jahr aufs neue erfreuten, vielleicht weil sie in uns den Vorgeschmack von in Kaffee eingebrocktem Mazzot mit braunem Zucker darauf erweckten, oder die Vorfreude an die bevorstehenden zwei Seder-Abende, die das Pessach-Fest einleiteten:

* Die festliche Tafel für die circa vierzig Versammelten, d. h. unsere Eltern, neun Kinder und an die fünfundzwanzig Gäste, Kinder und Erwachsene, unter ihnen manchmal auch berühmte Persönlichkeiten, von denen ich besonders Professor Jacob Sakom, den Cellospieler, erinnere;
* die Mazzot und die Pessach-Gerichte, die weder Brot noch Mehl enthalten;
* die ausführliche hebräische und natürlich ins Deutsche übersetzte Erzählung unserer Befreiung durch den Auszug aus Ägypten, unterbrochen durch Rätsel für die Kleinen, scharfsinnige Fragen für die Großen und mit Talmudlegenden geschmückten Antworten;
* die vielen symbolischen Gerichte: brennend-scharfer Meerrettich, der den Leiden in Ägypten gleicht, und dazu der süße »Lehmteig« aus Äpfeln, Nüssen, Zimt und Zucker zubereitet; die in Wasser, salzig wie Tränen, getunkten Radieschen und das harte Ei, das traditionelle Trauergericht, das an die Tempelzerstörung erinnert;
* und wiederum auch die symbolischen Bräuche: die zehn Tropfen Wein, die wir mittels des kleinen Fingers dem vollen Freudenweinbecher abzapften, als Zeichen des Mitgefühls mit den von zehn Plagen heimgesuchten Ägyptern;
* das Versteckspiel mit der Afikoman-Nachtisch-Mazza: eine halbe Mazza wird schon zu Beginn der Mahlzeit zur Seite gelegt, um sie eben als Nachtisch, als »Afikoman« zu verteilen; die Kinder passen genau auf, wo der Hausherr diesen Afikoman hinlegt, um ihn in einem unbeachteten Moment zu

Im Garten: Reihe 1: Judith, Buli, Mirjam, Eva
Reihe 2: Esther, Ruthi, Peter, Baby;
etwa 1932 (Lotte Carlebach).

Pappi mit den ganz Kleinen (Lotte Carlebach).

m Garten:
Reihe 1: Baby, Ruthi, Judith, Noemi
Reihe 2: Buli, Esther, Eva, Mirjam;
24. Sept. 1934 (Lotte Carlebach).

Reihe 1: Baby und Ruthi
Reihe 2: Esther und Judith
(Lotte Carlebach).

Reihe 1: Noemi und Baby;
Ruthi und Peter
Reihe 3: Judith und Mirjam
(Eva Carlebach).

»stehlen«, zu verstecken und Bedingungen zur Herausgabe desselben zu stellen. Der ehrliche Verstecker konnte sich etwas ganz Großartiges von Pappi wünschen, bevor er sein Geheimnis preisgab: Wo hatte er den Afikoman verborgen? Pappi mußte ganz einfach den Wunsch erfüllen, denn ohne dies besonders aufbewahrte Stück Mazze konnte das Tischgebet nicht gesprochen und der Seder nicht zu Ende geführt werden. Und sogar Esthers sehr ungewöhnliche Afikoman-Preisgabe-Bedingung vor einer zahlreichen Tischgesellschaft – die Caro-Realschule verlassen zu dürfen, um in Berlin Modezeichnen zu lernen – wurde von unserem Rabbiner-Vater akzeptiert, und sein Versprechen hat er eingehalten; es darf jedoch nicht vergessen werden, daß Mutti bedingungslos auf Esthers Seite stand;

* dann die vier Freiheitsbecher mit Rosinenwein und der prachtvolle Silberbecher bis an den Rand mit schimmerndem Rotwein gefüllt, der erwartungsvoll in der Mitte der Tafel für Elijahu, den Vorboten des Messias bereitgestellt war;
* die vielen sowohl schwermütigen als auch scherzhaften Lieder und Gesänge, die dem mehrstündigem Seder das Gepräge eines erhebend musikalisch-religiösen Erlebnisses gab.

All dies rechtfertigte die unglaublich vielen und schweren Vorbereitungen zu diesem Fest. Einmal fiel Mutti am Erew Pessach die Kellertreppe hinunter und verstauchte sich den Fuß. Nachdem der Arzt weggegangen war, brachte ich ihr ein kleines Glas frisch ausgepressten Orangensaft, für das sie, trotz offensichtlich großer Schmerzen, mit einem kleinen Lächeln ihren Dank ausdrückte. Plötzlich sah ich, wie erschöpft sie aussah, und söhnte mich sozusagen mit der Etagenküche aus, weil diese während des ganzen Jahres Mutti das tägliche Treppenlaufen ersparte.

Es war nicht das einzige Mal, daß Mutti hinfiel. Ein anderes Mal fiel sie am Jomtow mit einer brennenden Kerze in der Hand, um sozusagen weiteres Licht zu spenden, denn am Jomtow durfte man eine schon vorhandene Lichtquelle benutzen, um weiteres Licht oder Feuer zu entflammen, während es am heiligen Schabbat ganz untersagt war, irgendwelche brennenden Feuer- oder Lichtquellen überhaupt nur anzurühren.

Einmal brach Mutti sich das Handgelenk, aber meistens verursachte der plötzliche Sturz einen verstauchten oder gar gebrochenen Knöchel. Trotz ihrer Schmerzen hatte sie, im Bett liegend, schon etliche Paar Strümpfe gestopft, noch bevor der Arzt ihren Fuß bandagiert oder eingegipst hatte, obwohl sie sich sonst mit keinerlei Näh- oder Handarbeit beschäftigte. Dagegen hatte sie die originellsten Einfälle, wenn es darum ging, Oma, Tante Mirjam oder sonst einer der nächsten Verwandten eine persönliche Freude zu machen. So klebte sie aus Zeitungsausschnitten und alten Fotografien Phantasiealben zusammen, die die kleinen Wünsche und die täglichen Miseren in ein humorvolles Licht rückten, und unterschrieb dann: »Die Redaktion – unveränderte Mutter – erhöhte Tochterdividende«.

Die erwähnte Kellerküche, wenngleich sehr selten zum Kochen benutzt, erfüllte aber zusätzlich wichtigere Funktionen: Sie diente als Sammelstelle für die sogenannte »Pfundsammlung«. Dieses besondere System, für das sich die Aguda- und Misrachi-Frauengruppen wie auch die private Winterhilfe einsetzten, bestand in der jüdischen Gemeinde Altonas seit Ende 1931 zur Unterstützung bedürftiger Familien, die sich nicht an das Wohlfahrtsamt wenden mochten. »Die regelmäßige monatliche Verteilung sollte durch sogenannte Pfundspenden gesichert werden. Die Sammlung ist in der Weise gedacht, daß jede Hausfrau zwischen dem 1. und 8. jeden Monats Lebensmittel von ein Pfund aufwärts nach eigener Wahl an ... aufgeführte Sammelstellen sendet. Erwünscht sind Erbsen, Bohnen, Linsen ... Haferflocken, Tee, Kakao ... Nudeln, Butter und Pflanzenfett, letztere drei Sorten nur koscher ... im November wurden 900 Pfunde und im Dezember ca 1200 Pfunde verteilt ... «

Die Namen und Adressen der Sammelstellen wurden durch die jüdischen Zeitungen bekanntgegeben, und unter ihnen auch der Name von Frau Rabbiner Carlebach. Eine ähnliche Aktion, nur in bescheidenerem Maße, war bereits Familientradition. Schon Urgroßmutti Mathilde Halberstadt war bis an ihr Lebensende im Jahre 1932 Vorsitzende und Verantwortliche für die 1871 gegründete Lebensmittelverteilung von Kartoffeln und Reis. Bei uns fand die übliche Sortierung der erwähnten Pfunde eben in der

Kellerküche statt, und der alte lange Herd diente als Tisch für die in Reih und Glied gestellten, je nach Inhalt von uns Kindern gekennzeichneten Tüten: »Aber die Carlebach-Kinder wußten genau, daß diese Herrlichkeiten, auch Süßes darunter, nicht für sie bestimmt waren, und sie rührten nichts davon an …«, erinnerte sich Senta Meyer. Die fertigen, mit Bedacht und Sorgfalt zusammengestellten Lebensmittelpakete wurden dann mit einbrechender Dunkelheit an bedürftige Familien verteilt. Einmal begleitete ich meine ältere Schwester Eva, die sich mit ihrem Fahrrad an dieser Verteilung beteiligte, um ihr bei einem zusätzlichen Paket zu helfen – für die Schusterfamilie R., deren Kinder ich flüchtig von der Schule her kannte. Die Armut, die Trübheit, die beinahe an Trostlosigkeit grenzte, erregten mich, und ohne daß ich es wollte, kam mir der traurige erste Vers des Laternenliedes in den Sinn:

Im Keller ist es duster
Da wohnt ein armer Schuster…

Was wohl aus der hochgeschossenen, blassen Susi R. geworden ist? Ich fand ihren Namen nirgendwo aufgeschrieben, in keinem Gedenkbuch verzeichnet. Vielleicht waren ihre Eltern polnischer Abstammung und wurden bereits am 28. Oktober 1938 vertrieben.

Die Kellerküche diente uns Kindern auch als Jahrmarkt, als Hamburger »Dom«. Es gab dort ein Riesenrad mit Nummern, von meiner Schwester Esther kunstvoll angefertigt, an dem man »was gewinnen konnte«, wenn man die sorgfältig aufgeschriebenen Spielregeln genau befolgte. Die Gewinne, wie etwa ein Federwischer, Murmeln oder ein kleines Taschentuch, kamen natürlich aus unseren Kinderzimmern. Aber besser als das Riesenrad war die Geisterbahn, für die ein alter Kinderwagen herhalten mußte. Das jeweils betreffende Passagierkind wurde in der verdunkelten Küche hin- und hergefahren, hörte unsere grölenden und quietschenden Stimmen, und sein Gesicht wurde mit einem feuchten, alten Lederhandschuh gestreichelt. Man konnte auch für fünf Pfennig ein Gesangskonzert haben. Zu diesem Zweck versteckte sich einer von uns in einem der eingebauten alten Küchenschränke, der Schlüssel wurde als Auftakt und Signal für den »Grammophonsänger«, zwei- bis dreimal von außen umgedreht, und es ertönte das Lied:

Ein Schneider fing 'ne Maus
Ein Schneider fing 'ne Maus
Ein Schneider fing 'ne Mia Mia Mause Maus...

Meine älteste Schwester Eva war schon zu erwachsen und kultiviert für derartigen Unsinn, aber ihre erzieherische Haltung den Jüngeren gegenüber wurde von uns verächtlich abgelehnt.

Wir gingen jedoch einmal im Jahr um die Weihnachtszeit auch auf den »echten« Hamburger Dom. Mein Rabbiner-Vater nahm uns alle neun Kindern mit, wahrscheinlich auch, um Mutti eine Stunde absoluter Ruhe zu verschaffen. Jeder von uns konnte im Karussell fahren, und außerdem durften wir uns eine kleine buntgeringelte Zuckerstange kaufen, die neben den Riesenzuckerspazierstöcken an langen Stricken vor den Buden hingen. Das Interessanteste war das Schlendern von Bude zu Bude. Schießbuden, wo man sich große oder kleine Teddybären abschießen konnte, die Liliputanerbude, in der man auch eine geheimnisvolle Figur bewundern konnte, nämlich »halb Spinne und halb Frau«. Und an allen Ecken, an kleinen Ständen, brutzelte in schwimmendem Öl das süß-fettige Weihnachtsgebäck. Aber das konnten wie natürlich nie kosten, weil es nicht koscher war.

Außer der Domerinnerung gab es noch ein anderes Kellerküchenerlebnis, das sich mir als traurig und entwürdigend einprägte. Wie schon erwähnt, fanden die Aufmärsche der Braunhemden in der Palmaille statt. Einmal, an einem ganz besonders kalten Wintertag, sahen wir vom Fenster aus, wie die Männer mit den Armen um sich schlugen, um sich zu erwärmen. Wir beschlossen also, auf die Initiative meines jüngeren Bruders Julius-Buli hin, für die Männer heißen Tee zuzubereiten. In unserem größten Kochtopf setzten wir Teewasser auf dem Kellerküchenherd auf, sammelten aus allen Ecken und Enden Gläser und

Tassen, brühten Tee-Essenz auf und plazierten die gefüllten Gläser auf großen Tabletts an den Kellerfenstern. Erst warteten wir endlos lange, ohne Zeitgefühl, bis die Männer überhaupt auf uns aufmerksam wurden. Natürlich nahm dann keiner von ihnen Tee an, sie lachten uns einfach aus – mit unserem »Judentee«. Bis heute fühle ich die Erniedrigung, den Hohn und die Parole der Männer: »Besser erfrieren als was von Juden annehmen.« Und bis heute sehe ich vor mir das bestürzte Gesicht meines Bruders, die Enttäuschung darüber, daß die naiv-zuvorkommende Hilfsbereitschaft ins Leere laufen mußte.

Auch bei unserer Nachbarin, die in der Palmaille 55 wohnte, hatte sich alles verändert. Seltsamerweise kann ich mich an den Namen dieser Witwe nicht mehr erinneren, sondern nur an die Vornamen ihrer beiden erwachsenen Kinder: Der blonde Hans war achtzehn und die dunkelhaarige Sängerin Ilse zwei Jahre älter als ihr Bruder. Oft sangen wir mit ihr zusammen: O Täler weit und Höhen, o schöner grüner Wald … Oder auch Goethes elegisches Lied an den Mond: Füllest wieder Busch und Tal, Still mit Nebelglanz.

Unsere nachbarlichen Beziehungen begannen damals gleich, nachdem wir in die Wohnung Palmaille 57 eingezogen waren. Wir krochen nämlich durch ein Loch im Zaun in den Nachbarsgarten und machten uns über die Johannesbeersträucher her. Zu Recht höchst verärgert, rief die Frau bei uns zu Hause an und beklagte sich über die unerzogenen Rabbiner-Kinder. Pappi stellte uns Täter gleich zur Rede und war unerbittlich. Wir sollten gehen und uns entschuldigen. Diese erzieherische Strafe wurde uns aber durch die Eltern sehr erleichtert. Pappi verfaßte ein humorvolles Gedicht, das wir in Schönschrift abschreiben und im Chor auswendig lernen mußten, und Mutti stellte einen feinen, kleinen Obstkorb zusammen. Doch hingehen sollten wir allein. Aus dieser peinlichen Begegnung entstand dann eine große Freundschaft zwischen dem Nachbarhaus und den Carlebach-Kindern. Das Loch im Zaun wurde zum Durchgang erweitert. Buli spielte mit Hans Pingpong oder half im Garten, die Blumen zu schneiden, und die Frau lehrte uns Mädchen allerlei Handarbeiten. So häkelten wir unter ihrer Anleitung für Mutti Topflappen zum Geburtstag und für Oma und Tante Grete aus Leipzig Tellerdeckchen, Eierwärmer oder bestickten Nadelkissen. Und Buli, der im stillen die schlanke Sängerin sehr verehrte, brachte Mutti selbstgeschnittene Blumen aus dem Nachbargarten zu Schabbat.

Bis es dann eines Tages auch hier geschah – Hans erschien in seiner neuen Uniform, in hohen Lederstiefeln und mit einem großen Hakenkreuz auf dem Ärmel und war äußerst ungehalten über unsere Anwesenheit. Von da ab war der Durchgang im Zaun zugestopft, und der Nachbargarten blieb für uns auf immer versperrt. Ob Ilse und ihre Mutter traurig darüber waren? Buli und ich glaubten es, aber vielleicht hofften wir es nur.

Bald darauf mußten wir das schöne Haus in der Palmaille verlassen, und damit auch den großen Garten mit seinen unendlich vielen Gelegenheiten zu abenteuerlichen Spielen und seltsamsten Nachbarbeziehungen, die zwischen ehrlichen Freunschaftsversuchen und schlimmsten Nazidrohungen hin und her schwankten. Wir wurden vom Hauswirt verklagt, weil im Jungenkinderzimmer ein Tintenfleck den Parkettfußboden bekleckst hatte, und wie vorausgesehen, verloren wir den Prozeß und mußten wieder umziehen.

Die neue Bezeichnung für die Palmaille 57 war nun »das braune Haus«.

Eine Reise nach Erez Jisrael

Erez Jisrael! Das Land Israel war für uns ein Zauberwort: Es verkörperte den letzten Schritt vor der Erlösung, vor dem Kommen des Messias. Selbst in Pappis Kindererzählungen, die meistens einen kleinen moralischen Wink mit dem Zaunpfahl enthielten, waren das Land Israel und der Messias mit einbezogen. Wie etwa die Geschichte: Eva ist immer noch bei der Suppe. Nach der Suppe gab es Fisch, und dann gab es Kompott zum Nachtisch, aber Eva ist immer noch bei der Suppe und es kam der Schabbat, und es verging das erste Jahr – und Eva ist immer noch bei der Suppe. Und die Jungen wurden Bar-Mizwa, und die Mädels absolvierten die Schule – und Eva ist immer noch bei der Suppe. Und endlich schiffte sich die ganze Familie ein, um nach Erez Jisrael zu fahren, und dann kam endlich der Messias – und Eva ist immer noch bei der Suppe.

Die lebensnahe Wirklichkeit des Heiligen Landes kam auch zum Ausdruck durch die Erzählungen unseres Vaters über seinen dortigen Aufenthalt am Anfang des Jahrhunderts; er erzählte über das Land, wo auf den Bäumen an den Wegrändern die Jaffa-Orangen hingen und die Melonen vor aller Augen auf den Feldern der heiligen Erde wuchsen. Jeden Freitagabend bekamen wir ein hebräisches Geschenk: Als wir noch kleiner waren – ein hebräisches Wort, einen hebräischen Satz oder ein vom Deutschen ins Hebräische übersetztes Kinderlied wie »Taler, Taler, du mußt wandern« oder »Zeigt her eure Füße« u.a. Später bekamen wir hebräische Geschichten mit simultaner Übersetzung, in der Dr. Knorke, Fräulein Pitz-Alberlino und andere ausgedachte Gestalten die ulkigsten Rollen spielten. Aber im Mittelpunkt all der Geschichten blieb das Land Israels, das ersehnte – und wie ich später erfuhr, nicht nur für uns Kinder, sondern auch und im besonderen für Mutti.

Die Nachricht, daß mein Vater zu einer Israelreise eingeladen war, erging an ihn noch vor dem erzwungenen Umzug aus dem schönen Palmaille-Haus und erfüllte uns Kinder daher mit Trost und Stolz; aber auch mit abenteuerlichen Gedanken, wie

Joseph Carlebach an Bord der »Tel Aviv«; Januar 1935

etwa als blinder Passagier oder als verkleideter Schiffsjunge die Reise mitzumachen. Aber es war gar nicht die Reise auf dem jüdischen Schiff der Bernstein-Linie als solche, die uns so anzog, sondern der verwegene Gedanke, in Israel, in Jerusalem zu wohnen und zu leben. Scha'alu'schelom Jeruschalaim – fragt nach Jerusalems Wohlergehen – jedesmal, wenn einer der Gemeindemitglieder zu uns zum Abschied kam, um nach Israel auszuwandern, sangen wir in unserem Chor begeistert diesen Psalmenvers. Pappis Reise war für uns ein konkretes Vorzeichen, daß wir bald unsere eigene Wanderung ins Heilige Land antreten würden.

Der Abschied von unserem Vater war vielleicht eine der letzten, großartigen Szenen jüdischer Begeisterung, die sich öffentlich in Hamburg, im Hamburger Hafen, abspielten. Mit Tanz und Gesang der jüdischen Nationalhymne gaben Hunderte jüdischer Menschen aller Altersgruppen am 26. Januar 1935 dem Rabbiner das Geleit zu seiner kurzen Palästinafahrt, und in allen jüdischen Zeitungen wurde das Ereignis groß bekanntgegeben. Wir Kinder phantasierten, von den Riesenfenstern unserer Wohnung aus, die in Richtung Elbe gingen, alles gesehen und gehört zu haben; und wenn wir kleine Meteore vom Himmel sausen sahen, riefen wir unseren Wunsch in hebräischer Sprache aus: nächstes Jahr in Jerusalem! Leschana Haba'a Biruschalajim! Bis heute weiß ich nicht, wo Mutti eigentlich war bei diesem Abschied.

Pappi fuhr als Ehrengast mit dem Dampfer Tel Aviv durch Holland, Belgien, Spanien und Marokko, zusammen mit Rabbiner Leo Baeck, bis nach Tel Aviv und Jerusalem, in die Dörfer und Kibbuzim, deren anfängliche Entwicklung er dreißig Jahre zuvor miterlebt hatte. Mutti tippte seine begeisterten Berichte mit vielen Durchschlägen ab und sandte sie an die diversen Carlebach-Familien; aber Freitag abends saß sie mit ihren neun »Zuckerhühnern« am Schabbatlichen Tisch und las uns seine Briefe mit sehnsuchtsvoller Stimme vor. Gleichzeitig übernahm sie die Aufgabe, mit den beiden Jungen die wöchentlichen Bibelabschnitte zu lesen und zu lernen. Wenn wir am Freitagabend allein waren, d.h. ohne unseren Vater und ohne Gäste, erzählte Mutti uns »von früher«: Unser Lieblingthema war: »Als wir noch klein waren«. Wie Eva, der es als Fünfjährige nicht gelang, eines der Kinder auf den Topf zu setzen und die laut verkündete: Denn muß sie eben durch die Hose machen; wie Baby in ihrem weißen Kinderwagen mit beiden Fäustchen in den mit Spinat gefüllten Teller griff und den Kinderwagen dunkelgrün anmalte; und wie ich mich, dreijährig, vor dem großen Spiegel am Kleiderschrank drehte und immer wiederholte: Sie sieht aus wie wie Lotte ... Und wenn Pappi Mutti einen Kuß gab, segnete sie die kleine Judith mit einem »verzuckerten Amen«. Im Laufe der langen Wochen, von Ende Januar bis März 1935, ermahnte sie uns alle, an unseren Pappi Briefe zu schreiben.

Kinderbriefe an Pappi nach Israel

Baby:
100 Küsse und Grüße

[Zusatz von Lotte Carlebach (auf der Rückseite der Zeichnung)]
Einen besonderen Dank und Gruß Herrn Dr. Feilchenfeld, dem ich noch schreiben werde.
Bekamst Du nach Lissabon nicht:
1) Briefe aller Kinder
2) Brief btr. jüdische Anthologie aus Berlin
3) Brief [von] Dr. Epstein, Berlin
4) Vollmacht für Dr. Urias
Bitte antworten!

Noemi:
Viele Grüße und Küsse
Noemi (Zeichnung)

Ruthi:

Lieber Pappi!

Heute war Herr Levy hier, der immer bei uns das Licht heil macht, er hat ein kleines Mädchen, das heißt Margot, es ist sehr niet[d]lich, sie hat mit all unseren Puppen gespielt, sie hat ein Stück Kuchen von Mutti gekriech[g]t. Sie sagte, die Puppen sind wichtiger als der Kuchen. Wie Elli und Anni Weißmann bei uns waren, hatten wir einen vergnügten Nachmittag.

Ich habe für Oma ein Nadelkissen gemacht.

Es grüßt und küsst Dich vie[l]mals

Deine Ruthi!.

Peter:

Jakar Av

Ani Lomed Chumasch Bamidbar Matot Scheni.

Ani Noschek Merachok.

Ani Mewarech Beschalom. Schlomo

[Lieber Vater, Ich lerne das 4. Buch Moses, den 2. Abschnitt der Geschichte Matot.Ich küsse Dich von Weitem.

Ich segne mit Friedensgruß Schlomo]

Judith:

Geliebter Pappi!

Wie geht es Dir? Uns geht es sehr gut.

Wir freuen uns immer furchtbar, wenn Mutti uns einen Brief von Dir vorliest. Ich habe immer Heimweh nach Dir. Sonntagnachmittag waren Elli und Anni Weissmann bei uns. Das war sehr schön. Wir haben einen vergnügten Nachmittag gehabt, wir haben Kaffee und Kuchen gegessen und Gesellschaftsspiele gespielt. Hier ist furchtbares Wetter, Glatteis und Regen, es ist auch furchtbar stürmisch hier, und bei Dir ist es so schön warm, daß Du ohne Mantel gehen kannst. Sind die Bilder von uns schon angekommen? Peter sieht doch aus wie ein Berliner Strömer; Herr Eisner will ein Bild von ihm haben.

Gestern abend war Tante Trudchen zum Abendbrot bei uns. Mutti war nachmittags bei Lichtheims, sie lassen Dich grüßen. Ich habe für sie [?] zum Geburtstag ein Schälchen aus blauem und gelbem Schlangenpapier [gemacht]. Batja Goldschmidt hat Mutti einen Brief geschrieben, darüber hat Mutti sich sehr gefreut. Mutti lernt jeden Freitagabend mit Buli und Peter die Sidrah [Wochenabschnitt].

Es grüßt und küßt Dich herzlich
Deine beste Schülerin, die nie gelispelt hat
Judith

Buli: [nicht mehr lesbar]
... Pe'amin Merachok ... [... viele Male aus der Ferne ...]
... Bincha Jizchak ... [... Dein Sohn Jizchak]

Mirjam: Geliebter Pappi!
Wie geht es Dir? Ist es schön auf dem Schiff? Deine Speisekarte haben wir leider nicht gefunden. Wir sind alle sehr vergnügt und munter und denken oft an Dich. Montag gehen wir endlich wieder zur Schule. Ich weiß gar nicht mehr, wie es dort ist. Ich glaub, wenn ich hinkomme, schreiben wir gerade zwei Arbeiten. Vergnüge Dich, amüsiere Dich und werde nicht so viel, am besten überhaupt nicht seekrank.

1000 Grüße und recht viele feste Kuschen
von Deiner kleinen Genoveva (Mirjam)

Esther:
Dir lieber Pappi einen Gruß
Zu dem ich mich verpflichten muß,
Kommst Du in Kasablanca an,
So denke auch einmal daran
Daß wir trotz aller schönen Karten
Zuhause schmerzlich auf Dich warten
Seekrank sein ist Mißgeschick
Mußt Dir nichts draus machen
Erzählst Du's wenn Du kehrst zurück
Wirst Du darüber lachen
Um so mehr genieß die Fahrt
Die sich so selten bietet

Peter, der »Berliner Strömer«;
etwa 1935 (Lotte Carlebach).

Judith; etwa 1935
(Lotte Carlebach).

Mirjam und Buli, die Unzertrennlichen;
etwa 1935 (Lotte Carlebach).

Buli; 1935 (Lotte Carlebach).

»Ach hätt'ich doch«, sprich in den Bart
»für Esther mitgemietet«.

Eva:
Lieber Pappi Loj"t!
Herzlich Mazal Tow zu Deinem Bar-Mizwa-Schabbat! Daß Du trotz aller Gegenmittel seekrank geworden bist, ist sehr schade. Gestern Abend war hier wieder Luftschutzübung, und da mußte alles verdunkelt werden. Habt Ihr auch manchmal die Bordfeste? Was machst Du den ganzen Tag über an Bord? Weißt Du, was die Leute alle von dem Abend, an dem Du weggefahren bist, erzählt haben! Doktor David, der Rechtsanwalt, soll gesprochen haben, ach und noch alles mögliche! Schreibst Du mir mal von Lissabon aus? War es schön in Antwerpen? Hast Du schon mal geknipst? Heute oder morgen abend geht Mutti mit mir und Esther zu Direktor Kleve. Frl. Möller fährt nun doch nach Zürich, aber erst im Februar!

Also viele 1000 Grüße und Küsse
und gute Erholung.
Eva

Lieber Pappi Loj"t ! – Wie war es in Lissabon? ... Wie war es in Casablanca? Hast Du schon viele Aufnahmen gemacht. Walter Brinitzer hat Staatsexamen und den Doktor gemacht. Schick, nicht? ... Ist Dr. L. Baeck schon zugestiegen? Heute abend ist hier bei Möllers Chewra-Se'uda. Der Stempel ist wieder da! Sonst nichts Neues.

Viele Grüße und Küsse! Gute Reise und gute Erholung
Eva

Leider wurden weder Briefe von Mutti nach Erez gefunden noch Zusätze von ihr auf den Durchschlägen, die sie abgetippt hatte.

Klopstockstraße 25

Unsere letzte Altonaer Wohnung war in der Klopstockstraße 25. Im Vergleich zur Palmaille 57 war sie sehr eng; in jedem Zimmer nahmen altmodische, eingebaute Schränke, die einen etwas gespenstischen, vermoderten Geruch ausströmten, Platz weg. Trotzdem hatte die Wohnung einen gewissen Zauber an sich. Aber für Muttis täglichen Haushalt war diese Romantik wohl wenig maßgebend.

Unser Vater erklärte uns erst mal, wer der berühmte Dichter Friedrich Gottlieb Klopstock war, und zeigte uns den Grab- und Gedenkstein in der Anlage der kleinen Christian-Kirche schräg gegenüber dieser Wohnung. Vater hatte gute Beziehung zu dem Pastor, der uns auch einige Mal zu Haus besuchte und Pappis Bibliothek bewunderte. Er war ein gütiger Mann, der für eine humane, beispielgebende Lösung der Judenfrage war, indem er meinem Vater den Vorschlag machte, in seine kleine Kirche überzutreten und in unserer Gegenwart ausrief: Es wäre doch wundervoll, wenn wir beide zusammen in die Kirche gingen! Mein Vater machte ihm deswegen keinen Vorwurf; er zeigte ihm seine Talmud-Folien, aber was er ihm damals dazu erklärte, blieb mir verborgen.

Neben uns, in Nr. 23, wohnte Familie Rechtsanwalt Levy mit den Kindern Herta, Walter und Manfred. Letzterer war im Alter meines Bruders, und wir liefen öfter zu ihnen hinüber und bekamen etwas angeboten. Obwohl Kinder, die in unser Haus kamen, immer genötigt wurden, sich nicht zu genieren, wurden wir selbst dazu angehalten, äußerst bescheiden und zurückhaltend zu sein, wenn uns etwas bei anderen Leuten angeboten wurde. Für diese Fälle bereiteten wir fertige Ausreden vor, wie etwa: Wir kommen direkt vom Mittagessen, oder wir sind »fleischig«, das hieß, es waren noch keine drei Stunden seit der letzten Fleischmahlzeit vergangen; denn so lange mußte man warten, bis man etwas »Milchiges« essen durfte, wie etwa Käsekuchen, Milchschokolade und dergleichen – worauf Frau Levy immer sagte: Aber eine Apfelsine rutscht noch (Obst war, wie schon erwähnt, in der »parvenen« Kategorie, die nichts mit Milch oder Fleisch zu tun hatte). Dieses geflügelte Wort wurde von uns begeistert akzeptiert, wir »mußten« dann sozusagen das Angebotene annehmen.

Nicht immer fanden wir einen Ausweg, um den Verzicht zu umgehen. So begleiteten wir unseren Vater öfters am Schabbat zu einem Bar-Mizwa-Besuch und wurden, besonders bei den ostjüdischen Familien in Altona, als Kinder ihres Rabbis sichtlich bevorzugt, mit Bisquittorte, dem sogenannten Lekach, gefülltem Karpfen oder Schabbat-Kugel, die es bei uns nicht gab, da unser Haus halb à la berlinisch-preußische Küche und halb à la Fisch der Nordsee geführt wurde.

In dieser Beziehung waren wir fast streng erzogen – ohne einen ausdrücklich bejahenden Blick von Pappi mußten wir der Versuchung widerstehen und sagen: nein danke. Allerdings blieb sein erlösender Blick nie aus – er kam meistens gleich, nachdem auch andere Kinder bewirtet worden waren. Unsere diesbezüglich späteren Hamburger Erfahrungen waren anders. Da wurden wir nicht als Rabbiner-Kinder anderen »gewöhnlichen« Kindern gegenüber bevorzugt, sondern wurden als Kinder im Vergleich zu Erwachsenen behandelt, und waren, der damaligen allgemeinen Auffassung entsprechend, sowieso immer erst nach den »Großen« an der Reihe. Außerdem wurde uns in Hamburger Häusern eigentlich nie eine Kuchenplatte angeboten, aus der man sich, wenn Pappi nicht hinschaute, das größte Stück Kuchen auswählen konnte oder das mit der meisten Schokolade darauf. In Hamburg wurden wir an den Tisch gesetzt, bekamen einen kleinen Teller mit einem Stück Kuchen darauf und natürlich eine Kuchengabel dazu, damit wir nicht einfach den Kuchen in die Hand nahmen und die Krümel auf den Teppich fielen.

Mit dem Thema »annehmen oder nicht« hatten wir besondere Erfahrungen in der Altonaer Schul am Freudenfest Simchat-Tora, an dem auch wir Mädchen unten in der Männerschul mitsingen, tanzen und unsere bunten Fähnlein schwenken konnten. An diesem Fest werden die jüngeren Kinder mit Süßigkeiten geradezu überschüttet, und wieder wurden wir in der Altonaer Schul als Rabbiner-Kinder besonders vorgezogen: Wir bekamen nicht nur eine kleine Tüte mit Rahmbonbons oder einen Lolli, sondern richtige Bonbonnieren, manches Mal von beträchtlicher Größe, die wir sofort und ohne mit der Wimper zu zucken unserem Vater zeigten. Pappi wies dann auf eines meist der ärmeren Kinder hin, das leer ausgegangen war, und das weitere war vorauszusehen: Die Bonbonniere, die Schokoladenpuppe oder der riesige, schokoladene Maikäfer in seinem schillernden Silberpapierpanzer und seinen schwarzen, echt aussehenden Pappbeinchen oder was auch immer wurde von uns dem überraschten Kind auf den Schoß gelegt. Merkwürdigerweise schien uns dieser Akt selbstverständich – im Gegensatz zu dem doch nur scheinbaren Verzicht auf die erwähnte Kuchenplatte.

Mit Mutti hatten wir auch ein »Kuchenerlebnis« von ganz besonderer Art: Von Mal zu Mal nahm sie eines, und das soll hier betont werden, nur eines von uns Kindern mit ins »Kaiserkaffee« im Erdgeschoß des Kaiserhotels in der Kaiserstraße ganz in der Nähe des damaligen Altonaer Hauptbahnhof. Als ich an der Reihe war, setzten Mutti und ich uns an einen kleinen, runden Tisch in den gedämpft erleuchteten Raum. Ich bekam ein Riesenstück Nußtorte mit Schlagsahne, aber Mutti trank nur guten Kaffee ohne Zucker. Sie erklärte mir in leisem Ton, daß ich keinen neuen Mantel bekäme, sondern den von Buli »erben« werde, da Buli sehr gewachsen war, mir aber sein Mantel genau passen würde. Er sei so gut wie neu, und außerdem hatte er eine doppelte Knopfreihe, umd ich könnte ihn dann ja auf die »Mädchenseite« knöpfen. Im Laufe der Jahre, in denen Buli ständig in die Höhe schoß, blieb ich auf meinem Stammplatz als letzte in der Turnriege und hatte noch oft Gelegenheit, Knöpfe von links nach rechts umzuknöpfen – sogar noch in der Oberrealschule. Aber wenigstens blieb das Geheimnis in der eigenen Familie.

In besagtem Kaiserhof wohnten auch unsere Verwandten, wenn sie über Schabbat oder Jomtow zu uns nach Altona kamen und nicht in unserm kinderüberfüllten Haus übernachten wollten, weil sie, so glaubten wir wenigstens, dafür zu vornehm waren, wie beispielsweise Tante Bella Rosenak aus Bremen. Trotzdem wurden sie von uns Kindern als »richtige Verwandte« mit großer Liebe akzeptiert; im allgemeinen nahmen sie ja die

Mahlzeiten gemeinsam mit uns ein, und Mutti sorgte liebevoll für ihr Wohlergehen und wurde schließlich, selbst von den anspruchsvollen Carlebachs zur besten Schwägerin gewählt, ausgedrückt in einem Brief von Rabbiner Ephraim Carlebach (24. 2. 1932): »Denn wer von den Schwägerinnen ist noch bereit, spät abends die Gäste bis an ihr Hotel zu begleiten und dann im Dunkeln allein zu Fuß zurückzugehen [am Schabbat]. Unsere goldige junge Schwägerin ist für uns ein Hochgenuß!«

Aber wenn Oma Preuss aus Berlin zu Besuch kam, wohnte sie nicht im Hotel, sondern eines der kleineren Zimmer wurde für sie zurechtgemacht, und sie blieb dann schon für mehrere Wochen bei uns. Mutti und Pappi liebten beide diese »Omabesuche«, und es bestand sogar eine gewisse Konkurrenz zwischen unserem Haus und dem von Muttis Schwester, Tante Grete, die mit ihrem Mann Felix Goldschmidt und ihren fünf Kindern früher in Berlin und seit 1930 in Leipzig lebte. Wenn Oma bei uns zu Besuch war, rief Onkel Felix postwendend an: Natürlich willst du bei deinem berühmten Schwiegersohn bleiben. Aber wenn Oma in Leipzig war, pflegte mein Vater sie anzurufen und ihr scherzend zu sagen: Natürlich willst du bei deinem Bechejnten, amüsanten Schwiegersohn sein.

Onkel Felix war nicht nur Journalist, Übersetzer, Chemiker, Graphiker und Lehrer – er war ein Spaßvogel ersten Ranges mit einer ungeheuren Einfalls- und Erfindergabe, der in den schwierigsten Situationen Geistesgegenwart und Humor bewies. So wurde er später sein eigener und seiner Familie Lebensretter, als er aus dem nach Auschwitz fahrenden, vergitterten Viehwaggon sprang und sich in Frankreich der Widerstandsbewegung anschloß.

Da Tante Grete, wie gesagt, fünf Kinder hatte, und wir neun Kinder waren, hatten beide Mütter nicht gerade viel Zeit zum Herumfahren. Sie besuchten sich gegenseitig nur zu ganz besonderen Gelegenheiten, wie zur Geburt eines Babys, zu Bar-Mizwot oder dergleichen. Wir Kinder dagegen waren manchmal, natürlich abwechselnd, in den Ferien, einzeln oder höchstens zu zweien, in Leipzig eingeladen. Die Goldschmidt-Kinder waren jünger als wir: Batja, die älteste, war nur ein halbes Jahr älter als unser »Baby« und dementsprechend die anderen Eve, Jule, Tilly und Renee mit uns verglichen sehr klein. Da wir Kinder jedoch damals alle mehr die eigentliche Verwandtschaft als die Kinderfreundschaft selbst suchten, war der Altersunterschied keineswegs ausschlaggebend.

Der einzige jüngere Sohn von Oma war unverheiratet und schon 1934 nach Israel ausgewandert. Da unsere Eltern des öfteren Onkel Ottos Junggesellenzustand erörterten, kam unsere damals dreizehnjährige Schwester Esther mit einem originellen Vorschlag: Sie sei bereit, unseren Onkel Otto zu heiraten, wenn wir Geschwister uns verpflichten würden, sie mit »Tante Esther« anzusprechen und sie dementsprechend zu respektieren. Onkel Otto heiratete schließlich im Jahre 1939 Mathilde Lachmann, eine gebürtige Berlinerin, also, wie Mutti scherzhaft »prophezeit« hatte, eine »Linienstraßen-Liebe«. Im September 1941 schickte Mutti auf Umwegen durch die Schweiz noch ihren Glückwunsch und Segen zu der Geburt des ersten Töchterchens Noemi und betete für das Wohlergehen dieses Kindes bei ihrem letzten Besuch im Berliner Adaß-Friedhof in Berlin. Am selben Tage wurde veröffentlicht, daß Juden den gelben Stern sichtlich auf ihren Kleidern zu tragen haben – für Lotte Carlebach – drei Monate vor ihrer Deportation ...

Oma Preuss war unsere einzig überlebende Vertreterin des Großelterngeschlechtes, väterlicher- und mütterlicherseits; sie war nicht nur bei uns in Hamburg und Altona, auch nach dem Krieg war sie für uns verwaiste und sich lange Zeit verloren fühlenden Carlebach-Kinder der Inbegriff von Familie. Später verkörperte Oma Preuss für unsere Kinder wiederum, also für ihre Urenkel, die aufwuchsen, ohne Großeltern erleben zu können, Familienliebe und -zusammengehörigkeit: Sie war das »Bindeglied« zwischen uns und Tante Gretes Familie mütterlicherseits und Tante Mirjam Cohns Familie väterlicherseits. Oma war der Inbegriff der Familienerinnerungen an früher.

Der letzte Sommer in Altona brachte den King's Councillor Leo Hirschfield aus London in unser Haus. Er wünschte, meinen Vater kennenzulernen, und sagte sich für vier Uhr nachmittags an. Uns Kindern schien sein Titel kompliziert und beinahe nichtssagend, und wir beschlossen: Wenn er genau auf die Minute pünktlich kommt, ist es ein Zeichen, daß er in Wirklichkeit ein echter Lord ist, analog zu Hans Christian Andersens phantasievoller Prinzessin auf der Erbse.

Und wahrlich – die Haustürglocke klingelte genau zusammen mit dem Pendellschlag unser alten Standuhr. Unter anderem wollte der eindrucksvolle »Lord« meine Eltern auf den Luxusdampfer »Arandora Star« im Hamburger Hafen einladen, aber sie schickten uns Neune als ihre Vertreter. An jenem, wirklich unvergeßlichen Nachmittag spielten wir mit dem Töchterchen des indischen Vizepräsidenten, wetteiferten im Tennis mit Weltmeistern und bestaunten die Schätze von Eisenbahnbesitzern und anderen märchenhaft reichen Prominenten. Vorgestellt wurden wir diesen Berühmtheiten immer alle zusammen: »These are the nine children of the orthodox Chief-Rabbi Carlebach from Hamburg; they are all from one mother, and they are all normal.« Dies Kompliment gebührte ja eigentlich unserer Mutter. Die »normalen« neun Kinder wurden dann auf dem Schiff als besondere Attraktion zusammen fotografiert.

Die erwähnte »Arandora Star« spielte eine traurige Rolle im Kriegsjahr 1940. Deutsche ausgebürgerte Juden versuchten der Verfolgung zu entgehen und sich nach England zu retten. Als »feindliche Ausländer« eingestuft, da die Ausbürgerung von den Engländern nicht anerkannt wurde, sollten sie an Bord der »Arandora Star« nach Kanada interniert werden. Das Schiff wurde im Atlantischen Ozean torpediert und versenkt – fast neunzig Prozent der Schiffspassagiere waren Juden. – (Brief von Peter Tikotin, USA, an Werner Flocken, Hamburg, 1990).

Das größte Ereignis in der Klopstockstraße, und für uns auch das letzte in Altona, war Bulis Bar-Mizwa. Ich spürte damals noch nicht, daß diese Feier auch ein Abschied von Altona war und daß die spätere Wahl meines Vaters zum Oberrabbiner Hamburgs auch disharmonische Töne und Enttäuschungen mit sich bringen würde. In unserer geliebten Schul saßen wir Töchter wie gebannt zusammen mit Mutti, um Buli aus der Heiligen Tora nach der traditionellen Singweise »Leinen« zu hören und ihn in

Die Carlebach-Familie (ohne Peter) mit den Tochtern Hirschfield's ganz rechts, 1935.

Die neun Carlebach Kinder auf dem Luxusdampfer »Arandora Star«, Sommer 1935.

der damals üblichen Tracht mit einem schwarzen, breitrandigen, steifen Hut und weißen Bäffchen zu sehen. Nach Altonaer Minhag, ebenso wie nach ostjüdischem Brauch, war gleich »nach Schul« der Kiddusch, eine Art öffentlicher Segensspruch über Wein, Schnaps und Hering (aus Riesendosen, fertig zurechtgemacht ohne Gräten, in salmiakbonbonähnliche Form geschnitten), in dessen Mittelpunkt natürlich Buli mit zwei großen Deraschot stand: Eine Rede war zur Erinnerug an Opa Julius Preuss, dessen Namen er ja trug, und die ihn wohl gefühlsmäßig sehr mitnahm, und die andere Rede war eigentlich eine echte talmudische Diskussion, die von den Altonaer Talmudgelehrten mit größter Spannung verfolgt wurde. Buli bekam unendlich viel Geschenke. Von den verschiedensten Uhren verehrte er mir eine silberne Uhr, da ich als zwölfjähriges Mädchen ja keine Bar-Mizwa-Feier hatte und keine Geschenke bekam. Das eindrucksvollste Geschenk für ihn kam vom Israelitischen Humanitären Frauenverein, deren Mitglieder schon Mitte der dreißiger Jahre ihr Verständnis für persönlich Neigungen eines Kindes zum Ausdruck brachten: Buli bekam nämlich von ihnen nicht nur einen riesigen Napfkuchen, um seinen berühmten Appetit zu stillen, sondern auch ein halbes Dutzend weiße Mäuse, um sein bekanntes zoologisches Interesse zu fördern. Da stand also der Käfig zwischen Brieftaschen, Füllfederhaltern mit goldener Feder und gelehrten, hebräischen Büchern – und die Mäuse mit ihren kleinen schwarzen Äuglein sprangen in dem Käfig herum und staunten über die anderen leblosen Geschenke.

Am Sonntagabend war dann die Feier für die nächsten Verwandten und Freunde in Pappis Studierzimmer. Auf dem Bar-Mizwa-Bild, um nur einige Namen zu nennen: Der »verkleidete« Bar-Mizwa; der geniale weißbärtige Rabbiner Rabinow, der sein als »kurz« angekündigtes kurzes Wort eine geschlagene Stunde lang hielt, Frau J., Sanitätsrat Dr. Frank, zeitweise unser Hausarzt und Muttis Lieblingsvorbeter an den Hohen Feiertagen, Tante Berta mit ihrer Tochter Eva, Rechtsanwalt Manasse und natürlich die Leipziger Carlebachs von Pappis und die Goldschmidts von Muttis Seite. Besonders zu erwähnen sind auch der kleine, scharfsinnige Rabbiner Duckesz und Meno Cohn, der Chorleiter

Die neun Carlebach-Kinder; Februar 1934.
Reihe 1: Peter, Ruthi, Eva, Baby Buli.
Reihe 2: Mirjam, Esther, Noemi, Judith

Bulis Bar-Mizwa; Januar 1936

in Schul, die später wie unsere Eltern und die »drei Kleinen« ein gleich schweres Schicksal traf. –

Auf der besagten Bar-Mizwa-Fotografie sind die an den Wänden hängenden Bilder berühmter rabbinischer Größen deutlich zu erkennen, darunter eines mit zwölf kleinen Rabbinerporträts. Solche und ähnliche Bilder sah ich dann nach sechzig Jahren wieder, auf Wänden von Museen und öffentlichen Stätten – als still-überzeugende Mahner an das, was mit allen und mit allem geschah.

Das Bar-Mizwa-Bild macht einen traurigen Eindruck, denn es wurde aufgenommen, kurz nachdem Onkel Ephraim, unser »Lieblingsonkel«, seine Abschiedsrede gehalten hatte. Einige Tage nach der Festlichkeit wollte er sich nämlich für seine Auswanderung nach Erez einschiffen. Trotz der fröhlichen, selbstverfaßten Aufführungen, besonders der von Baby, die als kleine Japanerin ihre, von unserer Schwester Eva verfaßten, Grußverse an den Bar-Mizwa überbrachte, lagen die Schatten schon drohend über allem.

Auf einem beschrifteten Briefbogen vom Oberrabbiner, Altona (Elbe), vom 14. Januar 1936 (etwa vierzehn Tage nach der Feier), sind noch folgende Zeilen zu entziffern:

Zu Altona in der Klopstockstraß'
Da jubelt der Chor in Sopran und Baß
Es zwitschern die seligen Jungen
Wie die Alten, die fröhlichen sungen
Doch ein leiser Ruf von sehnsüchtigem Schmerz
Durchwittert allen das weiche Herz.

Oma Preuss ist nicht mit auf dem Bild. Sie war damals bei ihrem »Ottchen« in Erez, um das Land für eine eventuelle Einwanderung auszukundschaften.

Zu Omas 60. Geburtstag

Der sechzigste Geburtstag von Oma Preuss hätte am 16. Februar 1936 stattfinden sollen, aber Oma beschloß, »plötzlich und auf eigene Faust«, ihr jüngstes Kind, ihren einzigen, seit 1934 in Israel lebenden unverheirateten Sohn zu besuchen. Zu Ehren dieses Tages, der nun nicht gefeiert wurde, verfaßte Mutti ein Gedicht. Es spricht nicht nur von der Verehrung und Liebe für ihre Mutter, sondern auch von ihrem Humor, ihren Kenntnissen des Hebräischen und Jüdischen und – fast möchte ich auch sagen, des Israelischen. Das Gedicht läßt ihre Sehnsucht zum Heiligen Land durchblicken und spricht wie eine hebräische Melodie von ihrer Liebe zu Zion.

Februar 1936
Zu Omas 60.Geburtstag in Tel Aviv

Sechzig der Jahre schon warteten wir
Auf Großmutti's hohen Geburtstag hier.
Wir sagten extra dem Klapperstorch:
Bring uns in die Welt nicht allzuforsch,
Nein langsam peu à peu,
Daß das Fest nicht, das schöne, verloren uns geh'.
Daß wir fünfe in Leipzig, in Altona neun
Auch bei Omas Geburtstag anwesend seien.
Und Pappi bereitet die Drosche [Derascha] längst vor,
die Kinder studieren Gesänge im Chor,
Und Mutti, ganz außer sich, strahlend vor Freud'
Sie kauft sich bei Hirschfeld ein neues Kleid,
Daß an Altonas würdiger Rebbezen
Die Augen von Oma satt sich sehn.

Doch siehe da, als fertig alle Hachones
Sogar Pappi mobil macht das Hamburger Rabbones,
geht im letzten Momente alles schief,

Und Oma ist fern uns in Tel Aviv.
Willst Großmutti wirklich, daß wir Dich verschonen
Mit all den geplanten Ovationen?
Willst nur den Kuß Du, den kratz'gen von Ottchen
Und nicht den weichen von Gretchen und Lottchen?
Und vierzehn Enkelchen unbeschrien
Können Dich nicht zurück in die Heimat ziehn?
Nein, das hatten niemals wir vierzehn gedacht,
Daß Oma solch Strich durch die Rechnung uns macht.

Was ist's bloß, was Oma so fesselt und band
An Jaffas muschligen Meeresstrand?
Ist Omas Liebe wirklich so tief
Zur Allenbystraße in Tel Aviv?
Doch nein, Du Geliebte, wir zürnen dir nicht,
Wenn uns auch vor Sehnsucht das Herze fast bricht.
Der schönste Geburtstag ist doch wohl
Im Frühlingszauber von Erez Jisroel,
Wo strahlend die Sonne am Himmel zieht,
Die Mandel in schneeweißer Schöne blüht;
Wo von Saron Dir als des Wiegenfests Krone
Zum Kranz man flicht die Anemone,
Wo jüdisches Leben dem Boden entsprießt,
Schalom und Bracha Dich allerwärts grüßt.

Nein, Oma, geliebte, wir sind schon zufrieden
Daß solch hohes Glück Dir wurde beschieden:
Bei Urmutter Zion, wo Englein weben,
Den Festtag des Siknatags froh zu erleben,
Wo der Sohn, der geliebte, Dich freudig läßt schaun,
Daß er selbst unsre Zukunft mithilft zu baun.
Wir winden voll Freude des Wiegenfests Reis
Bei Urmutter Zion der Großmutter Preuss.
So segne Dich G'tt, Du gebenschte Frau,
Der unter dem Scheitel das Haar wird grau,
Er geb Dir Gesundheit und Liebe und Kraft,

Die täglich Lebensfreud' neu Dir schafft,
Er laß in der Ferne das Glück Dich sehn,
Daß statt vierzehn Enkel es sind vierzehn mal zehn.

Und Otto, der jetzt bloß Kinder verhaut,
Er führe in Freude Dir zu die Braut.
Und langsam dann, peu à peu
Kommt die Enkelschar hin über die See
Und baut in Stockwerken ein Bet Mischpacha,
Wie Tel Aviv noch keines je sah,
Wo Oma Paterre und die Enkel ohn' Zahl
Auf den Kopf Dir trampeln allzumal,
Und oben ganz nahe unter dem Dach
Ein Zoo von Julius Carlebach.
Und kommt dann zum Guten der siebzigste Tag,
Die Freude ich mir nicht ausmalen mag,
Dann steigt Enkel- und Kinderschar nieder vereint
Zur Oma, die Tränen der Freude weint,
Sie alle benscht mit erhobener Hand
Für jüdische Zukunft im jüdischen Land.
Dann danken wir alle von Herzen tief
Dem Himmel, dem gnäd'gen in Tel Aviv.

Oma kam dann noch einmal zurück zur Bar-Mizwa von Peter in Hamburg. Als sie Ende Oktober 1938 endgültig nach Erez einreiste, ahnte sie nicht, daß sie Mutti niemals wiedersehen würde.

Freundinnen, Frauen und Bekannte

Cary Möller, aus der dänischen Familie Samson, war Muttis beste Freundin. Ihr Mann Paul Möller war im Vorstand der Altonaer Gemeinde und in der Grundstücks- und Armenkommission tätig; aber als wir noch kleiner waren, beruhte unsere Bewunderung für ihn auf der Tatsache, daß er mit den Ohren wackeln konnte. Möllers hatten vier kleine schwarzhaarige Töchter, immer tipptopp angezogen. Jede von ihnen hatte eines der jüngeren Carlebach-Kinder als Klassen- und Spielkameradin. Sie wohnten am anderen Ende der Palmaille, Nr. 31, und die gegenseitigen Kinderbesuche waren sehr häufig. Doch Mutti selbst hatte zu selten Zeit für Besuche – das änderte sich auch nicht, als wir durch den Umzug nach Nr. 57 ganz in der Nähe wohnten. Ihre langen Gespräche »mit Cary« führte sie meistens erst abends, wenn die Kinder alle im Bett waren – am Telefon. Von Zeit zu Zeit nützten wir Kinder die intensive Telefonsituation aus, wenn wir eine schlechte Note bekommen hatten und Mutti unterschreiben mußte. Wir schlichen uns dann bis ans Telefon. Mutti klemmte den Hörer zwischen Schulter und Ohr, warf einen kurzen Blick auf die »Ungenügend« oder die »Drei minus bis Vier«, und ohne das Gespräch zu unterbrechen, unterzeichnete sie die Note sozusagen nebenbei. Eigentlich war dieser Trick gar nicht nötig. Ich erinnere keine Szenen zu Hause einer miserablen Note wegen. Einige von uns Kindern bekamen auch manchmal eine schriftliche Bemerkung »unbändigen Lachens« wegen. Damit gingen wir dann zu unserem Vater für die obligatorische Unterschrift, denn entsprechend der Familienüberlieferung stand eine solche oder ähnliche Bemerkung auch in seinen diversen Schulzeugnissen. Wie vorausgesehen lachte er mit uns zusammen und unterschrieb dann: »Mit Bedauern gelesen« oder einfach »Geknickt – Carlebach«.

Außer in »Noten- und Notzuständen« wurden Muttis Gespräche mit Cary von uns sehr respektiert; denn sonst war sie immer zu sprechen, und nur für Cary Möller erbat sie sich Gnade und wollte nicht gestört werden. Cary selbst betonte mir gegenüber in späteren Jahren immer wieder den ausgleichenden Charakter meiner Mutter. Und zwar wirkte sie nach zwei Seiten hin: Einerseits beschwichtigte Mutti die aufgeregten Leute, die in Pappis Sprechstunde kamen, hörte sich schon einen Teil ihrer Zarot, ihrer Sorgen, an. Bis sie zu Pappi kamen, waren sie dann schon ruhiger und abgeklärter, nunmehr imstande, die nicht immer einfachen Lösungen zu akzeptieren – für Probleme, die sich angesichts der nicht abbrechenden Kette der Verordnungen gegen die Juden mehr und mehr verwickelten. Andererseits aber wußte sie, wie Pappi selbst zu beruhigen war und ihm mit Humor und ihrem leisen Lächeln zu zeigen, daß es nicht »lohnt«, sich über Kleinigkeiten maßlos aufzuregen – besonders in Zeiten, in denen durch eisernscharfe Gesetze ihm jegliche Möglichkeit genommen war, mittels wissenschaftlicher jüdischer Forschung auf weiter Ebene seinem Temperament und seinen Begabungen entsprechenden Ausgleich zu finden. Mutti war, wie Pappi uns erklärte, ein Schüler des Hohen Priesters Aharon, ein Ohew Schalom Werodef Schalom, einer, der nicht nur Frieden liebt, sondern dem Frieden sozusagen nachrennt. Aus dieser Sicht war sie, nach Cary Möller zitiert, der »harmonisierende Engel«, der es unserem Vater ermöglichte, in den düstersten Zeiten seine Toleranz, seinen Humor, seine Weisheit und seine Seelengüte zu erhalten, zu entfalten und auszustrahlen. Pappi hatte auch ein anderes, vielleicht noch gehaltvolleres Attribut für sie; er nannte Mutti: die Priesterin der Seele.

In seinem Artikel »Die jüdische Mutter«(Laubhütte 51, Nr. 13, 21.6.1934) brachte unser Vater gerade diesen Aspekt in einem, meinem Empfinden nach ganz besonders feinen Gleichnis zum Ausdruck: »Wenn man auf eine Koralleninsel im Indischen Ozean tritt, auf den steinigen harten Grund, der sich aus dem Meere emporhebt, so ahnt man nicht, daß unten in den Tiefen unzählige kleine pflanzliche Gebilde, die Korallentierchen, unermüdlich tätig sind, den Kalk aus dem Meere in sich aufzunehmen und aus sich herauszuscheiden und damit im Laufe der Zeiten diesen mächtigen Landkomplex geschaffen haben. Wer nicht unter die Oberfläche hinabtaucht, der kennt die geheimnisvoll wirkenden Kräfte der Verborgenheit nicht. Aber diese sind es ganz allein, welche die Wunder der sichtbaren Koralleninseln bauen. So ist es auch in der menschlichen Welt. Was auf der großen Bühne der Geschichte ... geschieht, das sind ... nicht die eigentlichen Quellen des Lebens, die wirklichen Schöpfer der großen Lebensströmungen. Diese liegen tiefer. Diese liegen in in dem Geheimnis der Menschenwerdung, im Geheimnis des Familienlebens, und ihre wichtigste Trägerin ist die Mutter.«

In diesem Sinn schrieb über Mutti eine andere Verehrerin, Frau Roberta Hirsch, die auch nach ihrer Auswanderung eine gute Freundin Muttis blieb. Sie war die Frau von Dr. Henry Hirsch, jahrelanger Hausarzt bei uns, und wenngleich er nicht, wie behauptet, alle neun Carlebach-Kinder entbunden hatte, so war er doch Eingeweihter in viele unserer Familienkrankheiten und Kindergeheimnisse, und nach seiner plötzlich erzwungenen Auswanderung im Jahre 1936 konsultierte Mutti ihn sogar schriftlich in Milano, und manchesmal wünschte sie » ... den impulsiven, wahlentscheidenden und rasch handelnden Freund noch in der Nähe zu haben« (Postkarte vom 10. August 1936).

In einem Brief aus New York vom 15. November 1941, schrieb seine, damals schon verwitwete Frau Roberta an meine Schwester Eva in England: »... es gibt wohl wenig Menschen, die trotz aller Nöte und Sorgen der Jetztzeit einem das rein Menschliche so nahe bringen. Er [Euer Vater] kann aber wohl nur so sein, weil er Eure Mutter zur Seite hat; wie stolz müßt und könnt Ihr auf Eure Eltern sein, denn wie stolz macht es mich, sie als Freunde zu haben, und von ihnen als Freundin bewertet zu werden.« Frau Cary und Frau Roberta gehörten auch mit zu den sehr wenigen, denen gegenüber Mutti brieflich ihr trauriges Herz ausschüttete. Leider wurden nur ganz wenige von diesen Briefen aufgefunden.

Eine Freundin von ganz anderer Art war eine große, dunkelhaarige, äußerst geschäftstüchtige und reiche Dame, die wir Frau J' nannten, obwohl ihr Name ganz anders war: Sie sprach eine schweren, russischen Akzent mit einem rollenden R, daß nur die Nachahmer in unserer Familie aussprechen konnten. Ursprünglich gehörte Frau J' mehr den an, die den eigentlichen Rabbiner-Stand respektierten, aber dadurch lernte sie eben Mutti schätzen, und brachte ihre Anerkennung auf konkreteste Weise zum Ausdruck. Sie war immer »da«, wenn man sie brauchte, z.B. nachdem Mutti nach einem ihrer »Hinfallunfälle« mit verstauchtem Fuß im Bett lag. Sie brachte dann eingemachtes Obst, Rosinenwein zu Pessach und andere verlockende Gerichte in besonderen Steinguttöpfen mit. Sie nahm uns Töchter mit in ihr (so schien es mir) riesiges Stoffgeschäft; und ihr habe ich meinen ersten Gurtrock zu verdanken, den ich mit dreizehn Jahren endlich mit meinem Trägerrock vertauschen durfte.

Die Näharbeit übernahm wieder jemand anders: in diesem Fall unsere Fernverwandte Tante Paula Wigderowitsch, geb. Joel, und nicht Frau Levy, die behauptete, »die Pfaffen hätten ihr die Lunge aus dem Leibe gerissen«. Im Gegensatz zu anderen Hausfrauen war Mutti bereit, dieses und ähnliches Geschwätz zu ertragen, damit ein Kleidungsstück in ein anderes »zum Vererben« umgenäht werden konnte; aber auch, um der etwas irrenwirren Frau Levy zu Parnassa, zum Lebensunterhalt zuzusteuern.

Entsprechend der Aussage von Vaters langjähriger Sekretärin, Ilse Floersheim-Moeller, sorgte Mutti insbesondere für arme Bräute. Die Chuppa, also die Hochzeit unter dem Trauhimmel, fand dann in unserem Haus statt, und als wir in der Palmaille 57 wohnten, wurde die Chuppa im Wintergarten aufgestellt. Diese exotische Ecke in unserer großen Glasveranda mit Goldfischteich und Palme bildete eine malerische Dekoration für solch ein Ereignis, an dem unser Kinderchor aktiven Anteil nahm: zu Anfang mit Empfang des Brautpaares durch den Willkommenspsalm Baruch Haba. Dann folgten die Trauzeremonie, Pappis Ansprache und die von Mutti zubereitete Bewirtung, von uns herumgereicht, natürlich in weißen Schabbat-Schürzen. Nachher, im großen Kreis um das Brautpaar herum, sangen wir die traditionellen Hochzeitsgesänge, wie Chatan Kala Mazal Tow – Bräutigam und Braut beglückwünschend und Kala Na'a Wachassuda – das Loblied zu Ehren der schönen und anmutig-frommen Braut. Wovon wir Kinder als Sängerchor damals keine Ahnung haben konnten – das waren Muttis beratende Gespräche mit der Braut vor der Hochzeit und von der Aussteuer, die Mutti mit Hilfe von anderen Freundinnen für die Braut zusammengestellt hatte, besonders wenn es um alleinstehende Frauen ging.

Bei einer solchen Trauung war auch einmal die damals fünfzehnjährige Betty Emanuel (heute Frau von Prof. Rabin) anwesend; während der Zeremonie legte Mutti ihren Arm um Betty und sagte ihr leise: Meine gute kleine Freundin. Betty war überwältigt von der Ehre und der Selbstverständlichkeit, mit der Frau Rabbiner Carlebach sie unter den anderen respektvollen Gästen mit heranzog.

In späteren Jahren in Hamburg kam es auch öfter vor, daß ein junges Paar unter politischem Druck Hals über Kopf zur Chuppa ging, um einen Verhafteten aus dem KZ zu befreien oder um eine gemeinsame Ausreise auf ein Einzelzertifikat zu ermöglichen. Es schien jedoch, als wäre Mutti immer startbereit für alle möglichen und unmöglichen Situationen, und, wie Pappi es ausdrückte, brachte sie es immer fertig, »etwas aus dem Boden zu stampfen«. So einfach war das wahrscheinlich gar nicht. Es schien nur so, da Mutti keinen großen Aufstand davon machte und nicht lamentierte.

Und so schrieb Uli (Julius), Sohn von Henry und Roberta Hirsch, im Jahre 1985 aus New York: »Joseph Carlebach gab armen Menschen zu essen, natürlich aus dem Vorrat, den er in der Küche vorfand. Während wir Mischnajot lernten, erschien Deine Mutter im Zimmer und fragte Deinen Vater sehr bekümmert: Was ist denn mit dem Mittagessen geschehen, das ich vorbereitet hatte. Als Dein Vater ihr beichtete, was er damit getan hatte, breitete sich ein Lächeln über Deiner Mutters Gesichtzüge, und sie sagte einfach: Macht ja nix, da mache ich eben etwas anderes. Kein Wort des Vorwurfs. Es ist mir ins Gedächtnis eingemeißelt geblieben, denn hätte Joseph Carlebach nicht so eine Eser Kenegdo, so eine Gegenhilfe gehabt, wie hätte er all das schaffen können, dessen er fähig war? Er war warm, emotionell und warmherzig, willens, sein letztes Stück Brot zu teilen ... denn er konnte es nicht mit ansehen, daß andere litten, wenn er eines warmen Mahles sicher war. Und diesen Geist teilte Lotte Carlebach.«

Auch Ernst Brager aus England beschrieb im Jahre 1973 eine sehr ähnliche Episode, die sich an einem Freitag ereignete.

Mein Vater, so stellte sich heraus, hatte das Schabbat-Essen kurz vorher einer armen Familie in höchster Notsituation gegeben. Und Mutti? Sie sagte nur: »Nu gut, man kann ja auch was anderes kochen...«, als wäre nur von einer Tasse Tee die Rede. –

Trotzdem fragte ich mich oft: Wie war das überhaupt möglich. Und nicht nur ich: Unsere Tante Recha, Frau von Onkel Moses Carlebach aus Leipzig, feierte jetzt ihren 100. Geburtstag, also zur Zeit, da ich diese Zeilen schreibe, und wiederholte einige Male vor mir: »Wir Schwagerinnen zerbrachen uns immer wieder den Kopf: Wie hat sie das geschafft. Neun Kinder, Tür und Telefon, Gespräche mit den Bittstellern – und Hachnassat Orchim, diese Gastgebigkeit, ohne mit den Nerven durchzugehen – nein, wie hat sie das nur fertig gebracht! Und immer alles mit der Ruhe.«

Frau Käthe Firestone, die Schwester vom Altonaer Oberrabbiner Dr. Theo Weizs, 1937 der dortige Nachfolger unseres Vaters, fand die richtigen Worte: »Lotte Carlebach hatte andere Wertmaßstäbe als die meisten von uns. Und für alles, was ihr wirklich wichtig war, für menschliche Werte in konkrete Taten umgesetzt, dafür fand sie die Zeit.«

Prof. Ernst Simon verglich (im Jahre 1973) diese herzliche und vor allen Dingen selbstverständliche Art meiner Eltern zu helfen und zu geben mit der Wohltätigkeit Salomon Heines, dem ehrenamtlicher »Armenpfleger« der jüdischen Gemeinde Düsseldorfs, und übersandte mir einen kleinen Ausschnitt aus Heines Memoiren, wo dieser über seinen Vater also erzählt: » ... viele Menschen haben das Herz auf dem rechten Fleck, aber sie verstehen nicht zu geben, und es dauert lange, ehe der Wille des Herzens den Weg bis zur Tasche macht; zwischen dem guten Vorsatz und der Vollstreckung vergeht langsam die Zeit wie bei einer Postschnecke. Zwischen dem Herzem meines Vaters und seiner Tasche war gleichsam schon eine Eisenbahn eingerichtet.« Und übertragen würde der letztzitierte Satz lauten: Zwischen dem Herzen meiner Mutter und ihrer Küche war gleichsam schon eine Eisenbahn eingerichtet.« Rabbi Baruch Borchard (früher Altona, jetzt New York) sprach seine Erinnerung an das Carlebach-Haus, besonders an meine Mutter, auf einen Kassettenrekorder: »The Rebbezen Carlebach was active to make the Row's House – the Row's house in town. ... As Rabbi Carlebach never brought home his monthly salary, the Rebbezen had a very hard time... because when he got the salary he gave it to poor people and when he arrived at home all the money was spent on Zedoke [Wohltätigkeit] and no money was left to keep the house, to pay the foodbill or to repair broken furniture. When Rabbi Carlebach gave his Schiurim for about 70 people in his Lernzimmer, the Rabbezin catered with »Nash« and fruit, which she prepared, she always was there with Hachnasat Orchim, to make guests welcome. The guests came to the house day and night and she did an outstanding job ... she had a wonderful spirit to keep with the work of her husband. This was only possible, because she was such a great woman, a woman who took children from Germany to England in order to save them, still she felt her obligation to come back and stay with her husband in Germany.«

Andere Aussagen begnügten sich damit, Mutti mit ihrem »ewigen Kopftuch« zu kennzeichnen: Unser Vater zeigte uns mehrmals klassische Bilder aus dem Mittelalter von heiligen oder frommen Frauen. Alle hatten ihr Haar verhüllt, wenn auch meistens nicht mit einem streng anliegenden Kopftuch, sondern mehr wie leicht verschleiert.

Käthe Starke erinnerte Mutti als »eine blühende junge Frau, die immer ein Kindchen erwartete«; und Rabbiner Dr. Bieberfeld – als »beautiful, charming and cheerful lady«. Auch unser Vetter Hermann Cohn, den wir Kinder des Altersunterschieds wegen nur Onkel Hermann und später in Hebräisch Dod Chajim nannten, sprach von Muttis besonderer Schönheit.

Muttis Kleider waren in einheitlichem Stil genäht. Dunkelblau oder noch mehr dunkelbraun mit einem kleinen weißen Einsatz. Manchmal trug sie dazu eine, ihr von Pappi verehrte Bernsteinkette. Aber das Sprechendste an Mutti waren ihre grauen Augen: von selten tiefer Farbe, seltener Schönheit und seltenem, fast geheimnisvollem Ausdruck.

Mutti machte nie moderne Kosmetik wie andere Frauen, eine Schlankheitskur oder dergleichen. Verschiedenen Aussagen nach hatte ihr der still ertragene Hunger sehr zugesetzt, aber auch dann gab sie als Purim-Liebesgabe ihr letztes Viertelpfund Butter weg. So schrieb mir Frau Dr. Eva Schlesinger im Jahre 1990 aus New York. – Seit April 1941, also in den letzten Monaten in der Hamburger Haller-, damals umbenannten Ostmarkstraße 76, wurde es ihr unsäglich schwerer gemacht, denn »Geistliche gab es in dieser Gehaltsordnung [seit April 1941] nicht mehr, also Oberrabbiner Carlebach wurde gänzlich brotlos« (Jacob Katzenstein, Dänemark; Brief vom 28. 2. 1944).

Eine der Vorsitzenden der Bet-Jacob-Bewegung für die Erziehung jüdischer, streng orthodoxer Mädchen, Frau Dr. Judith Grünfeld-Rosenbaum (später London), berichtete, daß Mutti auch in einem Bet-Jacob-Komitee engagiert war; und der Name von Frau Oberrabbiner Carlebach wurde wiederholt in einigen Jahresberichten der Bet-Jacob-Bewegung in der Komiteeliste verzeichnet. Diese Vereinsdamen waren in zwei Gruppen eingeteilt: Die reichen Damen, deren Mitgliedschaft sich hauptsächlich durch beachtenswerte Schecks bekundete, und solche, die ihre Mitgliedschaft durch tatkräftige Aktionen beweisen mußten, oder solche, die sich durch den Kauf von »Bausteinen« von weiterer Aktivität befreiten, und wieder solche, die sich die Mühe machten, den reichen Gemeindemitgliedern besagte »Bausteine« zu verkaufen. So hießen nämlich die Quittungen zu Gunsten des Bet-Jacob. Mutti gehörte zu der zweiten Kategorie; allerdings beteiligte sie sich wohl nicht an Sitzungen oder an Versammlungen und hielt auch keine feurigen Reden. Sie nahm die bedürftigen Mädchen einfach in unser Haus auf, bis sich eine zufriedenstellende Lösung für die Betreffenden gefunden hatte. Einmal blieb bei uns auch ein junges Mädchen, das ein außereheliches Kind erwartete – eine besonders weitherzige, großzügige und auch unkonventionelle Geste – nicht nur als Frau Rabbiner, sondern auch aus der Sicht der doch ziemlich strengen Auffassung diesbezüglich, die vor mehr als sechzig Jahren in bürgerlichen Kreisen herrschte, und vielleicht noch mehr in jüdischbürgerlichen Kreisen.

Es gab aber auch Frauen, die ihre Nase rümpften über eine zu locker gehaltene Hausordnung, über zu sehr in Freiheit dressierte Kinder, über zu wenig bestrafte schlechte Noten und zu wenig aufgeräumte Schubladen im Kinderzimmer, über Bratkartoffeln, die sich Peter allein zubereiten durfte, obwohl er gerade Mittag gegessen hatte. Andere wieder hätten an der Seite des Oberrabbiners eine gelehrtere Frau für passender gehalten und zollten Mutti nicht mehr als das Attribut niedlich. Sie hatte ja nicht Kunstgeschichte oder Jura studiert. Und entsprechend der Aussage von Hanna Urmann war das ewig überfüllte Haus eine Beziehungsbarriere und Muttis besonnene Ruhe sogar ein Zeichen der Unnahbarkeit. Hätte ich Mutti verteidigen sollen? Erklären müssen, was die Ursachen für dieses oder jenes waren? Ich wüßte ja gar nicht, was zu sagen. Mutti war eben Mutti und Pappis Frau. Seine Rabbiner-Frau. Und ich bin dankbar dafür, daß wir es so oft erleben durften, wie Pappi sie, ohne vorherige Warnung, in unserer Gegenwart umarmte und ganz einfach sagte: meine geliebte Frau.

Lotte und Joseph Carlebach; etwa 1937.

Freie? und Hansestadt Hamburg

Übergänge

Im Februar 1936 wurde mein Vater zum Oberrabbiner von Hamburg gewählt. Die Einführungszeremonie fand am 22. April in der Bornplatzschul statt, und aus heutiger Sicht erscheint es mir unwirklich, daß die Feierlichkeiten öffentlich begangen werden konnten. Damals schrieb ich darüber in der Schule, der Note nach zu urteilen, einen der besten Schulaufsätze, obwohl ich mich allgemein im Aufsatzschreiben nicht so auszeichnete wie meine schreibbegabten Schwestern Esther und Judith. Esther schrieb einmal über den alten Friedhof in der Königstraße in Altona einen Aufsatz: »Herbst auf dem jüdischen Friedhof«, der sprachlich, gedanklich und jüdisch als wirkliches literarisches Meisterstück anerkannt wurde.

In meiner zehn Seiten langen Arbeit war es vielleicht ein Satz, der meine echte Reaktion auf die Begrüßungsansprache des Frankfurter Rabbiners Dr. Jacob Hoffmann ausdrückte. Er sagte, daß er den Oberrabbiner und seine Familie willkommen heiße, und ich schrieb anschließend an dieses Zitat: »Wie ein Blitz durchzuckte es mich: Dazu gehörte ich ja auch!« Es war wie ein Erwachen, ein scharfes Bewußtsein meiner selbst, meiner Familien- und Gemeindezugehörigkeit, meiner Beziehung zu Hamburg und zu allem, was in diesem Land geschah.

Dieses oft quälende Bewußtsein machte mich hellhörig für die große Enttäuschung meines Vaters über die betonte Trennung zwischen den Gemeinden Altona und Hamburg, die er eigentlich zu vereinigen bestrebt war, sowohl angesichts der äußerst schwierigen Lage der Juden als auch der zunehmenden Auswanderung jüdischer Gemeindemitglieder wegen. Als wir einige Zeit nach der besagten Feier in unsere neue Wohnung kamen, in der Hallerstraße 76, fanden wir ein herrlich eingerichtetes Eßzimmer vor, bis in die kleinsten Details sorgfältig zusammengestellt – ein endgültiges Abschiedsgeschenk von dem Altonaer Gemeindevorstand; und ich sah das bestürzte und enttäuschte Gesicht meines Vaters über den konkretisierten Beweis der Trennung.

Mein persönlicher Entschluß war, nun ganz »zu Pappi zu halten«. Ich ging nie mehr, wie meine Geschwister, in die Altonaer Papagoyenschul, hörte nicht die Empfangsrede, die mein Vater dort für seinen Nachfolger hielt, und hatte den neuen Oberrabbiner Dr. Theo Weisz auch nie persönlich kennengelernt. Mutti jedoch machte es sich zur Aufgabe, zwischen den beiden Rabbiner-Häusern einen freundschaftlichen Kontakt herzustellen, worüber die junge Rebbezin Weisz aus Altona sehr erleichtert war; die Frau von Dr. Holzer, Rabbiner der Hamburger Dammtor-Synagoge wurde von Mutti aufgefordert, die Dritte im Bunde zu sein.

Aus erst kürzlich gefundenen Briefen der ersten zwei Hamburger Jahre geht hervor, daß die letzte Zeit in Altona besonders schwer für Mutti war und daß sie in dem Hamburger Übergang eine Wendung des »Alles zum Guten« sah. Was war passiert, und was hatte sie durchgemacht? Auf die Frage nach dem wirklichen Grund wird heute wohl keiner mehr antworten können. In dieses Geheimnis war nur Muttis Schwägerin, »Tante« Mirjam Cohn, eingeweiht, die zu Muttis Leidwesen schon vor unserem »Hamburger Umschwung« ausgewandert war. Tante Mirjam, früher in der Villa Werderstraße 13, hatte mehr Verständnis für Hamburger Eigenschaften, und gleichzeitig war sie richtig mit uns verwandt. Dieses Verwandtschaftsbedürfnis war bei allen Carlebachs sehr dominant und zeigte sich auch in großem Hallo, Umarmungen und Küssen bei allen Carlebach-Treffen, am deutlichsten jedoch bei dem sich immmer sehr langhinziehenden »Carlebachschem Abschied«. Von Onkel Ephraim war vor langer Zeit das inzwischen geflügelte Wort geprägt worden: Die bereits Geküßten treten zur Seite. Die Preussens, also Muttis Seite, waren im allgemeinen zurückhaltender, aber nichtsdestoweniger herzlich und vor allen Dingen nicht so formell.

Deshalb war es uns wohl so schwer, nach jahrelanger Erfahrung mit den warmherzigen, unkomplizierten, meist ostjüdischen Altonaer Familien eine gewisse »Steifheit« der Hamburger zu akzeptieren, wie ihre geregelten Manieren und die zeitlich nach der Uhr abgemessenen gegenseitigen Besuche. Selbst bei der von uns Kindern empfundenen »Hamburger Konkurrenz« mit einer noch kinderreicheren Familie – bei Lehrer Jacob Katzenstein gab es nämlich vierzehn Kinder – war alles nach viel geordneteren Hamburger Hausregeln eingeteilt als bei uns. Wir beschlossen daraufhin, daß nur Zwillinge uns den Vorrang vor Katzensteins geben könnten – fanden dann aber heraus, daß bei Katzensteins auch schon Zwillinge existierten.

Mutti selbst schien einer »Babyidee« gar nicht so abgeneigt, allerdings ohne Bezug auf einen Wettbewerb. Für weitere Kinder hätte es wahrlich unseres Ansturmes nicht bedurft. Erstens war Mutti die Verkörperung der Kinderliebe selbst; besonders Säuglinge und kleine Kinder oder Babys waren für sie der Inbegriff unendlichen Glücks. Später lernte ich von Oma Preuss und von Tante Bellas Schwiegertochter, Minni Rosenak, einen weiteren Gesichtspunkt in Lottes Kinderzahlauffassung kennen. Wie schon in ihrer Jugendzeit sah sie in Joseph Carlebach einen Genius: Jedes Kind von diesem ihrem Mann, das nicht geboren wurde, betrachtete sie als Verlust für die Menschheit: Denn von einem Mann wie Pappi kann man nicht genug Kinder haben.

Wir waren trotzdem »nur« neun Kinder; nie wurde ein zehntes dazu adoptiert oder gar auf dem Weg zur Deportation zusätzlich geboren, wie man es Mutti als Zeichen ihrer Heldenhaftigkeit andichtete [in dem bereits erwähnten Gemeindeblatt der Jüdischen Gemeinde, Montevideo]. Es war jedoch nicht ihrer Sorgen oder ihrer Gesundheit wegen unterlassen worden, sondern wiederum nur aus Verständnis für und mit Rücksicht auf unseren Vater. Nie wieder habe ich soviel bewußte Liebe und so tiefdenkende Verehrung erlebt.

Das erste, was Mutti nun den Hamburger Besuchern beibrachte, war, sie nur als »Frau Carlebach« anzusprechen; ähnlich ihrer Reaktion auf die Anrede Frau »Direktor«, fünfzehn Jahre zuvor, »war sie immer sehr ungehalten, wenn man sie 'Frau Oberrabbiner' nannte« (Brief von Brager, Ende 1973). Im übrigen war sie sozusagen geteilt: Sie liebte einerseits die Altonaer und andererseits die Stadt Hamburg, und nach der Enge in der

Klopstockstraße atmete Mutti auf in unserer schönen Wohnung in der Hallerstraße 76.

Die Wohnung lag in dem vornehmen Teil des Hamburger Grindelviertels, in dem sich viel jüdisches Leben konzentrierte. Uns direkt gegenüber auf der gleichen Etage war die Bücherstube »Rotherbaum«, in der man den Schocken-Almanach, Bücher zum Hebräischlernen und andere Judaistik erwerben konnte. Meine Freundin Margot kaufte sich dort eine der letzten Schriften meines Vaters, »Das gesetzestreue Judentum«. Ich dagegen kaufte mir »Die Heilige Schrift nach der deutschen Übersetzung D. Martin Luthers« 1936, um zu sehen, wie er die vom Stürmer so bösartig ausgelegten Bibelverse übersetzte. Mutti stöberte dort für mich ein kleines, mit einer hellblauen Seidenkordel zusammengebundenes Heftchen auf, mit Richard Beer-Hoffmans Gedicht »Schlaflied für Mirjam«. Und wie aus innerer Gewißheit, schrieb ich meinen Namen in hebräischen Buchstaben neben die letzte Strophe:

Schläfst du Mirjam? – Mirjam, mein Kind,
Ufer nur sind wir, und tief in uns rinnt
Blut von Gewesenen – zu Kommenden rollts,
Blut unserer Väter, voll Unruh und Stolz.
In uns sind alle. Wer fühlt sich allein?
Du bist ihr Leben – ihr Leben ist dein –
Mirjam, mein Leben, mein Kind – schlaf ein!

Später, ab Januar 1938, gab es dann auch das Gemeinschaftshaus in der Hartungstraße, wo der jüdische Kulturbund seine Musik- und Theateraufführungen für jung und alt veranstaltete, wie beispielsweise den Spitzentanz der Schwestern Ruth und Eva Sonnenschein unter der Leitung von Erika Milee, oder einen Kinderchor, manchmal auch von unserer musikalischen zehnjährigen Baby-Sara dirigiert. Kurz vor dieser Zeit war ich noch mit Margot in die Staatsoper gegangen, um Fidelio zu hören und zu sehen; Mutti hatte zwar nichts dagegen, war aber nicht davon überzeugt, daß ich die Beethovensche Musik verstehen könnte. Ein anderes Mal gingen wir ins Schauspielhaus zur

Aufführung des »ungarischen Faustus«, die Tragödie des Menschen von Emerich Màdach. Das kleine Reclamheft, mit dessen Hilfe wir uns auf das Theaterstück vorbereiteten, was das erste Büchlein, das ich unter Anleitung unseres hochverehrten Zeichen- und Handfertigskeitslehrers der T.T.R., Kalmann Rothschild, in Leinen und Leder einzubinden lernte.

Bald nach Amtsantritt übernahm unser Vater als Geistlicher die Aufgabe, Gefängnisbesuche zu machen. Die langen Stunden, die er dort verbrachte, waren für Mutti besonders schwer. Er tat sozusagen alles, was verboten war, und füllte seine Mantel- und Hosentaschen nicht nur mit belegten Brötchen und Zigarren, sondern auch mit Briefchen und Zetteln – für die Gefangenen und von ihnen. Er pflegte lachend zu erzählen, wie er das zustande brachte. Im Gefängnis angekommen, beehrte er den »Schlüsselaufseher« mit einem »Wurschtbrot« oder einer »echten Havanna« und bekam dann Anweisungen wie etwa: »In diese Zelle müssen Sie zuerst gehen, der Mann dort betet den ganzen Tag« oder dergleichen. Aber nur Mutti wußte, mit wieviel akuter Gefahr und seelischer Anstrengung diese »amüsanten« Momente verbunden waren.

Einmal brachte ich einen so übergebenen Zettel eines schuldlos Verhafteten dessen Frau. Der Auftrag wurde mir vorsichtshalber durch Mutti übermittelt. Eigentlich erklärte sie mir gar nichts, sondern gab nur genaueste Verhaltensmaßregeln. So legte ich den winzigen, unbeschriebenen Zettel in meinen Handschuh und machte mich auf den Weg. Bevor ich jedoch an die Wohnungstür klopfte, hielt ich den »Papierfetzen« gegen das Fenster im Treppenhaus und sah, daß er mit vielen kleinen Nadellöchern durchstochen war. Unter »Aufsicht« eines Dienstmädchens übermittelte ich der Hausfrau, die krank zu Bett lag, den Wunsch für gute Besserung, und indem ich ihr wie üblich die Hand gab, konnte ich ihr dann den Zettel unbemerkt zustellen.

Zu den vielen unschuldig Verhafteten gehörte auch der Künstler Dr. Erich Brill; mit teuflischer Absicht wurden ihm Papier und Bleistift verweigert, und in seinem unbezwingbaren Künstlerdrang verzichtete er auf seine tägliche Brotration und formte daraus eine kleine, hockende Frauenfigur, die er mit

Schuhwichse dunkelschwarz schattierte. Brill gab sie unserem Vater in Verwahrung, und seitdem stand sie bei uns in der Vitrine des vornehmen Eßzimmers. Schon 1929 hatte Brill, wie unser Vater in Lübeck geboren, ein großes Portrait von ihm gemalt, dessen fotografische Abbildung mit Brills Erläuterungen nach Jahren im Hamburger Staatsarchiv wiederentdeckt wurde. Seine in Hamburg verbliebenen Zeichnungen wurden allerdings nicht wieder gefunden.

Im Dezember 1941 wurde Brill in das Konzentrationslager Jungfernhof bei Riga deportiert, zusammen mit unseren Eltern, Peter und den drei Kleinen, mit der noch in Lübeck verbliebenen Familie Simson Carlebach und weiteren 747 namentlich genannten jüdischen Leidensgenossen. Zu dieser schrecklichen Fahrt wurde er zum »Obmann«, zum Verantwortlichen eines Viehwaggons für zweiundfünfzig erwachsene Personen ernannt, d. h. für »Erwachsene vom sechsten Lebensjahr an«. Ein Formular mit dieser letzten Nachricht, von ihm ausgefüllt, unterschrieben und zusammengeknüllt, wurde wahrscheinlich durch das vergitterte Waggonfenster Nr. 12 geworfen und befindet sich heute ebenfalls im Hamburger Staatsarchiv.

Durch den Hamburger Umzug erschien mir auch die Carolinenstraße 35 neu, wenngleich ich schon vier der Realschulklassen dort absolviert hatte. Wir gingen jetzt zu Fuß dorthin, nachdem wir von der Linie 27 Abschied genommen hatten. Aber es war wohl nicht nur der andere Schulweg, der mich so frappierte. Es war einerseits auch der Abgang einer sich steigernden Zahl von Schülerinnen, die Hamburg für immer verließen, also »auswanderten«; und andererseits die neu Hinzugekommenen, die unsere Klasse und den engen Schulhof verändert erscheinen ließen. Sie kamen plötzlich, mitten im Jahr, oft verschüchtert, verweint und sehr verängstigt. Besonders die zarte Erika hatte wohl als einzige Jüdin in der vorigen Schule viel ausgestanden. Andere Kinder hatten nicht minder schwere Erlebnisse, wenn der Vater brutal in der Nacht aus unverständlichen Gründen aus der Familie herausgerissen wurde. Marianne erzählte mir, wie ihr Vater, ein Arzt, wegen angeblicher Rassenschande verhaftet wurde. Wir beide konnten uns nur schwerlich etwas unter diesem

Begriff vorstellen; aber es wühlte ein Gefühl des Entsetzens auf wie damals in Donners Park. – Marianne las am nächsten Tag ihren Aufsatz vor: Auf der Flucht. Sie las von schwarzen Mauern, die sich auftaten, wo immer sie versuchte zu entkommen.

Diese Erlebnisse der neuen Schülerinnen, die zum Teil nicht einmal mehr zu Hause wohnen konnten, sondern im Mädchenwaisenhaus im Paulinenstift am Laufgraben untergebracht waren, und ihre Schwierigkeiten in Unterrichtsfächern, die ihnen zum Teil völlig fremd waren – sie hatten keinerlei oder nur sehr minimale Vorkenntnisse in Hebräisch und jüdischen Fächern – all dies gab unseren eigentlich fröhlich-naiven Schulsorgen plötzlich einen warnenden Beigeschmack. Um den neuen Schülerinnen zu helfen, organisierte meine schon erwähnte Schulfreundin Margot, die glühende Zionistin, Hebräischkurse in der großen Schulpause in einer Ecke des Schulhofes.

Wie zuvor in Altona, und vielleicht sogar noch mehr, wurden wir jetzt in Hamburg von unseren Eltern ermuntert, auch diese Kinder aus den »anderen Kreisen« zu besuchen oder mit nach Haus zu bringen.

Einige von ihnen schrieben mir noch nach Jahren, daß sie sich damals bei uns so wohl fühlten wie ein zur Familie gehöriges zehntes Kind. Aus dieser Erinnerung schrieb [Celia] Lee über Mutti: Your mother seemed a tall woman with a very calm face and manner, she must have had so much to do, but I never remember her flustered or harrassed, she was always very kind and the cooking must have been very good, because I was a very fussy eater as a child ... and I have terrible memories of the food in the Paulinenstift.

Das wichtigste am »Hamburger Umschwung« war die sich neben der Talmud-Tora-Schule befindliche große Schul am Bornplatz. Mutti hatte ihren Platz in der Frauenschul, oben am linken Seitenschiff in der ersten Reihe und wir Töchter an derselben Seite, eine Reihe hinter ihr. Von da aus konnten wir unseren Vater gut sehen und predigen hören, und meistens fragte er uns auch nach dem Gottedienst über den Inhalt der Predigt. Die provokative Anwesenheit der uniformierten Gestapobeamten, deren linksarmiges, rotes Hakenkreuz direkt vor meinen Augen tanzte, wurde, wie alle Politik, meistens nicht in Anwesenheit der Kinder erörtert. Vor allem glaubte ich nicht, daß dieser oder jener der Gestapo-Beamten von der Predigt gerührt oder ergriffen war, wie manchmal von Gemeindemitgliedern behauptet wurde. Dann hätten sie doch ihr Abzeichen, wenn nicht abreißen, so wenigstens umdrehen müssen.

An einem »gewöhnlichen« Schabbat ging Mutti auch hier selten nach Schul, aber nie versäumte sie die Stunde des Seelengedächtnisses, des Haskarat Neschamot, oder in Kürze Maskir genannt: Am letzten, also am achten Tag der zwei Wallfahrtsfeste Pessach und Sukkot; dazwischen am zweiten Tag des Wochenfestes Schawuot, an dem die Schul mit Blumen und grünen Zweigen wie ein Paradiesgarten anmutete, und am Jom Kippur. Sie betete nicht nur für die ewige Friedensruhe ihres so früh verstorbenen Vaters, sondern schloß ein Gebet für all ihre Kinder mit ein, damit er sie unter seinen besonderen Schutz nehme. Wir, die Nichttrauernden über allernächste Verwandte, durften zu dieser Stunde nicht in Schul sein, sondern warteten draußen in der Vorhalle, bis dies besondere Gebet zu Ende gesprochen war. Das stimmte mich traurig. Ich wollte gerade zu dieser Stunde mit Margot und mit Mutti sein.

Fasttage

Im Laufe des jüdischen Kalenderjahres gab es sechs Fasttage. Vier Tage dieser Fastserie waren kurz – sie dauerten nur von Sonnenaufgang bis Sonnenuntergang. Wir, also die schon zwölfjährigen Töchter und die dreizehnjährigen Söhne, mußten diese Tage durchfasten, aber auch unsere zehn- und elfjährigen Geschwister fasteten stolz einige Stunden. Mutti stand darin ganz auf unserer Seite. Sie weckte uns vor Sonnenaufgang, und noch im Halbschlaf aßen wir eine Semmel mit Marmelade und tranken Kaffee oder Kakao dazu. Dann konnte man sich nochmal umdrehen und weiterschlafen; zusammen mit der Schulzeit ging der Tag schnell um, und deshalb machten diese Daten auf mich als Kind keinen nachhaltigen Eindruck. Aber wenigstens wußten wir, was jeder dieser Fasttage bedeutete.

Der erste Fasttag, direkt nach dem zweitägigen Rosch Haschana oder Neujahrsfest war zum Andenken an den ermordeten Gedalja festgesetzt. Er war Statthalter Judas nach der Zerstörung Jerusalems, und durch seinen Tod war der Untergang des ersten jüdischen Reiches besiegelt. Als kleines Kind versuchte ich, mir die tückischen Mörder vorzustellen, wie sie sich lautlos auf Gummischuhen dem Gedalja in weißem, wallendem Gewand hinterlistig näherten. Trotzdem fand ich keine innere Beziehung zu dieser Gestalt. In der Schule stellte sich heraus, daß überhaupt nur ganz fromme Kinder von Haus aus etwas über diesen Fastttag wußten. Anders war es mit dem Ta'anit, dem Fasttag Esther. Alle kannten die Purim-Geschichte von der schönen jüdischen Waisen dieses Namens, die das Herz des Perser-Königs Achaschwerosch eroberte und es fertigbrachte, selbst im heidnischen Palast nur koscher zu essen. Bevor sie dem König ihre jüdische Abstammung verriet, um ihr Volk vor Haman, dem bösen Wesir, zu erretten, fastete sie in ihrem Harem mit ihren Dienerinnen drei Tage lang. Aber wir fasteten zu ihrer Erinnerung nur einen Tag, denn Purim wurde ein Errettungsfest mit frohem Gesang, mit einer Lesung aus der Esther-Rolle – dem einzigen Buch der Bibel, das nach einer Frau genannt ist – und mit

Verkleidung. Viele von uns waren als Königin Esther und als andere biblische Gestalten verkleidet, aber es gab auch Neger, Rotkäppchen, Holländerinnen mit blonden Bindfadenzöpfen und weißen Kapuzen, Filmschauspieler und vor allen Clowns. So verkleidet verteilten wir Mischloach Manot, [die süßen Gaben], an Verwandte und Bekannte, an unsere Lehrer und Mitschülerinnen, und vorschriftsmäßig auch an arme Leute. Mutti formte aus Hefeteig den Haman und seine zehn bösen Buben mit Rosinenaugen und Mandelnasen; wir waren zwar nur neun Kinder, aber es fand sich immer auch ein zehntes, das bereit war, den übriggebliebenen knusprigen Hamanssohn als gerechte Strafe zu verspeisen. Andere Purim-Gerichte waren mit Mohn gefüllte Haman-Taschen und Butterkuchen mit Rosenwasser, das wie das Man, das rätselhafte Wüstenbrot, einen himmlischen Geschmack hatte. Die vielen Gäste saßen um den großen Tisch mit der blauen Kaffeedecke, und wir gaben ohne jegliche Scheu unsere selbstverfaßten Singspiele und Aufführungen zum besten, bei denen sich Esther als Regisseurin, Judith in der Hauptrolle und die drei Kleinen als Tänzerinnen auszeichneten.

Die übrigen drei Fasttage bildeten eine sich steigernde Datenserie des jüdischen Kalenders: Assara Betewet – der 10. Tewet (im Dezember/Januar) symbolisiert den Beginn der Belagerung Jerusalems unter Nebukadnezer; Schiw'a-Assar Betamus – der 17. Tamus (im Juni/Juli), symbolisiert den Durchbruch der Mauer Jerusalems unter Titus und Tisch'a Be'aw – der 9. Aw (Juli/August) war der Trauertag um die Zerstörung Jerusalems und der beiden Heiligen Tempel, dem ersten und dem zweiten, die wie historisch erwiesen, am gleichen jüdischen Datum zerstört wurden. Dieser 9. AW war ein langer, vierundzwanzigstündiger Fasttag, wie Jom Kippur von Abend bis Abend, und schwerer, da er auf die oft heißen Sommermonate fiel. Eva und Mutti fasteten beide schlecht; Mutti litt unter schwerer Migräne; und Eva konnte nach dem vierundzwanzigstündigen Fasten nicht »anbeißen«, sondern nur tropfenweise und unter ärztlicher Aufsicht eisgekühlten Pfefferminztee zu sich nehmen.

An diesem Trauertag saß man in der trüb erleuchteten Synagoge auf dem Fußboden oder auf niedrigen Schemeln in dunklen Kleidern nur mit Strümpfen oder Turnschuhen und sagte-klagte in der traditionellen Trauerweise die biblische Elegie, die Ejcha-Rolle und andere Klagelieder. Die wenigen Frauen, die an diesem Abend nach oben in die Frauenschul kamen, waren kaum sichtbar in dem halbdunklen Raum, und so verstärkte sich der Eindruck der Verödung, des Verlassenseins und der Trauer, selbst 2000 Jahre nach dem tragischen Religions- und Geschichtsereignis.

Trotzdem hatten wir auch heitere Momente, und zwar nicht nur durch unser Kindsein bedingt, sondern auch durch eine völlig assimilierte Verehrerin unseres Rabbiner-Vaters. Diese Dame studierte sorgfältig den jüdischen Kalender mit Hilfe ihres kleinen Sohnes, der wohl mehr aus Gründen der Bequemlichkeit und weniger aus religiösen Bedenken die jüdische Schule besuchte und seiner Mutter zwar die wichtigsten Daten des jüdischen Kalenderjahres verriet, aber nicht immer genau aufpaßte, was der Lehrer dazu erklärte. So kamen bei uns, pünktlich zu allen Festtagen, Obstkörbe oder Blumenbouquets an. Als nun besagte Dame mit einem Riesenstrauß bei uns erschien, um meinem Vater einen recht vergnügten Tisch'a Be'aw zu wünschen, erhielt sie von uns den lebenslangen Namen, »die fröhliche Tempelzerstörung.«

Besondere Fasttage wurden auch bei schweren Geserot oder Verhängnissen vom Rabbinat zusätzlich eingesetzt. Im Jahre 1936 rief unser Vater zu einem Fasttag auf, angesichts der mörderischen arabischen »Unruhen« in Israel, dem damaligen Palästina. Ein weiterer Fasttag wurde von ihm ausgerufen, als unsere jüdischen Toten vom Grindelfriedhof auf Staatsbefehl hin überführt werden mußten. »Es war wie ein Tag des Gerichtes ... dieser Tag der Aufstörung unserer Toten«, und wir »wie ein Geschlecht verwaist und ohne Vater von Not umdräut.«

Den letzten Fasttag setzte unser Vater noch am 23. Oktober 1941 ein, aber trotz der Bitt- umd Klagegebete begannen die Deportationen der Hamburger Juden unerbittlich am Schabbat, dem 25. Oktober. Das Ende war nicht mehr abzuwenden.

Im Jahre 1950 erhielt der erwähnte Fasttag Assara Betewet, am 10. Tewet, eine zusätzliche alt-neue Bedeutung. Dieses Datum wurde vom Jerusalemer Oberrabbinat festgesetzt als Jahrzeitstag für alle Umgekommenen im Holocaust, für die kein genaues Todesdatum mehr gefunden werden kann. Es ist der Jom Hakaddisch Hakelalli, der Tag für das gemeinsame Trauer- und Totengebet. In meinen Schreckensträumen irre ich an diesem Tag auf dem Jerusalemer Ölberg und suche zwischen den sechs Millionen kleiner Jahrzeitlichter die Flämmchen meiner Eltern und der drei Kleinen.

Unsere Mutter erinnere ich besonders an unserem höchsten feierlichsten Fast- und Versöhnungstag, am Jom Kippur: Noch am Vorabend »pflanzte« sie in einen Blumentopf die Jom-Kippur-Lichter. Diese weißen, mit winzigen, blauen Davidsternen besäten Kerzen waren etwa einen halben Meter hoch und brannten vierundzwanzig Stunden, bis zum Schofar-Schall nach Nacht, also bis drei Himmelssterne das Ende des Fasttages bestätigten. Ich erinnere nicht, ob Mutti am Jom Kippur ausnahmsweise ein weißes oder wenig helleres Kopftuch trug; aber sie legte über ihre Schultern einen langen weißen Jom-Kippur-Schal, mit feinen Goldfäden durchwebt, da wir, so erklärte sie mir, an diesem Tag in unserem vornehmsten Staat vor Gott erscheinen sollen. Da sie nur gelegentlich Pappis Erklärerrolle übernahm, blieben mir diese Worte im Gedächtnis; und ich wurde aufmerksamer ihrem, mich immer wieder ins Erstaunen setzende, weiten jüdischen Wissen gegenüber.

Nach Jom-Kippur und anschließend an das Laubhüttenfest erlebten wir unser erstes »richtiges« Simchat-Tora-Fest in der Hamburger Born-Schul; »richtig« hier gleichbedeutend mit »wie in der Altonaer Papagoyen-Schul« mit Fahnen, Süßigkeiten und Tanz, mit denen unser Vater sogar die Hamburger zu Begeisterung anstachelte. Wir drei großen Mädels gingen nun nicht mehr nach unten in die Männerschul, dieses Privileg war nur noch den drei jüngsten Töchtern vorbehalten, die auch, als sie schon zwölf-, dreizehn- und vierzehnjährig waren, immer gemeinsam als die »drei Kleinen« erwähnt wurden.

Direkt nach Ausgang dieses Freudenfestes, noch in die freudig-erregte Stimmung hinein, kam die Nachricht über den jähen Tod von Onkel Ephraim Carlebach, dem früheren Rabbiner aus Leipzig, der einige Monate zuvor nach Erez ausgewandert war. Ich erinnere den unbeschreiblichen Schock meines Vaters, als er die telefonische Nachricht bekam; er fühlte, »als hätte man ihn brutal ins Gesicht geschlagen«. Und ich las von Muttis Stirn ihre nagende Sorge um Pappi: Onkel Ephraim war plötzlich einem Herzschlag erlegen, und Pappi hatte schon jahrelang »mit dem Herz zu tun.«

Drei Hamburger Briefe

Hamburg, den 16. November 1936

Meine Lieben!

Obwohl der Anlaß, aus dem Ihr uns geschrieben, ein so trauriger ist, muß ich doch sagen, daß wir uns ganz ungewöhnlich mit Eurem Brief gefreut haben. Es ist ja leider so, daß man über dem Übermaß von Arbeit das Briefeschreiben immer als nicht <u>so</u> wichtig zurückstellt.

Und doch sind es letzten Endes nur die Briefe, die uns auseinandergerissenes Gegenwartsgeschlecht noch miteinander verbinden. Wir »Hinterbliebenen« empfinden die Lücken, die uns durch das Fehlen von sehr geliebten Menschen in unseren Kreisen entstanden sind, wohl noch schmerzlicher als die Ausgewanderten selber. Ihr seid, ob jung oder alt, doch überall Bauleute einer neuen Zukunft, eines neuen Lebenskreises. Ihr baut wohl auf Eure Erinnerungen, ohne Euch jedoch über Gebühr mit ihnen belasten zu können. So entstehen zwei Welten, zu denen unsere Kinder in späteren Jahren, wenn sie all die fernen Verwandten nur noch dunkel erinnern, kaum mehr eine Brücke finden werden. Darum wollen wir in der jetzigen Generation, der wir durch die Bande des Blutes und der starken Sympathie besonders verbunden waren, uns ernsthaft bemühen, den Konnex [die Verbindung] nicht zu verlieren.

An Tatsächlichem ist nichts gerade Bedeutungsvolles und doch allerlei zu berichten. Zunächst die Tatsache, daß ich (noch immer nicht mit Ruhm bekleckert, wie Figura zeigt), auf der Schreibmaschine mich tummele, hat ja auch seine besonderen Gründe. Daß unser Frl. Möller sich mit Carl F. verlobt hat, habt Ihr sicher schon von irgendwelchen Leuten erfahren. Es ist weder, wie behauptet wird, eine von Joseph auch nur angeregte Sache, noch überhaupt eine »gemachte Partie«, sondern eine wirkliche Neigung ... Sie selbst kann die Tatsache, daß ... sie überdies noch in so glänzende, pekuniäre Verhältnisse kommt, nach all den schweren Jahren, kaum fassen. Sie sind beide sehr glücklich, und nach menschlichem Ermessen werden sie es bleiben und noch immer mehr

werden. Uns scheint eine seltene harmonische Seelenverwandtschaft die beste Vorbedingung dazu.
Vorläufig sind sie verliebt wie jedes richtiggehende Brautpaar und rücken den Termin der Hochzeit, der ursprünglich für Mai festgesetzt war, immer näher. Momentan soll es Anfang Februar sein, aber ich würde mich gar nicht wundern, wenn die zwei Herrschaften sich morgen früh hier als Vermählte vorstellen würden ... Marthe F., die immer jugendlicher wird und selbst noch mal heiraten müßte, ist entzückt von ihrer Schwiegertochter, und beide verstehen sich sehr gut. Nichtsdestoweniger habe ich dem jungen Paar entschieden von einem Zusammenwohnen mit ihr abgeraten. Um noch weiter in der Familie zu bleiben, so ist zu erzählen, daß Julia B [Frau von Dr. B.] wieder eine Fehlgeburt hatte, die sie diesmal zwar körperlich rasch und leicht überstanden hatte, doch innerlich leiden sie beide schrecklich; mir scheint, er [Dr. B.] noch mehr wie sie, obwohl er kaum ein Wort darüber spricht. Er ist uns, ganz besonders in den schweren Tagen, die wir aus Anlaß des Todes meines Schwagers [Dr. Ephraim Carlebach] durchlebten und die unvorstellbar schrecklich waren, ein rührender, hilfsbereiter und vom Grunde seines Herzens guter und treuer Freund geworden. So empfinden wir auch die ganze Schwere des Schicksals, daß gerade ihm immer wieder der Kindersegen versagt ist, mit ihm.
Daß ich gar nicht zu der lieben Großmutter Katzenstein komme, tut mir selbst am meisten leid, leider vernachlässige ich diese Pflicht, wie so manche mir sehr liebe, aber wahrlich nicht aus Nachlässigkeit. Seit den Feiertagen, die ungewöhnich viel Arbeit mit sich brachten, bin ich noch nicht zur Ruhe gekommen. Es waren ja die ersten hier [in Hamburg] verbrachten Feiertage, die Kette der Besucher riß nicht ab. Es kam der Simchat-Tora mit dem großen, offiziellen Empfang. Und als jäher Übergang vom Festtag die Trauerbotschaft aus Palästina, einen Tag nach dem Fest begann die Schiw'a. Es traf uns ja wie ein Blitz aus heiterem Himmel, mein Schwager begann, sich dort [in Israel] recht wohl zu fühlen, und hatte schon einen Kreis von Verehrern und Freunden um sich, da machte ein schwerer Herzanfall innerhalb von wenigen Stunden allen Hoffnungen auf einen ruhigen Le-

bensabend, nach einem Leben voll Mühen und viel Leid, ein Ende. Er wurde nur 57 Jahre alt. Es ist der vierte Bruder, den Joseph in jungen Jahren verloren hat, und es hat ihn, möchte ich sagen, mitten ins Herz getroffen. Er war gerade diesem Bruder in besonderer Liebe zugetan.

Doch das Leben und der Alltag gehen weiter. Und das ist wohl auch gut so. Ich, vielmehr wir hatten nacheinander Besuch, zweimal von meiner Schwägerin aus Bremen [Bella Rosenak-Carlebach] einige Tage, dann meine Schwägerin aus Frankfurt [Cilly Neuhaus-Carlebach] einige Tage, mein Schwager aus Lübeck [Simson Carlebach], jetzt erwarten wir den aus Baden bei Wien [Hartwig Carlebach]. Mutti [Oma Preuss], liegt mit kurzer Unterbrechung nun schon ein paar Wochen. Sie ist zwar der geduldigste und anspruchsloseste Patient, den man sich denken kann.

Doch wenn auch immer abwechselnd einige Kinder nicht wohl sind, der Mann überarbeitet, das »Geschäft«, ohne etwas einzubringen, sehr lebhaft und die Frau des Hauses auch mit ihren Nerven oft am Ende ist – dann kommt man beim besten Willen nicht zum Besuchemachen, so sehr man sich selbst eine Stunde der Entspannung gönnen möchte.

Doch haben wir bei alledem das Bewußtsein, daß Josephs Wirken Anerkennung findet, daß man ihm, außer in den Verwaltungskörperschaften (aber das ist ja überall das gleiche) Gehör schenkt und Gefolgschaft leistet – und das gibt in der Tat doch ein Gefühl der Daseinsberechtigung, das heute auch nicht mehr jedem geschenkt ist.

Wie die weitere Zukunft aussieht und die unserer Kinder, darüber nachzudenken haben wir keinen Moment Muße. Übrigens ist Esther als Volontärin in der Frühstücksstube Kleve-Bachrach [Berlin], sehr angestrengt, doch macht es ihr Spaß, und sie lernt allerlei.

Nun muß ich aber aufhören, das Maschineschreiben geht doch noch nicht so schnell. Übrigens ist Frl. Möllers »amtlicher« Nachfolger Helmut H., der zwar sehr fix, aber dafür sehr wenig richtig schreibt. Er kommt auch nur dreimal die Woche, mehr kann Joseph sich nicht leisten; und Hamburg stellt ihm keine

offizielle Schreibhilfe, wie Altona. Das ist auch wieder eine Arbeitsmehrbelastung für Joseph und mich.
Nun grüßt mir das Evalein, bleibt recht gesund und guter Dinge, habt viel Erfolg weiter

und seid sehr, sehr herzlich gegrüßt
von Eurer Lotte.

Juli 1937

Meine liebe, liebe Tante Mirjam!
Wie oft denke ich an Dich! Wäre das Schreiben doch so einfach wie das Telefonieren und andererseits das Telefonieren nach dort so billig wie ein Brief – ich glaube, mancher wäre ungeduldig, daß die Leitung Tel Aviv – Hamburg immer besetzt ist – so wie früher Werderstraße–Palmaille.
Doch nun kommt die Gegend von Deinem Geburtstag (Peter sagte: Nebbich die arme Tante Mirjam, wie kann man am Tisch'a-B'aw [am Fasttag] Geburtstag haben!), da will ich wenigstens meinen Brief anfangen mit innigsten Masal-Tow-Wünschen, bleib gesund und nochmal gesund, das ist das erste und wichtigste! Und laß uns in Liebe und Anhänglichkeit verbunden sein, ob wir uns auch wenig schreiben, und ob auch noch Jahre vergehen, bis wir uns mal wiedersehen! Ich denke so viel an die Zeit in Marienbad. Ich bin so entsetzlich schweren Herzens damals gefahren, und nur die starke Sehnsucht, Dich wiederzusehen, hat mich schließlich zu dem Entschluß bewogen. Und war's nicht von der ersten Stunde unseres Wiedersehens so, als wären wir tags zuvor auseinandergegangen? Möchte es immer so bleiben!
Mutti [Oma] habe ich [nach ihrer Rückkehr von Israel] ja noch nicht gesehen, sie ist noch bei Gretel. Ich denke aber, daß sie zum Guten in zwei bis drei Wochen kommt. Ich freue mich schon so, dann über Euch alle, auch über Trudelchen, Genaues zu hören. Mir geht es B"H gut!! D. h. gesundheitlich nicht so, ich soll vielleicht im August nach Brückenau, um Stahlbäder zu nehmen. Jo fährt ja z[um] G[uten] nach Marienbad zur Kenessia, ich hoffe, daß er sich dort anschließend dann richtig erholt, er hat's auch sehr nötig.

Die Kinder werden von Tag zu Tag größer, viel zu schnell! Manchmal entbehre ich es schrecklich, nicht noch so ein kleines süßes Wesen im Arm haben zu können; wie unsagbar viel Glück habe ich doch genießen dürfen, denke ich an all die Jahre, wo einem tagtäglich kleine Ärmchen sich entgegenstreckten und so ein duftendes, süßes Gottesgeschöpf einen anlachte, durch Jahre hindurch! Ich gewöhne mich oft schwer, schon so große Kinder zu haben, und wie selbstständig sind sie alle schon! Schön ist es auch, könntest du jetzt mal einen Freitagabend bei uns hereinsehen – Du würest auch Deine helle Freude haben. Ich hoffe immer nur, sie noch alle recht lange im Nest behalten zu dürfen. Die Trennung von Evalein war mir sehr schwer. Dabei mache ich mir viel Sorgen ... sie ist ein geliebter Mensch, hat aber so wenig Ausdauer ... Viel Sorgen mache ich mir immer über alle. Leider hat Jo nie Zeit, auch nicht Geduld, über alles im einzelnen so mitzusorgen. So grübele ich sehr viel allein; darin habe ich hier keinen Menschen, mit dem ich sprechen könnte oder möchte, wie so oft mit Tante Mirjam! Jo hat eigentlich nur Freude an den Kindern – G['tt] s[ei] D[ank] – lange genug hat er auf große Kinder gewartet. Jetzt ist's genau ein Jahr, daß wir in Hamburg sind. Daß ich gerne hier bin, weißt Du schon durch Mutti. Ich denke vor allem, weil das Meschane Makom Meschane Masal sich B"H [veränderter Ort – verändertes Glück] so bewahrheitet hat, für mich ist wirklich der Ortswechsel ein Schicksalswechsel zum Guten eingetreten.
Sonja sehen wir leider sehr wenig. Sie lebt ganz für sich mit ihrem Hund. Julius ist ab und zu mal hier; seine Frau macht einen gar nicht so unsympathischen Eindruck. Noemi ist in Johannisburg, ich glaube als Verkäuferin(?) und läßt wenig von sich hören. Man mag Sonja gar nicht nach ihr fragen. Dabei ist Sonja zu bewundern, sie klagt nie mit einem Wort.
Der neue Altonaer Raw, [ist] ein Schwager von Leni [Weiß, geb Carlebach]..., und Jo hat doch immer noch Herzweh, wenn er an Altona denkt. Ich habe mich seiner kleinen 21jährigen Frau so weit wie möglich angenommen, und sie ist dankbar dafür und reizend wie ein Kind. Ich tue es sogar im besonderen Maße deswegen, damit eine Art Beziehung zwischen den Häusern sich

herausbildet. Auch gegen Frau Dr. Holzer bin ich aufmerksam, wo ich kann, denn ich finde die paar frommen Rabbanim müssen zusammenstehen, ob sie sich nun gegenseitig so sympathisch sind oder nicht, ist ganz egal.

Vorige Woche ist hier B. S. Jacobson schwer operiert worden von Prof. Zondek. G[‘tt]s.[ei]D[ank] ist er jetzt auf dem Wege der Besserung. Es ist schrecklich, was die zwei, noch so jung, schon alles durchgemacht haben! Auch Dr. Blau geht's B"H nach seiner Operation jetzt ganz gut. Frl. Daniel spreche ich oft, wir treffen uns so oft auf der Straße. Überhaupt trifft man sich immer. Das ist schön und tröstlich. Nur Friedel sehe ich nie.

Leider kann ich nicht mehr schreiben. An meiner Schrift siehst Du, wie schwer es mir überhaupt wurde.

Wenn Du kannst, schreib bald wieder. Was macht Willy? Vielleicht bringt Dir Paula Joel-Wigderowitsch Grüße von uns. Sie ist immer sehr nett und verwandtschaftlich zu uns. Siehst Du Otto öfter? Mir scheint immer, ihm fehlt ein bißchen Daseinsfreude. Bleibt alle gesund und vergeßt uns nicht! Grüß mir Trudel!

Sei du besonders gegrüßt und geküßt
von Deiner Lotte.

o.D. Ende Mai 1938

B"H Meine liebste, beste Tante Mirjam!

Ahnst Du wohl, wie oft ich an Dich denke? wie oft ich, z. B. unter fremden Menschen, in Gedanken mich mit Dir unterhalte, Deine Meinung hören möchte, auch einmal so richtig und herzhaft mit Dir lachen möchte? Fast alle Hamburger kennst Du ja, könnte man doch einmal so zusammensitzen – ich denke immer, wir beide hätten uns mit jedem Tag, den wir zusammengelebt hätten, besser und tiefer verstanden. Denn nun bin ich auch kein solches Kind mehr, wie es doch viele Jahre, trotz vieler eigener Kinder, war.

Schlimm ist wirklich, daß ich so wenig Zeit habe. Seit dem 1.5. ist mein Estherlein in Berlin, um Modezeichnen und Schneidern zu lernen. Du glaubst nicht, wie schwer mir der Abschied von dem Kind geworden ist; sie war doch meine richtige kleine Freundin und Vertraute. Und wenn auch Berlin nicht weit ist – heut ist Jo dort und spricht sie – so ist doch damit der erste Schritt aus dem Elternhaus, dem Kreis der Geschwister getan. Und wenn sie nun, will's G'tt, sehr oft auch kommen kann, so ist sie doch immer dann – Besuch. Aber es hilft ja nichts. So ist der Lauf der Welt einmal. Ich sage es allen, die kleine Kinder haben und oft über die viele Mühe sich beklagen: Man soll nur nicht die Zeit weiterwünschen, die Kinder werden so schnell, viel zu schnell groß und bilden eine Welt für sich. Wie sehnt man sich dann, noch einmal so ein ganz kleines, hilfloses Wesen an der Brust und im Arm zu haben, ein kleines Geschöpf, für das man alles ist, dem man die Welt bedeutet. Aber die Zeit bleibt nicht stehen, und die Aufgaben werden andere, z. T. auch größere – süßere und schönere, aber schwerlich. Wenn die Zeit nicht so schwer, so unendlich schwer wäre, so würde ich mir trotz meiner vielen und trotz meiner großen Kinder und trotz meiner 37 Jahre es brennend wünschen, noch einmal ein Kind haben zu dürfen. Auch schon im Gedanken an zehn Jahre weiter, wenn vermutlich das letzte Kind schon aus dem Hause ist. Aber wenn der Wunsch auch wirklich manchmal brennt, der Verstand, und sei er noch so minimal, kann es nicht zulassen. Auch gesundheitlich bin ich nicht so auf der Höhe, die Füße, der Kopf und was dazwischen ist, ist auch nicht so in Ordnung. Aber ich mag nicht anfangen zu doktern, dann kommt man gar nicht wieder los. Außerdem habe ich auch keinen richtigen Arzt mehr. Dr. Franck habe ich ja immer persönlich sehr geschätzt und verehrt ... Er praktiziert ja auch nicht mehr, wird im Herbst siebzig. Und mein treuer genialer Freund Henri Hirsch, den habe ich wirklich geliebt – ist ja auch nicht mehr. Wir standen ja all die Jahre noch im regen Briefwechsel, ich habe ihn sogar zeitweilig schriftlich konsultiert. Der tüchtige Arzt der Kinder und unser uns sehr zugetaner Willy Bodenheimer ist in Amerika. Wir haben nun den kleinen Dr. Rafael Möller, ich mag ihn sogar ganz gern, er ist tüchtig, ohne viel Geschichten zu machen, poschet und bekowed [einfach und anständig]. Vom Israelitischen Krankenhaus, wohin ich <u>viel</u> komme, geht Prof. Rosenthal jetzt nach London, der Gynäkologe Dr. Kaiser nach Amerika. Die Oberin Gordon ist ja nach einjährigem Krankenlager gestorben, Schwester Johanna ihre Nachfol-

gerin. Prof. Griesbach wird Rosenthals Nachfolger. Wie lange das Kaschrut sich da noch hält, ohne Bassar und ohne Ofot [Fleisch und Geflügel], ist wohl nur noch eine Frage von Wochen. Wir haben ja alle nur noch Milchding, bzw. vegetarisch.
Evalein will durchaus nach London, Kinderpflege zu lernen und Kindergärtnerei. Hier ist doch keine Gelegenheit mehr. Später will sie dann, ausgebildet, nach Erez. Ich hätte so gern das Kind vorher wenigstens verlobt gesehen, denn nachher, wenn man so ganz getrennt ist, kann man doch gar nicht mehr für die Kinder sorgen. Was wird nur aus der ganzen Schar mal werden? Hoffentlich gute und tüchtige Menschen, gebe G'tt, daß sie alle glücklich und zufrieden werden!
Mirjam geht jetzt in die Oberstufe der Talmud-Tora-Schule. Begeistert. Sie ist ein süßes, lerneifriges und kluges Kind, sehr traurig, weil sie so klein ist. Aber das wird hoffentlich noch werden. Immer noch innig befreundet mit Buli, der für sie durchs Feuer geht. Mit allen andern verträgt er sich schlecht, besonders mit Peter, was mich sehr kränkt. Er hat immer wachsende, naturwissenschaftliche Interessen, steht mit seinen Lehrern sehr auf du und du, besonders seinem Klassenlehrer, Dr. Löwenberg, ist ein ganz guter Schüler, raucht leider viel und hat ein unerschüttliches Phlegma. Judith ist für ihre vierzehn Jahre noch schrecklich albern und kindisch, ohne ernste Gedanken. Sie wächst, sieht oft blaß aus, geht gern zur Schule und ist sehr fleißig und gewissenhaft. Peter ist immer noch ein süßer Bocher [Bachur], der einen Schiur genau so ernst und eifrig nimmt wie seine Turnnachmittage und Fußballspiele. Er verfaßt Rätsel und lernt schrecklich gern Erdkunde und ist noch immer Pappis Wecker morgens früh zur Schul. Am Schabbat Re'eh s[o] G['tt] w[ill] ist seine Bar-Mizwa.
Ruthilein ist schrecklich klein für ihre fast zwölf Jahre, aber ein süßes Tierchen. Noemi ist nicht wiederzuerkennen – das zarte kleine Ding ist sehr groß für ihr Alter, frech und süß und hat am Tag tausend verdrehte Einfälle, ein richtiger Clown, kolossal schlagfertig und witzig. Baby – vorläufig heißt sie noch so – ist die Grazie in Person, schnattert unaufhörlich und läßt sich nicht die Butter vom Brot nehmen. Mit Eva Holzer ist sie in einer Klasse,

dicke befreundet, allgemein werden die zwei Unzertrennlichen »Max und Moritz« oder »die zwei Pfarrerstöchter« genannt.
Mit Holzers bin ich weiter recht befreundet uns es herrscht auch – G['tt] s[ei] D[ank] – zwischen den Männern ein gutes und freundschaftliches Einvernehmen. Holzer hat nach Pessach seine Tätigkeit [im Gefängnis] wieder aufgenommen, und Jo hat sehr schweren Herzens ihm das Amt wieder übergeben. Er war doch innig verwachsen mit den Menschen an der Stätte des großen Unglücks – aber ich freue mich, daß er seelisch und körperlich doch wieder etwas entlastet ist. Mein Verhältnis zu Frau Dr. Holzer ist so, wie zu fast allen Frauen hier: Man fühlt immer die Verpflichtung zu trösten und zuzusprechen und »dazusein«. Das soll nicht etwa, bewahre, Überhebung sein. Aber seit in meinen vier Wänden, G'tt sei gedankt, alles wieder gut und besser denn je ist, fühle ich bei allen schwersten Anstürmen im Geschehen draußen doch eine täglich sich erneuernde Kraft in mir, von deren Überschuß abzugeben man direkt das Bedürfnis hat. Daß mir das unendliche Befriedigung ist, versteht sich. Immer stehe ich noch in reger Verbindung mit Cary Möller – Altona. Sie gibt mir auch viel, und daß sie im Laufe des Jahres nun auch weggehen – nach Erez– tut mir unendlich leid – ich verliere viel mit ihr.
Hartwig war jetzt nach mehrjähriger Pause neun Tage bei uns, nachdem der Risch'ut [Antisemitismus] ja jetzt »ohne Grenzen« ist. Bei aller großen Freude mit ihm (er sieht dem geliebten Ephraim Sz"l so kolossal ähnlich und wurde hier ständig mit Jo verwechselt) muß man doch sagen, daß er ... in allem Weltgeschehen zuerst nur sich sieht und seine Sorgen ... Er trägt sich mit Plänen, nach Amerika zu gehen.
Ich hätte gerne noch stundenlang weitergeschrieben. Aber erstens streikt, wie Du aus der herrlichen Schrift siehst, die Hand, zweitens habe ich keine Frau und kein Mädchen, also noch viel zu tun, drittens fürchte ich Überporto.
Ich habe Dich lieb wie immer und fühle mich Euch in Liebe verbunden.

Deine Lotte

Wenn Du Otto siehst, grüß ihn tausendfach, wenn er es erlaubt, kannst du ihn auch verkuschen. Die schon so lange dauernde Trennung schmerzt mich mehr, als ich sagen kann.
Grüß auch Trudelchen und die Kinder innigst.

Hamburger Gewitterwolken

Im letzten Jahr meiner Schulzeit in der Caro schrieb ich noch einmal einen »guten« Aufsatz. Zur Abschlußprüfung bekamen wir das Thema »Hamburg – eine schöne Stadt«. Ohne daß ich es wollte, nahm ich Abschied von »Hamburg an der Elbe Auen«, ging durch alle Stadtteile und beschrieb sie, als sähe ich alles zum letzten Mal: Vom Hafenviertel zum Flohmarkt, vom Rathaus zur Mönckebergstraße, vom Jungfernstieg zur Alster und vom Rotherbaum zum Grindel. Es war Begeisterung, doch ohne Freude; und vielleicht brachte mir dieser Kontrast das letzte »sehr gut« in Deutsch.

Im März fing das neue Schuljahr an. Margot und ich hatten das »Einjährige« in der obersten Klasse, der Untersekunda, sehr gut bestanden, und wir beide wollten das Abitur machen. Dafür gab es nun in Hamburg für jüdische Mädchen nur eine Möglichkeit – die Knabenschule, die T.T.R. Obwohl eigentlich erst Obersekundanerinnen, wurden wir der dort einzigen schon zusammengelegten Mädchenklasse, der Unter- und Oberprima angeschlossen, und wechselten somit nicht nur die Schule, sondern übersprangen auch eine Klasse. So schrieb ich Tante Mirjam in Israel (Brief vom April 1938): »Seit Purim bin ich Schülerin in der Talmud-Tora-Knabenschule und hause mit 14 anderen Mädels in dem sogenannten »Harem«. Es macht uns ganz enorm viel Spaß, besonders da wir jetzt mit der Klasse Oberprima, die doch eigentlich ein Jahr älter sind als wir, zusammen sind … « Nach sechs Jahren in der »Caro« waren Lehrer und Unterrichtsfächer in der T.T.R. überwältigend neu, fesselnd, anregend und aufreizend, auch durch eine gewisse Ironie, ja sogar Arroganz uns Mädchen gegenüber. Im allgemeinen stachelte mich gerade diese Haltung zu größerem Ehrgeiz an, aber eine gehässige, antisemitische Bemerkung, mit welcher der nichtjüdische Geschichtslehrer meine Freundin Margot Ellern so beleidigte, daß sie in Tränen ausbrach, überschattete die Schule und alles, was dazugehörte. Ich kann die Bemerkung heute nicht mehr aus dem Gedächtnis aufschreiben, erinnere jedoch, daß sie im Vergleich mit den

Stürmerzitaten weit gelinder ausgedrückt war. Aber für mich war ausschlaggebend, daß Margot, eine so nachdenkliche und begabte Schülerin, tief verletzt war. Und plötzlich war es mir, als hörte ich die Worte aus Mariannes Aufsatz, die sie einmal über »die schwarzen Mauern« geschrieben hatte, »denen man nicht entrinnen kann«.

Ein weiterer Vorfall zu Hause bestärkte einen bisher nur vagen Entschluß in mir: Alles liegenzulassen, mein geliebtes Zuhause, meine Eltern und Geschwister, meine Schule und die Schul, die Sprache, die Lernfächer, die Straßen und ihre Häuser. Als ich aufgeregt von der Schule kam, war Tante Bella Rosenak bei uns. Sie kam gerade von einer Untersuchung bei einem nichtjüdischen Augenarzt, der sich ihr gegenüber, wie sie sagte, »wunderbar« benommen hatte. Und sie beendete ihren ausführlichen Bericht über die Behandlung mit den Worten: Nachdem ich bezahlt hatte und mich verabschieden wollte, hat er mir sogar die Hand gegeben. Ich starrte fassungslos auf die vornehm gepflegte Tante Bella. Er hatte ihr »sogar« die Hand gegeben. Mutter war die erste, die gleich etwas merkte. Meine kurze Antwort auf ihre Frage war: Margot hat in der Schule geweint; und sie verstand, daß eine Welt in mir erschüttert worden war.

Während meiner vielen bei Ellerns verbrachten Abende hörten wir regelmäßig Radio, vorwiegend englische Nachrichten; im allgemeinen war es Margot, die vor Optimismus warnte und mir eindringlich ans Herz legte, alles daran zu setzten, um gerade die »drei Kleinen« so schnell wie möglich ins Ausland zu bringen. Sie pflegte zu sagen: Deine Eltern dürfen sich aufopfern, aber nicht ihre Kinder. Jahre hindurch verfolgte, ja folterte mich dieser Gedanke – doch damals, bei unseren vorsichtshalber sehr leise geführten Gesprächen, ahnte ich nicht, was sich später herausstellte: daß Carlebach-Kinder, selbst wenn sie in Lebensgefahr sind, sich nicht »vordrängen« dürfen.

Noch im Januar 1939 schrieb unser Vater den Geschwistern nach England:

»One insolent says to your mother: of course, the children of the Rabbi are always privileged; they were the first to be sent away for England«, und das durfte natürlich nicht so sein. Nein, wir hatten auch keine »Beziehungen« oder Verwandte, um eine solche Aktion zu verwirklichen.

Am Freitagabend nach dem Schabbat-Mahl ging ich, wie gewöhnlich, zu Margot. Es war der 11. März 1938. Spät abends hörten wir dann die Nachricht: Schuschnigg ist zurückgetreten. Das war die Schabbat-Botschaft, die ich von Ellerns Radio meinem Vater zu fast nächtlicher Stunde überbrachte. Er hatte den Satz kaum bis zu Ende gehört – und aufs tiefste getroffen, erhob er sich mit einem erschütterten Aufschrei: Ribono Schel Olam, Hob Rachmonis mit Deine Jidden! – Herr der Welt, erbarme Dich über Deine Juden. Mutti kam bei Morgengrauen in mein Zimmer und sagte nur, daß Pappi nun schon stundenlang im Studierzimmer auf und ab gehe. Am Schabbat-Morgen fing er seine Predigt mit den Worten an: Gestern abend brachte mir meine kleine Tochter die Nachricht von Schuschniggs Rücktritt. Wie schon seit Monaten saßen auch an diesem Schabbat Gestapobeamte in Schul in voller Uniform mit allen dazugehörigen Abzeichen und unbewegter Miene.

Vielleicht hätte ich vergessen, daß zu unserer Hamburger Wohnung auch ein Balkon gehörte, denn dort bereitete ich für Mutti und Pappi mit besonderer Sorgfalt an einem Abend das Abendbrot vor. Als endlich Ruhe im Hause war, saßen wir dann zu dritt am Balkontisch und ich sagte, viel hastiger als beabsichtigt, und vielleicht klang es deswegen beinahe unliebenswürdig: Ich muß weg von hier, ich will nach Erez auswandern. Das eine Mal, da ich Mutti in Tränen gesehen hatte, war nach Urgroßmuttis Tod. Jetzt verdeckte sie ihr tränennasses Gesicht mit den Händen und sagte ganz leise: meine einzige Mirjam, und als ich sie trösten wollte: Aber Mutti! Acht Kinder bleiben Dir doch noch zu Hause! sagte sie nur: Jedes Kind ist mein einziges, ich habe schon jetzt Sehnsucht. Ob sie schon damals ahnte, daß es ein Abschied für immer werden würde?

Dabei war ich nicht die erste, die aus dem Haus ging: Esther lernte schon in Berlin, und Eva hatte schon lange Zukunftspläne außerhalb des Elternhauses. Aber ich war die erste, die sich allein entschlossen hatte, ins Ausland zu gehen und, ohne sich mit den

Eltern zu beraten, alles geplant hatte. Meine konkreten Pläne gewannen dann auch die Oberhand. Ich wollte weiter zur Schule gehen, bis ich ein Zertifikat bekam, und die Sommerferien ausnutzen, um mich in einem Kollektivsommerlager in Wilhelminenhöh für die Jugend-Alija vorzubereiten.

Zwei Wochen, bevor nun im Spätsommer Peters Bar-Mizwa stattfinden sollte, war ich ungewollte Zeugin eines Berichtes über Geschehnisse in einem Konzentrationslager. An die acht bis zehn Manner hatte mein Vater am Schabbat zum Kiddusch bei uns eingeladen, nachdem sie in Schul den öffentlichen Rettungssegen ausgesprochen hatten, das Birkat Hagomel zu ihrer Befreiung. Ich kannte wenige mit Namen, aber alle vom Sehen her: Jetzt waren sie braungebrannt, hager und ohne Bart- oder Haartracht. Bei angedrohter Todesstrafe mußten sie vor ihrer Entlassung schwören, nichts über das KZ auszusagen und sich zu sofortiger Auswanderung zu verpflichten. Aber sie erzählten: über Steine, die sie schleppen mußten, von einem Ende des Lagers zum anderen, und wenn das geschafft war, hieß es – die Steine wieder zurück; über sinnlos schwere Arbeit, zwölf Stunden lang, ohne Unterbrechung und ohne zu trinken; über das Getränk, das endlich verteilt wurde, mit Salz und anderen Mitteln darin... über den Appell, bei dem man stundenlang bewegungslos stehen mußte; und über Strafen, die ich nicht imstande bin aufzuschreiben. Einer der Befreiten sagte: Ich wußte nie, daß ich soviel durchhalten muß – und kann.

Sie mußten schwören, nichts über das KZ auszusagen. Instinktiv fühlte ich, daß sie keinen wirklichen Eid geleistet hatten; daß mein Vater sie in psychologischer, rechtlicher und historischer Hinsicht zu der einzig richtigen Einstellung gebracht hatte, nämlich diesen unter physichem und seelischem Druck geleisteten Eid zu brechen; aber von damals bis heute gibt es Stimmen, die sich dem mit unmoralischen Mittteln erzwungenen Gehorsam unterwarfen. Dadurch kann der wahre damalige Sachverhalt nicht mehr erforscht werden. In solchen Augenblikken kommt alles ins Gedächtnis zurück, was ich gehört hatte und nicht imstande war aufzuschreiben – und Pappi hatte doch recht!

Zwischen zwei Welten

Das Sommerlager Wilhelminenhöhe in Blankenese zur Vorbereitung auf Erez Israel stellte vieles in den Hintergrund. Die dortige Arbeit im Garten und in der Küche, die Gemeinschaft mit fast nur Gleichaltrigen, und vor allen Dingen das äußerst intensive Hebräisch und das jüdische Lernen – nahmen in meinen Gedanken und meinem Handeln den Hauptraum ein, während Hamburg und die allgemeinen Geschehnisse mehr als passive, aber wie in einem Alptraum ständig drohende und unaufhaltsame Kulissen wirkten. Die Hauptfrage war für jeden einzelnen von uns: ob er den Anforderungen genüge, um für eines der so spärlich und in viel zu geringer Anzahl zur Verfügung stehenden Zertifikate »bestätigt« zu werden, oder ob er »zurückgestellt« werde. Das war keine Prestigeangelegenheit. Ein Zertifikat bedeutete Lebensgarantie. Ich kam zur Bar-Mizwa-Feier von Peter, schon fast wie eine Ausgewanderte – mit der Bestätigung für ein Zertifikat.

[Ein Sammelbrief von Lotte Carlebach über Peters Bar-Mizwa]

Ende August 1938

[Anrede fehlt]

... eine große Streitfrage war es in unserem Hause, ob man das Recht und die Berechtigung habe, angesichts der Not und des Elends in unseren Reihen, überhaupt den Gedanken einer »Bar-Mizwa-Feier« in Erwägung zu ziehen. Noch drei Tage vor der Bar-Mizwa war mein Mann für diese Angelegenheit überhaupt nicht zu sprechen. Ich konnte es vollkommen verstehen und begreifen – aber nicht billigen. Niemand weiß und sieht besser, was sich überall hier bei uns tut, von früh bis spät in die Nacht kommen und gehen hier täglich die Besucher – und nicht einer unter ihnen, der nicht ein beladenes Herz und eine wunde Seele hat, ganz zu schweigen von der wirtschaftlichen Not. Aber gerade deshalb meinte ich, müßte man einmal sich und den Seinen und den Freunden ein paar Stunden der Freude und des Vergessens, der Dankbarkeit für das, was wir noch haben, schenken. Gerade

jetzt sollte es zum Ausdruck gebracht werden, um immer wieder zu zeigen, wie glücklich wir sind über jedes Kind, das unserer Gemeinschaft nun als bewußter Mensch zuwächst, wie gerade in einem kinderreichen Hause trotz der Sorgen, die heute uns die heranwachsende Jugend macht, man besonders froh ist. Denn, das hat Otto in seinem Brief zur Bar-Mizwa so schön geschrieben, »jedes Kind verbreitert die Basis, auf der wir stehen«, mit jedem Kind mehr sind wir fester verwurzelt und verankert in unserem Glauben. Ein zweites kommt hinzu; das ist der Gedanke, den so klein gewordenen und leider täglich kleiner werdenden Kreis der Geschwister und Verwandten noch einmal zu guter Stunde zusammenzuführen.
Als erster »auswärtiger Gast« traf am Donnerstagabend unser Estherlein von Berlin ein. Sie arbeitet ja dort mit großem Fleiß bereits seit dem 30. April, früh von sieben bis zwei Uhr in der großen Volksküche, wo täglich siebenhundert Essensportionen ausgegeben werden, von vier bis neun Uhr hat sie Unterricht im Modezeichnen und Schneidern. Nur, wer den Jubelschrei gesehen und gehört hat, wie das in Liebesbezeugungen sonst etwas zurückhaltende Kind ihrem Vater um den Hals fiel, der kann ermessen, wieviel monatelanges Heimweh und wieviel Sehnsucht nach Hause, nach den Geschwistern, da endlich gestillt wurde. Sie war glückselig, vergnügt und patent, hat bei der schweren Arbeit in Berlin zwar vier Pfund abgenommen, sieht aber sonst nicht schlecht aus. Sie kam mit zwei sehr hübschen, selbstgeschneiderten Kleidern. Niedlich war, wie Ruth sie gleich mit den Worten begrüßte: Bist du auch noch fromm? Orst [betest] Du auch noch? Als Nummer zwei kam dann am Freitagmorgen Mirjam eingetrudelt, die ihr Vorbereitungslager zur Jugend-Alija in Wilhelminenhöhe gerade absolvierte und zwei Tage Urlaub bekommen hatte. Inzwischen ist sie zur Alija bestätigt worden und wird wohl im Laufe dieses Winters nach Erez gehen. Mittags kam meine Schwester Gretel aus Leipzig, leider ohne ihren Mann. Sie sind auch im Aufbruch begriffen, das Ziel steht noch nicht fest, so konnte Felix nicht abkommen. Der Nachmittag brachte Tante Cilly Neuhaus aus Frankfurt, ebenfalls ohne Mann, der vom Schuldienst dort keinen Urlaub hatte. Tante Cilly wohnte bei

Frau Daniel nebenan, Eva bei Frau Hanna Gotthold, mit der sie sehr befreundet ist, und in Evas Zimmer Tante Grete.
Am Freitagabend goß es selbstverständlich in Strömen! Alle fürchteten für ihren Festtagsstaat. Nach altem Hamburger, auch Altonaer Brauch, ging der Bar-Mizwa Freitagabend nicht nach Schul, um sich nicht noch zu erkälten. Am Freitagabendtisch war dann die Gesellschaft etwas zahlreicher. Simson und Resi aus Lübeck, Bobbel und Simsons Salo kamen, nach Tisch noch Albert Jacobson, der extra zur Bar-Mizwa gekommen war, sowie B.S. und Frau. Trotz der froh erregten Kinder wollte doch eine rechte Stimmung noch nicht aufkommen. Noch stand in unserer Erinnerung zu lebendig der Glanz, den die Anwesenheit der großen Geschwisterreihe bei einer Festlichkeit im Carlebachschen Hause stets verliehen hatte. Vor allem die Erinnerung an Bulis Bar-Mizwa, wo die geliebte Gestalt von Onkel Ephraim s[eligen] A[ndenkens] uns vom ersten Moment seines Kommens an der Inbegriff von Festlichkeit, Feierlichkeit, Würde und unendlicher Liebe war. Wenn sonst auch die Not der Stunde und die strengen Anforderungen des täglichen Lebens oft genug die Sehnsucht nach unseren Lieben übertönen, in solchen Momenten spürt man immer aufs neue die ganze Tiefe des Trennungsschmerzes, des Auseinandergerissenseins von dem, was nach den Gesetzen des Blutes und des Geistes zusammengehört (ein kleiner Mitschüler schrieb an Peter aus dem Ausland: »Ich wünsche Dir, daß zu Deiner Bar-Mizwa sich das Wort erfülle Vekabez Nidachenu Me'arba Kanfot Haarez!«). Tante Bella konnte nicht kommen, weil am selben Schabbat die Bremer Gemeinde Ignatz einen Abschiedsgottesdienst veranstaltete (inzwischen ist Ignatz wohl schon in New York gelandet). Mo[ses] und Recha waren gerade in Marienbad. Moritz Stern, der immer schöner und patriarchalischer von Ansehen und immer milder in seinem Wesen wird, war G['tt]s[ei]D[ank] gekommen, nur wegen des schlechten Wetters am Freitagabend bei seinen Kindern geblieben (Steinhofs). Dafür war aber Tante Sonja, die leider wenig zu uns kommt, unser lieber Gast, und sah aus – Peter sagte: »wie eine Kaiserin!« Onkel Hartwig ist noch in Kowno und betreibt von dort aus seine Einwanderung nach Amerika. Tante Minna [aus]

Die neun Carlebach-Kinder bei Peters Bar-Mizwa, August 1938.
Reihe 1: Baby, Judith, Ruthi, Peter, Noemi
Reihe 2: Eva, Mirjam, Buli, Esther.

Peters Bar-Mizwa; August 1938

Köln hatte im letzten Moment abgesagt, weil sie in Berlin, wo sie sich von Mühsams verabschiedete, eine Grippe bekam, so daß auch Minna Müh, die seit langem sich schon angesagt hatte, nicht fahren konnte.
Die Schul am Schabbat-Morgen war doch ein Erlebnis. Gefüllt bis auf den letzten Platz, viele, viele Altonaer Ba'ale-Batim. Drei Bar-Mizwo Jungen gab's zu bestaunen. Als dritter in der Reihe kam Peterlein mit seiner Parascha, vor lauter Aufregung mit schneeweißer Nase und sehr leiser Stimme. Daß die Barmizwo-Ansprache ihren Höhepunkt hatte bei der Anrede an das »Kind meines Herzens und Kind meines Geistes«, bedarf wohl keiner besonderen Erwähnung. Ich ging sofort nach der Ansprache mit Eva nach Hause. Denn es waren fünfzig Herrren zum »Kiddusch« geladen, (polnische Manier! räsonierten die Hamburger), sie wurden mit Likör, gebr[atenen] Fischen und Torten traktiert, und Peter hielt seine Drosche über das Schmitta-Problem, von dem ich ungebildete Mutter auch nicht eine Silbe verstand. Dafür merkte ich aber, daß statt der fünfzig geladenen Herren circa siebzig gekommen waren. Na, »lot di nich verblüffen!« ist schon lange eins meiner Prinzipien, und es klappte dann auch alles sehr gut. Im Wohnzimmer war inzwischen für die Familie, vor allem die Damen, ein großer Frühstückstisch gedeckt, und nach dem Appetit zu urteilen, mit dem gegessen wurde, hat es auch allen recht gut geschmeckt. Um halb zwei war Empfang angesagt, nicht in unserem Hause, mit Rücksicht auf unsere Nachbarn, sondern im Gemeinschaftsheim in der Hartungstraße. Da tat sich ja nun was, der »Mincha-Schub« war an Quantität wie in alten Zeiten. Wieder war Altona sehr stark vertreten. Überhaupt muß man sagen, daß der Geschenktisch in seiner Fülle doch ein beredtes Bild der Treue und Anhänglichkeit aller Kreise bot, und so hat uns wirklich jede Gabe erfreut und gerührt.
Um vier Uhr gingen wir, schrecklich müde und kaputt, nach Hause und delektierten uns alle miteinander an dem wirklich uns »vom Munde abgesparten« Fleisch. Seit Pessach hatten wir uns mit einem wöchentlichen Schabbat-Braten, bestehend aus 3/4 Pfund Hack (für zwölf bis vierzehn Personen) begnügt, und hatten nun die Freude, einen wirklichen, echten, roten Rostbeaf

unseren Gästen vorsetzen zu können. Der Nachmittag und Abend verlief dann sehr ruhig und gemütlich im engen Familienkreise.
Die eigentliche »Feier« hatten wir erst für Sonntag angesetzt, vor allem mit Rücksicht auf die Bremer, die doch auch gern noch etwas »abhaben« wollten, dann hielt ich es auch für besser, besonders Jo nicht zuviel an einem Tag zuzumuten.
Am Sonntagmorgen begann es bereits um halb elf wieder zu strömen, diesmal aber im Hause, vor allem wieder Altonaer, die den weiten Weg nicht gehen konnten. Um vier mußte Jo zu einer Trauung, und als ich mich gerade eine Minute hinlegen wollte, kamen Bella und Hannele von Bremen, einen Zug später Ignatz. So schmuste man, bis um halb sechs die ersten Gäste kamen. Wer da war, seht Ihr aus dem Bild. Hinter Sonja die Dame mit dem weißen Haar ist ihre Schwiegertochter Fiffi, die zu unserer Freude ganz besonders lieb und reizend zu Sonja ist. Julius ist ja schon seit zehn Monaten in Amerika, und sie kann noch nicht rüber. Sie besucht Sonja oft von Berlin aus.
Man setzte sich an eine lange, im Studierzimmer gedeckte Kaffeetafel. Die Jugend hatte einen Extratisch. Dann sang unser Hauschor den Altonaer »Baruch Haba« mehrstimmig (versteht sich), Eva sprach einen Prolog zur Begrüßung, und dann hielt Pappi so eine schöne Begrüßungsansprache, schade, daß man alles nicht aufschreiben kann. Es folgte für die Sachverständigen noch einmal Peters Drascha. Als sie fertig war, erbat er postwendend die Erlaubnis, nun endlich auch am Kindertisch sitzen zu dürfen, zog sein neues Jacket aus und fühlte sich, trotz der vielen Reden, in denen er zitiert wurde, endlich, nach vierundzwanzig Stunden, mal wieder nicht »als Mann«, sondern als »er selbst«. Reden und Tischlieder wechselten, um neun Uhr stand man auf (es kann auch schon eher gewesen sein), und Herr Kastein [Kastan], der Photograph, waltete unter den bekannten Schwierigkeiten als da sind: Gelächter, Gekicher, Radau, so daß man (auch unter Erwachsenen) sein eigenes Wort nicht verstehen kann, seines Amtes. Dann begannen die Kinder mit ihren Aufführungen, von denen ich, wie bei der vorigen Bar-Mizwa keine Ahnung gehabt hatte. Sara (um Verwechslungen zu vermeiden: Ich meine unsere

jüngste Tochter!) hat ja ein ausgesprochen tänzerisches Talent (ob sie die Grazie vom Vater geerbt hat? Von mir jedenfalls nicht!) Jedenfalls, das muß ich ganz »objektiv« sagen, haben die Kinder ihre Sache mit sehr viel Schmiß und Chein gemacht, man kam aus dem Lachen nicht heraus, und die Gäste waren, glaube ich, sehr vergnügt und angeregt. Die Stimmung wurde noch erhöht, als um zehn Uhr, gewissermaßen als Überraschung, ein fleischiger Imbiß gereicht wurde. Eva Flörsheim hatte uns, aufmerksam wie immer, vier Hühner geschickt, davon hatte ich eine feine Bouillon gekocht, von A. Kamarski bekamen wir ein Stück Ia Rauchfleisch, so gab es also belegte Fleischbrote, Tassenbouillon, hinterher Obst. Nach Peterleins schönem Benschen sang der Kinderchor noch »Leschana Haba'a Biruschalajim« (Amen!)« [nächstes Jahr in Jerusalem], und um halb zwölf ging man in froher Stimmung auseinander.

Ereignisse um 1938

Während nun Anfang September 1938 die Bornplatzschul zu den bevorstehenden Feiertagen noch neu getüncht wurde, teilte ich meine Zeit zwischen Schule und Behörden, entschlossen, Mutti auf keinen Fall mit amtlichen Scherereien zu belasten. Die gedankliche Beschäftigung mit den Logarithmustafeln, die mein Vater mir ganz besonders ans Herz gelegt hatte, und die Bereitschaft Kurt Gottholds, auch er ein Israelkandidat, im Notfall zu helfen, ermöglichten mir trotz meiner Angst, sicheres Auftreten vorzutäuschen: vor unbekannten Gebäuden und den uniformierten Beamten hinter vergitterten Schaltern in der getrennten Warteschlange für Juden: bei Polizei, Paßbehörde, Finanzbehörde, Devisenstelle, Gesundheitsbehörde, Auswandererstelle, für den Devisenantrag, für den Paßantrag, für Unbedenklichkeitsbescheinigung, für Fingerabdrücke, Packerlaubnis, Dringlichkeitsbescheinigung und ähnliches mehr.

Am 28. September bekam ich meinen Paß Nr. 17142, und der Beamte fragte mich, während ich unterschrieb: Sie meinen wohl, daß es in Palästina weniger nach Pulver riecht als in Deutschland.

Am darauffolgenden Simchat-Tora-Abend schien mir die Schul herrlich wie noch nie; dabei dachte ich nur an mein persönliches, letztes Fest dort. Erst fünfzig Jahre später schrieb ich darüber eine erweiterte Version:

Im Oktober 1938, also unmittelbar vor der »Kristallnacht« des 9. Novembers 1938, wurde Simchat-Tora, das letzte Fest in der Bornschul, wie in allen noch bestehenden Synagogen Deutschlands gefeiert. Es ist das Freudenfest über die Tora, die Fünf Bücher Moses, das jährlich im Herbst begangen wird; nämlich dann, wenn ein Jahreszyklus der wöchentlichen Tora-Vorlesungen beendet ist und man an Ort und Stelle einen neuen Lese- und Lernzyklus beginnt, um den wöchentlichen Abschnitt aus der Heiligen Lehre zu lesen.

Es war das Fest der Kinder, der Jungen wie der Mädchen. Alle gingen in die Männerschul. Die Kinder hatten bunte Fahnen;

sie wurden mit Süßigkeiten überschüttet, damit sie die Assoziation zwischen dem süßen Geschmack und der Heiligen Lehre empfänden. Der goldbestickte Vorhang wurde zurückgezogen, die Heilige Lade geöffnet und alle Tora-Rollen wurden herausgehoben. Sie waren geschmückt mit bestickten Samtmäntelchen, mit silbernen Schildern und mit wunderschönen Kronen, an denen kleine Glöckchen hingen; diese Glöckchen klingelten in vielen harmonischen, sanften und feinen Tönen. Die Schul war hell erleuchtet und die Männer in ihren weißen Gebetmänteln sangen und tanzten mit den Tora-Rollen auf dem Arm und mit den Kindern, die ihre bunten Fähnchen schwenkten. Allen voran Oberrabbiner Carlebach, der Ausschau hielt, ob nicht etwa ein Kind übersehen wurde, das keine Fahne hatte, keine Süßigkeiten bekam und sich nicht in den Reigen wagte. Dann holte er es aus seiner Ecke und hob es hoch, und es tanzte und sang und klatschte in die Hände mit allen zusammen.

Dann kam der schönste Augenblick: All die kleinen Knaben, zwanzig oder dreißig an der Zahl, etwa drei- bis fünfjährig, kletterten die Stufen zum Almemor hinauf. Dort lag auf einer roten Samtdecke die offene Tora-Rolle. Der Vorleser zeigte den Kindern mit einem silbernen Zeiger, wo in der Tora gelesen wurde. Dann breitete man einen weiten Gebetmantel über die Kinderschar, und mit Hilfe des Vorbeters sagten sie: »Wir segnen Dich, G'tt, daß Du uns Deine Tora gegeben hast«; und die ganze Gemeinde antwortete ihnen mit einem widerhallenden »Amen«. Es war ein unvergeßlicher Anblick, und die Kinderstimmen klingen noch heute in mir nach wie Engelsmusik. –

Wie sagte Mutti: Ich habe schon jetzt Sehnsucht – so fühlte ich es auch: Noch vor der Auswanderung, noch vor dem Abschied, hatte ich schon Sehnsucht zurück nach Schul.

Als wir nach Hause kamen, saß Mutti mit den Frauen und Kindern der zwei verbrüderten Familien G. im Vorraum und versuchte, sie zu beruhigen. Die Männer waren plötzlich und grundlos verhaftet worden. Die Frauen und die Kinder in ihren Jomtow-Kleidern kamen in ihrer Ratlosigkeit und Aufregung zu uns. Nach den ersten Beratungen und Verbindungsversuchen blieben die kleineren Mädchen bei uns. Für die älteren Söhne mußte sofort eine Lösung gefunden werden, besonders für den Talmud-Tora-Schüler Heini. Er sollte sofort, d.h. Anfang der folgenden Woche, noch vor seinem sechzehnten Geburtstag, auswandern. Dafür kam nur ein einziges Zertifikat in Frage.

Mutti hatte recht – ich war nicht in unmittelbarer Gefahr. Gleich nach Jomtow würde ich meinen Paß zurückgeben müssen, denn ohne Auswanderungsmöglichkeit hatten Juden kein Recht auf einen Paß.

Aber der Beamte sagte ganz kalt: Wem haben Sie denn Ihr Zertifikat gegeben? Uns können Sie nichts vormachen. Wenn Sie nicht schnell abhauen, stecken wir Sie in ein Schulungslager ..., melden Sie sich in zwei Wochen.

Auf Grund dieser Drohung wurde alles in Bewegung gesetzt, um in dieser unerwarteten Situation einen schnellen Ausweg zu finden – mit Hilfe von Jugendamt, Palästina-Amt und Dr. R., dem »Macher« vom englischen Konsul in Berlin, der meine Mutter als junges Mädchen gekannt hatte. Das stellte sich heraus, als ich an die Reihe kam, um Dr. R. mein Anliegen vorzubringen und er höchst erstaunt ausrief: Lotte, du hast dich ja überhaupt nicht verändert! Er nahm meinen Paß, verglich zwischen mir und meinem Paßbild, schüttelte immer wieder den Kopf vor Staunen und verschwand hinter der Tür. Zehn Minuten später hatte ich ein Versprechen für ein Touristenvisum – mit vorzüglichen Grüßen an Lotte Preuss. Nach einigen Tagen erhielt ich den Paß mit einem Visum für Palästina, das für einen dreimonatigen Aufenthalt gültig war. Eigentlich erhielt ich das Visum nicht als Mirjam Carlebach, sondern als Tochter von Lotte Carlebach-Preuss und habe so alles meiner Mutter zu verdanken.

Anschließend bekam ich noch drei zusätzliche Stempel in meinen Paß: das rote J für Jude, die Erlaubnis, dreißig Mark für meinen Lebensunterhalt mitzunehmen, in Devisen umgerechnet, 2,1 £. Und der dritte Stempel besagte: Die deutsche Grenze wird für diesen Paßinhaber auf immer gesperrt.

Infolge des annullierten Zertifikates wurde ich noch »Zeitzeuge« des »schwarzen Schabbats«, der herz- und familienzerreißenden Polenaktion vom 28. Oktober. Am Freitag früh , den 28. Oktober 1938, noch vor Morgengrauen, begann das durchdringende Geklingel von Telefon und Tür: Ein Strom von Menschen, vorwiegend aus Altona, in nicht zu beschreibender Panik, drängte sich in unser Haus. Sie oder ihre Familien sollten, weil staatenlos, innerhalb weniger Stunden über die polnische Grenze abgeschoben werden. Mutti mobilisierte uns Kinder, um den weinenden Müttern oder den unbeholfenen Vätern mit den Babys zu helfen, denn dieses »Evakuierungsmanöver« war der Auftakt zu dem späteren »Links – Rechts«, der willkürlichen Familientrennung. Kinder mußten ohne Eltern gehen, Männer ohne Frauen, Mütter nur mit einem Teil ihrer Kinder, alte Leute vollkommen allein. Dazwischen versuchte unser Vater, polnische Rabbiner um Hilfe anzurufen und wiederholte, um endlich mit einem Ferngespräch durchzukommen: P wie Paul; O wie Otto; L wie Lotte.

Es wurde spät abends, bis alles ruhig wurde. Einige der plötzlich elternlosen Kinder blieben über Nacht bei uns, zum Teil in improvisierten Betten, aus zwei zusammengeschobenen Sesseln gebaut. Gegen Morgen vermeinte ich, Kinderweinen zu hören und ging auf Zehenspitzen, um Mutti um Rat zu fragen. Mutti lag im Bett, ganz wach, an ihrer Seite ein kleines »staatenloses« Kind. Es hatte das Köpfchen auf Muttis Arm gelegt und schlief.

Trennung ohne Abschied

Zehn Tage bis zur Abfahrt. Abschiedsbesuche und Abschiedsgeschenke, mit denen ich wie zu einer Bar-Mizwa, besonders von Margots Vater, überschüttet wurde. Miserables Abschiedszeugnis von der T.T.R. – außer natürlich in Hebräisch und in jüdischen Fächern. Der Abschied von dem geschenkten Altonaer Eßzimmer, von den Tapeten im Kinderzimmer, von der blauen Tischdecke und von Pappis Studierzimmer. Von Büchern, besonders von Uriel Birnbaums Buch: Der Kaiser und der Architekt, die himmlische Stadt suchend. Abschied vom Pessach-Geschirr. Abschied von Straßen: Hallerstraße, Parkallee, unter den Colonnaden, Rutschbahn, Bornstraße, Bornplatz und Bornschul. – Abschied von Liedern: Viel Freuden mit sich bringet, lieber Freistädtler. Die Lorelei: Ich weiß nicht, was soll es bedeuten, daß ich so traurig bin. Was bedeutet Abschied von einer Sprache: Welche Worte und Ausdrücke würde ich behalten? Schleswig-Holstein »mehr«-umschlungen, Waldmeisterkränze vornehm und gut erzogen als unpassende Worte und ach, unsere Kindergeheimsprache »gesoßt« und »gülüs« und »die Seele vom Huhn« – und dazwischen das Wort, das hebräische Wort für Mutti – Ima.

Plötzlich erinnere ich mich an all die kleinen Male, an denen ich ungezogen war und Pappis Worte nicht beherzigt hatte: Wenn Mutti bittet – spring! Einmal bat sie mich am Schabbat, Kindermäntel nach Schul zu bringen, da es unerwartet anfing zu schneien. Ich fand das furchtbar doof und legte mich schmollend aufs Sofa. Mutti sagte nichts. Das war noch in Altona. Jetzt erinnere ich mich daran und auch an das Kinderbuch, »Eh Mutter wiederkam« mit den beängstigenden Erlebnissen.

Mittwoch um zwei Uhr wird der Zug gehen. Alle Kinder werden um den Tisch sitzen und die letzten Stunden lachen, rumalbern und singen, damit keiner merkt, wie schwer es ist. Judith verzichtet in der letzten Minute auf ein gesticktes Taschentuch, und Ruthi bringt mir ein Heftchen mit getrockneten Blumen.

Am Mittwochmorgen um acht Uhr Telefon: Ich solle mich »unverzüglich« bei der Gestapo melden. Mit Paß, mit dem roten J. Die schweren Betonmauern. Der unheimliche Paternoster. Dann ein großer Raum. Ein Stuhl in der Mitte, eine grelle Glühbirne – und vier von ihnen in voller Uniform, die eine einzige Frage stellten:
Wo hat Ihr Vater seine Devisen?
Und ich gab eine einzige Antwort: Er hat keine Devisen.
Manchmal fragten sie schnell, und manchmal verstrichen lange, lange Minuten – ich sollte es mir recht gut überlegen, sonst –
Ich segnete im stillen meine Eltern, daß sie nie mit uns über Politik geredet hatten, daß wir kein Radio hatten, daß mein Vater mir Sinus und Cosinus eingeprägt hatte.
Wo hat Ihr Vater seine Devisen?
(Ich vergaß meine Reise.)
Wo hat Ihr Vater seine Devisen?
Er hat keine Devisen.
Wo hat Ihr Vater seine Devisen?
Er hat keine Devisen.
Wo hat Ihr Vater ...
Er hat keine Devisen.

Um ein Uhr wurde ich entlassen. Buli erwartete mich mit einem Taxi vor der Tür. Es gab kein Mittagessen und keinen Kinderchor, keinen Carlebachschen Abschied. Wir mußten sofort zur Bahn. Es wurde eine Trennung für immer – ohne Abschied.

Zweiter Teil

Zwischen den Zeilen

Vorbemerkung

Der gesamte zweite Teil umfaßt den Zeitraum von Ende 1938 bis Mitte 1945 und besteht überwiegend aus unkommentierten Briefen. Die Briefe von Lotte Carlebach stammen aus der Zeit vom 8. November 1938 bis zum 1. September 1941.

Bei der Veröffentlichung der Briefe wurde faktisch keine Auswahl getroffen, sondern diese Briefe geben wider, was in achtjähriger Sucharbeit gefunden wurde. Deswegen dürfte auf Grund der Briefanzahl an die einzelnen Adressaten nichts Endgültiges über die Intensität der Korrespondenz vermutet werden; zweifellos ist aber der Briefverkehr zwischen Lotte Carlebach und ihrer Mutter, Martha Preuss in Israel, der intensivste gewesen. Gerade bei diesen Briefe sollte mit doppelter Aufmerksamkeit zwischen den Zeilen gelesen werden, da sie sozusagen fünffach zensiert worden sind, und zwar folgendermaßen:

1) Die Zensur, der üblicherweise alle Post in Krisen- und Kriegszeiten unterliegt;

2) die Zensur, die zwangsläufig zum Regime eines totalitären Diktaturstaates gehört;

3) die zusätzliche (versteckte) Zensur seitens der Gestapo auf die Post von jüdischen Schreibern;

4) die Zensur, die sich die jüdischen Briefeschreiber selbst auferlegten, um unnötige Auseinandersetzungen oder Verhöre zu vermeiden; diese »Selbstzensur« kommt auch in gewissen Umschreibungen und verkappten oder gegenteiligen Aussagen zum Ausdruck;

5) die »Zensur«, die Lotte Carlebach sich selbst auferlegte, um ihre Mutter nicht zu beunruhigen; sie versuchte, bedrückende Ereignisse durch humorvolle oder gleichgültig klingende Bemerkungen harmloser darzustellen.

Die Briefe scheinen beim ersten Lesen eigentlich undramatisch. Die Nuancen und die Tiefe des Geschriebenen erschließen sich erst durch wiederholtes und intensives Lesen.

Während von Lotte Carlebach alle Briefe hier wiedergegeben werden, wurde bei den Kinder- und den anderen Briefen eine Auswahl getroffen.
Einige Briefe Lotte Carlebachs sind ohne Datum, ein nach der Bezeichnung »o.D. – « stehendes Datum wurde dem Briefinhalt entsprechend errechnet, »o.J« bedeutet, daß Briefe mit Datum, aber ohne Jahreszahl sind, die Jahreszahl wurde dann ebenso dem Inhalt nach ergänzt.

Briefe 1938 – 1941

[Postkarte]
8. November 1938
Geliebte Oma,

Gerade als wir ... von der Bahn zurückkamen, wohin wir Mirjam begleitet hatten, kam Dein lieber ausführlicher Brief, mit dem wir uns wirklich unendlich freuten ... Wie schön, daß Otto Dir alles so behaglich gemacht hat, wir sind richtig glücklich darüber. Die drei Aluminiumtöpfe und Milchiges Service für drei Personen lassen wohl (hoffentlich) auf baldigen Zuwachs im Hausstand schließen. Allerdings wären zwei Hocker und zwei Stühle wieder ein gegenteiliger Beweis – also, wie steht's??
Mirjam ist ... glücklich abgefahren. Hoffentlich werden all ihre Erwartungen erfüllt und bleibt sie uns gesund.
Jo meint, Ihr würdet sie bei der Durchreise durch Tel Aviv gar nicht sprechen können. Nun wollen wir uns energisch für Eva bemühen. Sie hat sich hier in der letzten Zeit sehr verdient gemacht, durch Betreuung etlicher kleiner polnischer Kinder, deren Eltern weg sind. Wie gerne hätte ich Buli im Kfar-Noar gesehen. Aber er will ja nicht nach Erez ...
Wir hatten [Hilde] übrigens am Simchat Tora [die Tora-Feiertage] eingeladen, und ich spreche sie oft. Sie ist ein reizendes Mädel, hat sich eine eigene koschere Küche eingerichtet, kommt immer nach Schul etc. Aber ich fürchte sehr, daß <u>er</u> damit als Kompromiß auch von seinem

Denken viel nachlässe, im oren [beten] und lernen, jedenfalls ist er sehr nachlässig. Er ... spricht ständig von Heiraten (er wird jetzt 16), hat in der Schule wieder Bemerkungen in Erdkunde und Englisch und träumt davon, Professor in Amerika zu werden. Ist aber alles in allem ein geliebter Kerl.

Als Mirjam gestern weg war, sagte Baby: Tja, das einzige, wodurch Familie Carlebach berühmt war, waren die vielen Kinder. Nun ist das auch vorbei. Buli sagte neulich bei Tisch: »Mutti, ich glaube, du kriegst schon Falten im Gesicht.« Worauf Noemi: »Von wegen Mutti und Falten. Jeder fasse sich an seine eigne Braut.« Und als Esther hier war und Jo bei Tisch was von M. erzählte, sagte Noemi: »Schnell mal alle rot werden, damit keiner merkt, wem sein Freund das ist.« So sorgen die Kleinen wenigstens nach wie vor für gute Stimmung. Ich schreibe bald einen Brief.

Für heute nur einen innigen Gruß und Kuß

Lotte

[o.D. – 12. November 1938]

Geliebte Oma, lieber Otto, liebe Geschwister,

als ich am letzen Mittwoch Abend Euch schrieb, da lag die Ahnung vom schwebenden Unheil schon in der Luft. Man wußte nur nicht, wo und wie es zur Entladung kommen würde. Der Mond war so dunkel und drohend – als Kinder sagten wir, wenn er so aussah: »Es gibt Krieg.« Über das Geschehen dieser Woche laß mich schweigen. Ich danke G'tt jede Stunde, daß Jo vom Schlimmsten bewahrt wurde. Und doch hoffe ich, daß nun alles, alles vorbei ist, daß Ihr inzwischen Euch ernstlich bemüht habt. Wir wollen versuchen, Buli zunächst zu Tante Bekka [Halberstadt nach Belgien] zu schicken, auf ihre herzliche Einladung [hin]. Versuchen, Eva zunächst in England unterzubringen, versuchen, die drei Kleinen zunächst nach Holland zu bringen. Dann wollen und müssen wir auch weg. Wo, wo ist ein Weg? Habt Ihr mit Ellern gesprochen? Er kann mir direkt schreiben. Vielleicht kann ich schon diese Woche Nachricht aus Amerika haben. Ich habe dort an einige Leute und an einige in Erez Israel geschrieben. Nun muß man abwarten, ob und wo etwas klappt.

Von Mirjam habe ich noch nichts gehört, hoffe aber, daß sie gesund und glücklich gelandet ist. Die Trennung von ihr und der Abschieds-

schmerz sind durch diese letzten Ereignisse ganz in den Hintergrund gedrängt worden. Ich bin überhaupt noch nicht fähig, wieder klar zu denken und Entschlüsse zu fassen. Edith B.S. ist noch immer allein und wohnt noch bei uns. Der Kollege von Jo, der genau vor einem Jahr so schwer erkrankte, ist in Bragers so empfohlenem Sanatorium, von demselben persönlich hinbegleitet. Es sind dort, wie man hört, nur erstklassige Leute und Ärzte. Auch unser Hausarzt kam dort an.
Von Simson nebst jüngstem Sohn hatten wir ebenfalls Grüße. Wir hoffen, daß die Schulen diese Woche wieder beginnen (wenn die Lehrer bis dahin gesund sind). Sonstiges kann ich und mag ich nicht viel schreiben. Von Euch hatte (ich) vorige Woche auch keine Post. Ich vermute, daß sie noch irgendwo in Leipzig liegt. G['tt]s[ei]D[ank], daß Gretel [Goldschmidt] gesund bei ihrem Mann gelandet ist.
Schreibt bitte bald und seht zu, daß Ihr was tun könnt.

Innige Grüße Euch allen
Eure Lotte

[Zusatz von Edith B. S. Jacobson]

Meine liebe Martha,

Ich habe aber doch das Sanatorium »Lotte« vorgezogen und fühle mich hier auch ganz zu Hause. Hoffentlich haben Mirjam und Ihr schon Wiedersehen gefeiert. Ich hoffe, Dir bald Gutes über unseren Patienten berichten zu können. Hast Du meinen Bruder mal gesprochen?

Sei Du mit Otto herzlichst gegrüßt
von Edith

[o.D. – Mitte November 1938]

B"H Geliebte Oma, lieber Otto!

Es ist ja eine Schande, daß ich Dir, geliebte Oma, noch keinen Brief geschrieben [habe]! Aber ich kann momentan wirklich nicht schreiben. Bitte sagt auch Mirjam [Cohn] erstmal durch mich innige Masal-Tow-Wünsche zum 4. Enkelchen bei Leo. Wir haben uns sehr mit der guten Nachricht gefreut – aber schreiben kann ich augenblicklich nicht, bin zu doof und zu müde.
Bis dieser Brief nach Erez Israel kommt, ist unsere kleine Mirjam mit G'ttes Hilfe schon glücklich gelandet. Hoffentlich fühlt sie sich dort

immer recht glücklich. – Ich möchte Euch nun nochmal herzlich bitten, doch mal mit Herrn Ellern in Ramat-Gan wegen Jo zu sprechen. Ich weiß, daß er, wenn man ihn jetzt riefe, ginge. Bitte nicht Dadis [Carlebach, Köln] Stelle in Betracht zu ziehen. Herr E[llern], seid mal recht nett zu ihm, ist doch ein Vetter vom hiesigen (der Mirjam vor ihrer Ausreise mit Aufmerksam[keiten über]schüttet hat). Es kann gern! e[in] kleiner Posten i[n] e[inem] ruhigen Ort sein. Sollte der dann einmal Jo nicht mehr befriedigen, wird er sicher, wenn er erst mal an Ort und Stelle ist (wie erlebt man's schon) sich den Kreis erweitern können. Bitte bemüht Euch! Ich bitte Euch sehr herzlich. Vielleicht kann man von dort aus Leute gewinnen, die ihm ein Kap[italisten]-Zertifikat verschaffen würden. [in hebräischen Buchstaben] (Das Kapital soll nicht angegriffen werden), engl[ische] od[er] holl[ändische] od[er] amerik[anische] Freunde. Ich habe auch nach Amerika geschr[ieben], ob dort was ist (Stelle). (Was ich ewig mit der Lebensversicherung vorausgesehen habe [Beschlagnahmung], ist nun geschehen.)

2. In Jerusalem soll ein Montessori-Kindergarten sein. Gibt es eine Möglichkeit für Eva, dort einen Posten, zunächst nur mit kleinem Taschengeld, zu bekommen?

3. Hätte Buli Aussicht als Apothekerlehrling, wie, wo? etc. Seid mir nicht böse, wenn ich Euch mit soviel belästige ... eigenes Zertifikat haben?...

Sonst geht's uns soweit ganz gut. G.s.D. sind wir alle gesund. Durch ein Kind weniger kommt einem das Haus gleich so leer vor, nun sind nur noch sieben im Haus. Eva ist den ganzen Tag weg im Beth-Hechaluz. Dort hatten einige polnische Kinder bei einer Halsuntersuchung einen positiven Abstrich und mußten ins Barmbeker Krankenhaus. Sie bringt täglich (von Mutti [koscher] gekochtes) Essen raus. Morgen kommen aber alle wieder raus aus dem Krankenhaus.

Was Neues weiß ich nicht zu berichten. Tante Trudchen ist noch von der Jacobson'schen Bar-Mizwa hier in Berlin und nützt ihr 8-Tage Billet aus. Ich sehe augenblicklich nicht viele Leute, durch Mirjams Sachen ist im Hause alles andere ziemlich liegen geblieben, das muß ich nun erst mal wieder nachholen. Frau Levy machte nur für Mirjam etc., dabei hat sie alle Wege zu den Behörden, Paß, Polizei, Devisen, Finanzamt, Auswanderstelle, alles allein gemacht.

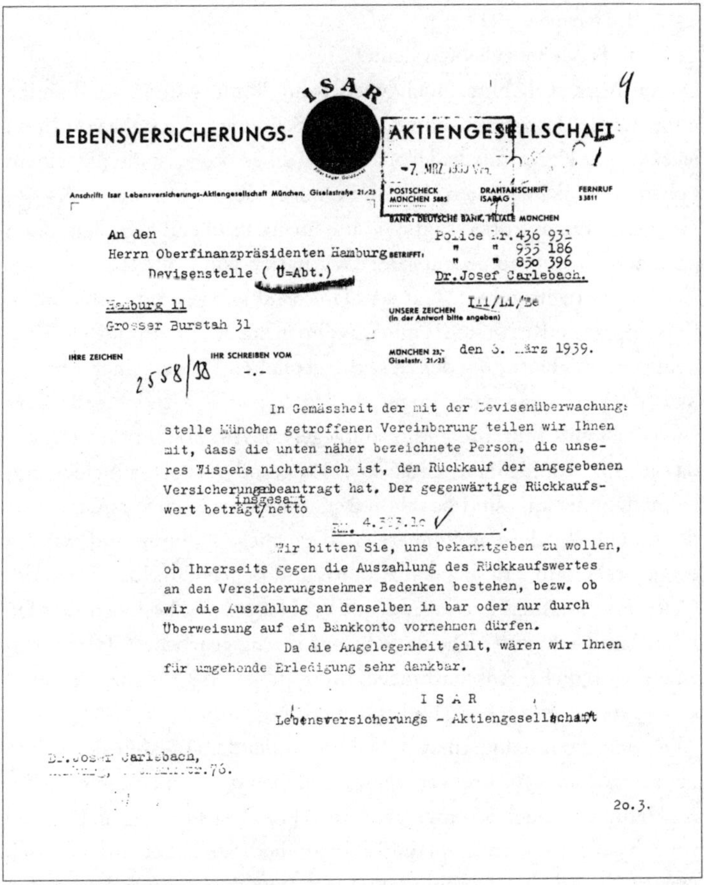

4

ISAR
LEBENSVERSICHERUNGS- AKTIENGESELLSCHAFT

-7. MRZ 1939 Vm.

Anschrift: Isar Lebensversicherungs-Aktiengesellschaft München, Giselastraße 21/23

POSTSCHECK MÜNCHEN 5885 — DRAHTANSCHRIFT ISARAG — FERNRUF 33811
BANK: DEUTSCHE BANK, FILIALE MÜNCHEN

An den
Herrn Oberfinanzpräsidenten Hamburg
Devisenstelle (Ü=Abt.)

Hamburg 11
Grosser Burstah 31

BETRIFFT: Police Nr. 436 931
" " 955 186
" " 830 396
Dr. Josef Carlebach.

UNSERE ZEICHEN (in der Antwort bitte angeben) III/11/Be

IHRE ZEICHEN 2558/38 — IHR SCHREIBEN VOM -.-

MÜNCHEN 23, Giselastr. 21/23 den 6. März 1939.

In Gemässheit der mit der Devisenüberwachungsstelle München getroffenen Vereinbarung teilen wir Ihnen mit, dass die unten näher bezeichnete Person, die unseres Wissens nichtarisch ist, den Rückkauf der angegebenen Versicherungen beantragt hat. Der gegenwärtige Rückkaufswert beträgt insgesamt netto

RM. 4.333.10 ✓.

Wir bitten Sie, uns bekanntgeben zu wollen, ob Ihrerseits gegen die Auszahlung des Rückkaufswertes an den Versicherungsnehmer Bedenken bestehen, bezw. ob wir die Auszahlung an denselben in bar oder nur durch Überweisung auf ein Bankkonto vornehmen dürfen.

Da die Angelegenheit eilt, wären wir Ihnen für umgehende Erledigung sehr dankbar.

I S A R
Lebensversicherungs - Aktiengesellschaft

Dr. Josef Carlebach,
Hamburg, ...str. 76.

20.3.

»Was ich ewig mit der Lebensversicherung vorausgesehen habe«.
Betr. Entziehung der Lebensversicherung Isar.

Sei nicht böse über meinen verruderten Brief. Und denke nicht »wenn sie was will, kann sie schreiben«, so kommt mir eben beim Durchlesen der Brief vor. Es wäre doch auch schön, wenn wir alle zusammen wären, Gretel auch. Schreibt sehr bald. Bleibe gesund, grüße alle Lieben (Trudchen, Mirjam etc., Jeremias)

seid in Liebe geküßt,

Eure Lotte

1. Dezember 1938

B"H Meine geliebten Leute!

Dieser Brief soll, bitte, auch wieder für Tante Mirjam u. Familie mitgelten, ich komme absolut nicht zum Schreiben. Wir habe von Tante Mirjam eine Karte (mit der Überschrift »Liebe Lotte«, ist mir in meinem Leben noch nicht passiert, so von ihr angeredet zu werden, das ist so, als wenn Oma früher sagte: »bitte mein Fräulein!« Es hat doch hoffentlich nichts zu bedeuten???) Wir hatten von Cohns schon ewige Zeit nichts mehr gehört. G'tt sei Dank sind wir gesund. An schnelle Entschlüsse muß man sich ja nun gewöhnen, lange Überlegungen haben keinen Sinn. Heute ging der erste der geplanten Kindertransporte von hier ab, und zwar nach England. Wir haben – wirklich sehr kurz entschlossen – Buli und Judith mitgegeben. Am Sonntag hörten wir davon, am Montag habe ich sie, etwas zögernd noch, angemeldet, und heute, Donnerstag, sind sie schon weg! Ihr könnt Euch vorstellen, was das für eine Woche war, Rennereien (die nicht so schlimm sind, wie das ewige Stehen überall, bei den Ämtern und Behörden), (der Torso der Gemeinde, im Altenhaus tagend, und zur Hauptsache bestehend aus Dr. Pl[aut] und Schwester Thekla haben großartig gearbeitet) dazwischen einige dringliche Anschaffungen im Rahmen der finanziellen und sonstigen uns erlaubten Möglichkeiten.

Aber wenigstens einigermaßen heil und ordentlich müssen sie doch in der Fremde ankommen, wer weiß, wann man den Kindern mal wieder ein Hemd und einen Strumpf anschaffen kann! Sie kommen in England zunächst in ein Camp, dann später in Familien. Wir haben uns natürlich vorerst schriftlich, telegraphisch und telefonisch bestätigen lassen, daß sie in fromme Häuser kommen, denn so selbstverständlich ist das natürlich nicht gewesen. Nun stehen wir schon in Unterhandlung mit einem Internat bei Paris für Peter, das 50 der besten Schüler der T.T.R. ausgewählt hat und sie für 2 Jahre aufnehmen will, Ecole Maimonide, Leiter ein Vetter von Heini Cohn. Im Kriege haben wir Karten gehabt, auf die man bunte Fähnchen steckte, um immer verfolgen zu können, wo unsere Truppen standen. So werden wir uns nun auch auf Peters Globus Fähnchen aufstecken können, wenn wir wissen wollen, wo in aller Welt unsere Kinder sind. Ich hoffe nur, daß <u>diese</u> Epoche eine absehbare sein wird, d.h. daß sich doch für uns bald ein Platz findet, der uns so ernährt, daß wir auch unsere Kinder wieder bei uns haben

können. An den Chief Rabbi of Palestine hat Jo nicht telegraphiert. Er steht erstens noch immer auf dem Standpunkt, es sei alles für andere noch nötiger, außerdem sagt er, er kann nur irgendwo hingehen, wo er nicht nur Einreisegenehmigung, sondern auch etwas Parnassa hat, er kann und mag sich nicht dann irgendwo durchschnorren ... Was soll ich dazu sagen? Er hat natürlich recht und natürlich auch wieder nicht ... es ist alles so schwer. Von Mirjam hatten wir diese Woche keine Post, aber Margot E[llern] (deren Vater auch wieder gesund ist), so daß ich beruhigt bin. Sicher haben sie sehr viel zu tun und sehr wenig Zeit zum Schreiben. B.S. ist ja G.s.D. [vom KZ] zu Hause, sieht verhältnismäßig gut aus, ist lebhaft und besser, als wir alle fürchteten. Nur durch die neue Haar- und Barttracht, [er wurde dort abgeschoren] sehr verändert. Er sieht jetzt Dr. Henri H[irsch] sehr ähnlich. Sonst sind wir noch immer ohne Rabbanim. Gebetet wird jetzt in der kl[einen] Portugiesen-Schul, mit Genehmigung natürlich. Betrieb ist hier im Hause von früh bis spät, könnte man nur ein bißchen helfen! Unser Tisch ist so klein geworden, daß wir nicht mal mehr eine Platte ausziehen brauchen.
Ob es richtig ist mit Eva und Esther in der Wizo Schule, weiß ich nicht, ich habe sie zwar bei Frau Dr. Blau erst mal vormerken lassen (Vorsitzende der Wizo), aber wer ist denn noch imstande, Schulgelder zu bezahlen? Ich möchte sie gern in einem Flüchtlingslager in Belgien oder Holland haben, mal sehen, ob da was klappt, vielleicht können sie von dort aus leichter ihre Einwanderung betreiben. Wer ist denn der »Macher« von den Palästina-Kindertransporten? Könnt Ihr mir den nicht angeben, damit ich dann schreiben kann. Mein ganzes Geld, das ich Nebbich noch zur Verfügung habe, geht ins Auslandsporto.
Sonst habe ich nichts von Bedeutung zu berichten. Ein großes Glück, daß wir G.s.D. alle gesund sind, nur meine Beine machen mir schrecklich viel zu schaffen, das kommt vom vielen Laufen und Stehen. Tante Mirjam wird sagen: »Dreyfuß«, aber das ist auch aus. Ich werde mir nun wohl doch einen Gummistrumpf zulegen, worum ich mich Jahre hindurch wegen des Preises gedrückt habe. Schon [Dr.] Franck in Altona hat es mir immer geraten. Na, wer nicht hören will, muß fühlen.
Bleibt auch Ihr alle gesund, jeder Gruß, der Kunde bringt von Eurem Wohlergehen, beglückt uns.

Innigste Grüße und Küsse, auch an Trudelchen,
Eure Lotte

[Postkarte] 25. Dezember 1938

Geliebte Oma,

wie kommt es, daß ich fast 14 Tage nichts mehr von Euch hörte? Es kam doch sonst allerlei Palästina-Post? Mirjam hat, wie sie schreibt, ziemlich viel Heimweh. Buli fühlt sich nicht sehr glücklich in London, ist in eine stockschwarze Familie gekommen, darf alles mögliche nicht etc. (z.B. keine Frauenstimmen am Radio hören). Hätten wir nur erst die Kinder alle beisammen. Sie sind eben zu jung, daß man sie schon rausschicken (muß) kann. Aber die, die gehen möchten und könnten, Eva und Esther, für die klappt noch nichts. Für Peter, wie für den ganzen Transport nach Frankreich, ist die dortige behördliche Genehmigung noch nicht da. Was wird nun mit uns? Königshöfer ist schon weg, B.S., Weisz, Holzer fahren diese Woche. Hoffentlich seid Ihr alle gesund.

Innigen Gruß und Kuß

bald mehr Lotte

[o.D. – Dezember 1938]

[Teil eines Briefes von Frau Röper an Dr. Grube; Röper und Grube waren Klassenkameraden von Joseph Carlebach in Lübeck; Abschrift durch Lotte Carlebach].

Frau Röper, die mit den gespendeten Mitteln das Weihnachtspaket für Dr. Grube gepackt hat, schreibt an diesen:

»Am meisten habe ich mich über Ihren jüdischen Schulkameraden Carlebach gefreut, der in echt christlicher Gesinnung Böses mit Gutem vergilt; kein Mensch hätte es ihm verdacht, wenn er sich aus der Spende ausgeschlossen hätte, denn er hat bestimmt unter seinen Glaubensgenossen manchen, der sich in Not befindet; das Letzte, das Tiefste ist doch das rein Menschliche.«

Soweit Frau Röper. Und was unsern getreuen Carlebach anlangt, so möchte ich dem noch hinzufügen: Dabei hat der Mann selbst neun Kinder! Und denkt dennoch an ein zehntes, an das meinige, der ich nur eins habe! Ja, Ihr »Arier«, das können wir uns alle zum Beispiel nehmen! Es ist übrigens nicht das einzige Mal, wo Carlebach seine Freundestreue bewiesen hat; Ich denke daran, wie er nach dem Tode unseres katholischen Freundes Ellinghaus als einziger von uns dessen Eltern besuchte und tröstete ...

[Noch eine Stelle aus seinem 6 Seiten langen, mit der Maschine eng beschriebenem Brief:] Früher war das alles anders. Da hatte ich doch noch manch gut zahlenden Schüler,... da waren die reichen Juden, die übrigens auch in geradezu vorbildlicher Weise sich immer meines Kindes angenommen hatten durch schöne Weihnachtsbescherungen und Geburtstagsgeschenke und noch so manches gutes Stück, das bei uns noch in Gebrauch ist, erinnert an diese »zwar nicht nach Rasse und Religion« – wohl aber ihrer menschenfreundlichen Gesinnung nach wahrhaft »christlich« handelnden Menschen ...
[Schwer zu entziffernde Anmerkung von Lotte Carlebach:] In einer Minute ist Schabbat.

Briefe 1939

Folgender Brief von Oberrabbiner Dr. Joseph Carlebach wird den Briefen aus dem Jahre 1939 vorangestellt, denn er bildet die Basis zum besseren inhaltlichen Verständnis diverser Briefe von Lotte Carlebach. Wir bringen ihn hier als Erstveröffentlichung.

B"H J"t B'omer Trz"t [Jüdisches Datum]
[den 19. Zähltag 5699; 23. April 1939]
Geliebte Geschwister! Liebe Neffen!
Den letzten Brief an Euch schrieb ich wohl in einer der ängstlichen oder bitteren Stunden, wie sie über den Menschen kommen. Man sieht dann die Welt grau in grau; alle anderen erscheinen einem ungerecht und unvollkommen; man selbst kommt sich wunder wie schlecht behandelt vor. Da urteilt man natürlich ganz schief und ungerecht.
Ihr dürft [mir] solche Exkorationen nicht nachtragen. Aber ich habe aus Eurem Antwortbrief viel gelernt; vor allem, daß ein Briefschreiber sich immer vor Augen halten muß, wie das geschriebene Wort, viel später den Adressaten erreichend, dann ganz anders wirkt, als wie es ursprünglich gedacht war und das, was Schrift [ist], das bleibt und macht die Wandlung nicht mit, die man selbst innerlich erfährt.

Wie ging es uns, oder besser mir, nach den bösen Novembertagen? Jeder sah das Ende vor Augen. Alles rennet, rettet, flüchtet. Jeder glaubte vorauszusehen, daß in wenigen Monaten der letzte Jude aus Deutschland fort sei. Ich bekam damals vom Chiefrabbi in England ein Permit für meine Person mit Garantie einer 6-monatigen Versorgung; Frau und Kinder unter 16 Jahren waren zwar in das Einreisepermit, aber nicht in die Versorgung miteingeschlossen. Das war eine außerordentliche Gnade des Schicksals; aber ich wollte zunächst keinen Gebrauch davon machen. Erstens wollte ich das Permit an Felix Aber, der im Lager war, überschreiben lassen; dann, als ich hörte, daß das nicht angehe, sagte ich mir: Du mußt warten, bis die in Unfreiheit befindlichen Kollegen wieder frei sind. Sowieso waren bei einem evt. Fortgehen Eva und Esther gezwungen, allein hier zu bleiben, und die Aussichten, Frau und Kinder drüben zu ernähren, trostlos. So wartete ich.
Palästina war dagegen, so schien es im ersten Moment, viel günstiger. Hebräisch ist für mich nicht englisch. Auch als Lehrer an der Schule glaubte ich eher Chancen finden zu können. Daher eine leise Verstimmung, daß man bei den Zertifikaten nach Erez meiner nicht gedacht hatte. Und da (ich weiß nicht mehr, wann und wo), man mir erzählt hatte, Euer Hermann hätte als Lektor des Raw Herzog entscheidenden Einfluß, so entlud sich die allgemeine Unzufriedenheit auf sein unschuldiges Konto.
Unterdessen ist die Situation hier bedeutend anders geworden. Die allgemeine Rabbiner-Flucht hat sich katastrophal ausgewirkt. Die größten Kehilot [Gemeinden]: Berlin, Leipzig, München u.a., auch Wien haben faktisch keinen orthodoxen Raw [Rabbiner], der Passkenen [entscheiden] kann. Auch Hamburg hat keinen außer mir, obwohl einige Liberale hier und in Berlin noch geblieben sind. So ist ganz zufällig es herausgekommnen, daß die Verantwortung auf mich fällt; es ist fast wie ein moralischer Zwang, vorläufig hier auszuharren. Denn die Auswanderung, so reißend sie vor sich geht, hat doch noch lange nicht die Evakuierung bewirkt, die angenommen war. In den Novembertagen redeten Radio und alle Welt von einer großzügigen Aufnahme und Verpflegung nach Alaska, oder Guyana [früher British Guiana], evt. Südafrika. Das Gegenteil ist der Fall. Allgemeine Sperrung. Selbst Amerika, USA machten die größten Schwierigkeiten, Affidavits auf 1000 Dollars gelten als unausreichend; es müssen Bareinlagen in Höhe

von zwei bis dreitausend Dollars pro Person, in Monatsrenten abhebbar, hinterlegt sein. So sind noch immer Riesengemeinden vorhanden, Hamburg ca. 8000, Berlin 130 Tausend usw.; und bis in die kleinsten Dörfer versprengte Juden, darunter auch viele, unerwartet viele Fromme, die Sch'elot [Fragen] machen und einen Raw brauchen.
In meiner damaligen Not, wo auch ich meine Tage in Deutschland gezählt glaubte, hatte ich mancherlei versucht. Nach Dublin hatte ich mich gewandt, ohne Antwort zu erhalten; bei Prof. D[avid] Jellin fragte ich wegen Erez an; in Amerika versuchte ich mein Glück. Von dort ist auch eine Art Berufung erfolgt. (Inzwischen ist auch der l[iebe] Hartwig in New York und suchte bisher vergebens.) Aber ich habe im Augenblick noch keine Möglichkeit meinen Posten zu verlassen. Der Aulom [die jüdische Welt] sagt: haben die Rabbonim [Rabbiner] nicht die Pflicht, wenn sie in guten Tagen von uns erhalten wurden, auch in bösen auszuharren? Wo ist ihre Predigt von Gottvertrauen und Lebensmut? Manche sprechen noch viel gehässiger. Vor kurzem sprach ich Baeck [Rabbiner Leo Baeck] – Berlin, der für seine Person ablehnt, Berlin je zu verlassen, allerdings sagt: er habe keine Pflichten gegen Frau und Kinder mehr. Er erzählte mir, daß er sofort [Rabbiner] Herz-London als auch [Rabbiner] Herzog-Jerusalem habe wissen lassen, daß er das System der Verteilung und Ausreise-Erlaubnissen, wie sie es üben, für grundfalsch halte. Nicht jedem wahllos dürfe das System die Hand bieten, sondern nur denen, die auswandern müssen. Für die anderen müsse dagegen gerade eine Sicherung geboten werden, die es ihnen leicht macht, solange als irgend angänglich, zu bleiben. Diejenigen, die treu zu ihren Gemeinden stehen, dürfen deswegen nicht gestraft werden und das Nachsehen haben.
Das ist einleuchtend. Wohl oder übel muß ich mich zu dieser letzten Kategorie zählen. Ging ich jetzt fort, der moralische Eindruck wäre schlimm für die Zurückbleibenden. Das müßt Ihr verstehen. Darum danke ich Euch allen tausendfach für alle Bemühungen zu meinen Gunsten.
Mein Herz ist im Osten, in Erez [im Heiligen Land], aber meine Pflicht hier im Westen. Ohne Bindung (?), habe ich bei mir im Augenblick es für unabweisbar erkannt, meine Ausreise abzulehnen. Ich hoffe zu G'tt und zu Euch und allen Freunden, wenn mir die Stunde schlägt, werde ich nicht verlassen sein.

Im Zuge unserer November-Mentalität hatten wir Sorge getragen, Eva und Esther herauszubringen. Das ist – soweit, wenn man so will – gelungen; von Estherlein hat der schwere Abschied schon Tränen genug gekostet. Eva, die wie Esther englisches Permit hat, kann sich nicht entschließen, sie will zu gern, mit Leib und Seele nach Erez. Ich sehe aber keine Möglichkeit, und so wird auch das fünfte Kind sich bald von uns trennen und die Majorität unseres Herzens draußen liegen; für meine Frau eine starke Sehnsuchtsprobe.
Nehmet also meine Worte von damals nicht weiter ernst. Auch alle Vorwürfe gegen die jüngere Generation werden mit Bedauern zurückgenommen. Ali schrieb uns einen so netten Verteidigungsbrief; er hat recht und ich muß jetzt selbst in die Defensive gehen. Freudige Post war die Ankunft des Jungen [Enkel von Moses Carlebach] in Baltimore; auch für Euch und Euren l[ieben] Vater Schli"t [zum Leben] ein Trost und ein Siman Tow [gutes Zeichen]. Recha schrieb beseligt. Sie war über Pessach unser Gast. Hoffentlich hat ihr der Aufenthalt unter den [unseren] lachenden Kindern gut getan.
Nun lebt wohl; grüßt Eure Lieben alle, das Haus von Recha, Trude; unsere »Oma" und Zubehör. Von Mirjam hatten wir glückstrahlende Berichte über den Besuch bei Euch. Auch allen lieben Hamburgern gilt unser Gedenken.

Es hat Euch lieb in brüderlicher Treue
Euer Joseph

6. Januar 1939

Meine geliebte Oma,

Gestern, Freitag, brachte mir Tante Trudchen einen Brief von Dir, in dem Du schriebst, Du hattest schon 14 Tage keine Post von mir. Ich nehme an, daß Du sie inzwischen erhalten hast. Denn auch ich habe seit 14 Tagen nichts von Euch gehört, nehme aber an und hoffe, daß jeden Tag etwas kommen kann. Auch von unserer kleinen Mirjam habe ich seit 14 Tagen nichts gehört. Buli und Judith schreiben einigermaßen zufrieden. Sie haben jetzt in London [Rabbiner] Dr. Weiss gesprochen, eigentlich den ersten Bekannten von hier, und hatten natürlich mit ihm große Freude. Leider ist Buli noch immer nicht in der Schule angemeldet, man weiß ja nicht, von wem man es verlangen kann? Er hatte so gehofft, dort sofort eingeschult zu werden, damit er keine Zeit verliert

und in spätestens 1 1/2 Jahren sein Matric machen kann. So besucht er erstmal die von Frankfurt nach dort verlegte Schneidersche Jeschiwa, ist sehr zufrieden mit den Schiurim, aber er fürchtet natürlich, da er doch durch die Sprache schließich auch Schwierigkeiten hat, daß er, wenn er nicht bald wieder in die Schule geht, zu viel vergißt.
Judith kommt am 26. 1. in die Schule, in eine Klasse mit Judith Silbermann aus Berlin, mit der sie sich schon sehr angefreundet hat, und mit ihr hat sie in den Ferien schon die englische Sprachprüfung abgelegt und mit »gut« bestanden. Für Eva haben wir, vermittelt durch Alex Carlebach, London (jüngster der Kölner), in Aussicht eine Stelle an einem Kinderheim bei London, Lucy Gaster Children's Home, gegen Kost und Logis, mit dem Ziel einer Abschlußprüfung als Nurse, so daß sie erstmal ein »student permit« beantragen kann. Es fehlt noch die Bestätigung vom Home Office aus, die aber hoffentlich auch bald kommt. Dann wären wir wenigstens einen einzigen Schritt weiter. Denn bevor die zwei Mädchen nicht heraus sind, können wir nichts machen. Wir sehen es jetzt wieder bei Hartwig der – einem Ondit [Gerücht] zufolge – diese Woche nach Amerika sich einschifft, da Zerlinchen auch schon 19 ist, kann er sie nicht mitnehmen, da sie sie nicht allein in Litauen lassen wollen, geht Paula auch noch nicht mit. Die zwei Jungens bleiben ja erstmal auf der Jeschiwa. Für Esther haben wir noch nichts in Aussicht. Letzten Donnerstag brachten wir an die Bahn: B.S. und Edith [Jacobson] sind erstmal für ein Jahr nach Holland (zu Salo Floersheim, von dem Albert J[acobson] ein Kapitalistenzertifikat hat, die kommen Anfang Februar noch Erez Israel), Dr. Neufeld und Familie, Gottholds und Familie, außerdem fuhren Dr. Taiza und Frau, Al. Spitzer und Frau – alles im Zug. Zwei Tage vorher Dr. Weiss, zwei Tage später Holzers. In 10 bis 14 Tagen gehen wohl Paul und Carry [Möller], die Kinder sind schon bei den Großeltern, Dr. Julius Möller ist auch schon weg. Wir bleiben wohl noch ein Weilchen, Erez Israel ist uns scheinbar von der Vorsehung nicht, oder noch nicht – bestimmt ... Mit der französischen Sache für Peter ist nichts geworden, ich glaube auch nicht mehr daran, denn sie bekommen dort die behördliche Genehmigung nicht. –
Dzialowskis Kinder sind schon alle weg, sie selbst haben Affidavit (von Jgnatz [Rosenak]), ebenso Abers aus Bremen. Salo C[arlebach] ist wieder da, geht wohl in 14 Tagen nach London. Leo und Cilly

[Neuhaus] haben auf ein Jahr oder mehr Niederlassung in Belgien. Ich fürchte, der Brief wird zu schwer.
Deine Kaffeedecke habe ich nicht. Keilkissen will ich, wenn möglich, schicken.

Innigste Grüße Dir, Euch mit Cohns
Deine Lotte

[Auf Wunsch Datum: 22. Januar 1939]
Geliebte Kränzchenschwestern!
Ich glaube, in all meinen inniggeliebten Backfischbüchern wurden Unternehmungen zur Hebung des geistigen Standes also tituliert. Ich finde die Idee, daß Ihr Euch nun zu gleichen und ähnlichen Zwecken zusammengeschlossen habt, einfach großartig! Ja, Trudelchen, wann ich die Vierte im Bunde sein werde? Mir scheint, nach Euren Aufnahmestatuten muß man doch wohl mindestens zwei Mal Großmutter sein, um überhaupt ein Wort mitreden zu können, Vorher wirds, so scheint mir, nichts werden, und ich habe noch nicht einmal die geringsten Voraussetzungen zur Erlangung dieser Würde in Aussicht! Wir versuchen wirklich alles Mögliche (eben meine ich nun nicht, um Großmutter zu werden! sondern weiterzukommen). Und wir sind sehr entsetzt, daß Oma uns immer solche bösen Gedanken unterschiebt, wie »wir wollen gar nicht so gern nach dort etc.« Was auf der Welt wünscht Jo sich mehr, als die Sechija zu haben, in Erez Israel leben zu dürfen. Aber es liegt doch wahrhaftig nicht an uns! Selbst wenn wir auf Parnassa (Ihr flotten Hebräerinnen werdet bitte entschuldigen, wenn ich die hebräischen Worte mit deutschen Lettern schreibe, von wegen der Bequemlichkeit) also wenn wir auf Parnassa [Einkommen] und ähnliche unwichtige Dinge gar keinen Wert legen würden – wie soll man überhaupt hereinkommen, wenn man von der Zertifikatsliste gestrichen ist. Wieso meint Oma, »ob Esther nicht <u>so</u> kommen könnte?« Wird irgendwo in der Welt auf ein niedliches Panim [Gesicht] und sogar auf ein selbstgeschneidertes Kleid hin ein Permit erteilt? Dann gebt mir bitte die Adresse. Nein, im Ernst, glaubt nur, so einfach ist das alles nicht. Vielleicht ist es uns noch gar nicht bestimmt, jetzt schon nach Erez zu gehen. Vielleicht sollen wir uns erst irgendwo in einem andern Erdteil, selbst ein Kapitalistenzertifikat verdienen und <u>dann</u> kommen, wer weiß es??

Womit wir hier unsere Zeit verbringen? Hauptsächlich mit Abschiednehmen, Zeugnissen schreiben etc. Wobei auch noch nette Sachen passieren: »... und bitte ich Herrn Oberrabbiner, mir doch ein Armutszeugnis auszustellen!« Oder: »Ehrwürden! hierdurch ersuche ich Sie, meine vor 14 Tagen geschlossene Ehe sofort zu scheiden!!!« Oder Herr O. sitzt auf einem Stuhl im Studierzimmer, schüttelt den Kopf und sagt unentwegt: »Nein, ich muß wirklich nur immerzu mich selbst bewundern!« Was er auch noch eine halbe Stunde lang mit wachsender Begeisterung tut. Daß es nun etwa hier im Hause ruhiger geworden ist, seit die drei Kinder [Mirjam, Buli, Judith] weg sind, kann ich auch nicht behaupten. Vorige Woche hatten wir drei kleine, z. Z. elternlose polnische Jungen bei uns, von 4 bis 7 Jahren. Seit einigen Wochen schon einen 17jährigen, der uns schon ein bißchen auf die Nerven geht, aber die Kinder mögen ihn sehr gern. Jetzt ist Bella bei uns. Abers sind die Woche gefahren, erst nach Holland, dann England, dann Amerika. Sie war Nebbich noch sehr kaputt von dem Abschied. Ignatz hat ja auch für sie ein Affidavit gestellt, der hiesige Konsul sagte ihr, daß ihre Nummer ungefähr 1943 drankäme. Nun geht sie erstmal doch nach Breslau in das Altersheim, schwer genug. Sie meint, ob es nicht eine Möglichkeit gibt, in Erez die Zeit abzuwarten? Simson und Resi haben Kapitalistenzertifikat für dort, [die Tochter] Esther kommt mit der Jugend-Alija, für [den Sohn] Salo ist auf zwei Jahre in England garantiert. [Sohn mit Frau] Felix und Babettchen gehen nach Amerika, [Sohn] Ephi nach England. Wißt Ihr, daß Leo Neuhaus 60. Geburtstag hatte? Sie haben für ein halbes Jahr Aufenthaltsgenehmigung in Belgien, womit man ja auch nicht viel anfangen kann. Sehr wenig hören wir von Mo[ses Carlebach]. Die Kinder sind ja alle weg, Leni, bei der ein Baby erwartet wird und Heinerle in Amerika, Bobbel in Holland, Esther in England. Moritz Stern und Meier [der Sohn] haben für Schweden Genehmigung, bei [der Tochter] Ruth, bis sie rüberkommen. Steinhofs ... gehen nun nach Neuseeland. Mirjam Stern hat ihr Zertifikat. So wird schon alles untergebracht. Oma wird sagen, ist der Brief schon an mich adressiert, so schreib gefällig auch mal was von unserer Familie. Na, glücklicherweise ist das Verhältnis so, wie »meine Tante, deine Tante«. Aber immer geht das auch nicht auf. Da gibt es solche und so'ne. Tante Trudel hier ist auch klapperig, ihr Sohn hat sie ja für Erez angefordert. Tante

Martha heult Nebbich unentwegt. Schrecklich gewiß, wenn sie denkt, bald hier allein sein zu müssen. Aber ich kann es auch nicht ändern. (Eben sehe ich, daß ich eine Unhöflichkeit begangen habe. Wenn ich schreibe, Tante Trudel hier ist auch klapperig, so bezieht sich das »auch« nur auf – mich. Was haben Sie denn gemeint, wen ich gemeint habe?) Diese Woche gingen weg: R[echts]-A[nwalt] David, Dr. Baers, der kleine Dr. Möller, und viel nichtbenannte mehr. Wie hat Abe Frankenthal in Lübeck gesagt: Ich sehe schon, ich muß mir noch allein begraben!
Gestern war Jo mit Peter in Segeberg, da er zum »Erben« für das dortige Gut eingesetzt war. Sie holten einige Sefarim, [Tora]Mäntelchen etc. Machsorim, hebräische Bücher. Was sich hier in der Wohnung überhaupt alles tut! In Segeberg sind noch drei alte Leute, sagt er, die sich (merk[würdiger]- und glücklicherweise miteinander vertragen) und immer gegenseitig zum Kaffee einladen.
Die Kinder aus England schreiben jetzt G['tt]s[ei]D[ank] ganz zufrieden. Beide sind eingeschult. Buli hofft im September sein Matric zu machen, er ist entsetzt, daß er noch eine Schülermütze tragen muß. Judith schreibt immer sehr gelungen. »Der Shakespeare mit seinem alten, altmodischen Englisch bringt mich zur Verzweiflung!« Sie hat den zweitbesten Aufsatz geschrieben. Von Frau Dr. Grünfeld (Judith Rosenbaum), schwärmen sie beide in den höchsten Tönen. Sonst ist die Schulordnung viel legerer als hier bei uns. Aber anstrengend, vor- und nachmittags Schule, dazu die weiten Entfernungen.
Die Kleinen sind immer G'tt sei Dank munter. Ruth sagte bei Beantragung der Kennkarte: »Für Mutti besondere Kennzeichen? Immer Kopfschmerzen.« Na, das sollte sich, laut ärztlicher Aussage, auch nach dem ersten Kind geben. Habe ich noch nicht oft genug bewiesen, daß einmal keinmal ist? Mein Bild für die Kennkarte sieht aus ...! Es gibt ein Buch, »Das Mädchen aus der Ackerstraße«, so sehe ich darauf aus!
Was interessiert Oma noch? Dr. Böhm hatte 70. Geburtstag und ist am Krankenhaus wieder zugelassen, weil sonst kaum mehr jemand da ist. Für Sam Heckscher, der auch weg ist, ist am Krankenhaus Callmann ... auch über 70; Schwester Sophie ist in ihre Heimat, nach Dänemark, zurück. – Gestern Abend waren wir bei Daniels eingeladen ... Wir nahmen Bella mit, und da gestern auch Dr. Blaus gebeten waren, war es ganz nett. Habt Ihr Frau Mainz schon gesprochen? ... Die Woche

brachten wir Oberlehrer Schloss zur Bahn. Frau Hirschel ging ins Altenhaus. Ich fragte einen Schaffner nach dem Zug nach Straßburg (sie fuhren ja erst zu Rachel [Cohn, geb. Schloss]. »Nach Straßburg?« sagt er, »Tscha, kommt tscha auf an, woüber«! (Es gab 2 Züge in der Richtung).
So wünsche und hoffe ich auch für uns: Ob wir nach Erez kommen? Sicherlich, wenn es nur irgendeine Möglichkeit gibt. Aber – kommt tscha drauf an, woüber. Vielleicht müssen wir erst woanders hin? Vorläufig haben wir noch nirgends eine Spur von Aussicht.
So, nun aber Schluß für heute. Dienstag den 4. Schwat haben wir 20. Hochzeitstag, den Ihr festlich begehen dürft. Eigentlich, lach nicht, möchte ich noch ein Baby haben! Wie sagt Ruth: Na, so jung biste auch nicht mehr! In 12 Jahren 50.

Innigen Gruß und Kuß, auch für die Männer Otto und Willy
Eure Lotte

9. Februar 1939
B"H Meine geliebte Oma!

Mit meinem Geburtstagsbrief bin ich, so fürchte ich, nicht so ganz pünktlich. Ich kann mir aber leider keine festen Schreibtermine setzen, da immer, wenn man sich was vorgenommen hat, wieder etwas dazwischen kommt. Daß ich Dir alles Glück der Welt, ein zufriedenes und gesundes Leben im Heiligen Lande wünsche, weißt Du auch, wenn das Datum des Wunsches nicht so ganz korrekt ist. Ich kann gar nicht sagen, wie froh und glücklich wir sind, daß es noch so schön mit Deiner Palästinasache geklappt hat; wie dankbar wir Otto sind, daß er Dir ein so schönes Heim dort bereitet hat. Denn er muß vorerst doch auch Ersatz sein für die 2 Töchter, und hat also unsere Pflichten, die wir so liebend gern mit erfüllen würden, nämlich es Dir ein bißchen schön zu machen, mit übernommen. Ich habe vor etwa 10 Tagen an Dich ein neuherausgekommenes Werk schicken lassen, »Das schöne Hamburg«, das Dir hoffentlich Freude macht. Jetzt ist es auch gar nicht mehr gestattet, Bücher zu schicken, damals ging es noch. Ich habe mich, als ich es in der Bücherstube ansah, direkt dafür begeistert, und fand auch die Gegenüberstellung des alten und neuen so schön und vor allem die Bilder. Es gibt einem doch ein bißchen Erinnerung an die einstige Heimat. Und ganz im stillen – aber sei nicht eifersüchtig – habe ich auch

gedacht, daß es Tante Mirjam Spaß machen wird, einmal darin zu blättern, wenn sie bei Dir zum Kränzchen ist. Zweimal konnte ich es leider nicht erschwingen.
Nun haben Eva und Esther ihr Permit für England bekommen. Ich muß sagen, es ist wohl ein Schritt weiter. Aber begeistert bin ich nicht, die Kinder nun so ins Blaue zu schicken. Man muß doch schon ein ungeheures Maß von Vertrauen heute haben, wenn man durchkommen will. Sie werden wohl vorläufig in Haushaltsstellen kommen, zu wem? zu was für Leuten? Alles nicht geklärt.
Natürlich sind sie jetzt von abends bis morgens und umgekehrt beschäftigt. Laufen zu Behörden und Ämtern, kaufen ein, nähen etc. Ich sehe sie nur noch zu den Mahlzeiten. Natürlich muß ich schon jetzt alles allein machen, oft noch mit ihnen gehen. Dabei ist hier ein Betrieb im Hause, nicht vorstellbar. Tür und Telefon gehen unaufhörlich. Die Wohnung ist mir schon viel zu groß, aber ich kann nicht riskieren, sie zu kündigen, es ist fast unmöglich, eine neue zu bekommen. Wenn die Kinder erst weg sind, ich denke, so in 2 bis 3 Wochen werden sie alles erledigt haben, will ich vielleicht etwas vermieten, obwohl mir graut vor fremden Menschen im Hause. Viel lieber hätte ich eine kleine 4-Zimmerwohnung. Tante Trudchen will gern zu mir ziehen, ich weiß aber noch nicht, ob ich es tue. Ich kann das ewige Gestöhne nicht aushalten, obgleich sie ja sonst ganz Bekowed ist. Einen Seder-Tisch mit vier Kindern! Nicht vorstellbar! Ich habe Bella versprochen, daß sie über Pessach wieder hier sein kann.
Diese Woche war Raffi Möller, Sohn von Dr. Julius Möller hier, der ja bei der Misrachi-Jugend ein »großes Tier« ist. Ich legte ihm Eva und Esther nochmal dringend ans Herz, für ihre baldige Weiterbeförderung nach Erez Sorge zu tragen, dann war ich etwas beruhigter. Hätte ich auch Buli und Judith drüben! Judith wird, so fürchte ich, dort in L[ondon] zu mondän und oberflächlich, und Buli kann man es aus seinem dicken Kopf nicht ausreden – er will durchaus nicht nach Erez und wäre so geeignet dafür!
Nun will ich aber aufhören und auch mal zu Bett gehen.
Bestell bitte Onkel Willy, ich will ihm so schnell wie möglich auf seinen heutigen, mit herzlichem Dank erhaltenen Brief antworten.

Bleib gesund, grüß Otto tausendmal, sei selbst
innig gegrüßt und geküßt von Deiner Lotte

Was machen eigentlich Jeremiasens? Und Hanna Goldrei?
Und Cilly Stern? L.

9. Februar 1939

B"H Lieber Onkel Willy!

Dein heutiger Brief, für den ich mich herzlich bedanke, ist doch wichtig genug, um sofort beantwortet zu werden. Daß Dr. Br. und Dr. Sch., ohne daß man sie beauftragt oder gefragt hatte, zu Raw Herzog zu gehen und Jo von der Liste streichen zu lassen, ist immerhin bezeichnend. Vermutlich ist Herrn Dr. Br. der Gedanke an eine Nachbarschaft mit Dr. Jos. Carlebach nicht ganz genehm. Mit der Englandsache verhält es sich folgendermaßen: Sofort in den damaligen schweren Tagen hat der englische Chief Rabbi in bewundernswerter Schnelle Einreisemöglichkeiten besorgt für die Kollegen, die in unmittelbarer Gefahr waren. Man hatte das auch von Jo angenommen. So hat er ihm auch ein Permit verschafft. Jo hatte damals gleich zurückgeschrieben, daß es für ihn nicht dringlich sei und er bitte, dasselbe für einen Kollegen in Not zu verwenden. Allerdings schrieb man uns dann von L[ondon], daß Umschreibungen nicht angängig seien. Er, Jo, hat also dafür nicht nur keinen Finger gerührt, sondern das, was man ihm angeboten, zugunsten anderer ausgeschlagen. Somit möchte ich vor allem Deinen Vorwurf entschieden zurückweisen, wir hatten mit viel zu viel Leuten gesprochen oder uns bemüht. Weder das eine noch das andere trifft zu. Richtig ist, daß ich ohne Wissen von Jo an einige Leute in Erez geschrieben habe, das ist aber alles und ich habe auch meist gar keine Antwort auf meine Schreiben bekommen. Da das Permit von England noch besteht, könnte Jo, wenn er wollte, jetzt noch davon Gebrauch machen und hinfahren. D.h. auch nur er allein, für ihn würde das Komitee einige Monate, bis er etwas hat, sorgen. Keinesfalls für die Frau oder die Kinder. Dieselben bekommen zwar auch Genehmigung zum Einreisen, doch müssen Verwandte und Freunde dann die Garantie übernehmen, für uns zu sorgen. In dieser Situation, die schrecklich ist, befinden sich zur Zeit viele unserer Freunde, Holzer, Weiß, Königshöfer, Kahn-Fulda und viele andere. Doch hatten dieselben gar keine Wahl und keinen Ausweg, und es ist gar nicht genug hervorzuheben, welches Verdienst sich der Chief Rabbi durch diese Aktion erworben hat – doppelt hilft, wer schnell hilft. Hätte Jo damals für Erez die Einreisegenehmigung für sich und seine

Familie gehabt (und einen ganz kleinen Posten), dann wäre er gewiß schon in England; vielleicht sogar schon drüben.
Wie ist es möglich, daß Leute in dieser Zeit einen solchen Mann von der Liste streichen lassen, ohne den wahren Sachverhalt zu kennen, ohne sich auch nur die Mühe einer Nachfrage oder Rückfrage zu machen? Spielt man so mit Menschenschicksalen? Wollen das die ganz Frommen sein? Wissen sie nicht, daß Sein oder Nicht-Sein eines Menschen davon abhängig sein kann, ob er gerade jetzt nach Erez kommt oder nicht? Und es bietet sich eine Gelegenheit, und sie zerstören dieselbe? Ich kann sagen, ich habe soviel Glauben und Vertrauen zu Menschen verloren, wenn ich sehe, wie wenig ernst die sogenannten Freunde unsere Situation nehmen. Wenn einem Menschen wie Jo, dessen ganzes Leben ein Leben für andere war, in der Stunde der Not nicht eine Hand sich entgegenstreckt zu tatkräftiger Hilfe! Und nicht nur das, sie werfen ihm noch Steine in den Weg. Wenn Du Herrn Dr. Br. sehen solltest, so sage ihm von mir: »Schreit nicht die Stimme des Blutes Deines Bruders zu Dir?« [nach 1. Moses 4, 10).
Ich sehe nur noch eine praktische Möglichkeit: In Amerika, Holland, England und Erez je 3 Leute zu finden, die zusammen ein Kapitalistenvisum zu stellen bereit sind. Ich selbst würde mich heute nicht scheuen, darum zu bitten, doch ist es vielleicht besser und ratsamer, es nimmt jemand in die Hand, der nicht zur Familie gehört. Namen, an die man herantreten könnte mit Aussicht auf Erfolg, wüßte ich. Auch von dem Plan soll Jo vorerst nichts wissen, und es wäre mir lieb, Deine Meinung darüber zu hören.
Wir haben uns schon damit abgefunden, erstmal hier zu bleiben. Es sind noch genug Menschen da, die allein aus dieser Tatsache Mut und Kraft schöpfen. Ich schreibe Euch bald wieder, wüßte nur gern Deine Ansicht über m[einen] Plan.

Innigste Grüße!
Lotte

2. März 1939

B"H Meine geliebte Oma,

Nur weil ich befürchtete, Du glaubst mich schon verdorben und gestorben, will ich Dir, trotz unendlicher Müdigkeit, noch ein paar Zeilen schreiben. Auch Tante Mirjam wird vielleicht böse mit mir sein, bitte sie aber sehr, es nicht zu tun. Ich habe wohl fast 14 Tage nicht geschrieben, das ist eine Schande, aber es hat sich auch zu viel wieder in der Zeit getan. Ich habe nach langer Überlegung letzte Woche einen Brief an Willy eingeworfen, der vielleicht sehr verstimmt und verbittert geschrieben war. Aber mich hat die Art, wie man dort, ebenso hier an den Palästina-Ämtern, lebenswichtige Dinge behandelt, zu tief verstimmt. Wer weiß, ob es nicht jetzt überhaupt zu spät ist für Palästina, für's erste jedenfalls. Jo beabsichtigt ja, vorläufig noch zu bleiben, und ich muß ihm recht geben. Wenn jemand die Korrespondenz sehen könnte, die sich hier nun täglich auf dem Tisch häuft, aus allen deutschen Städten, incl. Österreich, kommen, was ja ganz natürlich ist, Anfragen aller Art, da nirgends ein Rabbiner mehr ist – jetzt vor Pessach ist es überhaupt unheimlich.

Neulich war also am Mittwoch die Schiw'a von Mo[ses Carlebach] aus. Ich habe Cilly und Bella gebeten, Mirjam ausführlich zu schreiben, sie waren ja beide in L[eipzig] gewesen. Erst wollten wir nicht schreiben, weil wir nicht wußten, ob Mirjam es weiß, jedenfalls sollte sie es nicht durch unseren Brief erfahren. Dann kam Montag darauf die [Todes-] Nachricht von Moritz Stern. Er und Mirjam hatten ein paar Tage mit Grippe gelegen, er hat sich in Leipzig bei der Beerdigung erkältet. Als ich die Nachricht von Moritz hörte, rief ich sofort bei Dr. Möller an, mich mit ihm zu beraten, und er sagte mir, keinesfalls möchte er, daß Jo zur Beerdigung fährt. Ich sagte also die ganze Woche nichts, und es war auch wohl richtig so. Natürlich hat Jo hinterher gesagt, er wäre gern gefahren, denn es war auch dort kein Rabbiner und niemand da, aber ich war froh, daß man ihm die Anstrengung und Aufregung der Reise gespart hat. Sterns Kinder waren in aller Aufregung darin rührend vernünftig, daß sie nur baten, Jo zu schonen, so sehr sie sich nach ihm gesehnt hatten in den Tagen. Am letzten Tag der Schiw'a, Sonntag fuhr ich noch herüber [nach Berlin]. Ich kam insofern im rechten Moment, als Hanna den Abend noch abreisen mußte. Der Abschied zwischen den beiden Schwestern war herzzerreißend. Ich schlief dann die Nacht bei Mirjam, die ja wirklich ganz entzückend geworden ist. Estherlein hat sich während ihrer Berliner Zeit ja auch innig mit ihr angefreundet ... Ein Glück ist ja, daß sie im Moment von der Schiw'a aufgestanden, sofort loslaufen mußte, um all ihre Wege und Sachen zu erledigen. Sie soll, wenn's klappt, am 6. [März] mit Albert Jacobson zusammen

fahren, hoffentlich wird sie noch fertig. Letzten Schabbat schickten wir auch Estherlein nochmal rüber, und war die beiderseitige Freude unendlich.
Ich kenne in Berlin kaum einen Menschen mehr. James Osterweil sprach mich bei Sterns an, hätte ich natürlich nie wiedererkannt, dann sprach ich dort Herrn und Frau D. Er sieht noch so unternehmend aus wie in dem seligen Freienwalde, und sie hat gar keine lange Nase mehr, sondern ist ganz klein und dick (nicht die Nase, die ganze Frau) und viereckig geworden. Montag früh fuhr ich [auf den Berliner Adaß-Israel-Friedhof] nach Weissensee. Da auf der Mazewa die Inschrift wieder ganz unleserlich, und der Stein selbst vollständig bemoost ist, ging ich hinter [her] ins Gartenhäuschen, um mit dem Gärtner wegen der Restaurierung zu sprechen. Er sagt[e] gleich: »Dr. Preuß [Preuss], Weißenburgerstraße 6, da werd ich wohl noch Bescheid wissen!« Ich verabredete mit ihm alles Nötige, dann sagte er: »Wie finden sie denn die seligen Herrn Großeltern. Doch gut gepflegt, nicht?« Da mußte ich wirklich lachen, obwohl mir gar nicht zum Lachen war. Aber ich hatte wirklich die Gräber der Großeltern in auffallend gutem Zustand gefunden, und hatte gedacht, ob wohl noch irgend ein Mensch mal an die Gräber dort geht? Auf der Mazewa von Pappi lagen sehr viele Steinchen. Ich war so glücklich, daß dort draußen alles G['tt]s[ei]D[ank] unversehrt war.
Letzten Schabbat waren wir in Wilhelminenhöhe, wo es ganz herrlich war. Jo fühlte sich nach allem doch sehr erholungsbedürftig. So fuhren er und ich am Mittwochnachmittag heraus, Donnerstag waren wir allerdings einige Stunden in Hamburg, weil Jo dort »amtlich« zu tun hatte. Am Freitagnachmittag ließen wir dann die drei Kleinen und Peter herauskommen. Esther war ja in Berlin, und Eva hatten sie im letzten Moment noch wieder zur Mithilfe bei der Leitung eines Jugendlagers gerufen. Das Wetter war herrlich, und wir hatten ein paar wunderschöne Tage dort – nur zu kurz. Vielleicht läßt sich das bald wieder machen. Augenblicklich liegt Eva mit Grippe und hohem Fieber, Ruth mit Halsentzündung, die anderen können vor Erkältung nicht aus den Augen sehen. Estherlein ist traurig, weil ihr Freund nach Holland, statt nach England gekommen ist, Eva hat zur Zeit einen sehr netten, außerordentlich heftigen Verehrer. Heute sind ihre, zur Mitnahme eingereichten Sachen von der Zollfahndung besichtigt worden, nun

werden sie, so denke ich, nächste Woche ihre Pässe und Packgenehmigung bekommen. Morgen geben wir unser Silber ab [durchgestrichen: [müssen wir] abgeben], viel ist es ja nicht.
Heute war hier der erste Tag mit ein bißchen Frühlingsahnung in der Luft. So bei Licht besehen bin ich schon schrecklich mies, wie werde ich erst in der palästinensischen Sonne aussehen! Vielleicht sollten angejahrte Frauen zur Auswanderung lieber das Land der Mitternachtssonne bevorzugen. Aus dem Mädchen aus der Ackerstraße wird nun langsam so der Typ von »Lembckes seliger Wwe«. Der bei Licht und Sonne besehen ebenfalls mieß gewordene Wintermantel, ließ sich im Ausverkauf durch einen netten neuen ersetzen. Wenn man das mit dem Ponim [Gesicht] und der Figur auch so alle 4 bis 5 Jahre mal machen könnte! Erfindung zu vergeben.
Vorige Woche kam von Dir, geliebte Oma, ein Muster ohne Wert mit kandierten Orangenschalen, also prima! Jo und ich haben uns ein bißchen drum gekloppt, wer das meiste haben soll. Tausend Dank! Ich habe Dir (Lehawdil) Frugeletten geschickt, hast Du sie bekommen?
Nun aber Schluß. Erstens muß ich jetzt Evas Verehrer rausschmeißen, 2tens will ich zu Bett, denn Meschuggenerweise haben sie heute, Ta'anit Esther, wieder vor Tag Kaffee getrunken.
Grüß und küß Tante Mirjam, auch die andere Kränzchenschwester. Heute ist 20. Todestag von Großpapa in Lübeck, Jo war Montag drüben.

Innigen Gruß und Kuß für Otto und Dich

Ein Gedicht, verfaßt von einer jüdischen Hamburgerin Frau Paula Kleve anläßlich des Befehls an die jüdische Bevölkerung, ihre Wertsachen zwangsweise an die Gestapo abzuliefern:

Wir waren immer sehr bescheiden
Im Essen, Ausgehn und im Kleiden.
Solide führten wir das Leben;
Nur einen Luxus hat's gegeben –
Das war: Den Tisch recht hübsch zu decken
Die Speisen wollten besser schmecken,
Wenn Silber unsere Tafel schmückte
Ein jedes Stück das Herz entzückte.

Du Kiddusch-Becher, heil'ges Pfand
Du wanderst jetzt in fremde Hand;
Euch, Schabbat-Leuchter, sang ich Preis
Auch Ihr entschwindet unserm Kreis;
Die Mutter benschte schon dran Licht
Lebt wohl, ich seh Euch ferner nicht.

Ihr blankgeputzten Eßbestecke
Geht, folgt jetzt einem andern Zwecke.
Du Silberkorb, in dem so gut
das Schabbat-Brot dereinst geruht
Als wertvoll schöne Hochzeitsgabe
Ich immer noch so lieb Dich habe.
Den Brautschmuck legt' ich gerne an,
Wenn unser Schabbat-Fest begann.
Dich, gold'ne Uhr, dich gold'ne Kette
noch lang ich gern getragen hätte –
Hinweg! Ich trenn' mich tränenlos –
Der Jude zeigt im Kampf sich groß –

[Postkarte] 8. März 1939

B"H Meine geliebte Oma,

Eben kommt Dein Brief, der über unsere kleine Mirjam berichtete, das glaube ich, daß du Dich mit ihr gefreut hast! Könnten wir sie nur so für einen Tag im Arm haben! Was hat denn Tante Mirjam zu ihr gesagt? Meinen Brief hast Du wohl inzwischen auch bekommen. Eva und Esther sind noch da, das geht alles nicht so schnell, wie Ihr denkt: mir scheint, sie werden (hoffentlich) auch Pessach noch hier sein. Eva kann sich schwer von ihrer Grippe erholen, Ruthi liegt und fiebert noch. Dr. Böhm kommt täglich und amüsiert sich immer sehr über sie. Er läßt Dir sagen, wenn es anfängt heiß zu werden, sollst Du Dich ganz ruhig halten. Er taut bei uns so langsam auf, und ich mag ihn sehr gern.
Wir hatten es Purim trotz allem gemütlich, Blaus waren da, Tante Martha und Tante Trudchen (zieht zu Frau Jaffen), unser Hauswirt Rothschild und 1 Jüngling. Sonst nichts Neues, jedenfalls nichts Schrei-

benswertes. Bald mehr (zu Pessach habe ich ein kleines fixes polnisches Mädchen zu Hilfe genommen).

Innigen Kuß L.

[o.D. – 17. März 1939]

B"H Meine geliebten Kinder,

Ich hatte Euch im letzten Brief angefragt, ob Ihr irgendwelche besonderen Wünsche wegen eines Wäsche- oder Kleidungsstücks habt – leider keine Antwort. Nun habe ich nur so noch ein klein wenig Unterzeug für Euch beantragt; hoffentlich wird's genehmigt. Ich denke, daß Eva und Esther sofort nach Pessach reisen werden, noch haben sie keine Packerlaubnis. Seht Ihr Alex mal? Wir sind erstaunt, von ihm nichts wieder gehört zu haben, Eva betreffend. Habt Ihr schon Esther von Onkel Mo[ses Carlebach] gesprochen? Ist Salo noch immer in London?

Hier war wieder viel los diese Woche. Gestern Abend hatten wir für Dr. Fritz Warburg einen Abschiedsabend hier im Haus. Auf Wunsch sang der Kinderchor, von dem alle entzückt waren. Ich hörte nur immer die 3 Stimmen, die fehlten –

Die Kinder bitten so, noch schreiben zu dürfen, darum nur …

[Schluß des Briefes fehlt].

19. März 1939

Meine geliebte Oma! (u. Cohns)

Die Frühlingssonne hat doch ein Einsehen gehabt und hat sich vor Schreck über mich wieder verzogen – seit einigen Tagen schneit es unaufhörlich – wir sind wieder im tiefsten Winter, und es ist gar nicht, als ob in 14 Tagen Pessach wäre. Überhaupt ist uns gar nicht so festlich zumute – die Kinder schreiben so voller Sehnsucht, den ersten Jomtow nicht zu Hause sein zu können, ganz besonders Judith. Wie das alles noch werden soll, und wann man sich wohl mal wieder sieht! Schließlich sind sie doch noch sehr jung. Daß Eva und Esther noch nicht weg sind, ist ja nun wirklich nicht unsere Schuld, keiner von Euch weiß eben, welche Schwierigkeiten das jetzt macht und wie sich von Woche zu Woche immer alles ändert. Überhaupt vergißt wohl jeder, der weg ist, sehr schnell, wie's war. Sie haben noch keine Packerlaubnis, die kann zwar jeden Tag kommen, denn es ist sonst alles in Ordnung – aber noch ist sie jedenfalls nicht da. Ich war im Grunde froh, sie noch über Pessach

hier zu haben, obwohl die Londoner Kinder sehr bitten, sie schon zu Jomtow zu schicken. Na, mal sehen, wann die Genehmigung kommt. Eva wäre ja zu gern nach Erez gegangen, sie hat sich wohl (mit dem jungen Verehrer, von dem ich neulich schrieb) so halb und halb versprochen. Er ist jetzt dort in einen Kibbuz gegangen, wo er allerdings nicht bleiben wird. Wir wären sehr einverstanden, aber sie müßte natürlich vor allem eine Möglichkeit haben, rüberzukommen. Sie hat ja (ebenso wie Esther ihr engl[isches] Visum im Paß, und auf Grund dessen denke ich, daß es vielleicht möglich ist, ihr erstmal ein Touristenvisum für Erez zu beschaffen.
Ich bin diese Woche mit Jo einen Tag in Berlin, ich möchte wohl versuchen, dort beim engl[ischen] Konsul anzufragen. Versuchen will ich es jedenfalls.
Die Reichsvertretung möchte Jo gern zum Reichsrabbiner machen, mit Sitz in Berlin. Das letztere wird er keinesfalls machen, ob das erstere, steht noch dahin. Aber es ist in der Tat niemand mehr da – das Publikum ist doch sehr ungehalten überall, daß ausgerechnet die Rabb[anim] überall zuerst das Hasenpanier ergriffen haben. Keiner macht sich eine Vorstellung, was sich hier tut und wie ratlos die Menschen überall ohne rabb[inische] Führung sind. Ich wünschte, einer könnte mal die tägliche Post hier sehen! Ich bitte nur herzlich, außer zu Cohns zu keinem was von der Berliner Sache zu sagen, da es noch nicht spruchreif ist und nur Geschmuse gibt.
Im übrigen kann ich erzählen, daß man in Amerika jetzt sehr ernst anfängt, sich um Jo zu bemühen, und zwar sind das ganz fremde Menschen, von denen man es nie erwartet hatte. Bis so eine Sache mal praktisch greifbar wird, darüber vergeht ja viel Zeit, mindestens ein halbes bis dreiviertel Jahr, vielleicht noch mehr. So lange werden wir ja sicher noch hier bleiben. Aber ob man es ablehnen soll, wenn man daduch Parnasssa, Wirkungsfeld (noch so klein) und die Möglichkeit bekommt, meine Kinder, die jüngeren wenigstens, wieder zu sich zu nehmen? Dann werden wir vielleicht die Möglichkeit haben, und was an mir liegt, wird geschehen, uns selbst in kurzer Zeit so viel zu ersparen, daß wir allen Intriganten im eignen Lager zum Trotz, dann noch aus eigenem nach Erez kommen. Das wird immer unser letztes Ziel sein. Im übrigen sind das alles noch Luftgespinste, noch liegt keine einzige praktische Sache vor.

Gesundheitlich geht's uns ganz gut. Ruth erholt sich schwer von ihrer Grippe, geht aber wieder zur Schule. Ab Ostern ist die Carolinenstraße mit der T.T. zusammengelegt, viele alte Lehrerinnen sind pensioniert, das Krankenhaus kommt in die Carolinenstraße.
Letzten Donnerstag war in unserem Haus (nu nee!) ein Tee für Dr. Fritz W[arburg] (aus der Firma M.M.W.), der 60 Jahre wurde und jetzt weggeht, 20 Herren, sehr bestieft und vornehm ... Wir hatten die Ärzte vom I[sraelitischem] K[rankenhaus], Prof. Israel, Böhm, Katzenstein, Jacoby, Oberschwester Rosi und Paula [Steiner], ferner Chassel, Nathan, Paul Ruben (kennt Mirjam vielleicht alle noch), Dr. Plaut, das waren so die, die noch gingen. Die anderen alle mehr oder weniger mit einem Lineal im Rücken (immer noch, trotz allem).
Du hast in einem Brief an Gretel geschrieben, Du hättest nach 4 wöchentlicher Pause!! einen Brief von mir gehabt! Darauf kann ich nur sagen: Tante Mary! Länger wie 14 Tage mache ich gewiß keine Pausen. Wann soll ich nur schreiben? Mirjam, Buli, Judith (jeder will extra Post haben, keine Durchschläge), Gretel, Oma, Bella, Cilly, Holzers, Frau Dr. Weiß, Dr. Julius M(öller (Cary schrieb einmal und dann nicht mehr), dann sitze ich bald den halben Tag an der Maschine für amtl[iche] Post. (Die amtl[iche] Post ist allerdings sorgfältiger geschrieben!) Bella ist jetzt in Breslau im Heim (Kirschenallee 36, für Mirjam) ziemlich einsam und verlassen, Neuhaus ziehen Erew Pessach in eine 2 Zimmerwohnung, Hartwig hatte triumphalen Empfang in New York (hörten wir über Dritte, er selbst schreibt nicht), Recha [Carlebach] ist Pessach bei uns, wovor mir ein klein bißchen unbehaglich ist, ich stehe so gar nicht mit ihr. Kein Gramm Fleisch für Pessach, kein Kaffee, Fett etc. Na, wird auch so gehen. Bleibt mir alle gesund, schreibt bald wieder.
Elsbeth [Kleve] hat ihr Haushalts-Permit, England ...

1000 innige Grüße,
Küsse werden nur noch rationiert abgegeben.
In Liebe Eure L.

Tante Trudchen ist zu Frau Jaffen, Klosterallee 24 gezogen und grippt schon wieder. Sie ist ziemlich elend.
Ich habe nicht verstanden? Welches Andenken von der Großmutter soll ich Dir schicken? U.A.w.g.

24. März 1939

Geliebte Oma!

Ich möchte Dich bitten, Cohns zu sagen, daß wir vorgestern erst ihren Brief bekommen haben und in der ersten freien und ruhigen Minute ihnen antworten werden, (insofern vor Pessach sich nochmal eine finden wird). Wir möchten nicht von Leuten dort ein Kap[italisten] Zertif[ikat] zusammengestellt haben, das werdet Ihr bei einigem Überlegen auch für richtig finden. Auch möchten wir nicht Peterlein angefordert haben, noch nicht jedenfalls. Er ist Pappis ganzer Sonnenschein und sein Trost, sein Begleiter auf Schritt und Tritt, lernt jeden Schiur mit ihm, wo es auch sei – ohne das Kind kann Jo nicht sein. Wir werden aber über alles noch ausführlich schreiben, grüß jedenfalls die Geschwister tausendmal und sag ihnen vielen, vielen Dank für ihre Zeilen. Von Dir kam ein Brief gestern, Donnerstag, das ist noch nie dagewesen, daß Donnerstag Pal[ästina] Post kommt. Ich wußte doch gar nicht, daß Du überhaupt krank warst, hoffentlich bist Du wirklich wieder ganz oben auf! Judith schreibt so schrecklich traurig und voll Heimweh, Buli schreibt fast nie. Übrigens können die wirklich nicht schreiben, denn sie müssen um jeden Penny Porto ihre Gastgeber bitten, und das ist schrecklich. Von Mirjam haben wir seit genau 3 Wochen keine Post gehabt, hoffentlich ist sie wohl. – Gibt es einen Weg, Eva nach dort zu bringen? Man sagte ihr, da sie das engl[ische] Visum schon habe, wäre es möglich, wenn die Großmutter, Tante oder Schwester schriebe, sie hätten solches Verlangen nach ihr, sie vor ihrer endgültigen Auswanderung nach England noch zu sehen, daß sie dann evt. ein Touristenvisum bekommen könnte, das ist hier schon vorgekommen, daß man es genehmigt hat. Wollt Ihr das mal versuchen? Vielleicht kann Otto mit der Maschine schreiben, so daß man es beim Konsul vorlegen kann? Nachdem diese Woche Eva und Esther tägllich einige Stunden auf der Devisenstelle verbrachten, ihre (unsere) Silbersachen abgegeben haben (vorschriftsmäßig auf der Pfandleihe), nachdem sie ihre paar versilberten Habseligkeiten, wie Ketten, Broschen, verchromte Bestecke etc. beim Juwelier vorschriftsmäßig haben versiegeln lassen, haben sie nun heute ihre Packgenehmigung bekommen. Wenn alle weiteren, Montag früh zu Gutem wieder beginnenden Formalitäten erledigt sein werden, kann Donnerstag unter Zollaufsicht wohl gepackt werden. Ich schreibe das alles nur so genau, damit Ihr nicht meint, man liegt hier auf der

faulen Haut. Du hörst auch s[o]G'tt]w[ill] wieder nächste Woche mehr. Mazze und Eier haben wir, das ist allerdings auch fast alles. Aber Hauptsach' gesund, alles andere wird auch schon werden.
Seid umarmt und gegrüßt und geküßt (Otto, wenn ich es mal wiederholen muß: Ich komme nicht eher nach Erez, bis Du eine reizende Frau hast! Sei doch nicht so wasserscheu!!) Also nur rin ins Vergnügen: Mensch heirate, Du lachst Dir tot!

Alles Gute, und u.A.w.g. Eure Lotte

29. März 1939

Mittwoch: Mein geliebtes Muttchen!
Ich glaube, wenn der Brief zu Jomtow noch rechtzeitig dasein soll, muß ich heute Abend schon schreiben. Auch fürchte ich, daß ich am Ende der Woche weder Kopf noch Zeit noch Ruhe mehr zum Schreiben haben werde.
Neues gibt es allerdings seit dem letztwöchentlichen Brief nicht zu berichten. Mit Eva und Esther ist noch immer viel Lauferei; heute früh habe ich erst noch mit Eva Besorgungen gemacht, dann mußte sie zum Juwelier, ihr versiegeltes Paket abholen. Da stellte sich heraus, daß sie vergessen hatte, eine versilberte Berchesplatte mit auf die beiliegende Liste zu setzen. Da auf den Listen nachträglich nichts geändert werden darf und die Juweliere natürlich mit Arbeit überhäuft sind, dauert es 1 bis 2 Tage, bis eine neue Liste mit Siegeln fertiggestellt ist. Zwischendurch mache ich die Schränke etc., viel machen tun wir dieses Jahr nicht, es hat alles so wenig Sinn. Hoffentlich kommen nun bloß morgen die Zollbeamten, damit auch gepackt werden kann für die Kinder; sicher ist es noch nicht, wie man mir heute sagte, da sie auch sehr mit Arbeit überlastet sind. Unmittelbar nach Jomtow fahren dann die Kinder s. G. w. los, Esther will, wenn irgend möglich, über Holland fahren, um ihren kleinen Freund, der dort jetzt auf Hachschara ist, für einige Stunden zu sprechen.
Donnerstag: So weit schrieb ich gestern Abend; inzwischen mußte ich etliche Durchschläge für ein »Merkblatt für Pessach« machen, da ja natürlich die Beschaffung aller koscher Al Pessach-Waren fast unmöglich ist und wir für alles besondere Maßnahmen haben müssen.
Zum Seder haben wir schrecklich viel Leute, ich sage, es wird der reinste Damentee, wirklich fast nur Frauen, viele sitzen ja hier noch allein,

deren Männer schon weg sind, und die Frauen lösen noch alles fertig auf und wickeln ab.
Ich hatte gehofft, Montag oder Dienstag von Dir Post zu haben, aber leider war es nichts. Von Mirjam kam eine Karte, nach fast 4 Wochen, sie ist in einem Führerlager (ich hatte mich so erschrocken, sie schrieb mit Blei[stift] und ich hatte gelesen: Fieberlager bei Chedera, schlafen in leeren Kuhställen , wo es kalt und naß ist); hoffentlich wird sie sich da nichts wegholen.
Freitag: Nichts zu wollen – ich komme nicht zum Schreiben. So will ich's mal aufgeben. Inzwischen war gestern der Packer nebst Zollbeamten da, für die Kinder sind je eine Alija-Kiste und ein großer Koffer gepackt, versiegelt und plombiert. Nun ist auch die Schreibmaschine eingepackt und Ersatz haben wir noch nicht. Eva hat die Schreibmaschine mit und Esther die Nähmaschine. Bis jetzt haben wir noch keine Ahnung, wo die Kinder in London hinkommen.
Nun wirst Du verstehen, daß ich nicht mehr zum Schreiben komme. Ich wünsche Euch allen der ganzen Mischpacha einen guten Jomtow.

Sei Du tausendmal geküßt
von Deiner L.
[Angegebenes Datum] 7.3.1939;
[Wahrscheinlich Tippfehler; dem Inhalt nach – 7. April 1939]

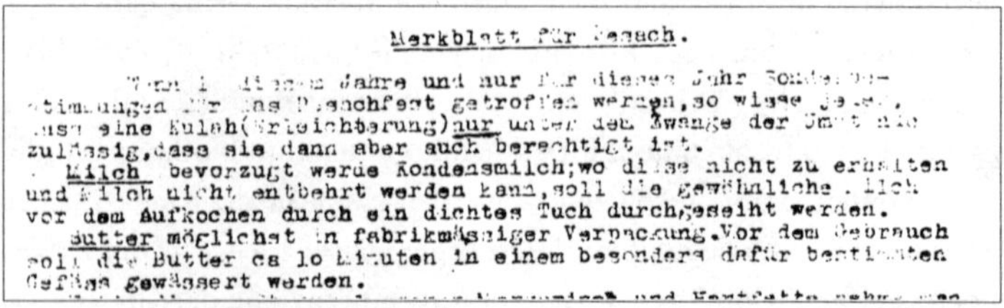

Merkblatt für Pes[s]ach

Wenn in diesem Jahre und nur für dieses Jahr Sonderbestimmungen für das Pesachfest getroffen werden, so wisse jeder, daß eine Kulah (Erleichterung) nur unter dem Zwange der Umstände zulässig, daß sie dann aber auch berechtigt ist.

Milch bevorzugt werde Kondensmilch; wo diese nicht zu erhalten und Milch nicht entbehrt werden kann, soll die gewöhnliche Milch vor dem Aufkochen durch ein dichtes Tuch durchgeseiht werden.

Butter möglichst in fabrikmässiger Verpackung. Vor dem Gebrauch soll die Butter ca. zehn Minuten in einem besonders dafür bestimmten Gefäss gewässert werden. …

B"H Meine süßen geliebten Kinder!

Vor Jomtow zum Schreiben zu kommen, war einfach unmöglich! Nun ist auch die Zeit so knapp, aber ich will doch wirklich nicht auch die letzten Jomtow-Tage noch herankommen lassen, ohne Euch über die ersten berichtet zu haben. Es ist aber nur möglich, wenn Ihr Euch mit einem an Euch drei gemeinsam gerichteten Durchschlag begnügt. Ich glaube, wenn Eva und Esther erst weg sind, werden wir uns häufiger an solche Durchschläge gewöhnen müssen, denn wenn man an die 5 Kinder, an Oma und Tante Grete nur allein wöchentlich schreibt, ist schon schrecklich viel Zeit vergangen. Und dabei möchte ich, wenn es nach mir ginge, den ganzen Tag mit nichts weiter ausfüllen, als mit Briefen an Euch. Meine Angst ist immer, daß wir mit Euch und Ihr mit uns sich zu sehr »auseinanderleben«, daß man nicht in allen Dingen des Lebens den absoluten inneren Konnex miteinander hat – und das ist das Schlimmste, was ich mir vorstellen kann.

Nun habt zunächst mal vielen herzlichen Dank für Eure Briefe, mein Buli und meine kleine Judel! Das Bild von Pappi, das Du gezeichnet hast, ist dafür, daß es ganz aus dem Gedächtnis gemacht ist, wirklich sehr gut, nur die Nase hat Pappi beanstandet. Eure Zeugnisse finden wir auch sehr schön und freuen uns wirklich, daß Ihr Euch in das Schulwerk dort so gut eingefügt habt und gute Fortschritte macht. Das sind doch Erfolge, die zwar durch bitteres Galuth erkauft, aber vielleicht doch der Mühe wert sind, das wird sich später einmal sicher erweisen. Meine kleine Merri, von Dir haben wir nun über 6 Wochen keinen Brief mehr gehabt, nur 2 Mal in 14 Tagen 1 Karte. Das ist ein bißchen wenig. Wir verstehen natürlich, daß Du durch einen Tijul [Ausflug] durchs Land sowie durch das Führerlager bei Chedera voll in Anspruch genommen warst. Aber Deine Berichte, die in der ersten Zeit so ausführlich und anschaulich waren, fehlen uns doch sehr.

Oma schrieb, daß Du vielleicht zum Seder bei ihr sein solltest, ich bin gespannt, ob was draus wurde? Ich mache mir ein bißchen Sorgen um Omas Gesundheitszustand, sie scheint sich doch nach ihrer Krankheit dort wieder recht matt und elend zu fühlen.

Nun will ich aber erst ein bißchen von »zu Hause« berichten. Betrieb war hier im Hause bis zur letzten Minute, ich glaube nicht, daß jemand sich davon eine Vorstellung machen kann. Tür und Post und Telefon und Telegramme bis zum letzten Moment: »Der hatte keine Mazzot sich davon eine Vorstellung machen kann. Tür und Post und Telefon und Telegramme bis zum letzten Moment: »Der hatte keine Mazzot bekommen, der suchte noch [Antworten] auf alle möglichen Sche'elot, das Krankenhaus fragte wegen etlicher Schwerkranker. Viele Durchreisende, deren Schiff am ersten Tag Jomtow ging, wollten noch untergebracht werden. Der hatte keine Schemurim [besondere Mazzot] bekommen, der keinen Wein, der keine Unterstützung! (damit tat sich überhaupt was!). Die Schlüssel von der Chomez-Kammer wurden gebracht. Man wollte versuchen, die Gefangenen zu versorgen (was leider nicht gelang), die Pflichtarbeiter sollten für Jomtow befreit und bezahlt werden, d. h. entschädigt. Die Gemeinde wollte dies Jahr keine Sederabende machen, Pappi ließ keine Ruhe, bis man wenigstens für ca. 120 Leute in der Johnsallee welche machte, unter Leitung von Herrn Löbenstein und dem Gluckstraßen[er Synagogen]-Chasan Cohn. Teilnehmer waren hauptsächlich jetzt vom »KZ« [in hebräischen Buchstaben] entlassene Leute, die außerordentlich dankbar und zufrieden waren. Dazwischen unzählige Anfragen und Briefe von allen Städten. Ich selbst hing fast den ganzen Tag an der Strippe, dort lachten sie schon immer, wenn ich sie anrief, die Gemeinde da und da hat ihre Mazzot noch nicht! Es ist enorm, was Katz geleistet hat, sie haben die letzten 6 Wochen jede Nacht durchgearbeitet. Und für alles und für alle muß Pappi dasein – denn wer sonst?! Ihr müßt alle mitbeten, daß der liebe G'tt ihn nur gesundheitlich alles durchhalten läßt, was die Arbeitskraft von zweien weit übersteigt!

Am Erew Pessach Nachmittag kam Tante Recha an, um Jomtow bei uns zu sein. Wir sind von Freunden draußen in wirklich rührender Weise versorgt worden, mit Geflügel, Butter, Käse, Schokolade, so daß wir auch in der Beziehung richtig Jomtow haben konnten. Herr Albert Kramarski aus Amsterdam hat sich geradezu überboten mit Aufmerksamkeiten.

Am ersten Abend waren bei uns zu Gast: wie immer Tante Trudchen und Tante Martha [Wolff], dann: Herr Gewürz, der voriges Jahr auch zum Seder bei uns war, und Euch alle herzlich grüßen läßt, ein reizendes junges Ehepaar aus Wien, die von Prag kamen und gestern mit dem Schiff weg sind, Hans und Hilde Gerson (Hilde schläft hier auch über Jomtow), ein ungarischer Bachur (schläft schon einige Zeit hier), Frl. Dr. Meyer, die Ärztin, die auch in der Sukka bei uns war. Am zweiten Abend,

außer Gewürz dieselben (sein Schiff ging am ersten Tag), außerdem Frl. Flörsheim, Herr Rothschild, unser Hauswirt, Direktor Spier, im ganzen 22 Personen. Alle waren sehr zufrieden, nur das mir am ersten Abend besonders immer die Augen von Tränen blind waren in Gedanken an Euch, meine geliebten Kinder. Ich wußte auch gar nicht, wo ich mit meinen Gedanken Euch suchen sollte, Buli bei K.? Judel bei H.s Großeltern? Merri bei Oma oder in ihrer Chewra? Die Abende waren übrigens so schön und stimmungsvoll, daß Noemi und Baby Pappi quälten, doch noch einen 3. Seder-Abend zu machen! Wie immer stürzten sich die Kleinen am ersten Jomtow Morgen nach vorn, um zu sehen, ob nicht der Becher von Elijahu doch ausgetrunken war – aber leider – stand und steht er noch immer unberührt! Noemi sagte: Ach, wenn man mir überall solch schönen Becher Wein hinstellte – ich wäre längst gekommen!
In Schul war ich am Jomtow nicht, erstens hatte ich viel zu viel zu tun, und dann war ich viel zu kaputt, konnte mich überhaupt kaum rühren. Ich war zuletzt Schabbat Hagadol in Schul, wo es sehr schön, sehr voll und sehr feierlich war. An und für sich gehe ich persönlich nicht sehr gern in die (jetzt mit hohem Gitter versehene) Beneckestraße, Pappi fühlt sich dort schon ganz heimisch. Heute, Erew Schabbat Chol Hamo'ed ist Pappi in Begleitung von Eva nach Berlin gefahren, weil sie dort so schrecklich über Rabbiner-Losigkeit jammern. Nun spricht er dort im Siegmundshof (Frühere Munk'sche Schul) und hält nachmittags einen Halachischen Vortrag. Sonntag Abend Marcusstraße, 7. Tag Innocentiastraße. Tante Recha ist über Schabbat nach Lübeck gefahren, so ist es still bei uns. D. h., was man bei uns still nennt: Der Bachur ist da (lernt jeden Tag stundenlang mit Pietsch [Peter], die Kinder mögen ihn alle gern), das polnische Mädchen ist da, Hilde, Tante Trudchen. Esther ist schrecklich erkältet, liegt in Bett und will nun Mozae Jomtow fahren, über Holland. Hoffentlich gelingt's ihr, Margot Ellern hat sie eingeladen. Wann sie nach London kommt, kommt noch genauer Bescheid. Eva fährt etwa 8 Tage später, direkt nach London. Am Donnerstag gehen Eure Sachen, Buli und Judith, s[o] G['tt] w[ill] ab. … Nun Schluß für heute, ein bißchen muß ich ja auch noch für Schabbat vorbereiten. Hoffentlich seit Ihr gesund und in guter Stimmung.

Verlebt auch die letzten Tage schön … bei Merri ist beim Eintreffen dieser Zeilen … [Schluß des Briefes fehlt].

[Postkarte] 7. April 1939

B"H Meine geliebte Oma!

Zu einem Brief reicht die Zeit nicht, und eine Rückantwort-Karte habe [ich] leider nicht da. So soll wenigstens rasch ein Jomtow-Gruß noch an Dich herausgehen.

Die ersten Jomtow-Tage sind B"H gut und still verlaufen, die Seder-Abende waren sehr schön und feierlich, mit sehr vielen Gästen, hauptsächlich Durchwanderern, auch viel Logierbesuch, der zum Teil auf Matratzen auf dem Boden schläft, denn so viel Betten und Sofas habe ich nicht. Unsere Freunde hatten uns rührend versorgt, mit allem, was einen Jomtow schön macht, z.B. hat Herr Albert Kramarski aus Amsterdam sich geradezu überboten in Aufmerksamkeiten, was er übrigends seit 6 Monaten schon ohne Unterlaß tut. Über Schabbat ist Jo in Berlin, in Begleitung von Eva, weil sie ganz rabbinerlos sind und gern mal wieder jemand hören möchten. Er spricht im Siegmundshof. Sonst ist in unseren Sachen noch nichts Neues. Das kleine Bildchen von Deinem sel. Vater, das Großmutti mir schenkte, habe ich Walter [Halberstadt] geschickt, damit es nicht einmal in fremde Hände kommt, die es nicht würdigen können. Auch noch einige, uns liebe Bildchen. Wenn Du Cary [Möller] siehst, sage ihr vielen, vielen Dank für ihren Brief. Wenn ich Zeit habe, ist sie die erste, der ich schreiben werde. Recha [Carlebach] ist über Schabbat in Lübeck, sie ist Nebbich sehr still. Noch hat sie keine Aussicht zu ihren Kindern zu kommen.

Bald mehr, innigste Grüße, in Liebe Lotte

Grüße für Trudel, Mirjam etc. Laß Dir meinen letzten Brief von unserer Mirjam einschicken, der ist ausführlicher.

[o.D. – Anfang April 1939]

Liebe Frau Möller,

Haben Sie vielen Dank für Ihren Brief. Ich selbst wollte Ihnen schon die ganze Woche schreiben, weil ich geradezu ein Verlangen danach hatte. Aber es ging nicht. Die ganze traurige Leipziger Sache hat meinen Mann doch wieder schrecklich mitgenommen, er war noch zur Beerdigung und die drei ersten Tage zur Schiw'a (7 Trauertage) in Leipzig. Infolgedessen bin ich auch wieder ziemlich am Ende. Nun werden auch die zwei großen Mädels bald (ich denke in circa 14 Tagen) ihre Fahrt ins Blaue antreten, und alles liegt mir schwer auf der Seele. Gestern kam ein Brief

von meinem Schwager Wilhelm Cohn, worin er schreibt, daß Dr. Sch. und Dr. Br. zum Chief Rabbi Dr. Herzog gegangen sind und Streichung meines Mannes von der Liste veranlaßt hatten – da er ja schon auf der Londoner [Liste] stünde. Ich habe mich maßlos darüber aufgeregt, daß man, ohne sich die Mühe einer Nachfrage über den wahren Sachverhalt zu machen (denn London ist doch nur ein Provisorium, außerdem hat mein Mann seiner Zeit für einen Kollegen in [Sachsenhausen] bei Berlin das Permit zurückgegeben), daß man so mit Menschenschicksalen spielt. Ich weiß, wie mein Mann mit allen Fasern seines Herzens sich sehnt, nach Israel zu kommen. Und weil Herrn Dr. Br. ein Joseph Carlebach nicht genehm ist – läßt er ihn streichen. Sie wissen, liebe Frau Möller, wie enttäuscht und mutlos ich oft die letzte Zeit war und immer wieder in meinem Vertrauen zu Menschen erschüttert worden bin. Dies war der Höhepunkt, glaube ich. Und dann keine Cary Möller in der Nähe zu wissen, wo man wenigstens sich mal Luft machen kann; doch habe ich, und ich glaube das war gegenseitig, immer das Gefühl gehabt, daß wir uns im Großen wie im Kleinen bis ins Kleinste gut verstanden haben, daß ein Wort oft genügte, und der Kontakt war da.
Wie oft in diesen Tagen habe (ich) mich nach einem Wort von Ihnen und nach einem Wort zu Ihnen gesehnt. Aber sich sehnen und die Gedanken in die Ferne schicken wird nun wohl unser Los sein. Aber woher nimmt man die Kraft, wenn man noch fünf junge Kinder nur mit seinen Gedanken und Gebeten umsorgen kann, mit nichts sonst? Daß wir beide verbunden bleiben, ist auch mein herzlichster Wunsch; durch eine, wenn auch noch so unregelmäßige Korrespondenz. Alle »guten Freunde« sonst schreiben einmal und nicht mehr. Von Holzers hatten wir zweimal eine Karte. Carl und Ilse Floersheim kondolierten, »mit vielen Grüßen an Ihre werte Gattin«.
Und dabei geht es uns schon wie einem Kranken: Man ist so doppelt empfänglich für jedes gute Wort, für jede kleinste Geste der Freundschaft. So lassen Sie mich einmal noch danken für alles, was Sie mir waren in den langen, nicht immer schönen und leichten Jahren. Und lassen Sie mich bitten: Bewahren Sie mir Ihre Freundschaft auch über Länder und Meere, bis vielleicht doch eine glückhafte Stunde des Wiedersehens schlägt.
Grüßen Sie alle Ihre Lieben, besonders Ihren lieben Mann.

Herzlichst Ihre Lotte Carlebach

16. April 1939

[Ohne Anrede]

Nun muß ich es mit der Korrespondenz an Euch schon so machen, wie bei unseren eigenen Kindern: Man muß Durchschläge sich gefallen lassen! Denn die Schuld der Brieflast wächst geradezu mit Macht; mit allen Lieben möchte man in Verbindung bleiben – aber woher nimmt man die Zeit?! Vier von unseren Kindern sind bereits im Ausland (Esther auf dem Wege nach England, z. Z. noch in Holland bei Ellerns zu Gast, Mirjam im Kfar Hanoar in Erez, Buli und Judith in London, als Schüler der jüdischen Schule), Eva ist noch übers Wochenende in Berlin, um Verschiedenes zu erledigen, sie wird dann wohl in 8 bis 14 Tagen auch nach England gehen, um dort in einem Kinderheim ihr Examen als Nurse zu machen. Tausendmal lieber wäre sie auch nach Erez gegangen – aber alle noch so anstrengenden Bemühungen dieserhalb waren vergeblich. So hofft sie, in nicht allzu langer Zeit dann von England aus ihr Zertifikat bekommen zu können. Ich will es ihr wirklich von ganzem Herzen wünschen, daß es bald klappt, denn ich glaube, daß sie sich großartig für dort eignen wird, und es hängt wirklich ihr ganzes Herz daran. Die Trennung von den Kindern liegt uns schrecklich schwer auf der Seele, zumal wir noch so gar keine Aussicht haben, in absehbarer Zeit sie wieder mit uns vereinigt zu wissen. Aber was soll man tun? Hunderten von Eltern geht es nicht anders; wir tun es in der Hoffnung, so das für die Zukunft der Kinder≤ Richtige getan zu haben. Wenigstens lernen sie gut Englisch – das ist ein großes Plus – sie sind ja auch ganz gut untergebracht; und im übrigen müssen wir mehr denn je unsere Kinder dem lieben G'tt anvertrauen, daß er sie in seinen besonderen Schutz nehme.

Sehr froh waren wir, daß G['tt]s[ei]D[ank] die Jomtow-Tage so schön und still verlaufen sind. Auch die Pessach-Versorgung hat über Erwarten gut funktioniert, besser als wir es uns vor wenigen Wochen hätten träumen lassen (wir hatten sogar kleine Quanten koschere Milch!). Die Freunde draußen haben alles mögliche getan, um uns den Jomtow zu erleichtern und zu verschönern.

Die Synagoge Beneckestraße war überfüllt zu jedem G'ttesdienst, am letzten Tag zu Haskarat Neschamot war jeder Platz, besonders in der Frauenschul, doppelt und dreifach besetzt; und es mußten alle Türen zu den Garderoben geöffnet werden, weil die Leute dort bis auf die

Korridore hinaus standen. Ein Chor existiert ja nicht mehr, aber wenn die Synagoge voll ist, dann ist der gemeinsame Gemeindegesang, bei dem ohne Verabredung einmütig alle alten Bornplatz-Melodien gesungen werden, außerordentlich eindrucksvoll. Auch die Seder-Abende in unserem Hause waren schön; durch die fast immer sich gleichbleibende Zahl von ca 22 Gästen war äußerlich für die anderen wenigstens das Fehlen der Kinder nicht so spürbar. Daß mir die Gedanken unentwegt in die Ferne schweiften, wird man begreifen.
Die Gäste bestanden in diesem Jahr zum größten Teil aus Durchwanderern (aus Wien etc.) sowie auch aus einzelnen einsamen Menschen. Im Jugendheim in der Johnsallee wurde es, auf unablässiges Drängen meines Mannes, noch im letzten Moment ermöglicht, eine Seder für ca 100 Menschen zu richten. Herr Löbenstein dort hat sich mit großer Wärme und Liebe dieser Aufgabe unterzogen, und die Dankbarkeit gerade dieser Festteilnehmer war eine uneingeschränkte und große. Auch die Volksküche und das Mädchenheim hatten Seder-Abende veranstaltet, überhaupt waren gerade die Ärmsten besonders gut bedacht und froher gehobener Stimmung. Geradezu Unglaubliches hat Herr Katz in seiner Mazze-Fabrik geleistet; sie haben, glaube ich, in den letzten 6 Wochen vor Jomtow Tag und Nacht unaufhörlich gearbeitet. Daß die Jomtow-Besucher fast ausschließlich aus Abschiednehmenden sich zusammensetzten, ist schon nichts Neues mehr. Allwöchentlich am Schabbat wird die Stube nicht mehr leer von Auswandernden. Und uns wird schwer und schwerer ums Herz. Aber noch sind viele da, die der Hilfe und des Zuspruchs bedürfen; so müssen wir noch ein Weilchen durchhalten.
Am Donnerstag begann die Schule wieder, nun zum ersten Mal Knaben- und Mädchenschule gemeinsam im Gebäude der T.T.R. Seit August haben 17 Lehrer die Knabenschule verlassen, die Klassen werden immer kleiner, so ist alles zusammengelegt: Altonaer Schule, Carolinenstraße, Johnsallee und Talmud Tora. Die meisten Klassen haben gemeinsamen Unterricht (Knaben und Mädchen. Wie sich das nun praktisch auswirken wird, muß sich erst mit der Zeit herausstellen.) Wir sind dankbar für alles, was wir [?] haben; auch daß Direktor Spier noch unter uns ist, bedeutet uns allen, nicht nur seinen Schülern, unendlich viel.

[hier leerer Abstand von ca 3 Zeilen.]

Er gehört auch zu den wenigen Menschen, deren bloße Anwesenheit allein schon Mut und Zuversicht gibt.

[vielleicht Fortsetzung des Briefes?]
Das sind wohl so die letzten, berichtenswerten Neuigkeiten aus Hamburg. Was sich hier so vor Jomtow im Hause abgespielt hat, davon macht man sich wohl wenig Vorstellung; und wenn ich Euch in 2 Reihen nur davon erzählen soll, so soll es nur sein, um mich für das unverantwortliche lange Schweigen zu entschuldigen.
Da ja in ganz Großdeutschland fast nirgends ein Rabbiner mehr ist, war natürlich wenige Wochen vor Pessach hier die Arbeit kaum mehr zu meistern. Allein die schriftlichen Sachen – eine Sekretärin steht nur ab und zu stundenweise zur Verfi[ü]gung – gehen ins ungemessene. Aus allen Orten und Städten Anfragen und Sche'elot, von Wien fast allabendlich Ferngespräch, dann die Frage der Mazze-Versorgung! Andauernd hing ich, wenn ich nicht gerade an der Schreibmaschine saß, am Telefon, um der Mazze-Fabrik alle Beschwerden und Anfragen von Leuten oder Kehillot, die keine Mazze bekommen hatten, durchzugeben. Im Büro der Fabrik war Alfons Jacobson zu jeder Tages- und Nachtstunde zu erreichen, er lachte schon immer, sowie ich meinen Namen nannte! Aber alles wurde noch nach Möglichkeit erledigt und geordnet. Dann ging gerade am ersten Tag Jomtow ein großer Dampfer der United States von hier nach New York ab – ach wieviel Fragen! Wo kann man zum ersten Seder sein, wann geht man aufs Schiff, wie ist's mit der Verpflegung etc. etc. Noch bis zur letzten Minute, als ich schon dabei anfing, den Seder-Tisch zu decken, ging unaufhörlich das Telefon. Hier in Hamburg ist ja niemand mehr, [die Rabbinen] Joffe, Duckesz, Weisz, Holzer, Löwy, alles ist weg.
Und nun nach Jomtow – die schönen Tage sind, wie alles Schöne, viel zu schnell zu Ende gegangen. Und schon steckt man wieder tief drin in der Arbeit und im Betrieb. Viel Ruhe oder Freizeit brachte uns der Jomtow ja auch nicht gerade – mein Mann hat immer wieder gepredigt, Innocentiastraße, Marcusstraße, Beneckestraße, am Schabbat Chol Hamoed in Berlin zweimal im Siegmundshof, weil sie sich da auch so verlassen ohne Rabbiner vorkommen.

[Schluß des Briefes fehlt]

23. April 1939

Meine geliebte Tante Mirjam!

Es ist merkwürdig genug: Gestern ist ein Brief von Jo an Willy abgegangen – ich konnte wirklich nicht mehr dazu kommen, anzuschreiben. Heute nun kam ein Brief von Dir aus Jerusalem (vom 9.4.), und es ist unmöglich, auf ein paar Zeilen von Dir nicht gleich zu reagieren. So geht einem doch immer wieder die Innigkeit und Herzlichkeit des Tons ans Herz. Habe jedenfalls vielen, vielen Dank!

Mit Dir sind wir glücklich über das Naches [Freude], das Du dort bei Deinen Kindern hast. Welch ungewöhnliche Sechija auch für den geliebten Großvater [Cohn] und welche Gnade für Hermann, einem Großvater den Anblick und das Miterleben einer solchen Häuslichkeit schenken zu dürfen! Schon von jeher warst Du ja so entzückt von Deiner Schwiegertochter Else. Ganz besonders erinner ich mich Deiner Briefe aus Paris, als Du krank warst, wie begeistert Du von ihr schriebst.

[Zu folgendem Abschnitt vergleiche den Brief von Joseph Carlebach.]

Daß unsere letzten Briefe an Euch jetzt manchmal ein bißchen verbittert und böse klangen, dürft Ihr nicht weiter so übel nehmen. Es kommt einem zeitweise so vor, nach all dem Schrecklichen, das wir erlebt haben, als seien wir verlassen und vergessen. Ich glaube, daß es jedem Menschen in schwerer Situation mal so geht, daß eine Stunde des Kleinmuts, der Angst und der Verbitterung nicht ausbleiben. Die entlädt sich dann ja gewöhnlich an der falschen Stelle. Ihr sollt uns aber um G'ttes willen deshalb nicht gram sein. Wir haben wahrhaftig nicht Euch Vorwürfe machen wollen. Oder wenn Ali schreibt: »Ihr müßt wissen, daß die Zeiten aus der Werderstraße vorbei sind«, so sollte gewiß keine Silbe von uns vorwurfsvoll für Euch sein! Wir wissen, bestellt das bitte Ali, wie er selbst Nebbich sich zu plagen hat, es ist wahrhaftig kein Leichtes für ihn, und dabei hören wir immer wieder, was uns ja nichts Neues ist, was für ein prachtvoller, strebsamer Mensch er ist. Gebe G'tt, daß er auch diese schweren Zeiten bald überstanden hat.

Von Oma hast Du gewiß schon die letzten Wochenberichte über uns gehabt. Estherlein ist wohl so wie heute in London angekommen, nach 10tägigem, sehr schönen Aufenthalt in A[mster]dam. Eva sitzt gestiefelt und gespornt, kann sich nur immer noch nicht entschließen, loszufahren, weil sie so sehr noch auf eine Möglichkeit, nach Erez zu kommen, hofft. Schon immer wollte sie es brennend gern; nun, wo noch ein

Besonderes sie lockt, natürlich doppelt gern. Mir scheint als ob unsere beiden Töchter sich schon so ziemlich gebunden haben. Leider sind beide Jungens große Dalfonim; aber beide sehr brave, fromme Menschen, sehr ideal gesonnen, aus feinen frommen Häusern. Sie sind ja auch alle noch so schrecklich jung und haben noch ein ganzes Leben vor sich.

Estherlein hofft ja auch mit Bestimmtheit, einmal in Erez zu landen. Nur wollen sie und er erst ihre Lehrzeit hinter sich haben. Ich hoffe, daß es mir mit Alfred Benjamins Hilfe gelingen wird, ihr in London einen Platz an der Reimann-Schule zu verschaffen. Sie möchte so sehr gern im Modezeichnen und Schneidern, wofür sie so viel Geschick und Liebe hat, sich fertig ausbilden. Sie hat sehr gute Zeugnisse von der Berliner Schule bekommen. Ich hörte von einer früheren Mitschülerin von ihr, die in Florida ist und sich nur auf Bade- und Strandanzüge spezialisiert hat, auch Badetaschen, daß es ihr glänzend gehe und sie nach ganz kurzer Zeit schon ein eigenes Atelier eröffnen konnte. Hältst Du so etwas für Erez für praktisch? Ich wäre Dir für eine Meinungsäußerung hierüber sehr dankbar. Oder hättest Du etwas anderes vorzuschlagen? Es würde mich Dein Urteil hierüber sehr interessieren. Denn jetzt steht sie vor einem neuen Anfang und könnte sich evt. darauf einstellen. Natürlich muß sie zunächst in einen Haushalt gehen, sie wollte versuchen, auch eine Halbtagsstelle zu bekommen, um dann nachmittags oder abends die Schule besuchen zu können. Sie hat ja ein Permit als »cook« bekommen, und die englische Küche zu handhaben, ist sicher auch nur ein Vorteil.

Sie hat große Angst vor dem ersten Braten, da sie doch so etwas nicht mehr erinnert. Aber lauter schöne Kochbücher hat sie mit, da wird ihr schon so langsam die Erinnerung wiederkommen. Wenn sie nur ein bißchen nettes Haus findet!

Evalein hofft nach wie vor, in einem Kinderhaus des Kibbuz oder sonst einem Kindergarten Beschäftigung zu finden. Sie versteht es so gut, und es macht ihr so viel Freude, der Umgang mit Kindern.

Wieso hören wir so schrecklich wenig von Trudel [Carlebach] und ihrer Familie? So schreibt doch mal, was jeder einzelne von ihnen macht! Wie geht es Isi gesundheitlich, wie Cillychen? Was macht Rachels Gan [Kindergarten]? Wie geht es Hannelein? Pekuniär? Und was macht Joti? Sind sie alle in Tel Aviv? Jedenfalls tausend Grüße an alle, an Trudel

einen festen Kuß! Erzähl ihr mal folgendes: Sie hat mir mal, als wir vor Jahren in Leipzig zu Besuch waren, eine blaue große Kaffeedecke geschenkt, sie wird sich wohl noch erinnern. Die lag und liegt nun bei uns zu allen festlichen Gelegenheiten (blau ist natürlich milchding) also Purim, Chanukka, Simchat-Tora, 2 Abende Schawuot etc. Jetzt, nachdem die Kinder von Hause fort waren, schrieben sie sowohl nach Chanukka als auch nach Purim alle 3 (Buli, Judith, Mirjam) ganz unabhängig voneinander: »Ich habe solche Sehnsucht nach der blauen Kaffeedecke!« Sie ist bei uns der Ausdruck der festlichen Familientafel geworden. Und ich denke immer an Trudel, wenn ich sie in der Hand habe, und erinnere mich so genau an den Moment, als sie sie mir auf den Leipziger Bahnhof als Abschiedsgeschenk brachte.
Nun muß ich doch schon aufhören. Am liebsten säße ich ja nun den ganzen Tag an der Maschine, um nur immerzu mit allen Lieben zu sprechen. Aber ... etwas hat man ja auch noch nebenbei zu tun.
Ich bitte Dich herzlich, Oma zu sagen, ich wüßte noch nicht genau, ob ich heute noch zum Schreiben komme. Sie soll nicht böse sein. Eben im Moment, wo ich schreibe, kommt ihr süßer Gruß, gib ihr einen süßen Kuß dafür!
Gestern nachmittag, als Jo so abgespannt war, lotste ich ihn raus, wir gingen dann erst eine halbe Stunde um die Alster (weißt Du noch, bevor Salo geboren wurde, fuhrst Du manchmal mit mir (und Willy) zum Harvestehuderweg im Auto. Dann sagte Willy: Meine Frau braucht ein bißchen kondensierte Luft!) Nachher fuhr ich mit Jo im Alsterdampfer ein Stück. Da war es so herrlich, jetzt wo alles grün wird, die wundervollen Weiden am Alsterufer, ich dachte immer, wären doch Oma und Tante Mirjam auch hier! Übrigens ist bei uns der Frühling noch mehr zum »Ansehen«, alles sieht schon herrlich aus, aber es ist noch schrecklich kalt, ohne Wintermantel und Schal erfriert man.
Nun seid mir alle gesund und innig gegrüßt.
Es ist wohl nicht anzunehmen, daß wir nochmal gemeinsam über die Alster fahren werden. Aber hoffen wir, trotz und trotz alledem, daß wir in nicht zu ferner Zeit am Ufer des Jam [Meer; gemeint ist das Mittelmeer] spazieren werden und vereint sind in alter und immer neuer Innigkeit und Liebe.

Eure Lotte

Jo hatte große Freude mit Hermanns Brief heute, der Deinem beilag.

[o.D. – Mitte April 1939]

Geliebte Oma,

ich will nur schnell noch einen Gruß [an Evas Brief] anfügen. Sollte es Dir möglich sein, ohne Unkosten ein ärztliches Attest zu bekommen, daß Deine Pflegebedürftigkeit bescheinigt und dringend die Anwesenheit Deiner Enkelin erfordert, so wäre damit wenigstens der letzte Versuch gemacht für Eva. Allerdings müßte es umgehend geschehen. Denn sie soll auch nicht hier die Zeit vertrödeln. Wenn es nichts ist, möchte ich sie dann so schnell wie möglich nach England haben, man weiß ja nie, was dazwischen kommt. Von Holland schrieb Estherlein sehr vergnügt. Ellerns haben sie sehr nett und gastfrei aufgenommen; nun fährt sie wohl heute nach London, hoffentlich trifft sie dort nur ein bißchen nettes Haus. Anfang der Woche werde ich wohl wieder 1 bis 2 Tage in Berlin sein, um dort für die Kinder Verschiedenes zu erledigen. Wenn ich bis dahin von Gretel irgendeinen näheren Bescheid habe, möchte ich auch gleich nach Leipzig fahren, um mich nach ihren verbliebenen Sachen mal umzusehen. Hast Du dort eigentlich noch Kessef [Geld] gehabt? U.A.w.g.

Recha ist glücklich mit dem Enkelkind, daß nun gleich den Namen wieder aufnehmen läßt.

Sonst nichts Neues, für heute nur noch
innigste Grüße und Küsse! Lotte

Buli schreibt, daß er sich in den Ferien einen Schnurrbart hat stehen lassen!!!

26. April 1939

Meine geliebte Oma!

Was Interessantes zu schreiben gibt es eigentlich gar nicht. Aber ich weiß, daß Du Dich auch mit Post von uns freust, wenn sie nicht so sehr viel enthält. Außerdem fürchte ich, daß wenn keine kommt, Du »gerade anfangen wolltest, Dich zu ängstigen!« (freche Jöhre!) Zum Ängstigen liegt also nun G['tt]s[ei]D[ank] kein Grund vor. Es geht uns einigermaßen, so gut, wie's uns eben gehen kann. Estherlein ist nach schönen Tagen, die sie in Holland verlebte, nun in London gelandet. Hat eine Stelle bei 6 Kindern und einem kranken Mann (das ist das große Glück, auf das unsere Kinder warten müssen!) Aber ich denke, es ist für sie nur ein Übergang, daß sie bald eine Halbtagsstelle bekommt, um ihre

Schneider-Zeichen- usw. Studien fortzusetzen. Es ist noch nicht mal in London selbst, sondern in einem Vorort. Übrigens hat der kranke Mann auch noch eine Frau, die ist die Schwägerin von Bulis Vizemutter. (Doch schon beinahe Mischpacha nicht?) Bei Judels Leuten ist Esther ganz entzückend empfangen worden, wie sie schrieb. Sie war gleich von der Bahn aus dort, nachdem sie eine entsetzliche Überfahrt gehabt hatte. Immer wieder bin ich glücklich, daß Judith bei einer anscheinend so besonders reizenden Frau ist. So wird sie sich wohl auch mit der Zeit eingewöhnen, ganz besonders, wenn sie Estherlein in erreichbarer Nähe weiß. Evalein wartet ja nun schon schmerzlich auf das Attest, das noch gar nicht hier sein kann. Es ist gewissermaßen ihr letzter Rettungsanker, an den sie sich klammert, um nach Erez zu kommen.
Warum Du von Deinen Brüdern nichts hörst, weiß ich auch nicht. Von Onkel Max haben wir auch ewige Zeiten nichts mehr gehört. An Siegfried schrieb ich vor ein paar Tagen eine Karte. Ich betonte darin nochmals, was ich vor einiger Zeit schon tat, daß es Dir gesundheitlich infolge Überanstrengung nicht so gut ginge, Du Dir kaum Hilfe leisten könntest und ich sehr unglücklich wäre, von hier aus so gar nicht helfen zu können. Das ist doch eigentlich deutlich. (Außerdem auch wahr!) Sie schickten uns zu Pessach ein Huhn, sonst habe ich auch nichts von ihnen gehört; nur indirekt von meiner Schwägerin Cilly, wie großartig Hartwigs ihren Sohn Ralf und dessen junge Frau bei sich zu Pessach aufgenommen hätten.
Ich weiß nicht, ob ich an Mirjam von Baby schrieb? Sie kam die Tage ganz aufgeregt nach Hause. Jetzt weiß ich, warum Mutti immer Kopfweh hat! Wir haben in der Schule gelernt, daß die Erde sich dreht – na, denn ist es ja auch kein Wunder, dann muß man ja Kopfschmerzen kriegen!
Noemi hat von Tante Martha einen Wellensittich bekommen – die Seligkeit! Diese Tage brachte ihr Pappi nun als Afikoman-Geschenk, das er ihr noch schuldig war, ein Weibchen dazu. Worauf Ruth sagte: Eigentlich finde ich es ja nicht schön, wenn man da einfach eine fremde Frau in den Käfig gesetzt bekommt (Ich glaube, für Otto bald das einzig anwendbare Verfahren!). Noemi hat ein Schild an den Vogelkäfig angemacht: Wer die Vögel berührt, wird »straflich« verfolgt!
Vorige Woche ist nun endlich nach Zoll- und sonstigen Vorschriften das Gepäck für Judith und Buli abgegangen. Heute war ich zur Abwechs-

lung auf dem Hauptbahnhof, um Esther ihren Koffer, der auch hier im Hause abgefertigt wurde, nachzuschicken. Sie wollte ihn nicht erst mit nach Holland, über zwei Grenzübergänge mitnehmen. Immer hat man nette kleine Spaziergänge.

Du meinst, man kann 3 Sätze in Ruhe hintereinander schreiben? Immer kommt wer oder was dazwischen, amtlich, halbamtlich oder ganz privat. Was habt Ihr gesagt, daß Leni einen Jungen hat? Doch schön, Recha ist ganz überglücklich.

Heute hatte ich zuerst meinen Sommermantel an, die Sonne schien nach endlosen Regentagen herrlich, aber es herrschte doch noch vornehme Kühle. Und müde bin ich immer. Das macht der Frühling, sagt man. Bei mir ist in der Beziehung ewiger Frühling. Mirjam klagte schon sehr über die Hitze bei der schweren Arbeit in ihrem letzten Brief. Sie schreibt schrecklich wenig. Ab und zu, auch nicht regelmäßig, eine Karte. Fast so wenig wie Buli, über den ich hoffentlich bald mal von Estherlein Bericht bekommen werde. Neulich brachte Direktor Spier, der einen Kindertransport nach England gebracht hatte, mir Grüße von ihm. Sagte, er sähe glänzend aus, sehr gewachsen in die Höhe und in die Breite. Ich habe ihm Hemden geschickt, Kragenweite 42, Stiefel dito.

Nun, Schluß für heute, bei soviel Störungen kann
man nicht weiter schreiben.
Und Abends bin ich noch müder!

[Postkarte] 1. Mai 1939

B"H – Meine geliebte Oma!

Vielen Dank für Deinen am Schabbat eingetroffen Brief mit dem ärztlichen Attest! Der Brief kam, wie gesagt, Schabbat; gestern war Sonntag, heute ist der 1. Mai, also auch alle Büros geschlossen. So muß Eva gleich morgen, Dienstag früh, ihr Glück versuchen. Glauben tu ich ja nicht, daß etwas danach kommt. Aber man wollte doch alles versucht haben; jedenfalls Dir und Dr. W[iener] erstmal herzlichen Dank für die so prompte Erledigung! Tante Trudchen brachte mir Deine Karte mit diversen Wünschen, die ich liebend gern erfüllen will. Nun muß ich sehen, wie ich es hinbekommen kann? Ob ich Herrn Seligmann mit einem Hüfthalter reisen lassen kann? Mal sehen, was sich machen läßt. – Im vorletzten Brief hattest Du nach Tante Thea gefragt. Wir sind immer ziemlich in Verbindung mit ihr. Erstens, wenn ich irgend kann, schicke ich ihr ein paar Mark. Sie hat auch viel Sorgen, der Bruder in Berlin ist schon seit Nov[ember] in Haft, ich weiß nicht, weshalb, so hat sie jedenfalls von ihm keine Hilfe mehr, und dem in H[amburg?] geht es auch noch nicht pekuniär so, daß er für sie was tun könnte. Den Jungen hat sie für einen Kindertransport nach Kanada angemeldet; sie hat uns erst um unsere Meinung gefragt. Ich hatte erst abgeraten, sich überhaupt von ihm zu trennen. Aber sie sieht ja keinen anderen Ausweg, und meine genauen Informationen hier beim Hilfsverein über diese Sache waren sehr gunstig. Hoffentlich ist es für das Kind zum Guten, noch ist es nicht so weit. Ich habe nicht den Eindruck, daß sie Dir böse ist. Sie schreibt immer sehr herzlich und fragt nach Dir, Otto und Gretel in jeder Post. – Esther ist erstmal in London bei Alex [Carlebach] sehr nett aufgenommen worden. Auf der Stelle ist sie gleich wieder weg, wegen zu viel Dreck. Sie hofft in eine Schneiderlehre zu kommen. Alles muß abgewartet werden. Bald mehr.

Für heute innigen Gruß und Kuß L.

Ist meine kleine Mirjam auch gesund? Sie schreibt so schrecklich wenig. Alle 2 bis 3 Wochen eine Karte und im Anfang so oft!

5. Mai 1939

B"H Meine geliebte Oma,

Nur rasch einen Gruß, trotz des langen Freitags ist die Zeit immer kurz. Du schriebst gestern von einem Hüfthalter, so bin ich gleich heute morgen in die Stadt, Dir einen besorgen, er ist als eingeschriebenes Muster abgegangen. Stangen und Schnur kommen extra. Ich habe erstmal einen billigen genommen, weil ich ja nicht weiß, ob er ankommt. Auch verstehe ich nicht viel davon, weil ich nie welche trage. Hoffentlich paßt er und ist so recht. Ich nahm ihn etwas reichlich, weil das poröse Zeug sicher sehr einläuft.

Tante Trudchen hat doch jetzt von ihren Kindern ihr Zertifikat bekommen, macht ein schreckliches Geheimnis draus, warum weiß ich nicht. Ich fragte sie, ob sie den Halter und ein paar Taschentücher mitnehmen könnte – ach nein! Jo hat sich darüber so schrecklich geärgert (ich auch), sie ist schließlich immer Gast (gebeten oder nicht) bei uns und hätte so eine kleine Gefälligkeit (bevor sie noch eine Liste eingereicht hat!)

wirklich Dir und mir tun können. Heute abend kommt sie ja auch, Du weißt doch, wie Jo dann ist, ich fürchte er wird kein Wort mit ihr sprechen, und sie wird gar nicht wissen, warum. (Vielleicht merkt sie es auch gar nicht!)
Wegen der Blusen von Mirjam: Was ich kann, schicke ich sofort als Muster, ich finde es schade, dafür ihr Geld anzubrechen ...
Dich bitte ich, mir sofort zu schreiben, was Du dringend evt. noch brauchst. Ich will wegen Deines Geschirrs gleich nächste Woche mal einreichen, vielleicht bekomme ich es hier genehmigt, versuchen will ich es auf jeden Fall. Dann schicke ich da die Wachstücher mit, als Muster sind sie zu schwer, Päckchen nicht zugelassen. – Einsätze in Schwarz gibt es nicht. – Gestern hatte ich die drei Kleinen mit in der Stadt, wir fuhren mit der Untergrundbahn. Auf einer Station hängt ein Schild Stephansplatz. So sieht das Schild aus, erst groß, dann klein. Da sagt Baby ganz erstaunt: »Also ich habe immer gemeint, er heißt Stephan Zweig, und dabei heißt er Stephansplatz. Na ja, wenn das auch nur so klein daneben steht, kann man das ja auch nicht wissen.«

Für heute nur innige Grüße L.

[Postkarte]

14. Mai 1939

B"H Geliebte Oma,

Masal-Tow zur Leg[alisierung]. Das ist schon gut und richtig so, und über kurz oder lang werden wir uns mit G'ttes Hilfe gesund wiedersehen. Wegen des Mamon [Geldes] meint Jo, am besten wäre, der englische Konsul dort würde dem in Dresden direkt Anweisung geben. Masal-Tow zur Verlobung [von] Judith mit Herrn Erich! Das hätten sie wirklich schon eher haben können! Paßt außer der Mischpacha sonst der Schidduch auch? Kommt am Ende bei Otto auch nach langer Wartezeit noch eine Linienstraße-Liebe raus? Wieso hat Frau F. nette Schwiegertöchter? Soweit ich mich erinnere, waren die Kinder immer weiblichen Geschlechtes. Mutter klein ... Unsere Schulnachbarin? Stimmt's nicht? Die sogenannte nette Frau F. hatte weder Mann noch Kind, soweit ich weiß. Oder? Hat Erich eine Stelle? Über Pfingsten kommt Cilly aus Frankfurt, worüber wir uns sehr freuen.
Ist meine viele Post nicht angekommen? Tante Mirjam soll mal wieder schreiben.

Im Juni kriege ich so G'tt will einen Kindertransport nach England und sehe meine Kinder. Für zwölf Tage Aufenthalt. Herrlich, wie?

Gruß und Kuß Lotte

Mirjam soll mal wieder schreiben!

21. Mai 1939

B"H Mein geliebtes Muttchen!

Obwohl ich tot, töter, am götesten bin, will ich doch heute abend Dir noch schreiben, damit Du wenigstens zu Jomtow noch eine Zeile in Händen hast. Brief und Karte bekam ich von Dir Anfang voriger Woche, mit Deinen Wünschen, die ich, soweit irgend möglich, erfüllen will. Natürlich keinesfalls so, daß Du Zollunkosten hast oder sonstige Schwierigkeiten. Da ich sowieso für Mirjam nach Kfar Noar einiges schicke, tu ich es da mit rein, das spart Porto etc.; sie hat wohl immer mal Gelegenheit, Dir nach und nach etwas rüberzuschicken. Allerdings werden noch einige Wochen vergehen, bis es so weit ist, aber das schadet wohl nichts. Von Dresden hörte ich nichts, das muß von Dir ausgehen, wie ich Dir schon schrieb.

Hier ist nicht viel Neues. Diese Woche sprach Jo in Lübeck, wir benutzten den Tag (Himmelfahrt), um erst ein paar Stunden nach Travemünde zu gehen, wo es ganz herrlich war. Um 10 fuhren wir los, waren kurz nach 11 in Tr[avemünde], dort tranken wir erst teuren schlechten Kaffee, dann gingen wir an den Strand. Es ist ja noch ganz leer dort, wir schliefen richtig fest im Sand. Dann ein bißchen zum Brodtner Ufer, Kaiserallee etc., herrliche Luft. Nachmittag wurde es etwas kühl.

Um 6 waren wir mit dem Autobus in Lübeck. Erzähl Mirjam, denn das interessiert sie, daß die Israelsdorfer Allee natürlich schon lange nicht mehr so heißt, sondern: Travemünder Allee, der Jerusalemsberg heißt: Kreuzberg, und vom Geibelplatz in Lübeck ist der Geibel verschwunden, wo? Weiß ich nicht. Aber vor dem Heiligengeist-Spital saßen die alten Leute in ihrem feinen Staat, man könnte meinen, seit 20 Jahren seien sie nicht von den Bänken aufgestanden. Sehr nah ging uns der Anblick von [der Synagoge] St. Annen 13. Im Asyl nebenan ist eine kleine Schul, es war natürlich schrecklich voll, ich kannte kaum mehr jemanden. Sag Mirjam auch, Abe Frankenthal, hoch in die 80, sieht immer jünger aus. (Von ihm stammt doch das schöne Wort, nachdem so wenig Leute mehr da sind: »Ich seh schon, ich muß mir noch allein

begroben!« [sic]) Jo hat (natürlich!) herrlich gesprochen, dann fuhren wir zu Simson [Carlebach] ...
Es hatte geregnet und gewittert während des Vortrages, wir waren ziemlich erfroren, und es gab eiskalten Fisch mit Radieschen, dazu Apfelwein, hinterher Kronsbeeren, und als wir alles auf[gegessen] hatten, waren auch die Kartoffeln gut. Ich aß sogar zum Nachtisch eine, weil ich so schrecklich fror. Ich habe mir schrecklich den Magen verkorkst, es ist noch nicht gut, gestern blieb ich sogar einen Tag im Bett. Aber sonst war es ganz gemütlich, er [Simson] freute sich sehr, sieht G['tt]s[ei]D[ank] gut aus. Er rief noch die bei ihm wohnenden, sehr netten Chaluzim herauf, und mit vielen Küssen von Resi im Haus und an der Haltestelle endete der eindrucksvolle Abend. An der Bahn wollte ich Mirjam (wegen Heimatklänge), Travemünder Rahmbonbons schikken, werden aber nicht mehr hergestellt; Marzipan wiegt zu schwer. Freitag fuhr Jo nach Berlin, und wenn mir nicht so mies gewesen wäre, wäre ich mitgefahren, obwohl mich nicht mehr viel nach Berlin zieht. Er hat dort gepredigt, einen Bar-Mizwa-Jungen besucht (nu nee!) der Vater war schon sein Schüler, Namen habe ich vergessen (von do!). Nachm[ittags] war Jugendgottesdienst.
[Nun zu] Tante Thea mit Günter, sie sollen bald mal her kommen. Erstmal kommt zu Pfinsten Tante Cilly aus Fr[ankfurt], auf die wir uns sehr freuen, vielleicht kommt Leo N[euhaus] auch mit.
Von den Kindern ist nicht viel zu berichten. Eva ist noch nicht in dem Kinderheim, was ihr sehr schlimm ist, die Dame hat sie erst angefordet, und nun will sie sie scheint's nicht mehr nehmen, ich weiß nicht recht, was da ist. Die Vorgesetzten von Esther, auf die sie sich wegen Mischpacha gefreut hatte ..., zeigen sich allerdings nicht sehr nett gegen sie, bes[onders] die Frau, aber sonst ist sie ganz gern da. Ob sie da weiterkommt, weiß sie auch noch nicht. Buli hat mit seiner Freundin ganz gebrochen, sie schreiben sich nicht mehr. Ich bin ganz zufrieden darüber. Um so netter müssen wir natürlich zu ihr sein.
Nun, geliebte Oma, sei so vergnügt, wie man mit einem Tag Jomtow sein kann (mir würde es nicht genügen), die Briefe von den Kindern schicke ich nicht per Luftpost.

Seid alle innig gegrüßt, Dir einen festen Jomtow-Kuß und
Masal-Tow zu Greteleins Geburtstag,
Deine Lotte

[Postkarte] 26. Mai 1939

B"H – Geliebte Oma!

Nur einen Nach-Jomtow-Gruß rasch, um zu sagen, daß wir G['tt]s[ei]D[ank] einen schönen Jomtow hatten. Volle, sehr schöne geschmückte Schul, schöner Gottesdienst, zu Hause viele Gäste. Tante Thea und Günter sind hier. Sonntag erst kommt Cilly mit Mann. Gestern kam Dein lieber Brief mit Vollmacht, den ich heute nach Dresden schickte.

Wie ist Dr. Munks Adresse? Wie geht es ihnen?

Am Bornplatz führt uns täglich unser Weg an der Abbruchstelle vorbei …

Nächste Woche s[o]G['tt]w[ill] einen Brief.

Innigen Gruß und Kuß.

Hoffentlich fühlst Du Dich wieder gut!

Deine Lotte

[o.D. – 26. Mai 1939]

Erew Schabbat

B"H Meine geliebten, gebenschten Kinder,

sicher seid Ihr Mutti ganz böse, daß sie Euch zu Jomtow nicht eine Zeile geschrieben hat – aber es war einfach unmöglich, es war zu viel los. Dafür habt Ihr aber einmal die ganz große Freude gehabt, von Pappi [einen] Brief zu bekommen, und ich hoffe, Ihr werdet ihm auch alle antworten.

Wie Pappi sich jüngst mit Deinem Brief gefreut hat, mein Estherlein, das kannst Du Dir kaum vorstellen, er sagt, das ist der schönste, den er in seinem Leben bekommen hat. Mein Evalein, daß Du Dich noch herumdrücken mußt, ohne auf dem richtigen Platz zu sein, tut mir weh. Hoffentlich kommt bald alles in Ordnung, so daß Du zur Befriedigung und damit zur inneren Ruhe kommst. Die Abschiedsgeschenke der Hildesheimer Verwandten (wieviel Enkel sind da jetzt eigentlich?) sowie das von Rehlein [Rachel Aber] bewahrt Euch nur gut auf. Wir sind natürlich glücklich, daß sie sich Euch gegenüber noch so verwandtschaftlich gezeigt haben, es ist uns direkt eine Beruhigung, daß zwischen ihnen und uns alles wieder all right ist.

Aber nehmt nur alles doppelt gut in acht, damit es nicht so schnell kaputtgeht. Rehleins Onkel wird uns wohl gleich nach Pfingsten wieder besuchen, wir freuen uns schon auf ihn.

Nun will ich Euch noch ein bißchen von hier berichten.
Am Erew Jomtow kam aus Berlin Tante Thea Preuss (von Onkel Hugo die Frau) mit ihrem Jungen Günter. Sie selbst ist nicht besonders, ganz nett, ganz unbedeutend, der Junge ist ein hübscher aufgeweckter Kerl von 12 1/2 Jahren, sieht ausgesprochen preussisch [preussesch] aus, man sagt hier, er sähe mir ähnlich wie keines meiner Kinder. Am ersten Jomtow-Abend sprach Pappi in der Marcusstraße, fuhr hin und ging zurück. Es wurde dadurch natürlich ziemlich spät, bis man zu Tisch kam. Tante Trudchen (die wahrscheinlich in 4 Wochen nach Erez fährt) war da, Hans und Hilde, Tante Thea nebst Sohn.
Es hatte nicht [mehr] Waldmeisterkränze gegeben, ich hatte die restlichen um Eure Bilder auf dem runden Tisch gelegt und den ganzen Tisch voller Blumen gestellt. Warum habe ich nur von Eva kein Bild??? Letzten Freitagabend hatte Pappi bei [dem Lied] Schalom Alechem immer abwechselnd bei jedem Vers ein Bild von Euch in den Arm genommen.
Am ersten Tag sprach Pappi in der Inno[centiastraße], dann hatten wir sehr gemütliches Frühstück mit Frl. Dr. Meyer und einigen Leuten (die blaue Kaffeedecke!). Dann schrecklich viel Besuch, die meisten davon kamen schon gleichzeitig, sich verabschieden. Abends um 8, als wir nicht mehr jappen konnten, kam Familie M. …
Am zweiten Tag sprach Pappi wieder in der Beneckestraße – einfach herrlich! Wieder war die Schul überfüllt, wie am letzten Tag Pessach, wunderbar geschmückt, mit Palmen, Lebens- und Gummibaum und herrlichen rosa Hortensien, es duftete einzig schön. Und dieser Chasan Kahn, ich weiß nicht, ob Ihr alle ihn noch hier gehört habt, der ort [betet] – also hinreißend! So weich und so schön und zu Herzen gehend. Auch hat sich jetzt ein freiwilliger Chor von ungefähr 15 Leuten gebildet, die stehen vorn in den ersten 2 Reihen an der Seite, dadurch hat der Gemeindegesang ein bißchen feste Form. Alles in allem war der Gottesdienst wirklich schön. Natürlich kann niemals Dr. Nathan ein »Jeziw Pisgam« machen wie Dr. Franck – ach das kann natürlich keiner! Aber wenn man auf dem Hinweg über den Bornplatz gegangen ist, wo die Abbrucharbeiten in vollem Gange sind, dann wird man dadurch [durch den Gottesdienst in der Synagoge Beneckestraße] doch nach und nach ein bißchen getröstet hier.

Bei Haskarat Neschamot hatte ich immer nur einen Gedanken, als wir das Andenken unserer lieben Toten heraufbeschworen, daß Eure beiden Großväter, die doch beide solche Zadikim waren, Fürsprecher sein möchten bei G'tt, für ihre in der Welt verstreuten, noch ein wenig hilflosen Enkelkinder, sie zu leiten und zu führen und zu schützen und zu segnen.
Die Schul dauerte bis 1/2 1! Dann hatten wir wieder großen Frühstückstisch mit allerhand Leuten, dann wieder Besuch. Und 5 Uhr hatte Pappi 20 Wiener Leute, [die] auf der Durchreise (nach Argentinien, Kanada etc.) hier waren, eingeladen zum Kaffee. Sie wohnten alle im Daniel Wormser-Haus und waren den ersten Tag in der Marcusstraße zur Predigt gewesen. Nicht einer von ihnen konnte oren [beten]! Schrieb ich Euch, daß vor 14 Tagen von hier ein Schiff mit 900 Juden aus ganz Deutschland und Österreich nach Cuba abging, daß unzählige vor der Abreise den Schabbat in Schul waren, Pappi für alle gepredigt hat – einzig – sie waren alle ergriffen.
Gestern waren wir noch einen Augenblick bei Alfred Levy, Vater von Frau Durlacher, der 85 Jahre wurde, sieht wunderbar wie immer aus. Was noch für Neuigkeiten? Herr Löbenstein hatte silberne Hochzeit (der Lainer [Tora-Leser], wie die Kleinen sagen) …
Heute machte Pappi einmal ein solch böses Gesicht, und ich fragte bei irgendeiner Sache: »Mir scheint, Du liebst mich überhaupt nicht mehr.« Worauf Noemi prompt sagte: »Wer Liebe sät, wird Liebe ernten, steht schon in meinem Poesiealbum, also, wenn Du ihn magst, mag er dich auch!«
Ein Kind fragte sie: Wenn du Schabbat russisches Brot kriegst [Buchstabenkekse], ißt Du es, man zerstört doch die Buchstaben? Darauf Nome: »Die Sche'ela kommt bei mir nicht vor, ich kriege doch bloß immer die Krümel!«
Neuhausens kommen erst am Sonntag (Pfingsten), dafür aber beide, so bleibt Tante Thea noch über Schabbat. Jetzt ist Pappi mit ihr und dem Jungen an die Elbe gefahren. Er selbst hatte so das Bedürfnis, ein bißchen rauszukommen, denn natürlich ist er sehr abgespannt von den Jomtow-Tagen, und morgen spricht er wieder wegen einer Bar-Mizwa in der Marcusstraße. Seit Dr. Möller weg ist, kümmert kein Mensch mehr sich richtig um ihn.

Nun, geliebte Kinder, schließlich ist doch Freitag, auch muß man einkaufen und disponieren bis über Pfingsten, noch dazu mit mancherlei Gästen – also ich muß aufhören.
* Meine Judel, schneide Deine Haare noch nicht ab!!!
* Meine kleine Mirjam, wenn Du so viel Kopfweh hast und Dein Haar so ausgeht, mußt Du einen Arzt fragen!

Seid gebenscht [gesegnet] geliebte Gesellschaft,
verkuscht und gegrüßt von Eurer
so viel Sehnsucht habenden Mutti

[Weitere persönliche Zusätze auf den Durchschlägen]
* An Mirjam: Bald kommt wieder ein persönlicher Brief mein Schatz. Vielen Dank für Deine Briefe und Karte. Kamen meine 4 Muster an?

Festen Kuß! Mutti

* An Esther: Mein süßes Estherlein, nach Jomtow schreibe ich Dir mal wieder allein! Du schicktest ein Muster für die Kleinen, leider kam die Tüte leer an, das Kuvert war vielleicht zu klein. Aber Mutti war so gerührt, daß Du von Deinem spärlichen Geld noch für die Kinder was ausgibst! Eigentlich wollte ich [es] Dir nicht schreiben, aber vielleicht kannst du reklamieren?

Innigen Kuß M

Hamburg, den 28. 5. 39
[Brief von Tante Thea Preuss; Auszug]

Liebste Martha [Oma Preuss],

daß ich mit Günter bei Deinen lieben Kindern bin, hast Du wohl inzwischen schon erfahren. Sie haben mich so mit Liebe und Herzlichkeit überschüttet, daß ich den Kontrast um so schmerzlicher empfinden werde, wenn ich heute nachmittag wieder »fremd« in mein eigenes Haus [in Berlin] zurückkehren werde. Deine Enkelkinder sind so geliebt, daß Günter überhaupt vollkommen vergaß, daß ich auch hier bin. Wir sind über die Alster gefahren und am Freitag nachmittag widmete sich sogar Joseph uns, um uns Blankenese zu zeigen; eine wundervolle Partie! So haben wir ein paar herrliche Tage verlebt und haben dann ausnahmsweise in Berlin auch über was Angenehmes nachzudenken.
Günter hatte ich, wie Du vielleicht schon gehört hast, zur Auswanderung nach Kanada durch die Gemeinde angemeldet. Damals hieß es,

»mit evt. Anforderungsmöglichkeit«. Jetzt kam der Bescheid, daß man nur Vollwaisen aufnehmen wolle, daß man aber nochmals versuchen wird, Halbwaisen unterzubringen. Das Ganze ist nur eine Verzweiflungstat von mir, aber wenn ich ihn nie mehr wiedersehen soll, gebe ich ihn, trotz meiner Lage, nicht her. Schade, daß es keine Möglichkeit nach Palästina gibt. Wenn ich aber dann warten soll, bis er in der Lage ist, mich anzufordern, dann erlebe ich das sowieso nicht mehr ...
Ab 1. Juni werde ich auf Kosten der Gemeinde an einem Privatmittagstisch ausgebildet. Ob ich damit irgendwelche Aussichten für später haben werde, weiß ich nicht. –

Deine Dich l[iebende] Schwägerin Thea.
Viele herzliche Grüße und Küsse
Dein Günter.

28. Mai 1939

B"H Meine geliebte Oma!

Umstehenden Brief hat Tante Thea hier noch geschrieben, eben komme ich von der Bahn zurück. Kaum lohnt es sich, die Mütze abzunehmen, denn bald muß ich wieder an die Bahn, Cilly abzuholen. Sie rudern ja auch nach Carlebachscher Manier ein klein bißchen, nachdem erst Cilly für Schabbat <u>sich</u> angemeldet hat, dann mit ihrem Mann, dann sich und ihren Mann für Sonntag, gestern sich allein für Sonntag – nun bin ich gespannt, <u>wer</u> jetzt kommt. Na, aber auf alle Fälle freuen wir uns sehr, solange ich noch das große Glück habe, dies kleine polnische Mädel [Eva Schulowitz] bei mir zu haben, macht natürlich Besuch nicht 1/3 soviel Arbeit, als wenn man alles selber machen muß.
Tante Thea war allerdings schrecklich anstrengend, sie ist so langweilig und weiß mit sich allein überhaupt nichts anzufangen. Da nun doch Jomtow war (das konnte ich nicht ändern), war man erst den halben Tag in Schul, dann natürlich immerwährend Besuch etc., ich konnte also nicht immerwährend sitzen und mit ihr mich unterhalten. Aber sie hat wohl unseren guten Willen gesehen und sich letzten Endes doch ganz gut gefühlt. Der Junge ist sehr nett, er sieht so preussesch wie nur möglich aus, sodaß es mich direkt rührte und man doch ein großes Stück Verantwortung für ihn fühlt. Alle sagten hier, er sähe mir ähnlicher als irgend eines meiner Kinder. Ich denke immer, jetzt ist er in dem Alter, wo man noch was aus ihm machen könnte, wenn er jetzt in richtige Hände

käme. Am liebsten hätte ich ihn ganz zu uns ins Haus genommen, Jo wäre auch einverstanden, aber ich weiß nicht, ob ich Joseph noch die Verantwortung und Last zumuten darf, für ein Kind mehr zu sorgen, solange von unseren eigenen noch nicht ein einziges richtig versorgt ist. Jedenfalls will ich alles tun, mich zu bemühen, daß er auswärts irgendwo gut unterkommt. Immer denke ich, wir alle sind auch ein wenig mitschuldig an dem Schicksal von Fritz [Preuss, älterer Stiefbruder von Günter aus erster Ehe], schließlich ist er unser direkter Verwandter. Sie meint, daß er schon seit dem vorigem Juni im KZ ist. Die Hauptschuld trägt sie wohl.
Mit den Berichten über unsere Kinder bin ich auch nicht sehr zufrieden. Zu jammervoll, daß mit Eva nichts mit Erez glücken will, sie hätte dort doch schon ein bißchen Lebensglück à conto finden können. Dort in London die Dame hat sie, wie sich jetzt herausstellt, nur pro forma angefordert, und [hatte] in Wirklichkeit gar keinen Platz frei. –
Der Pflegevater von Judith hat mir gestern unter strengster Diskretion geschrieben, es sei ihm leider aus pekuniären Gründen nicht mehr möglich, das Kind zu behalten. Es soll aber weder seine Frau noch unsere Kinder in London, vor allem auch Judith selbst nichts von dem Brief wissen. Laß Dir also nichts merken, falls Du ihnen mal schreibst. Nun geht also wieder eine neue Sorge los, gerade Judel war so besonders gut untergebracht. Na, es wird schon werden und ewig werde ich den Leuten dankbar sein für das, was sie bei ihnen gehabt hat.
Gestern schickte mir das Dresdner Konsulat Kopie des an Dich gerichteten Briefes, den ich nicht verstehe. Ich hatte auch nach Dresden geschrieben und Deine Vollmacht eingeschickt, die Briefe kreuzten sich. Muß ich nun an die Dresdner Bank-Berlin schreiben oder ist es damit a. Sperrkonto gegangen. Was ich für Dich kriegen kann, hole ich.

Sehr bald weiter, gute Besserung,
sei innig gegrüßt und geküßt von Deiner Lotte

[Postkarte] 8. Juni 1939

B"H Meine geliebte Oma,

diese Woche also habe ich alles bekommen und werde nun s[o]G['tt]w[ill] am Sonntag (den 11.) nach London fahren. Du kannst Dir denken, wie ich mich freue! Ob ich von da aus viel schreiben kann, glaube ich nicht, denn das Geld wird sehr knapp sein. Ich habe Erlaubnis für 3 Wochen,

glaube aber nicht, daß ich solange bleiben werde. Wovon? Wenn man das für Erez auch mal machen könnte!Das Dresdner Konsulat teilte mir mit, das Geld sei an die Bank in Berlin überwiesen, die Berliner Bank, es sei an die Leipziger gegangen. Ich habe hingeschrieben und warte nun auf Antwort. Lohnt es sich nicht doch, einige Sachen zu schicken, sogar wenn es etwas Zoll kostet? Ist es denn nicht immer noch billiger als dort? Der Lehrer in Noemis Klasse hat ihnen neue Bücher besorgt. Beim Einsammeln des Geldes hat Noemi ihm 5 Pf[ennig] Trinkgeld gegeben, weil »Sie ja solche Mühe davon hatten«! Gut? –
Das polnische kleine Mädel, die mir wirklich eine so großartige Hilfe ist, ist zum 30. 6. ausgewiesen. Wir haben übrigends wieder ein Kind mehr. Ihr habt sicher gelesen von dem Dampfer, der mit 350 Juden unterwegs nach Cuba war und die Leute, da die Visen nicht in Ordnung waren, wieder zurückbrachte. Davon haben wir ein sehr nettes 15jähriges Mädel. Geht zur Schule.

Tausend innige Grüße! L.

15. Juli 1939

Meine geliebte Oma,
meine süße kleine Merri [Mirjam],
geliebte Geschwister!

Endlich! – werdet ihr sagen, daß ich Euch einmal wieder schreibe! Aber ich denke, ich bin entschuldigt. Während meines Aufenthaltes in London hatte ich wirklich weder Zeit noch Geld für Korrespondenz. Nun bin ich schon 8 Tage wieder hier, und alles scheint ein Traum gewesen zu sein. Laßt mich also ein bißchen erzählen!
Unwahrscheinlich wie ein Traum fing die Reise ja schon an, da ich zum ersten Mal in meinem Leben geflogen bin. Aus diversen Gründen nahm ich gleich ein Hin- und Retour-Flugbillet, als sei ich es nie anders gewöhnt gewesen, zu reisen. Auf der Hinfahrt hatte ich ein dänisches Flugzeug, und in drei Stunden von hier in London zu sein ist etwas, was ich noch immer nicht fassen kann. Ich hatte den Kindern geschrieben, daß nur einer von ihnen zum Flugplatz komme sollte, da ich weiß, daß die Plätze sehr weit draußen liegen, und das viele Fahrgeld hätten sie nicht bezahlen können. So traf ich als ersten draußen vor der Flughalle in Croydon – Buli. Er ist sehr groß geworden, sieht bildhübsch aus; nach

den Anfällen von Eleganz, die er hier [zu Haus in Hamburg] in der letzten Zeit unter dem Einfluß seiner Freundin verschiedentlich gehabt hatte, sieht er jetzt etwas vernachlässigt aus, indem die Freundschaft (zur Zeit wenigstens) erloschen ist … Er ist weitaus der größte Schüler der Schule, hat den Kindern dort eingeredet, er sei hier schon Lehrer gewesen, und nur, um sich im Englischen zu vervollkommenen, besuche er nochmal die oberste Klasse. Seine Ähnlichkeit mit dem Wesen von Otto hat mich manches Mal geradezu verblüfft. Im Winter hofft er sein Matric machen zu können.
Nach fast einstündiger Autobusfahrt kam ich mit ihm dann zur Victoria-Station, wo Eva und Judel [Judith] mich erwarteten. Nein, wie Judel sich freute! Sie hat doch die ganze Zeit viel unter Heimweh gelitten und nun war das Glück dementsprechend. Sie hat ihre Zöpfe abgeschnitten, um »englischer« auszusehen, trägt das Haar halblang, und hatte tagelang nur eine Angst im Herzen gehabt: daß ich sie, da ich sie doch 8 Monate nicht gesehen hatte, nicht wiedererkennen würde! Evalein sah so gut aus, wie schon lange nicht und war die ganze Zeit besonders süß mit ihrer Mutti. Wir fuhren wieder fast eine Stunde mit dem Autobus bis zu Dr. Möller, wo ich vorest absteigen sollte. Sehr lästig war, daß ich die ersten Stunden fast taub war von dem Lärm der Motoren im Flugzeug, und zuerst schon große Angst hatte, daß es sich nicht wieder verlieren würde. Aber gegen Abend (um 5 Uhr war ich angekommen) war es schon wieder gut. Bei Dr. M[öller] wurde ich so herzlich, so selbstverständlich und entzückend aufgenommen, wie ich es gar nicht sagen kann. Estherlein hatte nachmittag nicht frei bekommen, sie kam gegen Abend, war sehr vergnügt, sah aber schlecht aus. Wie ein paar Wegelagerer waren sie alle 4 über meinen Koffer hergefallen, um zu sehen, was sie für sich gebrauchen könnten, sie können sich doch Nebbich nichts anschaffen. Im Nu hatten sie also Strümpfe, Schuhe, Schals, Handtaschen, Taschentücher, Seife, Zahnpasta, Hautcreme, aber auch alles, annektiert. Ich bat um Gnade, und wir schlossen einen Pakt, daß ich wenigstens während meiner Anwesenheit in L[ondon] die Sachen noch benutzen durfte.
Letzten Anstoß zu meiner Reise hatte ja ein Brief von Judiths Pflegevater gegeben, der geschrieben hatte, daß er aus finanziellen und andern Gründen sie nicht länger behalten wolle. Mein erster Besuch war also dort im Hause, wo ich allerdings den Herrn des Hauses nicht allein

sprechen konnte, sondern alle nur und gleich für den nächsten Nachmittag zum »tea« mit den andern Kindern eingeladen wurde. Ich hatte auch ein bißchen über die Lebensgeschichte der andern, Eva und Esther, erfahren. Eva hatte zur Zeit von Miss Gasters Children-Home ein Schreiben bekommen, auf Veranlassung von Alex [Carlebach], daß sie bereit sei [Eva] gegen Kost, Logis und ein kleines Taschengeld aufzunehmen, bis sie bei ihr ihr das Nurse-Examen machen könne. Darauf bekam sie ihr »student-permit«. Als sie hinkam, sagte man ihr dort: 1} sei es nur eine pro forme Anforderung gewesen, und 2) sie sei ihnen viel zu fromm, Windeln waschen usw. müsse selbstverständlich auch am Samstag geschehen, darauf könnten sie keine Rücksicht nehmen. Nun saß sie da, hatte durch ihr »student-permit« keine Arbeitsgenehmigung, und wenn nicht Alex und Marga [Carlebach] gewesen wären, die vom ersten Tag an ganz besonders entzückend gegen Eva und Esther waren, so hätte sie buchstäblich auf der Straße gelegen. Nun ist sie erstmal in die Leitung des Bet-Chaluz wieder berufen worden, zusammen mit Erwin Seligmann, mit dem sie schon oft Bundesarbeit zusammen gemacht hat. Ich habe sehr viel Gutes über sie und ihre Arbeitsleistung zu hören bekommen, vor allen von den Komitee-Damen. Ihre Arbeiten sowohl in der Küche als auch im Hause und in der Anleitung der Mädchen, im Organisieren, wie im theoretischen–jüdischen Lernen seien besonders gut.

Estherlein hat auch so mancherlei dort erleben müssen. Sie war doch in einem Hostel mit 20 Wiener Jungens, und Ihr habt aus den, zur Zeit eingeschickten Briefen gesehen, wie sehr ihr das jüdische Milieu und alles, trotz der schweren Arbeit, zugesagt haben. Es war aber unmöglich, mit der [Vorstands] Dame auszukommen. Esther ist gewiß ein kluges Kind, das mit jedem sich vertragen kann, diese waren nicht die ersten Vorgesetzten, unter denen sie gearbeitet hat. Aber was zuviel ist, ist zuviel. Mir haben manche Mädchen gesagt, die sie dort im Hostel besucht haben, ihnen seien die Tränen gekommen, wie sie gehört haben, wie diese Frau mit ihr gesprochen hat. Esther konnte natürlich sehr gut mit den Jungens fertig werden, auch wenn sie mal mit dem Essen meckerten oder ähnliches, hat sie sie mit ihrem Chein oder einem guten Wort sofort rumgekriegt, liebend gern halfen sie ihr für ein gutes Wort bei allen groben Arbeiten. Und [die] Frau, die diese Jungens nicht zu nehmen wußte, war außer sich darüber, daß sie zu ihr immer frech und

aufsässig waren, und daß Esther sie um den Finger wickeln konnte. Sie hätte das ganze Heim allein leiten können! [...]
Sie hatte sich inzwischen schon nach einer anderen Stelle umgesehen, und ging ohne Kündigung weg.
Nun ist sie als »cook« in einem sehr netten frommen englischen Haus, 7 Söhne von 14 bis 24 Jahren, außer Vater und Mutter, 1 Chaluz und ständig Gäste! Es sind noch zwei ziemlich faule Mädchen da; sie hat enorm zu tun, von 7 Uhr früh bis 11 Uhr abends, da jeder zu einer anderen Zeit zu Tisch kommt, 2 Mal am Tag warm gegessen wird (Lunch und Supper), ewig Besuch da ist, ewig Sitzungen, mit Bewirtung – aber – sie wird wie ein Mensch behandelt, alle mögen sie gern, sie darf auch mal lachen ... die Jungens laufen mal zu ihr aufs Zimmer, sich ein Buch ausleihen oder ähnliches, sie ist eben wie ein Kind des Hauses, allerdings, dem man zu viel Arbeit aufgepackt und das keine Minute Freizeit am Tag für sich hat. Sie verdient 15 Shilling die Woche, das ist der übliche Minimalsatz für Maximalleistung.
Bei Judel zu Hause ist folgendes: Mann und Frau leben in sehr schlechter Ehe zusammen, schlafen schon seit 12 Jahren nicht zusammen, Judith schläft bei der Frau, die ganz entzückend ist. »Aber sowas bin ich doch wirklich von zu Haus aus nicht gewöhnt!« sagte Judel immer. Der Mann ist ein Stück Meschuggener Chossid, lernt immer nur Kabbala. Dann sind da drei Söhne, 19, 17, 15. Die sind ausnehmend ungezogen gegen den Vater; natürlich hat Judith, als sie hinkam, auch sehr schnell Partei gegen den Mann für die Frau ergriffen. Ich habe mir bei meinem Dortsein gestattet, den Herrn Söhnen und meiner Tochter zu sagen (auf Englisch! die verstehen kein Deutsch, so wenig wie Esthers Herrschaft), daß man gegen einen Vater, sogar wenn man ihn nicht liebt, doch sich anständig zu betragen hat, wegen Kibbud Aw Wa'em [Elternehrung] etc.; Jo hat an den Mann inzwischen einen Brief geschrieben, der Wunder gewirkt hat (hebräisch, »the German magic«, wie die Frau mir versicherte); ich habe mit dem Mann gesprochen, halb jiddisch, halb englisch, daß Judith noch ein Kind ist etc. – na kurz und gut, dort hat sich, bis auf das gemeinsame Schlafzimmer, alles eigentlich zum besseren gewendet (da fühlte ich mich doch nicht gerade befugt, mit dem Mann Kabbalistisch mich zu unterhalten). Jedenfalls ist sehr viel mehr Frieden im Haus. Von Judiths Weggehen ist keine Rede mehr, alles in Butter (kann man in England ja haben).

Bleibt Bulis neue Heimat, Rabbi K., so Mischung von Duckesz, Harry Levy [und] Löwy ..., allerdings ein kluger Mann, mit viel Pathos »goooood aafternoooon!« Na! ganz nette Leute, aber wirklich nichts für Buli. Er hat allerdings ein sehr nettes Zimmer für sich, mit Balkon, gutes reichliches Essen und Trinken, streng frommes Haus – ich habe ihm gesagt, man kann von keinem Komitee der Welt verlangen, daß es sich auch noch dafür interessiere, ob Herr und Knecht menschlich auch zueinander passen. Ich habe den Leuten sehr oft meine Dankbarkeit ausgesprochen für alles, was sie an ihm getan; schließlich haben sie ihn doch an Vaters und Mutters Statt solange zu betreuen auf ihre Kosten nach besten Wissen und Gewissen. Nun muß er bald aus dem Hause fort – der Rabbi zieht weg von London, – und nun – hat Buli große Charata [Reue]. Was er gehabt hat, weiß er, alle Vor- und Nachteile, was er bekommt, weiß er nicht. Leider haben Ks mir erst 3 Tage vor meiner Abreise von London davon Mitteilung gemacht. Sonst hätte ich mich doch schon mal umsehen können für ihn. Obwohl es fast unmöglich ist, das weiß ich, ein frommes Haus zu finden, das noch jemand aufnehmen kann. Ich mußte es nun dem Komitee überlassen.
Soviel wie ich gewünscht hätte, war ich mit den Kindern nicht zusammen. Man meint ja immer, wenn man auf Urlaub ist und andere Leute besucht, daß diese andern Leute dann auch nichts zu tun hätten. Eva und Esther sind den ganzen Tag beschäftigt, wenn auch Eva etwas mehr ihr eigner Herr ist und sich mal frei machen konnte. Buli und Judith haben vor- und nachmittags Schule, sind um 1/2 6 fertig, haben viel »homework«, besonders jetzt, da die Jahresprüfungen begonnen haben. So war also jede abgesparte Stunde ein Jomtow; wie schön war es, wenigstens an einem Tag, wenn man sich nicht sehen konnte, mal zu telefonieren. Sehr schön ist ja, daß sie alle in einer Gegend wohnen, alle etwa 20 Minuten von einander entfernt, so daß doch immer einer beim andern mal reingucken kann. Auch alle Pflegeeltern, bzw. Herrschaften, kennen einander, sodaß sie auch in jedem Haus immer willkommen und wirklich wie Kinder aufgenommen werden.
Fortsetzung über den »allgemeinen Teil« der Englandreise folgt. Ich habe keine Zeit mehr. [Wurde leider nicht gefunden]

Innige Grüße und Küsse!
Mutti

17. Juli 1939

Meine liebe Frau Möller,

von vornherein muß ich um Entschuldigung bitten, wenn ich mit der Maschine schreibe – so gut und so schlecht es geht – aber ich kann durch die Gewöhnung jetzt schon kaum einen Federhalter meistern ... Sie glauben nicht, wie glücklich mich Ihr gestern eingetroffener Brief gemacht hat, in einem herzlichen und interessierten Ton – nein, an Ihnen lag und liegt es wirklich nicht, daß ich nicht schrieb, es liegt einzig und allein an mir. Ich kann nicht mehr schreiben, außer tatsächlichen Berichten, und ich weiß nicht, ob Ihnen daran soviel gelegen wäre. Das können Sie immer bei meiner Mutter in T[el] A[viv] erfahren. Aber Briefe, wie ich gewöhnt war zu schreiben und die ich auch gern schrieb, die gehen mir nicht mehr von der Hand. Ich bin zu müde – ich fühle mich am Ende – man hat keine Spannkraft mehr, das Tagewerk hat keinen Sinn mehr – man hat noch viel zu viel Leute, aber keine Menschen mehr – und vor allem, das ist die erste Ursache und der letzte Grund aller Seelenmüdigkeit: Die schreckliche Sehnsucht nach den Kindern! Ich habe ja jetzt das große Glück gehabt, sie zu sehen und zu sprechen, und vielleicht hat das alles es noch schlimmer gemacht. Man hat erst gesehen, wie schwer sie es haben, bei einer Arbeit, die letzten Endes auch sinnlos ist und ihre Kräfte vergeudet, für nichts. Gewiss, sie sind jung, und harte Jahre in der Jugend geben meist das beste Material für ganze Menschen – wenn sie für ein Ideal, für ein Lebensziel arbeiten könnten. Die Kinder selbst klagen nicht etwa, sondern finden sich recht gut in ihre Situation, und ich unterstütze das bei ihnen nach Kräften. Aber wir sehen ja ein wenig tiefer und ein wenig weiter. Ich habe das Gefühl, wie man es nach einer schweren Entbindung hat – als ob langsam und unaufhaltsam alles Blut davonfließt, jedes Kind, das herausgegangen ist, hat im wahrsten Sinn des Wortes ein Stück Herz mitgenommen. Die einzige, die, so glaube ich, wirklich glücklich ist, ist Mirjam. Die ist dafür auch schon, wie ich es vorausgesehen hatte, völlig aufgegangen in der Gemeinschaft ... Das ist also das höchste Glück, was man sich und seinen Kindern wünschen kann. Auch mein Mann ist sehr herunter und abgearbeitet, und die Arbeit ist so schwer!

Am Bornplatz steht noch als letztes Wahrzeichen die halbe Ostwand mit dem Aron Hakodesch wehrlos und bloß in Wind und Regen ... wir gehen täglich vorbei.

Keinem Menschen sonst hätte ich so geschrieben, aber ich weiß, daß ich Ihnen schreiben darf, wie mir ums Herz ist, wenn ich überhaupt schreibe. Sie verstehen mich gut und verstehen nun auch, wie schwer mir das Schreiben überhaupt ist. Meine ganze Hoffnung ist noch immer Erez Jisroel – oder ist es besser, das reine Ideal seines Lebens nur als Vision im Herzen zu tragen? Mein Mann könnte nach Amerika kommen, vielleicht ist es sehr falsch von mir, aber ich kann mich nicht entschließen, einen Finger dafür zu rühren. Ich glaube, er <u>könnte</u> jetzt auch ein Zertifikat nach Erez bekommen, fragen Sie doch mal Ihren Mann, was er von der Möglichkeit hält, ihn an die Universität zu bringen? Der jetzige Rektor (oder bis jetzt gewesene Rektor) Prof. Fränkel, früher Kiel, kennt ihn sehr gut. Und als Gegengewicht gegen die bibelkritischen Herren wäre es vielleicht für die Jugend eine Notwendigkeit, ihn hinzubringen.
Ob es Sinn hat, wenn <u>ich</u> an Struck oder Fränkel schreibe? Oder ob man mit einem Brief mehr schadet als nützt?
Sie glauben gar nicht, wie sehr Sie mir fehlen! Mir geht es ähnlich wie Ihnen, bis man sich an einen Menschen wieder anschließt – in der Beziehung waren wir ja beide etwas anspruchsvoll! Und hier ist nun wirklich keine Auswahl mehr. Im allgemeinen habe ich von meiner Londoner Reise viel Freude gehabt. Unsere alte Frage ist mir da auch immer wieder aufgetaucht, über die wir früher auch schon oft gesprochen haben: Ob man jemals wieder über die Bedürfnisse des täglichen Lebens hinaus auch ein Anrecht haben wird an der Welt der Schönheit, der Ästhetik, der Lebenskultur überhaupt? Oder bleibt das nur den »Bessersituierten« vorbehalten? Ich glaube, nachdem was ich dort gesehen habe, daß es nur ganz starken und sehr ideal veranlagten Menschen gelingen wird, in aller Not und Kargheit des täglichen Lebenskampfes ihren Teil an der geistigen Sphäre und Schönheit dieser Welt zu erringen und zu bewahren. Es ist jedenfalls eine ungeheure Kraftprobe, über das bloße Vegetieren hinaus zu einem Mehr zu gelangen. Aber <u>die</u> <u>daraus</u> hervorgehen, haben etwas geleistet!
[im Original ausgestrichen:] [Das ist doch, nach meiner höchst theoretischen Meinung allerdings, eben das, was schon dem Leben in Palästina eine ganz andere Note gibt.]
Also, ich werde schon wieder andauernd gestört und kann mitten im Satz schon nicht mehr weiter. Sprechstunde, und mein Mann ist nicht

da – hilft nichts. Lassen Sie trotz meines langen Schweigens mich mal wieder von Ihnen hören, ob es Ihnen (hoffentlich) gut geht, wie Sie leben, wie Sie sich [handschriflich angefügt:] gesundheitlich fühlen, wie Sie mit dem Leben und den Menschen dort fertig werden. Jede Zeile von Ihnen freut mich. Grüßen Sie Ihren Mann.

In alter Treue

Ihre Lotte Carlebach.

Erzählen Sie meiner Mutter nichts Verstimmendes, ich möchte sie nicht betrüben.

8. August 1939

Meine geliebte Oma,

ich weiß, ich bin furchtbar schlecht, ich habe so ewig nicht mehr geschrieben, nicht an Dich, nicht an Mirjam, nicht an Tante Mirjam – es ist unmöglich! Ich komme einfach nicht mehr dazu. Jetzt ist das kleine fixe poln[ische] Mädchen auch weg, das ich hatte, gerade 1 Tag bevor ihr Paß ablief. Nun bin ich ohne Hilfe, denn es ist auch fast unmöglich, hier jemand zu bekommen. Die Kinder haben ja noch bis Ende der Woche Ferien, und helfen, wo sie können. Ruth hat sogar die ganze vorige Woche gekocht! Aber es bleibt doch immer noch zuviel zu machen, und ich habe abends keine Lust mehr, mich hinzusetzen um zu schreiben. Der Betrieb im Hause geht ja schließlich immer weiter; letzte Woche war Jo in Breslau; wußte Mirjam eigentlich, daß Bella so schwer krank war? G['tt]s[ei]D[ank] ist sie jetzt außer Gefahr, aber ich kann Dir sagen, das waren angstvolle Wochen u[nd] Tage. Mit Jo hat sie sich ja unendlich gefreut, er war drei Tage da und hat nur an ihrem Bett gesessen. Sie hatte erst eine Gürtelrose in der allerschwersten Form, dazu doppelseitige Lungenentzündung, wahnsinnige Schmerzen, eine Tag- und eine Nachtschwester. Jetzt ist Recha da, und kurz vor Jomtov werde ich wohl fahren. Wir hoffen, daß sie bis dahin reisefähig ist und dann hole ich sie erstmal für ein paar Wochen zu uns. Platz genug haben wir ja jetzt.

Vom Sommer haben wir noch nicht viel gemerkt, und dabei ist nun schon bald Rosch Haschana. Das habe ich auch nicht gedacht, daß wir diesen Rosch Haschana noch hier sein würden! Es regnet hier von früh bis spät, wir haben noch wenig schöne Tage gehabt. Ich hätte so schrecklich gern, daß Jo ein paar Tage weggeht. Er kann sich nicht entschließen, und man weiß ja auch wirklich nicht wohin. Vielleicht wird in Wilhelminenhöhe noch was frei, aber ein Vergnügen ist das auch nicht, bei dem Riesenbetrieb dort (es sind jetzt immer z.Zt. 70 Kinder draußen, außerdem alles voll mit Sommergästen). Auch sind die Betten da so schrecklich. Daß mich das so stört, daran merke ich, daß ich alt werde. Sonst ist es da draußen ja wirklich sehr schön, Luft, Essen etc. Peter war 3 Wochen da, kommt heute zurück, Baby war 3 Wochen da (jeder mit seiner Klasse). Und diese Woche kommen wahrscheinlich Ruth und Noemie raus. Peter hat mir kurz bevor er rausging, errötend gestanden, daß er eine Freundin habe, und war sehr beglückt, daß ich nicht böse darüber war. Das hatte ihm die ganze Zeit während ich in England war, schwer auf der Seele gelegen. Da die 13jähr[ige] junge Dame in 1 bis 2 Monaten auswandert, habe ich es wirklich nicht so ernst genommen, wenn ich ihm auch sagte, ich finde, er könnte noch ein bißchen warten.

Sonst gibt es wenig Neues.

Das Leben wird hier schrecklich eintönig, man hat überhaupt keinen Menschen mehr. Erinnerst Du Dich noch an Frl. Dr. Meyer von der Gemeinde, die zu uns manchmal Jomtow kam, ich glaube in der Sukka war sie das erste Mal da, oder warst Du da schon weg? Mit der bin ich nun öfter zusammen, abends schmusen wir manchmal 1/2 Stunde am Telefon, so wie früher mit Cary, die Kinder sind direkt Meschugge mit ihr; sie ist aber wirklich auch ein entzückender Mensch – aber wie lange dauert's, ist sie auch weg; sie haben schon die Vorladung zum amerik[anischen] Konsulat. So geht's ja jetzt immer, hat man inzwischen mal noch jemand Nettes kennengelernt, ist er sicher schon »im Begriff«!

Diesen Schabbat ist Peters Bar-Mizwa-Schabbat – was liegt alles dazwischen, was hat dieses Jahr uns alles gebracht! Immer wieder freue ich mich, daß wir trotz aller Bedenken damals die Feier doch noch gemacht haben, es war eigentlich noch der letzte Höhepunkt. Wieviel Menschen von denen, die damals noch da waren, sind schon nicht mehr am Leben, wieviel schon in der Welt zerstreut! Schon allein unserer Kinder wegen war es sicher richtig, es zu machen. Die Erinnerung daran wird ihnen doch ewig bleiben – heute könnte man's nicht mehr!

Hast Du von Tante Trudchen schon was gesehen? Wie geht es B. S.ens [Jacobson]? Was machen sie und wo leben sie? Eben kam ein Brief von

Dir und Merri (an Ruth ist keiner gekommen). Ich finde auch nach dem Bild, daß sie entzückend so mit dem Haar aussieht. Was gäbe ich darum, das Kind einmal wiedersehen zu können! Das glaube ich gern, daß Eure Freude gegenseitig eine große war! Eingereicht habe ich die Liste für sie schon ewig, aber noch keine Genehmigung.
Buli mußte die Schule verlassen, weil das Komitee nicht länger für ihn zahlen will, »Schuster oder Schneider kannst du werden!« haben sie ihm gesagt. Mal sehen, wie's weiter werden wird, jedenfalls ist das alles scheußlich. Esther ist mit ihrer Herrschaft an der See und hat nach wie vor viel Arbeit, Eva weiter vergnügt, Judith hat weiter Heimweh. Und wir???
Siehst Du Cary mal, grüß sie sehr, auch alle anderen Lieben. Wann heiratet Otto?

Seid alle zusammen innig gegrüßt,
für Dich einen festen Kuß
Deine Lotte

[o.D. – August 1939]

Meine liebe, gute, süße Oma,

Du kannst Dir kaum vorstellen, wie ich mich mit Deinen Zeilen gefreut habe. Ich denke mir, daß sich unsere Gedanken doch sehr oft begegnen, wenn man auch nicht zum Schreiben kommen kann.
Mir geht es G['tt]s[ei]D[ank] gut. Jo vor allem gesundheitlich gut, er hat ziemlich abgenommen in den letzten Monaten, was aber für sein Herz sehr zuträglich ist, er sieht gut aus und fühlt sich auch so. Sein bester und treuester Freund und Anhänger ist nach wie vor Peter. Der ist sehr gewachsen und G['tt]s[ei]D[ank] immer sehr süß. In der Schule hatte er das beste Zeugnis in der Klasse, er versäumt keinen Schiur, aber auch kein Tischtennis oder Fußball. In den langen stillen Abendstunden lernt Pappi mit ihm, ab und zu spielen sie auch eine Partie Schach zusammen. – Die drei Kleinen sind wirklich nicht mehr klein, besonders Noemi wächst enorm. Jetzt hatten sie alle drei Windpocken, Ruthi sogar ziemlich heftig. Aber nun gehen sie alle wieder zur Schule. Ruthi ist sehr strebsam und fleißig, und, obgleich sie ja nicht sehr klug ist, hat sie doch viel geistiges Interesse. Ich hatte vor kurzer Zeit ein Buch von der Bibliothek gehabt: »Madame Curie«. Kennst Du es? Sehr lesenswert. Das hatte Ruth sich geholt, obwohl es wirklich nicht leicht ist, las sie

sehr gerne darin. Und interessant und niedlich fand ich ihre Frage: »Wie ist es möglich, daß ein so kluger und bedeutender Mann wie Curie sich verlieben konnte in eine Frau, die zwar auch sehr klug war, aber doch so gar nichts auf ihr Äußeres gab, auf Kleider, eine hübsche Wohnung etc.« An der Frage habe ich gemerkt, daß sie auch langsam groß wird. Sie vertragen sich alle drei sehr gut, auch mit Peter, der sich einerseits sehr als großer beschützender Bruder fühlt und andererseits sich gern von den Schwestern ein bißchen bekuren läßt.

Seit vier Wochen ist Tante Bella bei uns. G['tt]s[ei]D[ank] geht es ihr besser, als ich nach der langen Krankheit erwartet und befürchtet hatte. Sie ist aber doch sehr alt geworden. Auch Tante Cilly war ein paar Tage hier, um sie zu besuchen und die Lübecker. Bella schläft in »Deinem« Zimmer; wie schrecklich gern möchte ich es für Dich mal wieder zurechtmachen.

Nach der Rückkehr von meiner Sommerreise hatte ich gleich vier Briefe geschrieben an [Hermann] Struck, [Dr.] Zuntz, [Dr.] Nelken und Hermann Cohn, ob sie nicht für Jo was tun können. Niemand hat geantwortet. Gäbe es nicht eine Möglichkeit, daß ich vielleicht erst hinkomme, dann will ich schon weiter sehen, was man tun kann.

Ich schreibe sehr bald wieder. Grüß mir Otto tausendmal und alle Lieben.

Sei Du innigst umarmt und geküßt
voll Sehnsucht und Liebe
von Deiner L.

Briefe 1940

[o.D. – März 1940]

Lieber Hermann, [Halberstadt]

wir hatten wirklich besondere Freude mit Deinen so lieben ausführlichen Zeilen, die uns G['tt]s[ei]D[ank] ja auch viel Gutes und Angenehmes zu berichten wußten. Von Deinen l[ieben] Eltern hatten wir selber jüngst Post, auch lag ein Brief der l[ieben] Martha [?] bei, über den ich mich ganz besonders freute. Von unseren Kindern hören wir leider sehr

selten und [so] hört natürlich die Sorge und Unruhe nie auf. Joseph war im Februar recht krank (Herzgeschichte), nun ist aber G['tt]s[ei]D[ank] alles wieder all right, er hat wirklich in den Feiertagen sehr viel geleistet. Meine Hoffnung war immer, daß er einmal in der Schweiz ein Rabbinat oder Dozentur bekommen könnte oder die Leitung eines Instituts, Internats. Gibt's gar keine Möglichkeiten?
Nochmals vielen Dank für Dein Schreiben, laß bald wieder von Dir hören und

sei aufs herzlichste gegrüßt
von Deiner Lotte

23. September 1940

Meine liebe Frau Roberta, [Hirsch]

ob Sie sich wohl vorstellen können, welche Freude Ihr Telegramm ausgelöst hat?! Es hätte verdient, sofort beantwortet zu werden, ebenso wie Ihr lieber ausführlicher Brief. Doch habe ich mehrere Wochen gelegen mit einer zwar leichten Grippe, aber desto größeren Schwäche und einem aus der Ordnung geratenen Herzen, das tatsächlich durch Ihr Telegramm ein Stück Gesundheit zurückerhalten hat. Haben Sie vielen, vielen herzlichen Dank, ich hoffe ja sehr in nächster Zeit auch noch Näheres zu hören, was Ihre Schwiegertöchter schrieben.
Wenn man so elend ist, wie ich es jetzt einige Wochen war, dann spürt man immer wieder so recht, daß, wen man auch im Laufe der Jahre ausprobiert hat, es nie wieder einen Arzt gibt, wie Dr. Henri Hirsch es war. Nicht nur, daß er im Moment mit absoluter Sicherheit die Diagnose gestellt hatte – das verstand sich von selbst, daß da kein Irrtum und kein Zweifel möglich war – aber wo gibt es nochmal einen Arzt, der mit einem einzigen Blick auch die innere seelische Verfassung seines Patienten durchschaut hatte, dem man nichts vormachen konnte – und der deshalb, weil er zu gleicher Zeit innen und außen Bescheid wußte, so rasch und wohltuend heilen konnte? Nein, liebe Frau Roberta, glauben Sie mir, nie wird er bei uns vergessen sein. Und wenn ich von den schönen Erfolgen von [dem Sohn] Hermann höre, dann hoffe und wünsche ich nur, daß er seinem Vater ähnlich sein möge. Was ich von ihm weiß und kenne, ist sein grundgütiges Herz – und das ist ja die erste Bedingung für diesen Beruf. –

Nun versuche ich mich heilen zu lassen von einem Durchschnittsarzt, esse statt Fleisch einen wirklich bis auf den Grund falschen, da vegetarischen, Hasen (aber wenigstens schmeckt er so ähnlich) und statt Kaffee Coffeintabletten. So hoffe ich mich langsam wieder in einer so wenig erfreulichen Umwelt zurechtzufinden.
Schlimm ist es ja auch, daß man so wenig Menschen mehr um sich hat, die einem nahestehen – Sie liebe Frau Roberta, hätte ich auch noch gern in meiner Nähe – ob uns das Leben wohl noch einmal zusammenführt??
Lassen Sie für heute mich schon schließen, da das Schreiben mich noch ziemlich anstrengt (ich bin ja auch meine eigene und meines Mannes Sekretärin)! Ich wünsche Ihnen und Ihren Lieben aus ganzem Herzen ein glückliches und gesegnetes neues Jahr. Wir alle möchten schon gern des göttlichen Segens teilhaftig werden.
Haben Sie nochmals herzlichen Dank für Ihre Beweise von Freundschaft und

seien Sie herzlichst gegrüßt und geküßt
von Ihrer Lotte Carlebach

[Postkarte] 10. Dezember 1940

B"H Meine lieben [Goldschmidts] Alle,

Für heute nur in Kürze meine innigsten Grüße! Ein Brief an Euch liegt angefangen und kommt sehr bald nach. Große Freude hatten wir mit Deinen Zeilen, geliebtes Gretelein. Ich bin überglücklich zu wissen, daß es Euch G['tt]s[ei]D[ank] so gut geht. Uns allen gehts auch G'tt sei Dank gut. Die Kinder sorgen dafür, daß immer Leben im Haus ist.
Hört Ihr mal was von Oma? Wir gar nicht, auch nicht von Mirjam. Hoffentlich bleibt nur alles gesund. Also in wenigen Tagen mehr.

Seid innig gegrüßt und geküßt
von Eurer Lotte

Absender:
Lotte Sara Carlebach
Hamburg, Ostmarkstraße 76
Geprüft: Oberkommando der Wehrmacht, Hamburg

Briefe 1941

23. Mai 1941

Sehr geehrter Herr Direktor, [Jonas]

In [A]anbetracht der veränderten Verhältnisse erbitte ich Ihre Genehmigung, daß die Kinder für den Schulweg ihre Fahrräder benützen dürfen. Der Verschleiß von drei Paar Schuhsohlen würde eine nicht tragbare Belastung bedeuten.

Mit bestem Gruß
Ihre ergebene Lotte Carlebach
Ostmarkstraße 76

Den 9. Juni 1941 [Antwortbrief]
Frau Dr. Carlebach
Hamburg 13
Ostmarkstraße 76

Sehr geehrte Frau Dr. Carlebach!

Zu meinem Bedauern muß ich Ihnen mitteilen, daß ich Ihrem Wunsche, Ihren Kindern die Benutzung der Fahrräder für den Schulweg zu gestatten, nicht entsprechen kann. Ich habe gerade heute Ihren Fall – natürlich ohne Namen zu nennen – dem Oberschulrat vorgetragen und muß daraufhin die oben angegebene Entscheidung treffen. Die Anweisungen, die von der Behörde erteilt wurden, sind gerade in dieser Hinsicht äußerst streng.

Mit bestem Gruß
Ihr ergebener [Direktor Dr. Jonas]

[o.D. – vor September 1941]
[Zusatz auf einem Brief von Felix Goldschmidt]

Innig geliebte Menschen,
meine süße kleine Mirjam, meine goldene gute Oma!

Wie lange haben wir nichts von einander gehört. Ich hoffe nur, daß es Euch allen so gut geht, wie uns G'tt sei Dank. Wir sind alle gesund und zufrieden; besonders glücklich bin ich ja immer mit den sehr häufigen Briefen von Gretels Schwiegervater [aus der Schweiz]. Sie [Gold-

schmidts] scheinen sich dort [im Versteck in Frankreich] besonders wohl zu fühlen und auch gesundheitlich tut ihnen das Landleben sehr gut.
Die Kinder hier werden auch groß und vernünftig. Sie sind recht vergnügt, nur entbehren sie ihre großen Geschwister sehr.

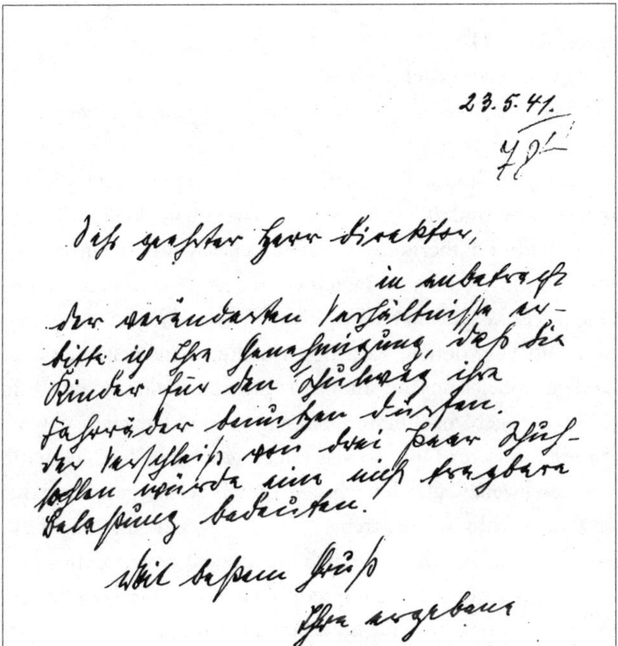
23.5.41.
78

Sehr geehrter Herr Direktor,
im Anbetracht der veränderten Verhältnisse erbitte ich Ihre Genehmigung, daß die Kinder für den Schulweg ihre Fahrräder benützen dürfen. Der Verschleiß von drei Paar Schuhsohlen würde eine nicht tragbare Belastung bedeuten.

Mit bestem Gruß
Ihre ergebene
Lotte Carlebach
Ostmarkstr. 76

Bitte um Erlaubnis für ihre Kinder, zum Schulweg Fahrräder zu benützen. Frau Lotte Carlebach an Schuldirektor Dr. Alberto Jonas, 23. 5. 1941

Ob Otto wohl schon verheiratet ist? Ach die Gedanken wandern so viel. Ich fahre bald wieder nach Berlin auf den Friedhof und werde für ihn und für Euch alle und unsere Kinder beten.
Lebt Dr. Munk eigentlich noch? Er sollte unser Fürsprecher sein. Vielleicht bestellt Franz (?) mal wieder einen Gruß.

In unendlicher Liebe und ständigen Gedanken

Eure Lotte

1. September 1941

Meine über alles geliebte Oma,

nun muß ich doch, wenn ich auch fast ganz mir das Schreiben abgewöhnt habe, einmal wieder ganz extra und ganz allein zu Dir kommen – denn Ihr könnt Euch nicht denken, wie beglückt wir alle waren, aber ganz besonders ich, über die Geburt von der kleinen Noemi [Preuss]. Tausend und abertausend innige Glückwünsche Dir meiner süßen Oma, für die ich mich so unendlich freue, daß sie nun wieder so ein ganz kleines Enkelchen in nächster Nähe haben darf, so etwas zum Sorgen und zum Verwöhnen, so richtig was für meine geliebte Oma, und unzählige Glückwünsche an Otto und die kleine Schwägerin [Mathilde Preuss, geb. Lachmann],der wir so dankbar sind, daß sie unserer Familie, unserer Oma so viel Glück geschenkt hat. Ich hätte sofort Euch geschrieben, gleich nachdem Gretels Schwiegermutter aus der Schweiz, die so rührend und treu uns immer schreibt, uns Nachricht von der Geburt gegeben hat. Doch hatte ich die ganze Zeit schon vorgehabt, wieder einmal auf den Friedhof zu Pappis Grab zu fahren, und wollte nun warten, bis ich Euren Bericht von dort geben konnte. Letzte Woche war ich nun drüben; es ist dort Gott sei Dank alles beim alten, so schön, so still, so friedlich; leider war das Wetter schrecklich, Hagel und Gewitter; trotzdem war ich fast zwei Stunden draußen. Ich habe mir schon vor langer Zeit ein kleines Klappstühlchen gekauft, daß ich immer nach dort mitnehme, und sitze dann dort lange und gern. Ich war glücklich, schon die Nachricht von der Geburt des Enkelchens mit ans Grab nehmen und schon dies kleine Menschlein mit ins Gebet einschließen zu können.
Zum Frühjahr werde ich diesen Stein wie auch die Gräber der Großeltern wieder instand setzen lassen. Zum Winter hat es wenig Sinn, wie mir der Wärter, immer noch derselbe von anno dazumal sagte. Auch bei

den Eltern von Joti und Cilly [Stern] war ich, sowie bei vielen, vielen aus der Kindheit vertrauten Namen.
Uns geht es so weit G'tt sei Dank gut. Wir sind gesund und arbeiten von früh bis spät. Die Kinder entwickeln sich G'ttlob auch zu unserer Freude; Peter, nun 16jährig, ein ganzer Mann, sehr ernst und ruhig, immer Primus in der Schule. Ruthi, kürzlich am Blinddarm operiert, süß wie immer, treu und fleißig und fürsorglich. Noemi ein Riesenmädel, allgemein beliebt, sehr hübsch geworden, schön gewachsen, lange Zöpfe, blitzende Augen, blendende Zähne; und das Kleine [Baby], intelligent, graziös, frech – richtig ein charmantes Frauenzimmer.
Hoffentlich geht es vor allem Dir, meine geliebte Oma, recht gut. Wir hörten von dem schweren Unfall, den Onkel Willy [Cohn] auf seiner Geschäftsreise hatte und hoffen nur, daß er wieder ganz hergestellt ist. Grüßt Tante Mirjam innigst. Empfangt zum neuen Jahr ungezählte heiße Wünsche voll Liebe und Sehnsucht.

Eure stets an Euch denkende
Lotte

[Vom 23. Oktober 1941 stammt folgende Postkarte mit der Bemerkung: »Frau Ober hatte ein Kleid an, welches E. ihr jetzt zu ihrer Zufriedenheit gearbeitet hat. Ich auch.«
Keiner, der über diese auffällige Bemerkung hätte Näheres aussagen können, hat überlebt. Vielleicht bezog sich das auf den »sechseckigen, handtellergroßen gelben Judenstern, der vorschriftsmäßig, auffallend und ohne Verdeckungsmöglichkeiten auf das Kleid festgenäht werden mußte«. Daher »dasselbe Kleid« und »bei der gleichen Schneiderin genäht«. Der Stern kostete übrigens jeden Juden drei Deutsche Reichsmark. –]

[B.D. S. 263, Hamburg 23. Oktober 1941]
Herrn Hermann Joelson
Stockholm
Sandbackgarten 4/I
Schweden

Lieber Hermann!

Besten Dank für Deine liebe Karte vom 21. Sept[ember], die wir am 1. Oktober gerade zum Anbeißen [Essen nach Fasttag] erhielten. Wir

haben die Feiertage G['tt] s[ei] D[ank] gesund und ohne Störung verlebt. In den letzten Festtagen bin ich mit uns[erem] Oberrabbiner zusammen gefeiert und geehrt worden.
[Zensiert], wie es den lb[lieben] Geschwistern geht, wissen wir noch nicht. Wir haben gestern sofort angefragt, sobald wir hören, werden wir [?] Mitteilung machen. Sage es jedenfalls der Omi und beruhige sie. Es ist dies für heute genug. Bleib gesund, halte dich kräftig. Mit vielen Grüßen Dein Schwager Jacob
Bleibe [?] gesund und munter und sei gegrüßt in tr[euer] Liebe Deine Schwester Rosa

[Auf derselben Postkarte]

Mein lieber Hermann!

Deine Karte hat uns sehr erfreut; hoffent[lich] hat Deine Gesundheit weiter gute Fortschritte gemacht. Wir hörten Samstag vor 8 Tagen von l[ieber] Ella von dem gr[?] Telegramm Antwort auf Deins, welches Du erhalten hast. Wir waren recht erfreut und beruhigt, daß der Zustand der gel[iebten] Mama sich gebessert u[nd] die l[iebe] Mama sich wieder kräftiger fühlt. Wir danken dem Allgütigen dafür und hoffen auf seine Hilfe auch ferner hin. - Nein, ich hatte den Brief an Dich draußen fertig geschrieben, ich weiß selbst nicht wieso er die ganze Woche liegen geblieben war. Die Einlage der lb[ieben] Mama hatten Ella und Harriet sogar noch nicht gelesen, wie ich Dir schrieb. Mit Neffe (?) und Harriet H. war ich in Langenfelde [Friedhof]. Die Beiden waren an den Jahrzeitstagen vorher mit Gotthelf [?] in Bahrenfeld [Friedhof], weil an dem Tage mit Kadisch [Trauergebet] aufgehört wurde, u[nd] trafen wir uns nachher in L[angenfelde]. Auf D[einer] letzten Karte war[en] unten 2 Reihen dick bemalt. Jacob schrieb Dir schon von der gr[oßen] Ehre die er in Groß Schul hatte und hatten Esther und ich viel Vergnügen von den Feierlichkeiten gehabt. Letzten Samstag war Herr Ober[rabbiner] m[it] Frau und Fam[ilie] gemütlich bei uns und hatten auch sonst Besuch, trotz miesen Wetters. Backwaren waren gut gelungen. Frau Ober[rabbiner] hatte ein Kleid an, welches E. ihr jetzt zu ihrer Zufriedenheit gearbeitet hat. Ich auch. Jacob hat bei guten Freunden in der Laube [Laubhütte] versch[iedene] Mahlz[eiten] gehalten. E. immer mit

ihrem Körbchen dabei. Die Feiertage sind ruhig und nach alten Gewohnheiten vorüber gegangen. [Zensiert]
Es ist heute Fasttag angesetzt, und sind versch.[?] auf dem Begräbnisplatz. Papa wollte Jacob Goldoch. [?] abholen. [zensiert].hat uns gestern eine ... Dankkarte geschrieben, er hat sich mit unserem Brief so sehr gefreut anl[äßlich] seines 80. Geburtstag. Nun habe ich Dir aber allerhand geschrieben. Grüße unsere Kinder und unsere Omi

Absender: Jacob Israel Emanuel
Hamburg 13
Bornstr. 8

[Nachtrag vom Bruder Rosa Emanuels]

Betr. Karte von Jacob Emanuel und meiner Schwester Rosa Wered geborene Joelson. Aus dieser am 23.10.41 geschriebenen Karte geht hervor, daß Oberrabbiner Josef Carlebach zusammen mit meinem Schwager S"L Chasan Tauro [Chatan Tora] und Chasan [Chatan] Bereschit gewesen ist.
Der Zensor hat ihm mißbehagliche Stellen, die sicherlich Hoffnungen und Wünsche ausgedrückt haben, schwarz übermalt und ebenso auf der Rückseite. Auf der Adresseite schreibt meine Schwester, daß an diesem Tag, wohl der 23.10.41, ein allgemeiner Fasttag angesetzt worden ist!
Diese Sukkaus–Festtage und Simchas Tauro [Tora] war der letzte Jaumtauw [Jomtow], den Raw Carlebach SZK"L der auch mein verehrter und geliebter Lehrer und Führer in vielen Jahren gewesen ist und dem ich so viel an Geistesgut, Lebensweisheit, Vorbild sociales [sozialen] Gewissens und tiefmenschlicher Neschomo [Neschama, Seele], Anteilnahme verdanke, in Hamburg verleben durfte. Wie ich dem von seinem Bruder Naphtali N"J im Jahre 1959 in New York veröffentlichtem Buch »Joseph Carlebach and his Generation«, das Sie sicherlich kennen, entnehme, ist er und seine Familie im Dezember 1941 deportiert worden und bald darauf in Kiddusch Haschem seine Neschemo ausgehaucht. Im gleichen Transport ist auch mein Schwager mit Frau und Kind gewesen und hat das gleiche bittere Schicksal gefunden.

[Handschrift von Joseph Carlebach]

Hamburg, den 3. Dezember 1941

Herrn Siegfried Halberstadt

Lieber Onkel, liebe Tante!

Wir stehen im Begriff nach Osten zu fahren. Wir wollen Euch noch einmal ein herzliches Lebewohl sagen. Wir sind in innerer Zuversicht und segnen die Stunde, da viele Mitreisende durch uns sich getröstet fühlen.

Euch und Euren Kindern wünschen und erflehen wir alles Gute. Möget Ihr gesund und lebensfroh bleiben, erfreut durch das Glück Eurer Kinder. Alles Gute!

In Liebe denken Eurer
Joseph, Lotte und die Kinder

Jedes Kind ist mein Einziges

Vorbemerkungen

Folgende Briefe der Kinder und Lotte Carlebachs an jedes von ihnen sind aus der Zeit Ende 1938 bis Ende 1941. Das sporadische Material, das hauptsächlich in Privatbesitz ist, wurde so zusammengestellt, daß es drei Gesichtspunkte verdeutlicht:

1) Kurze, dem Alter entsprechende Charakterisierung und Nachvollziehung der Entwicklung eines jeden Kindes;
2) Bestätigung der Berichte einiger Ereignisse aus der Sicht der Kinder und unter Umständen Ergänzungen bzw. Erweiterungen;
3) Beschreibung von Kinderschicksalen, auch fern vom Elternhaus, kennzeichnend für die damalige Epoche.

Da die Briefe und Dokumente aus aller Welt zusammengetragen werden mußten und auch des öfteren die genauen Daten fehlen bzw. nur nachgerechnet werden konnten, schien es nicht sinnvoll, die Briefe wie »Frage und Antwort« einander gegenüberzustellen. Eine Auswahl der gefundenen Briefe eines jeden Kindes und alle Briefe Lotte Carlebachs, die persönlich an jedes Kind gerichtet sind, wurden jeweils chronologisch zusammengestellt. Auch in diesem Briefteil wurden die fehlenden Daten dem Inhalt nach errechnet; der Hinweis »o.D. – « wurde beibehalten.

Die drei Kleinen

Die drei jüngsten Töchter: Ruth, Noemi und Sara, genannt Baby, wurden immer zusammen als die »Drei Kleinen« erwähnt, trotz ihrer, von Mutti betonten individuellen Entwicklungstendenzen – da sie unzertrennlich, wie ein dreiblättrigen Kleeblatt zusammenhielten, bis zum Ende. –

Später schrieb ich über sie: Die drei Kleinen schliefen in einem Zimmer, hatten denselben Schulweg, machten gemeinsame Hausaufgaben und – von jeher auch Turnübungen. So konnten sie zu jeder Zeit Kopf- oder Handstand machen, sogar in Parks oder am Alsterufer – wenn sie uns Große von einem Thema ablenken wollten. Sie halfen im Haushalt, spielten Klavier und Geige, quasselten Englisch und fuhren mit dem Rad in die Schule. Die wenigen, wieder aufgefundenen Briefchen sind nur Fragmente aus der Kinderwelt der drei Kleinen.

Briefe von Sara-Baby

[o.D. – Anfang Juni 1939]

Wir haben von Tante Bella durch Tante Cilly Bonas [Bonbons] geschickt [bekommen]. Die waren prima. Ich kann ziemlich gut [Rad]fahren.

Baby

[o.D. – Anfang Juli 1939]

Geliebte Eva!

Ich muß Dir wirklich für alle Deine schicken und süßen Briefe danken. Weißt Du, Oma hat geschrieben, bei ihr im Haus wohnt ein kleines Mädchen, die Batja heißt. Die hat neulich im Konzert auswendig Klavier gespielt und ist erst neun Jahre.

Also 111000 112200 Grüße und Küsse

von Baby

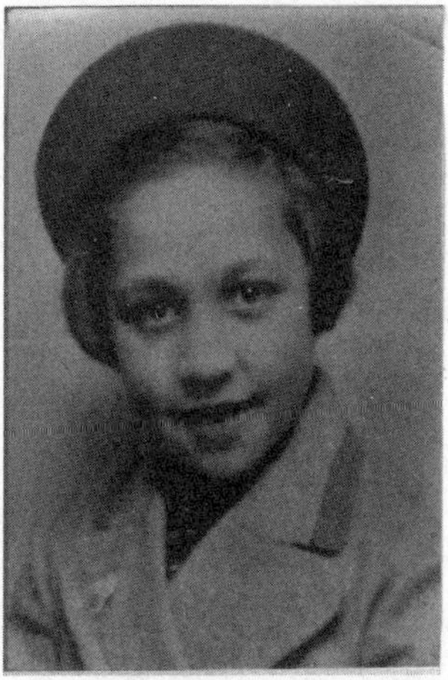

Sara (Baby), 1938.

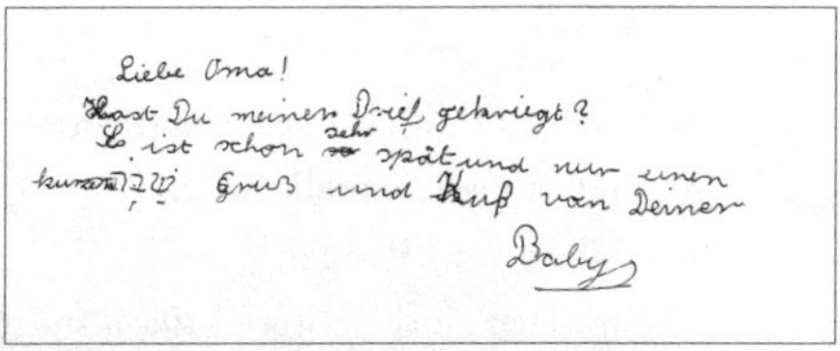
Liebe Oma!
Hast Du meinen Brief gekriegt?
Es ist schon ~~so~~ sehr spät und nur einen
kurzen Gruß und Kuß von Deiner
Baby

Tanzgruppe aus dem Kulturbund. Ganz links sitzend, Reihe 1: Baby;. Zweite von links Reihe 3: Noemi. Die dritte oben von rechts (Saalfeld) ist die Einzige aus dieser Gruppe, die überlebte.

Briefe von Noemi

[o.D. – Anfang 1939]

Geliebte Oma!

In Palästina wohnt gewandt und still,
Die gute Oma, die alles machen will.
Mit ihrem kleinen Ottolein,
Der immer muß bei Oma sein.
Lebt sie in einem kleinen Haus,
Und geht all »Tag« mit Ottchen aus.
Sie haben jeden Tag zu tun,
Und können doch manchmal ruhn (Bli Neder).
Sie hat ja viele Enkelkinder,
Die einen sind Rinder,
Die andern sind richtige Enkelkinder.
Sie sind Dir, glaub ich, wohl alle bekannt,
Aber trotzdem jeder ist in einem anderen Land.
Und wenn wir erstmal komm' zu Dir,
Dann gibt es erstmal richtig »Pläsier«.
Mit einem dickem Kuß
Mach ich für heute Schluß.

1000000 Küsse bin ich

Deine Noemi

[Zusatz von Lotte Carlebach:] Dies Gedicht von Noemi sollte schon zu Jomtow da sein. [durchgestrichen:] [Ich muß von Dir eine beglaubigte Vollmacht heben]. Nachricht abwarten.

Kuß Lotte

[o.D. – April 1939]

Lieber Buli!

Daß wir mit den Jungen zusammenkommen, weißt Du bestimmt schon durch Judel, nicht? Hilde ist ja soßt [süß]. Hast Du meinen Brief neulich nicht erhalten, wo ich Dir die Oblaten von Hilde geschickt habe? Ist es in der Schule sehr schwer? Bei uns ist jetzt ein Fräulein, das heißt Eva Schulowitz, sie ist polnisch und sehr fleißig. Hilde war neulich mit Hans bei uns.

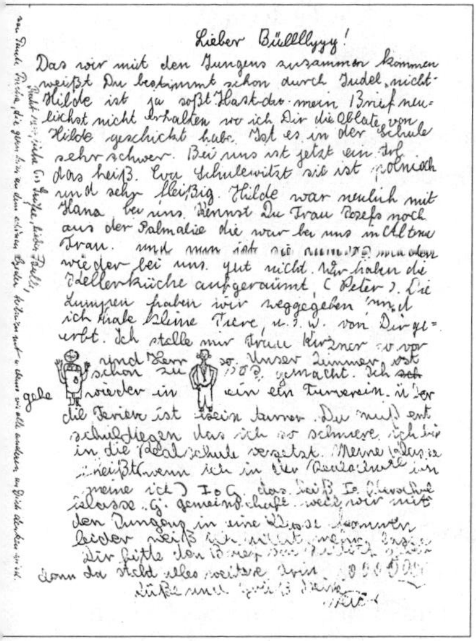

Lieber Büllllyyy!
Das wir mit den Jungens zusammen kommen
weißt Du bestimmt schon durch Judel, nicht.
Hilde ist ja soßt. Hast du mein Brief neu-
lichst nicht erhalten wo ich Dir die Oblate von
Hilde geschickt habe. Ist es in der Schule
sehr schwer. Bei uns ist jetzt ein [illegible]
das heißt. Eva Schulewitz sie ist polnisch
und sehr fleißig. Hilde war neulich mit
Hana bei uns. Kennst Du Frau Josefs noch
aus der Palmaille die war bei uns in Altona
Frau. und nun ist [illegible] wieder
wieder bei uns. gut nicht. Wir haben die
Kellerküche aufgeräumt (Peter). Die
Lumpen haben wir weggegeben und
ich habe kleine Tiere, u.s.w. von Dir ge-
erbt. Ich stelle mir Frau Kirzner so vor
und Herr so. Unser Zimmer ist
schon zu [illegible] gemacht. Ich
gehe wieder in ein Turnverein. über
die Ferien ist kein turnen. Du mußt ent-
schuldigen das ich so schmiere. Ich bin
in die Realschule versetzt. Meine Klasse
weißt wenn ich in der Realschule bin
meine ich) I o G. das heißt I. Oberschul-
klasse G. gemeinschaft. weil wir mit
den Jungens in eine Klasse kommen
leider weiß ich nicht [illegible]
Dir [illegible] den Brief [illegible]
denn da steht alles weitere [illegible]
[illegible]

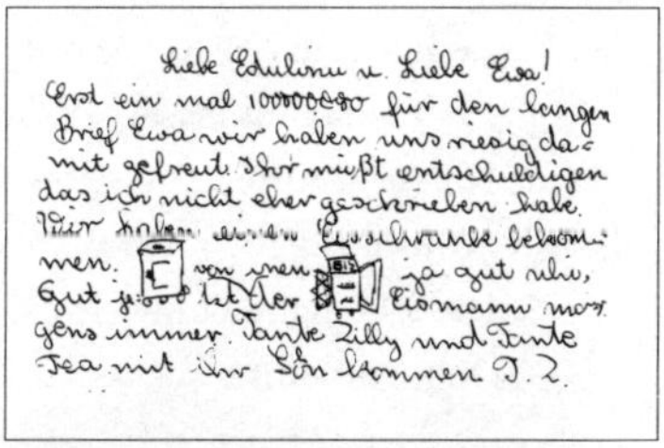

Liebe Edulinu u. Liebe Eva!
Erst ein mal 10000000 für den langen
Brief Eva wir haben uns riesig da-
mit gefreut. Ihr müßt entschuldigen
das ich nicht eher geschrieben habe.
Wir haben einen Eisschrank bekom-
men. von inen ja gut nicht,
Gut jetzt ist der Eismann mor-
gens immer. Tante Zilly und Tante
Tea mit ihr Sohn kommen J. Z.

andschriftliche Briefe mit Zeichnung
n Noemi, 1939.

Noemi; etwa 1936 (Lotte Carlebach).

Wir haben die Kellerküche aufgeräumt (Peter). Die Lumpen haben wir weggegeben, und ich habe kleine Tiere usw. von Dir geerbt. Ich stelle mir Frau K. so vor [Zeichnung] und Herrn K. [Zeichnung] so. Unser Zimmer ist schon zu Pessach gemacht. Ich gehe wieder in einen Turnverein. Über die Ferien ist kein Turnen. Du mußt entschuldigen, daß ich so schmiere. Ich bin in die Realschule versetzt. Meine Klasse heißt (wenn ich in der Realschule bin, meine ich) I. O. G., daß heißt: I. = 1.; O. = Oberschulklasse; G = Gemeinschaft, weil wir mit den Jungens in eine Klasse kommen. Leider weiß ich nichts mehr. Lasse Dir bitte den Brief von Judith geben, denn da steht alles weitere drin.

10000 – Küsse und Grüße

Deine Noemi

[o.D. – April 1939]

den ...

Liebe Oma,

ich schreibe diesen Brief ziemlich traurig, denn ich habe große Angst, daß Du mir böse bist, weil ich Dir so ewig nicht geschrieben habe. Ich bin in die Realschule gekommen. Eva und Esther fahren nach Pessach nach England. Edu fährt erst einige Tage nach Holland. Judel hat geschrieben, daß sie großes Heimweh hat, weil sie am Pessach nicht zu Hause ist. Tante Hanna [Steinhof] bleibt über Pessach noch in Schweden, und von da aus geht ihre große Reise nach Neuseeland los. ElsbethCleve wandert bald aus. Ich habe Englisch, und ich kann schon ganz gut. Heute ist bei uns der erste Frühlingstag, immer hat es bis jetzt geschneit. Mutti hat zwei große Unterstützungen, ein junges Mädchen, die 25 Jahre ist, und eine Frau, die heißt Frau J.; wir hatten sie in Altona schon mal. Wir sind schon fast fertig mit der Wohnung. Ich bin geimpft worden. Wir haben jetzt eine Ersatzstopferin, sie heißt Tante Marta. Sie tut alles, was man ihr gibt und sagt. Sie kommt auch sehr oft. Frau Koopmann, bei der Tante Marta wohnt, wandert am 1. Mai aus, und da zieht Tante Marta zu einer Frau Stern in der Rothenbaumchaussee, in der Nähe wo Onkel Walter gewohnt hat. Tante Trudchen ist jeden Freitagabend bei uns.

Nun will ich Dir mal ein bißchen Näheres über das Mädchen [Eva Schulowitz] schreiben. Ihre Familie ist polnisch, sie auch. Und ihr Vater und ihre Geschwister sind nach Polen abgeholt. Und ihre Mutter und ein Bruder von ihr sind in Fürth geblieben, da haben sie gewohnt. Das Fräulein war in Bremen und durfte nicht wieder nach Fürth. Da wollte sie nach Berlin zu Verwandten, und da durfte sie auch nicht bleiben. Und dann kam sie zu uns und hat sich bei der Polizei gemeldet, und sie durfte hier bleiben. Nun ist sie hier und ist fleißig.

Also 10000 – Grüße und Küsse

von Deiner schlechten Enkelin Noemi.

Sei mir bitte nicht böse, aber der Brief ist auch an O[nkel] Otto.

Du mußt mein Geschmier entschuldigen. Fehler auch –

[o.D. – Mai-Juni 1939]

Liebes Edulinu und liebe Eva!

Erst mal 1000 ... [Dank] für den langen Brief, Eva, wir haben uns riesig damit gefreut. Ihr müßt entschuldigen, daß ich nicht eher geschrieben habe. Wir haben einen Eisschrank bekommen [Zeichnung] von innen [Zeichnung], [ist] ja gut. Jetzt ist der Eismann morgens immer [da]. Tante Cilly kommt über Pfingsten und Tante Thea mit ihrem Sohn kommt[en] über Jomtow. Wir haben im Garten gesäet – Peter, Ruth und ich.

P[eter] hat Radieschen und Rettich [gesäet]

Ruth hat " " [gesäet]

Und ich habe Zwiebeln und Karotten [gesäet]. Hoffentlich werden sie was. Unser Gras ist schon ein bißchen herausgekommen. Eben ist Tante Thea mit ihrem Sohn Günter angekommen. Sie sind sehr nett. Der Junge scheint sehr klug zu sein. Sie hat uns jedem einen Beutel Bonas [Bonbons] mitgebracht, ja nett. Habt Ihr schon mal vergessen zu Aumern? Ich schon 3 mal, aber habe es am Morgen wieder nachgeholt. Also leider weiß ich nichts mehr.

Seid 1000 – Mal gegrüßt und geküßt

von Eurer Noemi

[o.D. – Juli 1939]

Geliebtes Judel [Judith] und Buli!

Da wir jetzt mehr Zeit haben, schreiben wir Dir öfters. Das wir drei Kleinen noch einen Wellensittich bekommen haben, weißt Du doch noch, nicht. Eigentlich gehörten beide mir, aber weil ich von Pappi einen prima Füllfederhalter gekriegt habe mit echt goldener Feder 14 Karat

(den ich mir schon immer wünschte), gehörten die Vögel uns drei Kleinen, weil es sonst unrecht ist. Ich habe von Gitta [Gotthold?] ein süßes Bild gekriegt. Loläwi [?] fragt jeden Tag nach Dir. Hast Du Buli den Brief gegeben? Sonst ist er mir doch bestimmt böse. Wir hatten neulich Pfifferlinge, zwar in Dosen, aber gülis [vornehm] ...
Wir lernen in der Schule ganz paar lateinische Wörter.
Mir sind fast alle Sommerkleider zu klein.
Kennst du das Buch »Komtess Wally«, das ist ja gut, da kommen 5 Verlobungen vor.
Leo ist noch hier, er sieht ja soßt [süß] aus, er hat einen braunen Hut, 'ne braune Jacke und eine hellbraune Hose [Zeichnung Leo].
Leider weiß ich nichts mehr.

Also 10000 – Grüße und Küsse
Deine Noemi

den 27. Juni 1941
Sr. Ehrw.
Herrn Oberrabbiner Dr. Carlebach,
Hamburg 13
Ostmarkstraße 76

Sehr geehrter Herr Oberrabbiner!
Hierdurch sehe ich mich veranlaßt, Sie auf folgendes aufmerksam zu machen: Ihre Tochter N o e m i nahm in der vergangenen Woche an einem Ausflug teil, den Frl. Dr. Bernstein auf allgemeinen Wunsch der Klasse 2 unternommen hat. Auf diesem Ausflug haben sich einige Mädchen, darunter auch Ihre Tochter, so benommen, daß Fräulein Dr. Bernstein allen Grund hatte, Ihre Unzufriedenheit zum Ausdruck zu bringen. Die Mädchen haben sich den Anordnungen nicht gefügt, sind für sich allein gegangen und haben durch ihr Verhalten ihre Mitschülerinnen gestört und der Lehrerin die Freude an einem solchen Ausflug genommen. Ich habe Ihre Tochter heute sehr verwarnt und sie darauf aufmerksam gemacht, daß im Wiederholungsfalle eine sehr strenge Bestrafung eintreten muß. Ich bitte Sie, auch Ihrerseits Ihre Tochter auf das Ungebührliche ihres Verhaltens aufmerksam zu machen.
Mit vorzüglicher Hochachtung

(Dr. Jonas)

Briefe von Ruthi

Hamburg, den 1.3.1938

[Ein Blatt aus dem Poesiealbum der Schulfreundin Ellen Wohlgemut]

Schäme Dich nie ein Jude zu sein
Gräme Dich nie ein Jude zu sein
Stets sei Dein Glück und Ruhm
Kämpfer zu sein für Dein Judentum

Zur Erinnerung an
Ruth Carlebach

[o.D. – Ende Dezember 1938]

My dear Buli,

I wish you many happy returns for the day and I wish that you [will] live 120 years. How do you [do] in England? In Hamburg it is not nice. Cold it is also and it is snow. I walk all days with Eva, Noemi and Baby. Because it is so cold we three little [girls] have got from mother gloves, capes and training-suits. They are nice and very warm. Wednesday we have got Christmas-Holidays till the 3rd of January.

We have a guest. Its name is Simon Whul. He is very nubble [nebbich). He will go to England with the transport. He is 17 years old and sleeps in the room of Eva. I don't no [know] more.

Many greats [greetings] and if you will have,
kisses from your sister Ruth

Hamburg, 1. Mai 1939

Soster [süßer] Buli, gesostes [gesüßtes] Judelkind [Judith]!

Loj"t

Erst einmal vielen, vielen Dank für die soste [süße] Karte, Judel! Du hast doch geschriebenen, es ist kein Jomtow und Du hast keinen Geburtstag. Aber wir schreiben nicht oft, weil es hier sooo wenig Neuigkeiten gibt. Du bist in einem neuen Land, wo es so viel zu sehen und zu hören gibt. Ich schreibe Euch zusammen, weil ich so wenig weiß und jedem dasselbe zu schreiben ist doof und langweilig. Erst einmal wieder ein wenig über die Schule. Gestern bekamen wir die englischen Arbeiten zurück. Ich hatte keinen Fehler, das Datum aber vergessen, so habe ich nur eine II bekommen. Gemein, nicht! Behrsche, Freische und Butsche [Lehrerinnen Behr, Freimann und Heilbut] waren pensioniert, aber da wir zu wenig Lehrer und Lehrerinnen sind, mußten wir sie wieder aufnehmen. So haben wir wieder bei Bersche Handarbeit. Singen und Zeichnen haben wir überhaupt nicht mehr. (Davon lerne ich bestimmt gut zeichnen!!!) Judel, ich habe Herrn Eldod von Dir gegrüßt. Ich soll Dich herzlich wieder grüßen.

Also viele Grüße und 1000 Küsse
von Ruth

[o.D. – Anfang Juni 1939]

Geliebte Eva und gesoßte [süße] Esther!

Zu Schabbat sollen doch wenigstens die paar Zeilen bei Dir eintreffen. Du hast wirklich Dein Versprechen gehalten. Also erst einmal muß ich Dir für alle Deinen lieben Briefe danken. Die Freude von uns kannst Du Dir ja vorstellen. Die Karten aus der Straßenbahn usw. haben großes Aufsehen gebracht. Tante Cilly war doch hier, was Du sicher schon von Mutti gehört hast. Wir haben uns riesig gefreut mal E N D L I C H wieder jemanden R I C H T I G E S von den Verwandten. Tante Trudchen fährt s[o]G[’tt]w[ill] Mitte Juni – Anfang Juli nach Erez …
(Soll sie M. grüßen?) Schreibt er Dir eigentlich noch?
Noemi und Baby haben Mittwoch Räder bekommen. Ich sag’ Dir prima prima!!! Heute bekamen wir Post von Tante Paula Victor (Wigderowitch). Ich kann nicht erzählen, was sie geschrieben hat (Es waren 3 Seiten). Onkel John hat 25 Pfund abgenommen.

A l s o viele viele viele 10000 … Grüße und Küsse
gut Schabbes Ruth

[o.D. – Juli 1939]

B”H Geliebte Oma! Loj”T

Erst einmal 10000 – Millionen Dank für Deinen knorken Brief. So einen schönen Brief habe ich noch nie bekommen. Daß Du uns über die Ferien nach Erez haben willst, finde ich einfach herrlich. Auch bin ich sehr sehr einverstanden. Aber die Sommerferien sind sehr kurz, und ich finde es besser, wir bleiben gleich ganz da. Dann müssen wir aber Buli, Judith, Esther und Eva nachholen, sonst habe ich keine Freude daran. Schawuot war es bei uns ziemlich eintönig, aber am letzten Tag waren

Schäme Dich nie ein Jude
zu sein.
Gräme Dich nie ein Jude
zu sein
Stehts sei Dein Glück und
Ruhm Kämpfer zu sein
für Dein Judentum.
Zur Erinnerung
an
Ruth Carlebach
Hamburg, den 1.3.38

Iandgeschriebenes Blättchen von Ruthi aus
inem Poesie-Album, 1.3.1938

Ruthi; etwa 1938
(Lotte Carlebach).

Ruthi (Mitte) mit zwei Schulfreundinnen vor der
Talmud-Tora-Schule, 1940.

Wiener und Frankfurter bei uns. Es gab Butterkuchen und Honigkuchen, auch haben die Leute sehr viel Kaffee getrunken. Dann hat man sich unterhalten und Pappi hat erzählt ...
Wir haben zu Hause jetzt jeder unser Beet. Wir haben Radieschen und Rettich, Rüben, Wurzeln und Möhren gepflanzt. Und jeden Tag nach dem Begießen gucken wir nach, ob schon etwas zu sehen ist. Peters Radieschen zeigen schon grüne Blättchen, und wir hoffen, daß es Vorbereitung für Erez wird.
Also liebe Oma, werde ganz ganz schnell wieder gesund und grüße Onkel Otto, und Du sei selbst gegrüßt und geküßt

von Deiner Dich liebenden Enkelin Ruth

Grüße an alle, die wir kennen.

[o.D. – Juli 1939]

B"H Geliebte Oma! Loj"t

Erst einmal vielen, vielen Dank für Deine beiden Briefe, mit denen ich mich sehr freute. Ich möchte Dir erst einmal ein paar Neuigkeiten erzählen. Gestern habe ich ein ganz prima Rad bekommen. Auch kann ich schon ziemlich gut fahren. Dann haben wir von Tante Martha einen Wellensittich bekommen. Er ist blau, niedlich und ziemlich zahm. Dann hat Pappi uns eine Woche später ein Männchen dazu geschenkt. Sie sind so niedlich, es macht sogar Spaß den dreckigen Käfig auszumisten. Ich versuche ihnen das Sprechen beizubringen, aber das ist leichter gesagt als getan, doch Probieren geht über Studieren. Du mußt meine Schrift entschuldigen, aber es ist eine Stunde vor Schabbat, und da bin ich erst dazu gekommen, Dir zu schreiben.
... Gestern waren wir mit Mutti in der Stadt. Wir haben Strümpfe und rate mal, was noch bekommen? Du mußt es eigentlich wissen, weil Du zu uns I M M E R gesagt hast: »Ziehe dir doch eine Schürze an, Ruth!!!!!!!!«
Ist es wahr oder nicht – und da haben wir jeder 2 Kleiderschürzen bekommen. Prima, nicht!! Aber etwas ist lange nicht so prima. Im Sommer geht keine so süße Oma mit uns aus. Immer müssen wir alleine gehen.

Also viele, viele 10000 – Grüße und Küsse
Refu'a Schelema, gut Schabbes Ruth
Beschana Haba'a Biruschalajim

[o.D. – Ende Juli 1939]

B"H Geliebtes Edulein [Esther]! Loj"t

Kurz einen Brief zu Schabbat. Dieses Rätselheft habe ich Dir zu Schabbat besorgt, weil du ja nur englische Rätselhefte kaufen kannst, und dafür gibt man kein Geld aus. Leider kann ich Dir keinen Atlas dazu schicken. Freitag vor 8 Tagen habe ich ein –??!!! Rad bekommen. Prima, prima. Dir will ich ganz leise ins Ohr sagen, was es gekostet hat. Wir haben es angro [en gros] gekauft, und so war es 33 RM billiger. Es hat 52 RM gekostet, [nicht] angro [en gros] – 85. Wir haben es mit Hilde

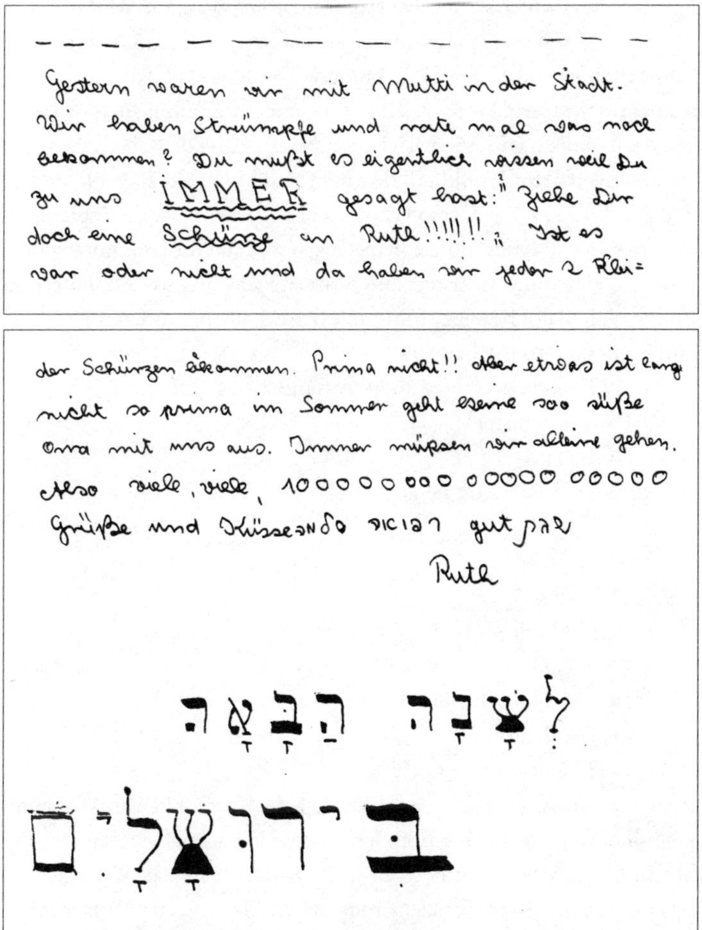
Gestern waren wir mit Mutti in der Stadt.
Wir haben Strümpfe und rate mal was noch
bekommen? Du mußt es eigentlich wissen weil Du
zu uns IMMER gesagt hast:" Ziehe Dir
doch eine Schürze an Ruth!!!!!!!" Ist es
war oder nicht und da haben wir jeder 2 Klei=
der Schürzen bekommen. Prima nicht!! Aber etwas ist lange
nicht so prima im Sommer geht keine soo süße
Oma mit uns aus. Immer müßen wir alleine gehen.
Also viele, viele, 1000000000 00000 00000
Grüße und Küsse [illegible] gut שבת
Ruth

לשנה הבאה
בירושלים

Gerson gekauft. Es ist viel schöner, in der Schule mit Jungens zusammenzugehen.

Also viele, viele, viele Gruße und 10000 … Küssc gut Schabbat, viel Glück beim Rätselraten

Ruth

Leschana Haba'a Biruschalajim bei Oma (Bei Oma und Merri)

[o.D. – August 1939]

B"H My dear sister Eva! Loj"t

For the letters which we received some times [ago] I thank you very very much. I will tell you (that you) about our school. Certainly you have heard that we come out of the Talmud Tora school [T.T.R.] and come again into the Caro. Horrible!!!! But we can't do anything in the matter. Then we shall go with the bycicle. But Noemi can't drive because she is so anxious that she could fall down. We all hope that she will learn it in the holidays. Hilde Gerson came, when Mummy was in England all days to us for playing and she helped us, if we can't [do] our homework. How are you and your sisters and brother. Please say to Edu, Judel and Buli they shall not be angry for I can't write them, because it is 7 o'clock and I will go into the bathtub.

With many greetings and thousand kisses

I am your sister

Ruth

Entschuldige Klaue und Fehler.

[Postkarte]

21. August 1939

An Eva Carlebach

Great Enoham Farm Centre

Woodchurch n/4 Ashford

Ehgland Kent

B"H Geliebte Eva Loj"t

Also erst einmal 1000 Dank für Deine liebe Karte. Hier [in Wilhelminenhöhe] ist es ziemlich schön. Ich möchte Dir schnell einmal den Tag beschreiben. Morgens um 7 Uhr müssen wir aufstehen. Wir waschen uns nicht, sondern in Turnzeug müssen wir hier antreten. Wir machen einen Waldlauf und einige Übungen, dann müssen wir uns waschen und die Betten auslegen, dann trinken wir Kaffee. Nach dem Kaffee müssen wir unsere Betten machen. Dann toben wir, spielen Völkerball, Mikado und so weiter. Um 2 Uhr wird Mittag gegessen. Nach dem Essen dürfen wir machen, was wir wollen. Um 5 gibt es Kaffe, d.h. Marmeladenbutterbrot und Kaffee oder Orangeade. Um 8 gibt es Abendbrot, und um 9 Uhr müssen wir ins Bett. Wir sind hier 70 bis 80 Kinder. Ich habe zum Geburtstag 3 Kleider bekommen: 1 von Frl. Dr. Meyer, 2 von Mammi, 1 Zahnbürste mit Behälter, 1 Waschlappen, 2 Notizbücher, 1 von Meyers, 1 von Bach. Eine Puppe von Ilse Hecht, Briefpapier und Schokolade von Margot Flörsheim. Also ich habe leider keinen Platz mehr.

Viele 1000 – Küsse und Grüße
Deine an Dich stets
denkende Ruth

Heute waren wir beim Baden, es war enorm. Zuerst sind wir Watt gelaufen. Aber ich mag hier nicht gerne sein. [2 Reihen sind übermalt] Es schlafen 2 Jungens bei uns im Zimmer, einer, weil er ungezogen war, da mußte er eine ganze Woche bei uns schlafen. Und einer für die ganze Ferienzeit.

Also nochmals viele
10000 – Grüße und Küsse
Deine Ruth

30. Februar 1941
Meine liebe Eva! [Schloss]

Ich habe ein ganz schrecklich schlechtes Gewissen, daß ich Dir sooo lange nicht geschrieben habe. Mit Deinem letzten Brief habe ich mich sehr gefreut. Ich dachte gar nicht, daß Du so viel an mich denkst. Aber ich kann Dir nur sagen, ich denke auch viel an Dich und habe große Sehnsucht nach Dir. Ich würde mich riesig freuen, wenn Du mir ein Bild von Dir schicken würdest, besonders jetzt, wo Deine Zöpfe ab sind. Schade, sie waren so schön. Hast Du sie noch? Du mußt meine schlechte Schrift entschuldigen, aber ich liege im Bett mit einer kleinen Blinddarmentzündung und kann so schlecht schreiben. Heute bekam ich einen Brief von Ilse Guggenheimer. Sie schreibt, daß sie jetzt mit der Volksschule fertig sei und auf eine Sprachschule gehen will. Sie dauert 5 Jahre. Prima – nicht? Du gehst ja nicht mehr in die Schule, was machst

Du denn? Fällt Dir die Sprache schwer? Floh fühlt sich in Montevideo sehr unglücklich, sie versteht die Sprache schlecht und hat keine Freundin. Beate Daltrop, Hanna Bambus und Elisabeth sind alle in USA. Unsere Versetzung ist jetzt verlegt. Anstatt, daß es im April Zeugnisse gibt, kriegen wir im Juli jetzt welche. Das ist sehr schön, denn wenn man zur Versetzung noch aufholen will, hat man genug Zeit dazu. Von Eva und Esther hatten wir kürzlich endlich mal Post. Was machen [Deine Geschwister] Hermann, Ernst und Ruth. Ich denke immer, es hat sich schon einer von Euch verlobt. Hoffentlich läßt Du mich nicht so lange auf Antwort warten wie ich Dich.

Sei vielmals herzlich gegrüßt und geküßt

von Deiner Dich liebenden Freundin Ruth

Herzliche Grüße auch an Deine Eltern und Geschwister.

Eins möchte ich Dir noch schnell erzählen. Ich gebe einem kleinen, achtjährigen Jungen Unterricht. In Hebräisch, Lesen und Schreiben und Rechnen.

Culler [Ruth]

Absender: Ruth Sara Carlebach, Hmbg. 13,

Ostmarkstraße 76, Deutschland

Auslieferer: Leah Sara Schlesinger, Hamburg 13,

Durchschnitt. Geöffnet.

Den 2. Oktober 1941

Ihr soßten [süßen] Vier, [Geschwister]

In Liebe und Sehnsucht zu Euch müssen wir nun schon das dritte Jahr ohne Euch die Hohen Feiertage begehen. Hoffentlich geht es Euch nur gut.

Eva, Deinen süßen Brief erhielten wir gerade am jüdischen Geburtstag, und Du kannst Dir gar nicht vorstellen, wie wir uns damit freuten. Mit Edus [Esthers] Brief und besonders mit ihren Bildern waren wir selig. Was macht unsere geliebte Oma und Merry? [Mirjam] Uns geht es G['tt]s[ei]D[ank] gut. Ich war 14 Tage im Krankenhaus. Prima. An Judel 100 herzliche Grüße von Schwester Johanna und Eldod, meinem Klassenlehrer, Vater von 3 Söhnen und einer Tochter.

Ich bin jetzt (außer in Englisch und Französich und Mathematik) mit Peter in einer Klasse. Ich gehe in die Untersekunda. Wir sind viel beschäftigt und haben daher wenig Zeit. Mittwochs Stenographie und

dienstags Geige (wir können erst sehr wenig). Viel Schularbeiten und Proben für die Oper, die wir aufführen. Sie wird prima. Noemi und ich sind Hofdamen und Baby [der] Mohr. Die Oper heißt: Die Prinzessin und der Vagabund.
Kennt ihr Herrn Usensky?
Nun ist der Sommer fast vorbei – wo sind die schönen Ausflüge, Judel, auf'm Baumstamm. Und Eva – unsere Spaziergänge im Park? Wo Du uns immer so schöne Geschichten erzählt hast. Wie oft denke ich an Buli, besonders bei Arbeiten über den menschlichen Körper. An Judel beim zweistimmigen Singen in der Küche. Wäre es doch einmal wieder so weit, daß dies alles wiederkommt.
Nun kommen die Hohen Feiertage und dann das Laubhüttenfest. Wir haben unsere Laubhütte von vor zwei Jahren stehen.
Gestern durfte ich leider nicht weiterschreiben, denn es war schon 11 Uhr. Eben komme ich aus der Schule. Es war prima.
Ich mußte schon um 7:15 in der Schule sein, und wir hatten in der Frühstunde Artist-[Art]History, dann haben wir was gelesen. Ich kann mir gar nicht denken, wenn ich auf der Schulbank sitze, daß auch Eva unterrichtet, und dabei noch so schwer. Bei Herrn Eldod haben wir auch im Hebräischen die Propheten. Schwer, aber prima. Nun aber genug von der Schule. (Unser Schuljahr ist jetzt nicht Ostern beendet, sondern jetzt gibt es einen Tag vor den Sommerferien Versetzungzeugnisse.) Lernt Judel eigentlich noch Säuglingspflege? Hoffentlich bietet sich später nur mal eine Gelegenheit.
Nun will ich schließen, verbringt die Feiertage gut, fastet gut.

Seid herzlich gegrüßt
und geküßt und denkt mal
an Eure Euch soo liebhabende
Schwester Ruth

1000 Küsse an Merry, Oma und Onkel Otto und Tante Mirjam und Familie.

Briefe von Schlomo–Peter

[o.D. – August 1939]

B"H Liebe Eva! Loj"t

Du wirst Dich wundern, wenn ich Dir jetzt erzähle, von wo ich Dir schreibe. Ich sitze nämlich bei Herrn Eliezer Loebenstein, Ba'al Kore, [Tora-Vorleser] und schreibe Dir einen Brief. Auch den Grund will ich Dir schreiben. Meine holde Schwester Ruth und ich, wir sollten am 19. [August] nach Wilhelminenhöhe von der Schule 3 Wochen verschickt werden; mit noch anderen 70 Kindern. Vorher haben wir einen Abstrich bekommen. Meiner war negativ und Ruthchens positiv, dadurch konnte ich natürlich auch nicht mitfahren. Ich wollte aber sehr gerne. So habe ich mir von Herrn Dr. Cohn einen Abstrich machen lassen und warte noch auf Bescheid, wie er ausfallen wird. Ist er negativ, so fahre ich noch nach, fällt er aber positiv aus, so muß ich zu Hause verschimmeln.

Falls Du es noch nicht weißt, will ich Dir mitteilen, daß Tante Gretes Familie die französische Staatsbürgerschaft erworben hat. Mehr Neues habe ich nicht zu berichten.

Sei jetzt tausendmal gegrüßt und geküßt

von Deinem Peter

[o.D. – April 1940]

B"H Geliebte Oma! Loj"t

Ich habe heute gesehen, wie Mutti Dir einen Brief geschrieben hat, da habe ich mir vorgenommen, Dir auch einen Brief zu schreiben. Ich habe so manchen Traum, bei Dir in Erez Israel ein Wiedersehen gefeiert zu haben, gehabt. Wenn die gute Tante Martha [Wolff], die ab und zu mal zu uns kommt, um die Strümpfe der Kin[der] zu stopfen, so muß ich immer an Dich denken.

Ich bin nun jetzt mit einem guten Zeugnis in das vierte Jahr der Realschule eingetreten. Ein Brief von Onkel Otto, den ich schon vor einem halben Jahr geschrieben habe, liegt jetzt noch in meiner Schreibmappe. Da ich Dir zu Deinem Geburtstag nichts geschenkt (noch nicht einmal geschrieben habe), so sei das Reiseetui, das ich Dir als Andenken an die Bar-Mizwa geschenkt habe, durch diesen Brief als nachträgliches

Geschenk auf den Geburtstagstisch gestellt. Das Briefschreiben ist mir nur Zeitvertreib, da ich keinen Freund mehr zum Spielen, keinen Sportplatz mehr zum Turnen, ja, nicht einmal mehr ein regelmäßiger Schiur meine Zeit in Anspruch nimmt. Die einzige Beschäftigung, die ich auch wirklich viel treibe, ist: Bücher lesen; aber das kann man ja nicht den ganzen lieben, langen Tag machen, dazu habe ich keine Geduld, und die Augen halten das nicht aus. (Davon abgesehen, daß ich gar nicht so viel zum Lesen habe).
Also liebe Oma, bleib mir gesund, feiere einen schönen Pessach im Kreise Deiner lieben Verwandten, und sei vielmals gegrüßt und tausendmal geküßt

von Deinem, immer an Dich denkenden
Enkel Peter

den 9. September 1941

Höhere Bescheinigung.

Es wird hierdurch bescheinigt, daß Salomon C a r l e b a c h, geb. 17. 8. 25, wohnhaft Hamburg 13, Ostmarkstraße 76, im Turnunterricht Turnschuhe tragen muß.

Volks- und Höhere Schule für Juden
(Bertha Sara Hirsch)

[o.D. – Oktober 1941 [oder 1941]

Geliebte Geschwister,

wenn man auch das ganze Jahr über schweigt, so regt sich im Monat vor Neujahr doch das Gewissen. Man muß wieder einmal etwas von sich hören lassen. Ich bin inzwischen schon 16 Jahre alt geworden und denke bei allem was in unserem Alltag vorgeht oft daran: was würden Eva, Esther, vor allem Buli oder Judith dazu sagen, wie sich Schul und Schule, Gemeinde und Sportvereinigung alles ändert, verdreht und sich in sein Gegenteil verkehrt. In der Schule habe ich jetzt mein Einjähriges hinter mir. Es ist zwar nicht staatlich geprüft worden, aber es wird offiziell anerkannt. Gut überstanden. Alle Fächer 1 oder 2, keine 3, obwohl wir jetzt 6 Noten haben. Aber das nur ganz nebenbei. Buli wird [es] interessieren, daß ich jetzt bei Toczeck Mathematik, Physik und Chemie

habe. Deutsch – Bacher, Sprachen – Eldod. Quadratische Gleichungen, Potenzfunktionen, Magnetismus und Kohlenstoff.
All das Neue, das ich zu berichten hätte, würde ein ganzes Buch füllen.
Ich hoffe, daß mein Brief Euch noch zum Festtag erreicht, daß wir uns mit G'ttes Hilfe all dieses recht bald von Mund zu Mund erzählen können.
Im Vertrauen auf unseren G'tt, in der Hoffnung auf ein glückliches und baldiges Wiedersehen, grüße und küsse ich Euch aus der Ferne vieltausendmal

in anhänglicher Liebe
Euer Peter

Briefwechsel zwischen Lotte Carlebach und Mrs. H.

Es konnten weder Briefe von Judith an das Elternhaus noch Briefe von Lotte Carlebach an Judith gefunden werden. Der sehr kurze Briefwechsel zwischen Mrs. H., Judiths Pflegemutter in England, und Lotte Carlebach und die beiden Briefe von Judith an Oma Preuss sollen stattdessen an dieser Stelle stehen.

[o.D. – Januar 1939]

[An Judiths Pflegemutter]

B"H Dear Mr. and Mrs. H.,

Judith has told us so much of your kindness to her, that I feel I must write you a short note to express our gratitude. The first step abroad is always such a venture, and so important for the later life. But as soon as our daughter's first letter came, we knew that she was safe with you and that her first impressions and experiences would all be of the happiest.

You must forgive us for this long silence. I have been afraid you'll laugh about my English.

With all good wishes

Yours sincerely Lotte Carlebach

[o.D. – Februar 1939]

Judiths Pflegemutter an mich [Abschrift von Lotte Carlebach]

My dear Mrs. Carlebach,

I can't express to you how very much I appreciated your letter to me. As for laughing at it, I may tell you that many English people would be pleased, if they could write half as well, as your letter was beautifully written and expressed and the grammar was perfect. I only wish I was able to write to you any foreign language as well as you have written in English.

Judith is quite well and it is really a great pleasure to us to have her here, she is such a sweet girl and feels so well with our family. We are all very fond of her and feel as if we have known her for years. I only hope that she will be always happy with us and that she will always be able to look back on her stay with us, as an excptionally happy experience. I sincerely hope that I shall have the honour and pleasure of making your acquaintance and Rabbi Carlebach's and that of the whole family. I already feel as if I know quite a good deal of the family, from Judith's very vivid descriptions. – Julius comes here very often and is quite well. I hope you will write to me again soon ...

[o.D. – August 1939]

[An Judiths Pflegemutter]

B"H My dear Mrs. H.,

That's another thing to write a letter to »Mrs. H., foster-mother of our daughter Judith«, and writing a letter to Mrs. H. to whom I have made the acquaintance. I see you before me without any make-up and without your glasses. And when you have taken off your glasses there is to be seen in your eyes your poor hurt soul and I wish so instantly to give you a helping hand and I don't know what to do. I hope there will be a connection together with you and me for ever.
When you have time write me a letter please and I will ever be ready for you. Today I will not finish my letter with kind regards but with a shakehand and a kiss which will let you know that you have got a friend.

Yours Lotte Carlebach

Briefe von Judith

Monday, 5th of February

[o.J. – 1940]

431 Upper Shoreham Road

Shorham Sussex

B"H My dear Oma, Loj"t

Again many happy returns for the day of your birthday. This letter will probably come a bit too late, but better late than never. I was in a terrible hurry last Friday, when I wrote that birthday card, and I do hope, that you'll forgive me. You see our maid has left, so there is more work to do than ever.

Judith, 1938.

Judith in England; etwa 1943.

I nearly forgot to thank you for your sweet letter, which I received last week. I was pleased to hear, that you are all right and together with B.S'ens [Jacobson] (give them my love and tell them, that I'd like to hear from them personally, like Esther did). I am always so pleased, when I get your letters, because I am very lonely. I have got no friends here, and there are no Jewish people at all. I don't go to school, just do housework and cooking, baking, knitting etc. I have got lessons in: Mathematics and literature. I am getting on very well, but it is very lonely. The whole week I don't speak to anybody, but Mrs. H., who is marvellous. Mutti liked her ever so much, when she was here. On Friday Mr. H. and the boys come home and they stay till Sunday night. That is always very nice. The boys are good friends of mine, and treat me like their sister. They tell me their worries and difficulties and I try to help them. We really understand each other very well. They take me out and we go for walks, laugh, sing, learn and have interesting discussions. There are three of them, aged: 20, 18 and 16. They are all three very good Hebrew scholars and very orthodox. I don't like Mr. H. and he doesn't like me.... Once he wanted to throw me out of the house, but she would't let him. Now everything is quiet, but he always looks at me, as if to say: I wish you weren't here. Mrs. H.'s parents and relations are very nice to me, like one ... of their family. Esther works at Mr. H's sister ...
I am always so pleased, when I see Esther. We are very good friends and I don't know, what I'd do without her. Eva has gone to London this week her address is:

Gwrych Castle
Abergele
North–Wales

I sent her your letter. I think it would be better, if you'd write to me in German, because it is too much for you to write in so many languages. I can understand and read German perfectly, even if I am not so good at writing myself. I hope to start to learn children's nursing, when I am sixteen. The committe will see to that. I love children and babies very much, and it is my desire to be a children's nurse. I know, that it is supposed to be very difficult, and that you got to work a lot for it, but that only encourages me. Do you remember, when we were all ill in Leipzig, except the darling baby?

I often think of the good times we had together with Pappi and Mutti and all the nine of us.
Do you ever see Tante Mirjam? I'd like to write to them all, but I feel so ashamed, because of my bad German spelling. That's all for today.

Good by, love and kisses from yours Judith

P.S. Love to Onkel Otto, B.S'ens, Tante Mirjam's, Tante Trudchen, Mirjam (when you write) and everybody else I know.

Monday, 18th of March 1940
Clyde House
Windlesham Gardens
Shoreham–by–sea
Sussex

B"H My dear Oma, Loj"t

Thank you very much for your lovely letter and card, which I received this morning. I was so delighted with it, that I read it over again and again. You will see from the top of my letter that I changed my address to:

Clyde House
Windlesham Gardens
Shoreham–by–sea
Sussex

I have not moved there yet, but by the time you'll receive this letter I'll be there Be"H. Mr. H.'s mother was very ill. She was in London up till now, but they are afraid, that an air-raid might have a very bad affect on her, so we have taken a bigger house and she will live with us here.
I am very upset, that Esther is going away from here. We are such great friends, and I always enjoy it very much, when we are together. We usually take [talk] of H[amburg]: of Pappi, Mutti and the children.
I am very upset, because I don't know, wether I'll be able to learn nursing now, as the Jewish home is closed down. They did not have enough money, so they finished it off altogether. My plans, wishes, hopes etc. are smashed and finished with too. I don't know, what I am going to do now, I suppose I have to wait till after the war, as things will be probably different then. The while I am helping in the house, do cooking, baking etc. We have only got a morning-girl now, and she is not much good really.

Tell Onkel Otto, that I was very pleased with his regards, and I'll write to him when I've got time.
I'd like to know, what Mutti wrote in the letter to you, and how they all are. Please, let me know, when you write again. I'd be delighted, if Besen's [B. S.] would write to me. I am very interested in what they are doing and how they are.
I'll afraid I have to stop now, as we are very busy.
Mrs. H. sends her regards to you. Give my love to everybody, but kisses and hugs to you with love

yours affectionally

Judith

P. S. I am pleased Tante Grete and children are safe and happy!!!

Buli

22. April 1986

Remembering Mutti

... two specific events are really the only things I can call to mind. Shortly after my Bar-Mizwa I began to compose »Aphorism«, what seemed to me to be clever, Shopenhauer like summaries of worldly wisdom. I think I had also read Marcus Aurelius. With some pride I decided to show them to Mutti, but ended up totally defeated: »When einer Meschugge ist, ist er es zuerst im Kopf« – That was her response. About a year or so later a lad called Joseph Ansbacher, the son of Rabbi Ansbacher, came to Hamburg to attend the T.T.R. and we became very friendly. (After years the family saved me in London from sleeping in the street.) Out of the blue, I received a letter from the boy's mother, accusing me of being a bad influence on her son. I took that letter, totally bewildered, to Mutti. I was surprised at the ease with which I could talk and the calm way in which she listened to, and took over the problem ...

Of her 1939 visit I remember very little, except the terrible feeling, that as much as she wanted to see us (Judith, Esther, Eva and me), she was not really with us. Her heart and soul were back at home. To me it seemed, that once she had seen us safe and sound, for her, her mission was completed ...

Briefe von Buli

[Auszüge aus einem Brief von Buli, mit Durchschlägen abgetippt von Lotte Carlebach. Überschrift: Bulis gestriger Brief]

[o.D. – Ende April 1939]

c/o K., 53 Darenth Road, Stamford Hill

Liebe Eltern!

Da ich weder Geld noch Briefpapier habe, müßt Ihr Euch schon mit diesen einfachen Heftseiten zufriedengeben. Aber schließlich kommt es ja nicht darauf an, worauf man schreibt, sondern was man schreibt.

Buli in England, 1939.

Buli in England, 1939.

Heute morgen haben wir wieder ein Examen gehabt und zwar in modern Hebrew. Es war furchtbar schwer und anstrengend (von 9 bis 1). Die Schule ist hier eigentlich nur eine Prüfungsanstalt für das zu Haus geleistete. In Biologie z. B. bin ich mein eigener Lehrer und Schüler. Ich habe jetzt vom »head-master« die Erlaubnis bekommen, das Laboratorium und Schulmikroskop für meine Versuche zu benutzen. Das Arbeiten an sich ist ja nicht schlimm, nur bin ich ein bißchen zu viel allein, und das ist recht langweilig. Von dem Moment an, in dem ich aus der Schule komme, bis zum nächsten Morgen, bin ich fast immer allein und spreche kein vernünftigs Wort. Dadurch denke ich zu viel an und über mich, und genützt hat das mir noch gar nichts, höchstens geschadet [...]

Von unseren Sachen haben wir noch nichts gehört. Am Dienstag waren wir bei einem Rechtsanwalt und mußten in seiner Gegenwart unterschreiben, daß wir die Sachen nicht verkaufen werden. Jetzt geht diese Erklärung erst zum Zollamt, dann werden die Sachen geprüft, und den Bescheid müssen wir noch eine Weile abwarten ...

[Brief von Buli, mit Durchschlägen abgetippt von Lotte Carlebach]

25. April [o.J. – 1939]

Liebe Eltern,

Im letzten Brief habt Ihr Euch beschwert, daß meine Briefe zu sachlich sind. Es ist richtig, irgendeinen persönlichen, von meiner seelischen Stimmung berichtgebenden Brief habt Ihr schon lange nicht mehr von mir erhalten. Das beruht aber nicht auf einer »Entfremdung«, wie Ihr es nennt, oder einer gewissen Kälte, von mir der ich Euch Briefe schreibe, sondern auf folgendem: Wenn Ihr einen Film zum Entwickeln gebt, wartet Ihr doch, bis der richtige, positive Abzug fertig ist. Dasselbe ist mit mir. Die Umgebung, das Klima und die Selbständigkeit, die alle neu sind und alle verdaut sein wollen, haben mich natürlich im gewissen Maße verändert, und wie das positive des neuen Bildes aussieht, weiß ich selber noch nicht und bin mir noch ganz im unklaren. Ich kann Euch also nur Tatsachen berichten, damit Ihr wißt, was los ist und damit Ihr wißt, welche »Chemikalien der Chemiker Schicksal (oder Vorsehung) gebraucht, um das Positiv meines Seelenbildes fertigzustellen«. Oder entbehrt Ihr nur noch am Schluß meiner Briefe die 1000 herzlichen Küsse? Ihr wißt doch genau, daß das größtenteils eine leere, von tausend und abertausend ordinären wie gebildeten Leuten gebrauchte Formel ist, die man hinschreibt wie »geehrter Herr«, obwohl man nichts von dem »geehrten Herren« hält. Aber so ist nun mal die Sitte. Aber ich kann mich an diese Sitte nicht gewöhnen, weil eben ... nun weil ich es eben nicht meine. Ich sehe in diesen Küssen kein Zeichen von Liebe und Verehrung, wenn ich sie schreibe, obwohl ich weiß, daß andere es ja können. Ich habe schon zu oft gelogen, um zu schreiben, wenn es nichts besagt. Ihr könnt wirklich meiner Liebe, Verehrung und Treue zu Euch versichert sein ohne diese Worte –.

Esthers Ankunft in London war ein großes Hallo in der ganzen Stadt, wir haben uns alle riesig gefreut (ich habe mich besonders für Judith gefreut, da ich ihr doch keine Schwester ersetzen kann, die sie so dringend braucht), nur Eva haben wir noch sehr vermißt ...

Die Schule hat auch wieder angefangen, das eintönige Leben geht wieder los ...

Für heute nur rasch
herzlichste Grüße
Buli

[Auszüge aus einem Brief von Buli, mit Durchschlägen abgetippt von Lotte Carlebach]

31. Mai [o.J. – 1939]

Liebe Eltern,

wir haben diese Woche in der Klasse eine Diskussion über G'tt gehabt. Unter anderem sagte eine gewisse Lola Eisemann (Tochter von Heinrich E., Frankfurt): »Ich erkenne G'tt darin, daß sich alle großen Ereignisse der Weltgeschichte wiederholen!« Ein sehr weises Wort. Werdet Ihr aber doch fragen. Was hat das mit uns zu tun? Will ich es Euch sagen: Vor vielen Jahren kamen einmal im Britischen Museum viel Bruchstükke griechischer Skulptur an. Obwohl nichts Vollständiges dabei war, konnte man sich doch im Geiste die Höhe der griechischen Kulturentwicklung rekonstruieren und den Geist der alten Zeit genießen. Dieses große Ereignis hat sich nun in etwas verkleinertem Maßstabe wiederholt. Bei mir kamen jetzt Reste eines ehemaligen Käsekuchen an, und obwohl nicht mehr eßbar, konnte ich mir doch zusammen mit dem Waldmeisterkranz im Geiste die heimatlichen Gerüche rekonstruieren

und genießen. Ihr seht also, wie sehr sich das Wort meiner weisen Klassenkameradin bewährt hat. Jedenfalls danke ich Dir herzlich, liebe Mutti, ich habe mich wirklich sehr gefreut!
Wir müssen aber jetzt griechische Kultur und Metaphysik verlassen, um uns den menschlicheren Ereignissen zuzuwenden... Sonst gibt es hier wenig Neues. Mein altes, eintöniges, einsames Leben geht fort. Ein halbes Jahr ist es jetzt schon, und ohne unglücklich zu sein, bin ich doch auch nicht glücklich. Das macht aber nichts, der goldene Mittelweg ist von jeher der beste gewesen. Ich bin momentan in besonders guter Laune durch die Lektüre von Pappis »Renegatentum des Geistes«, das mir mit seinem Spott besonders gut gefallen hat.

Allen in Liebe gedenkend, bin ich Euer Sohn,
Bruder und Ratgeber für
auswärtige Angelegenheiten
Buli

[Auszug aus einem Brief von Buli, mit Durchschlägen
abgetippt von Lotte Carlebach]
[o.D. – August 1939]

... Hier sind noch ein paar private Zeilen für Dich, lieber Peter. Du hörst jetzt auf, ein Kind zu sein. Das heißt, Du bekommst jetzt große Pflichten. Leider habe ich erst in der Fremde erkannt, was ein Elternhaus für einen Menschen bedeutet, zu spät habe ich erkannt, was ich unseren lieben Eltern schulde. Du hast den Vorteil, daß es Dir gesagt wird, während Du noch zu Hause bist, und zwar von Deinem Bruder, der es zu spät erkannt hat. Du mußt [das auch] für mich mit gutmachen; Du kennst das große Werk unseres lieben Vaters und mußt ihm helfend zur Seite stehen, als der einzige Sohn im Hause. Laß das Ideal unseres Vaters, sich für andere aufzuopfern, auch Dein Ideal sein; es ist das beste, und auch jetzt schon meins. Halte mich nicht für einen Pedanten, wenn ich Dir so schreibe. Ich bin noch genau so lustig und lebensfroh wie früher. Nur etwas mehr Einsicht habe ich erlangt.

Beherzige bitte meine Worte
Buli

Briefe an Buli

[o.D. – Ende Dezember 1938]

Mein geliebter Buli,

meinst Du, ich wäre dazu gekommen, Dir den versprochenen Brief zu schreiben. Immer ist was anderes. So laß mich jetzt, spät am Abend zwar schon, Dir erstmal innig Mazal-Tow zum Geburtstag wünschen, wohl zum ersten Mal schriftlich. Das neue Jahr hat ja schwer genug angefangen für Dich, für uns alle. Möge es nun bald ein bißchen aufwärts gehen. Beiß mir noch ein wenig die Zähne zusammen. Es wird schon wieder anders kommen, hoffentlich bald. Ich habe Dir durch die Bücherstube ein Buch schicken lassen, von dem ich annahm, daß es Dir Freude macht. Hoffentlich kommt es rechtzeitig an. Es ist der neue von Kruif, Verfasser von Mikrobenjäger. Ich hatte es mir für ein paar Stunden ausgeliehen, um hereinzusehen, und konnte gar nicht wieder weg davon, so interessant ist es.

Pappi ist mit Arbeit überlastet. Hoffentlich gibt's bald irgendwo einen Lichtblick. Wie kommt es nur, daß Judith 14 Tage nicht schrieb ... Bitte schreib auch Du wieder ausführlich; wir zahlen eventuell gern Strafporto (Dein Mantel kostete 15 Mark Zoll).

Heute abend fahren alle Gottholds und B.S. raus nach Holland. Sonntag Holzer[s]. Gestern abend hatten wir zu einem kleinen Abschiedsabend Paul Möller und Frau, Holzers, Brager und Frau, B.S. und Frau, Rechtsanwalt David. Wie hat mein Buli gefehlt –.

Salo aus Lübeck ist heute [vom KZ] zurück, auch der Chatan von Resi Meyer. Über Schabbat sind Abers mit fünf Mann hier; sie sind für Freitag nachmittag zum amerikanischen Konsul bestellt und können vor Schabbat nicht mehr zurück.

Nun wollen wir noch, müde und kaputt, an die Bahn zu B. S.

Sei gebenscht, geliebter Mensch, Kopf hoch. –

Gut Schabbes innigen Gruß und Kuß Mutti

[o.D. – Anfang Februar 1939]

Mein geliebter Buli!

Deine Karte habe ich nicht ganz verstanden; erst schreibst Du, Du hättest seit 14 Tagen nichts von uns gehört. Dann bestätigst Du die

Charakteristik (Bacher hätte sich kein Bein ausgerissen, wenn er sich noch ein bißchen netter gegeben hätte) und die Briefe der Kleinen. Dabei hatte ich auch einen Brief geschrieben.
Also hast Du doch Post gehabt. Dann schrieb ich Dir auch am Montag eine Rückantwortkarte, schon an mich adressiert. Hast Du die nicht erhalten? U.A.w.g. Wie kommt es, daß Du doch eingeschult bist? Wer trägt die Kosten? Wer hat es veranlaßt? Ich wüßte es gern. Ebenso was bedeutet das? Du willst Dich auf das Matric privat vorbereiten? Kann man denn im Matric nur Biologie machen?
Wir denken soviel an Euch und sorgen uns um Euch. Hier bei uns kommt nichts recht weiter, für Pappi schon gar nicht. Diese Woche fährt Salo C[arlebach] aus Lübeck nach England via London, er wird Euch Grüße bringen. Auch Hanna Hirsch bekommt ihr Visum; David Hirsch bald, der bringt auch Bücher für Dich mit, einige evt. Salo. Du bekommst dann Nachricht, er hat Deine Adresse.
Jetzt wird ja die am besten erhaltene [Synagoge] Beneckestraße instand gesetzt, als offizielles G'tteshaus. Dann wird wohl vielleicht schon nächsten Schabbat Pappi dort amtieren. Auch denkt er dann Sonntagvormittag seine Tenach (Bibel) Vorträge dort aufzunehmen. Du siehst, an wegkommen ist leider noch nicht zu denken.
[...]
Heute wurde Rechtsanwalt David offiziell in der Innocentiastraße verabschiedet. Er geht nach Holland, dann nach Erez. Denkt Ihr an Mirjams Geburtstag am [jüdischen Datum] 4. Schwat; [Adresse] P.O.B. 1061 Haifa, Kfar Hanoar. Sie schreibt ganz zufrieden, hat viel Arbeit; einen Tag waren sie zu dritt beim Zahnarzt in Haifa und haben dann einen Tag lang die Stadt angesehen – begeistert natürlich.
Ärgere Dich nicht über das Zeugnis. Pappi fand es besonders von W. gemein, Dich so zu behandeln. Wie gefallen Dir dort die Lehrer? Judith darf gern Dr. Grünfeld grüßen. Wir danken sehr für ihre Karte. Bitte sehr die rot angestrichenen Fragen zu beantworten. Entschuldige den doofen Brief, ich bin sehr müde. Kann ich Hirschfelds denselben Brief schreiben wie H.s? Habt Ihr Holzers gesprochen?

Gruß, Kuß
Mutti

[o.D. – Ende Februar 1939]

Mein geliebter Buli,
das ist auch nicht der Brief, den ich Dir schon so lange schreiben wollte. Es kommt immer wieder was, was einem aus dem Gleichgewicht bringt. Da nun auch Eva und Esther mächtig mit Auswanderungsvorbereitungen beschäftigt sind, sind sie schon meist ab 9 Uhr früh unterwegs, und ich sitze immer mit allem allein. Nach Dir bangen wir uns sehr, mein Buli. Wirst Du uns auch nicht zu fremd werden? Pappi macht sich Sorge, ob Du gar nicht mehr lernst. Du schreibst von keinem Schiur mehr. Bitte gib darauf Antwort. Warum schreibst Du keine Überschrift in Deinen Briefen? Wie bekommt Deinem Herzen das Fußballspiel? Bei welcher Gelegenheit hattest Du einen Arzt, daß er Rheumatismus feststellen konnte?

Ach, mein Buli, nachts kann ich überhaupt nicht mehr schlafen, und dann gehen meine Gedanken immer zu Euch, zu der kleinen Mirjam, was sie wohl gerade tut und denkt und fühlt. Im allgemeinen sind Eure Briefe doch mehr Beschreibungen des äußeren Lebens als Stimmungsberichte. Und ich habe große Angst, wir könnten uns schon so früh auseinanderleben.

Gestern gingen Jumbo [Halberstadt], David Hirsch und Dr. Rafael Möller und Familie zunächst alle nach London. Von Dr. Möller ist mir der Abschied auch sehr schwer geworden, auch Pappi. Ich kann gar nichts sagen, wieviel er mir gewesen durch seine geradezu rührende Fürsorge für Pappi, gerade die letzten Monate und Wochen auch wieder. Wann und wo Ihr ihn und seine Familie trefft – seid besonders nett und zuvorkommend, wir schulden ihm soviel Dank.

Eva und Esther werden in ca. 14 Tagen – 3 Wochen kommen. Esther hat man einen Posten als »cook« angeboten bei einer Mrs. Salomon, Mrs. Bekhor (?) 118 Berkely Court, Baker Street NW1. Könnt Ihr Euch nicht erkundigen, wer das ist? Ich fragte Judith schon an, ohne Erfolg. Bald mehr, gleich ist Schabbat. Heute abend wird die [Synagoge in der] Beneckestraße eingeweiht. Ich schreibe auch Judith bald wieder.

Gut Schabbes,
seid gebenscht und geküßt
von Mutti

[o.D. – Mitte März 1939]

Mein geliebter Buli,

mit Deinem letzten Brief hatten wir viel Freude. Ach, mein Buli, ich bitte Dich so herzlich: Pappi vergeht vor Sehnsucht nach Dir.

Schreibe ihm mal selbst ein gutes Wort. Der Tod von Onkel Mo[ses Carlebach] hat ihn sehr mitgenommen. Du hast gewiß schon gehört, daß wenige Tage später eine neue Trauerbotschaft uns traf: Onkel Moritz Stern in Berlin – Es ist zu schlimm, soviel Leid in den letzten Jahren. Und ich weiß, daß Pappi bei sich immer nur eine große Sorge trägt: Werde ich meine Kinder noch heranwachsen sehen?

Mein guter Buli, wenn Du Deine weiteren Lebenspläne überschlägst, mache doch die Rechnung so, daß Du mit Deinem Vater unmittelbar verbunden bleibst. Er grübelt und denkt jetzt soviel: Was war nun die ganze Lebensarbeit? Ein Mühen und Arbeiten für nichts. Alles was aufgebaut wurde, ist zerstört. So haben wir nur noch eine Hoffnung: daß G'tt Euch Kinder in Seinen besonderen Schutz nehme, daß es Euch vergönnt sei, alles was wir gewollt, daß es bei Euch zu sichtbarer Leistung werde. Wenn wir diese Hoffnung nicht hätten, wäre das Leben manchmal schwer zu ertragen.

Nimm Dich auch Judels [Judiths] ein bißchen an. Sie ist schon ein großes Kind, gewiß, und hat sehr nette Pflegeeltern. Doch glaube ich, daß sie das Zuhause sehr entbehrt. Laß sie fühlen, daß sie in Dir einen großen Bruder, einen Beschützer, einen Vertrauten hat. Gemeinsame Galut muß Euch einander näher bringen.

Ich freue mich, daß Ihr Sonntag zu der Hochzeit seid. Gib Onkel Siegfried einen besonderen Kuß von mir. Ich bin glücklich, in dem Gedanken, daß Ihr ein Stück Verwandtschaft wiedersehen werdet.

Also Mazal-Tow zur Hochzeit und Mazal-Tow zu Judiths Geburtstag.

Sei gebenscht und geküßt, mein Buli,

von Deiner Mutti

24. März 1939

Mein geliebter Buli,

vielen Dank für Deine Karte, ich bin nur froh, daß weiter nichts mit Dir war, ich bin richtig besorgt gewesen. Ich mache mir soviel Gedanken um Euch, und der bevorstehende Pessach läßt natürlich die Sehnsucht noch größer werden. Hier wird es in jeder Beziehung schwierig werden, die

Lebensmittelversorgung zu Pessach ist schrecklich schwierig, G['tt]s[ei]D[ank] existiert ja noch die Mazzefabrik von Katz, so daß man wenigstens Mazzot hat, aber die Quanten sind natürlich auch viel kleiner als sonst.
Ab Ostern erfolgt nun wirklich die Zusammenlegung der Schulen, ich bin gespannt, wie sich das in der Praxis auswirken wird. Der Lehrermangel an der T.T. ist ja schrecklich, Peter hat schon seit 4 Wochen keinen englischen Unterricht mehr, seit Little [Lehrer Klein] weg ist; viele alte Lehrerinnen sind pensioniert. Bis jetzt sehe ich den einzigen Vorteil der Zusammenlegung nur in dem näheren Schulweg, den die Kinder haben werden.
Hier im Hause ist die Bücherstube seit 1. Januar (von der Dunck) ganz weg, heute zog auch der Nachfolger Ucker aus, ebenso Zahnarzt Meinecke, der alte Lion ist nach England gegangen. Bei Frau Heckscher wohnt jetzt Tante Henni Joel, über Pessach essen Daniels dort, die mit der alten Frau Biram zusammengezogen sind. Ihr laßt doch noch immer B.S.'ens grüßen, die sind schon lange in Holland, wohnen bei Salo Floersheim, er hält Schiurim, Vorträge, Privatunterricht usw.
... Die zwei alexander'schen Jungens schreiben aus Shanghai ganz zufrieden ...
[Schluß fehlt]

Donnerstag [o.D. – Anfang Mai 1939]

Mein geliebter Buli!

Eigentlich ist ein Brief an Dich schon ewig fällig! Dir möchte so gern mal ganz besonders schreiben, und immer kommt, wenn man sich eben mal hinsetzt um zu schreiben, eine Störung ...
Wie kommt es, daß Du Dich so einsam fühlst, mein Buli? Hast Du keine Freunde dort? Ich dachte die Freundschaft mit Bondi oder Ansbacher wäre wieder aufgelebt und könnte Dir ein bißchen was geben?
... Ich hätte immer gemeint, daß mein Buli einmal noch höhere Ansprüche wird stellen dürfen! Daß aus Dir noch mal ein Mensch wird, der große Forderungen an sich selbst, und damit dann, wenn die Zeit gekommen ist, an sein zweites Ich stellen kann und wird. Damit meine ich natürlich vor allen Dingen die menschlichen und geistigen Forderungen. Denn was die praktische, äußerliche, materielle Form der Lebensgestaltung betrifft, so hat uns das Schicksal vor ganz besondere

Aufgaben gestellt: Bei unzureichenden äußeren Bedingungen, bei größter Einschränkung der Berufsmöglichkeiten doch ein Höchstmaß an menschlicher und seelischer Leistung zu vollbringen.
Vielleicht wäre es auch an der Zeit, mal über Deine weiteren Zukunftspläne zu sprechen, mein Buli, die gewiß nicht in der absolut geraden Linie liegen können, wie Du vielleicht noch heute meinst. Wenn eine Tätigkeit auf dem Gebiete der Medizin Dir wirklich Herzenssache ist, so mußt Du andererseits auch sehen, welcher Zweig davon Dir praktisch erreichbar sein wird. Länger als unbedingt nötig die Hilfe Fremder (sei es ein Komitee, sei es eine Privatperson) in Anspruch zu nehmen, ist Dir doch auch gewiß gegen Dein Ehrgefühl. Nach wie vor scheint mir ein Studium der Tierheilkunde weniger kostspielig, für die Zukunft aussichtsreicher und doch ganz in der Linie Deiner Interessen.
Was sagst Du zu meinen Vorschlägen? Es nützt ja heutzutage nichts, unentwegt an liebgewordenen Hoffnungen und Gedanken allein sich festzuklammern, man muß sich auch ein bißchen auf den Boden der praktischen Tatsachen stellen und sich nach der Decke strecken. Mit Eva und Esther hast Du speziell Dich hoffentlich auch sehr gefreut. Das ist für mich immer ein beruhigender Gedanke, daß nun wenigstens 4 von Euch an einem Platz sind; daß jeder von Euch in dem andern gewißermaßen ein Stück Zuhause sieht.
Und das schönste Ergebnis dieser, auch für Euch so schweren Zeit sollte sein, daß Ihr heranwachsenden Kinder, die Ihr nun zusammen – per Zufall – wie man sagt, nun diesen Zufall als Fügung anseht und Euch recht fest aneinander anschließt. Sprecht Euch gegenseitig über alles aus, kommt soviel wie möglich zusammen, dann dürfte eigentlich keiner sich von Euch mehr einsam fühlen. Hoffentlich bekommt Eva auch bald eine ihr zusagende Tätigkeit, damit sie innerlich etwas befriedigt ist. Volle Befriedigung im Beruf ist im gegenwärtigen Augenblick wohl niemand gegeben.
Nun, mein Buli, muß ich aber aufhören. Ich hoffe, sehr bald wieder von Dir zu hören.

Gut Schabbes und innige Grüße,
sei gebenscht von Deiner
Dich sehr liebhabenden Mutti

Was ist mit Euren Sachen?
Können Lerners Euch nicht vielleicht raten?

Briefe von Esther

[o.D. – Ende April 1939]

Lieber Buli, Loj"t

Wieder nur ein paar kurze Grüße von mir. Aus Altona soll ich Dich von W. Hermann (der auch bald nach London kommt) und von Manfred Levy sowie Ulli Koppel grüßen. Wenn's Dich noch interessiert, heißt es! Weißt Du, daß Pappi bei Little [Lehrer Klein] Englisch hat? Ruthchen wiederholt mit ihm die Lektionen. Überhaupt gilt hier eine und ausschließlich die englische Sprache, obwohl Pappi ja selber gewiß ist, daß er nie, und in dieser Sprache gewiß nicht, einen solchen Wortschatz erlangen wird, wie im Deutschen. –

Lieber Buli, ich grüße Dich herzlichst

Esther

[o.D.–Mai 1939]

[Brief von Esther; Abschrift mit Durchschlägen von Lotte Carlebach]

44 Rectory Road

Stamford Hill

London N 16

Geliebte Familie!

Heute endlich mal wieder ausführlicher. Die letzte Woche ging schnell herum, und in der nächsten werde ich wohl meine Stelle antreten. Durch Frau Lerner, bei der ich 2 mal lunchte, habe ich sie bekommen. Gestern und heute habe ich dort gearbeitet, es war wirklich schön. Es ist ein Hostel mit ca. 20 Wiener Jungens, d.h. lärmende, Chassidische Chederjungens, die dort hingekommen sind. Das Hostel leitet ein Lehrerpaar ... (Mischpacha von uns), ein paar ganz besonders nette, feine Menschen. Die Jungens gehen z. T. zur Schule oder haben dort Schiurim und helfen in der Küche. Alle haben natürlich Pe'ot [Schläfenlocken], diskutieren den ganzen Tag über Kascher und nicht-Kascher, ich darf natürlich weder Kniestrümpfe noch kurze Ärmel tragen. Wenn sie fleischig gegessen haben, trinken sie nach 3 Stunden nicht Tee aus milchigen Tassen – bewahre! Trotz dem Krach und der Unerzogenheit dieser 13 bis 18jährigen Bachurim ist es sehr vergnügt und trotz des alten, schlechten Hauses sehr sauber. Oben ist das Bet-Hamidrasch, und

Esther, etwa 1938.

Esther, etwa 1938 (Lotte Carlebach).

dort wird geort [gebetet]. Ich bekomme 10 Schilling die Woche, das ist nicht viel, aber es vermehrt sich hoffentlich. Meine Kiste kann ich dort nicht unterbringen …

Alex und Marga [Carlebach] sind entzückend zu mir, Ihr müßt ihnen ganz besonders danken. Auch Mrs. H., die gerade für Judel einen herrlichen Pullover strickt, ist sehr gut zu mir …

Hier in London ist das Elend ganz besonders groß. An jeder Straßenecke sieht [man] einen Mann oder eine Frau, die singen oder ein Instrument spielen. Heute sah ich einen Mann, der mit farbiger Kreide wunderbare Zeichnungen machte. So entstanden plötzlich auf dem grauen Straßenpflaster herrliche Landschaften in leuchtenden Farben. Lebensmittel sind hier sehr teuer, Konserven billiger, am billigsten Ananas und Salm in Dosen. Dafür bekommt man aber für 2 bis 3 Schilling »pure woole« Pullover oder Röcke, und im Norden sind fabelhaft preiswerte Geschäfte. Fahren tut man nur mit der »tub« (Underground) oder »bus«. Es gibt hier nur eine Straßenbahn, die ist 2stöckig. Darum sind hier auch die meisten Menschen so »verstiegen«.

Wie geht es Euch allen, was macht mein goldener, geliebter Pappi, die gute unermüdliche Mutti? Grüßt … auch alle Sonntag-Morgen-Schnorrer.

Ich grüße und küsse Euch alle in innigster Liebe
Eure oft an Euch denkende Esther

17. Mai 1939

[Brief von Esther; Abschrift mit Durchschlägen von Lotte Carlebach]

Mein goldener, geliebter Pappi! – Heute richten sich meine Zeilen besonders an Dich, denn gerade in dieser so neuen und so jüdischen Umgebung mit ihren andersartigen Gebräuchen und Gesetzen, denke ich oft an meinen Pappi; und wenn mich einer der Jungens, wie so oft, durch eine besonders schöne Charakterseite überrascht, wünschte ich nur, mit einem gewissen Stolz Dir diese Prachtmenschen vorführen zu können, denen alle bitterern Erlebnisse und Sorgen nichts anhaben konnten, die in ihrer Freizeit lachende, übermütige Jungens sind, aber über die Gemara mit Eifer und Ernst diskutieren – und diese verschiedenen Seiten vollkommen in ihnen ausgeglichen sind. Am Schabbat-Abend, eine Stunde vor Nacht, saß man zusammen (früher nannten wir es Herings-Schiur) und die Jungen sangen, zwar sehr laut, aber man

kann ihre Begeisterung nicht dämmen; und ich werde nie das vom Laternenschein beschienene Profil eines kleinen, sehr frommen Jungen (der Tehillim[Psalmem]-Sager) vergessen, der mit Augen und Ohren am Munde der Größeren hing, die alle wie eine Stimme sangen und so mit einem Wort Tora und mit Liedern den Schabbat ausklingen ließen. Mir macht ein solcher Schabbat große Freude, und ich fühle mich in diesem Moment, im Gegensatz zu meinen Vorgesetzten, ganz diesem Milieu zugehörig. Gewiß einen Freitagabend mit so schönem, frohem Gesang, wie bei uns zu Hause, werde ich nie wieder finden, und so ist dies eben wie eine köstliche und etwas wehmütige Erinnerung in meinem Herzen. Wie wünschte ich mir dann Dich, geliebter Pappi, unter diesen Menschen, der Du sie zu fesseln und anzuregen wüßtest und mit ihnen den Schabbat zu halten versuchtest. Und statt dessen muß ich die Stimme … hören: »Spülen, abwaschen!« Nebenan geht der Gesang weiter, und meine Hände können nur mechanisch ihre Arbeit tun, während ich in meinem Herzen noch die Schabbat-Stimmung trage.
Ach, Pappi, wann kann man das eine mit dem anderen vereinen? Alles ist schwer, aber darum schön, und wenn ich an Dich, meinen geliebten, selbstlosen Pappi denke, geht alles leichter!
Ich hoffe, du bist gesund, und grüße und küsse Dich
in Liebe, Deine Esther

20. Juli 1939
[Auszug aus einem Brief von Esther; Abschrift mit Durchschlägen von Lotte Carlebach]

… Donnerstag geht's an die See für 4 Wochen … Nanny (das … Mädchen) ist seit Montag in Urlaub; so habe ich jetzt kein bißchen Hilfe mehr, die ganze Kocherei und Backerei allein. In 3 Tagen habe ich 3 große Kuchen, 30 kleine Kuchen und 2 Dosen Kekse gebacken (Mutti kennt die Dosen, ich glaube, in jede gehen 4 bis 5 Pfund!) Die Kekse sind noch nicht kalt – schon sind sie weg. Am meisten nascht – leider – Basil (der netteste Junge!). Letzten Schabbat, da keiner von unseren Kindern mich besuchen kam, habe ich mit den Jungens im Garten am Wasser unser hebräisches Quartett gespielt, dann haben sie eine Kissenschlacht gemacht, natürlich fiel ein Kissen ins Wasser! Darauf legten sic 3 Jünglinge bäuchlings ans Ufer, um das Kissen zu fischen – und bewarfen sich

dann mit dem pitschnassen Kissen. Nein, diese Jungens! Abends, nach dem »supper« haben wir im Garten gesungen und Horra getanzt. – In Schul traf ich Rabbiner Jacobowitz; er war schrecklich nett und sagte, ich müßte wieder so einen Posten [bekommen] wie in Berlin ... Mrs. Boxer, (Anm. der Redaktion Lotte Carlebach: Tochter von Esthers Madam, Mrs. Sklan, auch Vorstandsdame in Evas Bet-Chaluz), ist himmelhoch begeistert von Eva; sie wollte erst mich, dann Eva für ihre 2 kleinen Kinder haben (wenig Arbeit, 1 Pfund die Woche!), aber sie sagt, sie kann weder mich ihrer Mutter, noch Eva vom Bacha"d ausspannen ...
Es ist 10 vor 1, ich schreibe im Bett und bin todmüde, aber früher komme ich nicht dazu.

In Liebe küßt Euch Eure Esther

[Zusatz von Lotte Carlebach]:

Liebe Oma,

bald kriegst Du auch wieder einen »persönlichen« Brief; auch Ottos Geburtstag habe ich nicht vergessen. Mazal-Tow Mazal-Tow! War ohne das kleine polnische Mädchen, [sie] ist jetzt weg, ich habe noch keine Nachfolgerin und schrecklich viel Arbeit. Auch Mazal-Tow erstmal für Tante Mirjam zum Geburstag.

In inniger Liebe Lotte

Briefe an Esther

[Postkarte] 9. Juni 1939

B"H Mein Estherlein,

Deine Eilkarte habe ich bekommen, sofort beim Spediteur angerufen. Gestern ist sie [die Kiste] abgeholt, kommt aufs Schiff, und er denkt, daß sie Mittwoch oder Donnerstag zur Auslieferung kommt. So schnell, wie eine Expreßkarte geht das doch nicht.
Nun höre und staune: Mutti fliegt hier Sonntag ab 13:20 und ist s.G.w. in London 15:55. Ich nehme an, daß der Flugplatz dort auch weit draußen ist. Kommt also nicht heraus, sondern erwartet mich an dem Pavillon für Luftverkehr, oder wie das dort heißt, wohin der Autobus die Fluggäste bringt. Oder laßt vielleicht Buli herauskommen, wegen Koffer und als Dolmetscher, und Ihr anderen wartet drin. Ich denke mir nämlich, daß das Fahrgeld dort raus sehr teuer ist. Hoffentlich kommt

nicht eine kranke[? im Original k … .] Mutter in Eure Arme. Spreche sonst bitte dort nicht über mein Verkehrsmittel …
Ich habe noch schrecklich viel zu tun. Frl. Eva [Schulowitz] ist zum 30. 7. ausgewiesen, hat sich überdies ziemlich schlimm verbrannt. Dann haben wir wieder ein Kind bekommen, ein sehr nettes Mädel von dem Cubaschiff, 15 Jahre, geht zur Schule. Also Ihr könnt Euch denken!

Auf hoffentlich recht gutes Wiedersehen
freut sich unendlich Eure Mutti

Etwaige Änderungen in Abreise und Ankunft werden rechtzeitig bekannt gegeben. Wo, wohin ich lande[?]

[o.D. – September 1939]
Erew Schabbat
Mein geliebtes Estherlein,

diese Woche stand hier ganz unter dem Zeichen der Trauer um Beni Meyer. Ich war fast täglich oben natürlich; da die Beerdigung am Freitag nachmittag war, wurde nicht gesprochen. So hielt Pappi gestern, Donnerstag nachmittag im Schul noch einen wunderbaren Hesped [Trauernachruf] auf ihn. Abends war dann Frau Meyer mit Resi noch bei uns, um von hier aus mit Salo und Max zu telefonieren.
Wann geht Ihr wieder nach London? Hast Du nun auch ein bißchen Erholung gehabt? Übrigens hat im Krankenhaus Papa Meyer s[eligen] A[ndenkens] noch große Freude mit Deinem Brief gehabt, er zeigte ihn mir gleich (ich habe ihn dort ja fast täglich besucht) und fand ihn so süß geschrieben. Auch den jetzt – Nebbich zur Schiw'a.
Tante Sonja ist nach Breslau gefahren, Tante Bella geht es etwas besser. Wir werden wohl diese Woche auch einige Tage hinfahren. Über Schabbat sind wir in Berlin (Ki Tawo). Adresse bei Knoller, Lewazowstraße 12. Übrigens hörte ich von Jaldows: Recha ist in einem sehr reichen Haus angestellt, hat es glänzend, James in einer Wäscherei, Schabbat und Sonntag frei, 6 Dollar pro Woche. Mit [Dr.] Blau und Kalman Rothschild sind hier unsere letzten Freunde weggegangen. Auch unser Hauswirt Rothschild ist in London. Neues gibts hier nicht; vor Rosch Haschana ohne Euch graut mir.

Bleibt mir gesund, geliebtes Kind
sei gebenscht und geküßt
von Mutti

Eva (1919-1966)

20. März 1966

Remembering being the eldest …

»… I have really very little recollections of how things were at home. When the other [children] say, don't you remember, I just can't. Just odd moments. How sometimes I had fits and real antisocial feelings, because of being the eldest, given responsibility by my parents and laughed at because of it by my brothers and sisters. Of being sent to Oma, because she was lonely after Otto emigrated to Palestine, and again just being packed off to Tante Grete to help, because she was ill and Jews couldn't get help anywere. It's all so far away … but I do remember the 10th of November 1938. Pappi bathed, dressed and put a small Tenach [Bible] into his pocket, and than stand by his Pult learning, waiting to be called [to be arrested] like all the others, Rabbis and men. When the doorbell rang, at first nobody dared to open, and then I was told to; there stood two men with long lists asking for money for the »Winterhilfe«. I just told them, we are Juden and closed the door, and I remember well the feeling of relief, and at the same time anticlimax …

Briefe von Eva

Hamburg, 20. April 1939

B"H Geliebte Oma! Loj"t

Jetzt bin ich am Chol Hamo'ed doch nicht zum Schreiben gekommen. Heute will ich es also nachholen. Mutti hat Dir, glaube ich, neulich schon mal geschrieben, daß ich so schrecklich gern nach Erez möchte, und Du hast mir ja auch den Brief geschrieben. Jetzt haben sie mir hier auf dem Pal[ästina]-Amt gesagt, wenn ich ein ärztliches Attest habe, daß ich Dir, da Du schonungsbedürftig bist, ein paar Wochen helfen soll, bis Du Dich erholt hast, dann besteht die Möglichkeit, daß ich das Visum

Eva Heinemann, geb. Carlebach; etwa 1960 (von Eva allein konnten keine Kinder- oder Jugendbilder mehr gefunden werden).

bekomme. Wenn Du mir das schicken würdest, wäre ich Dir sehr sehr dankbar. –
Von meinem Ausflug nach Berlin will ich Dir jetzt mal berichten, denn wenn ich auch kaum jemanden kannte, Du kennst doch sicher alle. Ich bin das erste Mal am Schabbat Chol Hamo'ed mit Pappi in Berlin gewesen. Da haben wir bei Ludwig Knoller gewohnt. Eine Schwester von ihm, Julie Lehrfreund, hat immer von der kleinen Lotte Preuss und ihrem noch kleinerem Bruder Otto erzählt. Sie hat sich gar nicht vorstellen können, daß ich die Tochter von ihr bin. Vor einigen Wochen habe ich in Wilhelminenhöhe mit anderen ein Vorbereitungslager geleitet. Mit den Jungens und Mädels habe ich mich in Berlin getroffen. Da hat mir ein Junge, er heißt Felix Fachner, erzählt, daß Onkel Otto sein Klassenlehrer war. Da die meisten von den Jungens im Norden wohnen, bin ich dort auch gewesen, und es kam mir sehr komisch vor, als ich an Deinem Haus vorbei kam. Aber auch, wie ich im Siegmundshof war, mußte ich immer an Dich denken. Denn direkt neben der Schul ist doch das Haus, wo Falk Schlesinger gewohnt hat. Ich mußte immer an die drei kleinen Mädels, die immer Tante Oma gesagt haben, denken. Sonst sieht Berlin ganz anders aus. Der große Stern, wo ja jetzt die Siegessäule steht, ist ein riesiger großer Platz ohne Bäume geworden. Dort wird noch sehr viel gebaut. Es ist überhaupt fast kein Bahnhof, an dem nicht gebaut wird. Aber ich war doch ganz froh, als ich wieder in Hamburg war, denn nicht mal Sterns sind mehr dort, und man fühlt sich doch so allein, wenn keine Mischpacha da ist, wenn auch Knollers sehr nett waren. – Von uns hier gibt es nicht viel zu berichten. Du weißt sicher, daß unsere Wohnung ganz umgestellt ist, weil für uns ein Lift gepackt wurde. Meine Koffer sind auch schon vom Zoll versiegelt, und ich lebe schon seit vor Pessach wie Besuch, immer mit 1 Kostüm, 1 Kleid und 2 Blusen. Ein bißchen ungemütlich zwar, aber ganz schön, daß ich noch zu Hause bin, obwohl alle Sachen, mit denen ich mich sonst beschäftige, eingepackt sind. Gestern sind nun endlich Bulis und Judiths Sachen verpackt und weggeschickt worden. Nun ist endlich mal ein wenig Ruhe von all der Packerei. – Noemi hat neulich von Tante Martha einen kleinen Vogel geschenkt bekommen, der ganz goldig ist. Am meisten Freude hat Pappi dran. Morgens beim Kaffee fliegt er immer im Zimmer rum, und mit jedem Piepen freut sich Pappi.

Also liebe Oma, sei bitte so gut und schicke mir das [Attest], ich komme dann Dir helfen und hoffe, daß Du dann wieder ganz gesund wirst. Ich weiß nicht, ob Du das verstehst, aber da ich noch gar nicht weiß, was mit mir wird, bin ich entsetzlich durchgedreht und habe auch keine Ruhe zum Schreiben.

Sei sehr viele Male gegrüßt und geküßt
von Deiner ältesten Enkelin Eva

London, 11. Mai 1939
[Evas erster Brief von unterwegs; mit Schreibmaschine und Durchschlägen abgeschrieben von Lotte Carlebach]

Geliebtes Zuhause!

Ich bin jetzt in London, wie, wo und woher werdet Ihr ja aus dem Bericht ersehen. Von den neuen Eindrückem bin ich so müde, daß ich nicht (wie Pappi doch so gerne wollte) englisch schreibe. Also: Die 5 Kinder, die ich bis Osnabrück mitnahm, waren sehr nett, besonders süß der kleine Helmuth. In Osnabrück kam der Gepäckträger natürlich zu spät, so daß wir, da wir ja nur 3 Minuten Aufenthalt hatten, beinahe den Zug versäumten. Wir wurden dann von einer Komitee-Dame mitsamt dem Gepäck in einen proppenvollen Wagen gestopft. Da die deutsche Paßkontrolle auf dem Wege Osnabrück-Bentheim war, wurde noch ein Wagen dazu genommen, damit man jedes Kind sehen konnte. Ich wurde einfach als Anschlußkind mit aufgeschrieben, so war es einfacher, als wenn ich eine Begleiterin wäre, da ich für die englische Grenze ja mein Permit habe. In Bentheim wurde unser Wagen abgehängt, und es gab eine fast dreistündige Zollrevision. Es wurde dadurch sehr spät, bis wir nach Hook van Holland kamen. Auf der Fahrt durch Holland war es goldig mit den Kleinen. Es war aber schon 7 Uhr, und sie waren müde. Bald hatten auch die Bäuerinnen mit ihren Hauben und die Kinder in Holzpantinen für die Kleinen den Reiz verloren. Dann bewunderten wir nur noch einen herrlichen Sonnenuntergang und dann schliefen die Kinder z. T. bis Rotterdam (11). Dort mußten wir sie wecken, weil sie sich für Hook fertig machen mußten. Das gab einige Tränen, aber dann gingen wir gleich aufs Schiff. Dort gab es für durstige Kinder (die z. T vor Aufregung den ganzen Tag nichts gegessen hatten) »tea with milk«. Dann brachten wir die Kinder ins Bett. Nach Durchsicht der Listen und

Einteilung sind Frau von Dunck und ich bis 2 nachts auf Deck gewesen. Es war sehr windig, aber herrlich ausgestirnter Himmel und ruhige See. Dann sind auch wir ins Bett (4er Kabine mit 3 Kindern) und haben bis 5 Uhr 30 geschlafen. Da wurden wir geweckt, da das Schiff schon in Harwich war. Dann gab es wieder (nachdem die Babys von 7 Monaten bis 16 Jahren angezogen waren) »tea with milk and cake«.
Da die Zoll- und Paßrevision erst um 8 Uhr war, haben wir zugeguckt, wie der holländische Salat und die Tomaten mit riesigen Kränen ausgeladen wurden. Den Kindern (von denen auch nicht ein einziges seekrank war) und den Arbeitern machte es großen Spaß, und wir spielten Dolmetscher. Dann kam zuerst ärztliche Untersuchung, die Pässe wurden gestempelt, Koffer geprüft, und die Kinder gingen von Bord. Ich blieb mit Frau von der Dunck bei dem Baby und einem 2jährigen Kind auf dem Schiff im Diningroom, bis wir endlich um 12 mit einem Sonderzug nach Harwich losfuhren. Die Fahrt bis London war unbeschreiblich schön, die Landschaft war herrlich, und es war besonders interessant, mit Frau von der Dunck zu fahren, die einen auf alles aufmerksam machte.
Dann London. Der Bahnhof voll von Menschen, die hinter einem Tau standen und uns begrüßten. Dann entdeckte ich Buli! Er ist ein bißchen größer und dicker geworden. Spricht gut englisch, meint aber vielleicht, schon sehr erwachsen zu sein. Das scheint mir nämlich der Grund zu sein, warum es ihm bei Frau K. nicht gefällt. Sie sagt nämlich mal, das mußt Du tun, oder das darfst Du nicht, und er meint eben, daß er nicht mehr erziehungsbedürftig ist. Nachdem ich vom Komitee entlassen war, wo alle Kinder einzeln aufgerufen und ihren Pflegeeltern zugeführt waren, fuhr ich mit zu K., wo ich was zu essen bekam. Frau K. war zu mir sehr nett. Sie scheint im übrigen eine ganz vernünftige Frau zu sein. Sie hat mir gesagt, ich soll zu Frau Gaster gehen, wenn ich dort auch nur Milchig essen kann (was sich aber erst herausstellen soll), da ich ja schon »erwachsen« wäre, könnte ich wohl auf die Kinder dort guten jüdischen Einfluß haben, statt umgekehrt. Etwas später kam dann Judith, die gut aussieht, sich aber sonst kaum verändert hat. Wir gingen dann zusammen zu Eddl [Esther], wo ich von Frau W. sehr nett empfangen wurde. Sie ist sehr nett, und Esther hat es auch ganz gut. Vorläufig ist sogar eine Reinmachefrau hier, Esther muß kochen und abwaschen (sie bekommt übrigens soviel oder sowenig Gehalt vom Komitee, wie Frau W. auch,

10 Sch.). Das ganze ist ein Heim des Komitees. Ich bleibe erstmal über Schabbat bei Esther. Morgen gehe ich zu Alex und werde vielleicht nächsten Montag zu Frau Gaster kommen. Das ist ungefähr 2 Stunden von den Kindern entfernt. Wir freuen uns sehr miteinander, besonders, daß wir am Schabbat zusammen sind. Esther hat ihr Gepäck schon, und die Kinder kriegen am Montag vom Komitee Geld (es kostet £ 2.1), dann haben sie ihre Sachen auch.
... aller Anfang ist schwer, und so auch hier für mich, aber es wird schon werden.

Gute Nacht, viele Grüße an alle,
die auf einen Gruß von mir Wert legen.
In treuer Liebe
Eure große Tochter Eve

29. Mai 1939
[Brief von Eva; mit Schreibmaschine und Durchschlägen abgeschrieben von Lotte Carlebach]

Mein geliebter Pappi!

Ich muß Dir heute für Deinen schönen Jomtow Brief gleich danken, obwohl ich nicht so schöne Briefe schreiben kann. Denn als ich Deinen Brief gelesen hatte, habe ich noch die ganze Erew Jomtow Stimmung nachträglich gehabt, die mir so gefehlt hat. Wie Du schreibst von den Sorgen um die Waldmeisterkränze, vom Käsekuchenduft und von Deinen Sorgen: Was predige ich morgen? Aber Pappi, ist es nicht viel zu anstrengend, was Du machst, wenn Du soviel herumreist? Was für eine Freude es in Berlin und sicher auch in Lübeck war, kann ich mir gut denken. Die Leute dort hören doch so selten mal was, und nun gar, wenn Pappi spricht. Es tut mir nur schrecklich leid, daß ich nicht mehr mitfahren kann. Wenn ich ganz ehrlich sein soll, bin ich sehr sehr stolz auf meinen Pappi, der dort so vielen Leuten Hilfe und Trost bringen kann. Besonders, wenn man hier das Refugee-Elend gesehen hat, daß alle Rabbanim besonders stark empfinden, weil sie doch nicht helfen können, muß man froh sein, daß Du noch an Deiner Stelle stehst und trösten kannst. Ich könnte mir nur gur vorstellen, daß hier, gerade hier in London, wo es 1000e von Refugees gibt, für Dich ein riesiges Arbeitsfeld wäre. Man hat es hier sehr nötig, mal eine richtige Predigt

zu hören, die einem wohltut, oder sonst mal jemanden zu haben, der einen aufmuntert.
Alles dauert schrecklich lange, und die Menschen, die kommen, haben gar keinen Halt und keine Stütze, nicht finanziell und nicht seelisch. Wenn Du im Bloomsbury-House sitzen würdest – es gäbe sicher nicht soviel verzweifelte Menschen dort!!! Ich will aber nicht mehr darüber schreiben, ich will Dir noch rasch erzählen, daß mir am 2. Tag Jomtow einfiel, wie wir beide voriges Jahr Schawuot, als ich Dir Deine Predigt wiedererzählen sollte, gelernt haben ... , das Du als Leitwort gewählt hattest.
[Anmerkung der Redaktion Lotte Carlebach: Ich kann die zweite, besonders süße Seite von Evas Brief nicht wiederfinden, vielleicht später mal].

16. Juli 1939
[Brief von Eva; mit Schreibmaschine und Durchschlägen abgeschrieben von Lotte Carlebach]

Geliebte Familie,
jetzt sollt Ihr endlich mal einen Brief von mir haben und nicht immer nur so kurze Karten. Mutti wird Euch zwar sicher berichtet haben, was ich jetzt tue, aber ich will Euch doch mal ein bißchen von unserem Leben und Treiben erzählen. – Für Mirjam und Oma gilt der Brief mit, da ich leider weder Zeit noch Porto habe, ihnen extra zu schreiben.
Als erstes, wie unser Haus aussieht: In einer großen Verkehrsstraße – auf einmal ein riesiges Holztor. Dann kommt man in einen langen Garten; und ganz hinten im Garten, vielleicht 12 bis 20 m von der Straße entfernt, steht unser Haus. Von außen ziemlich alt und grau, so wie hier alle Häuser aussehen, aber innen haben wir uns schon sehr schön eingerichtet. Wir haben zwar lauter schrecklich altmodische und zusammengewürfelte Möbel (von wegen »Spenden!«), aber es sieht überall sehr wohnlich und gemütlich aus. Im Anfang war es hier unglaublich verdreckt, obwohl 11 Mädels im Haus waren, aber nun haben sie (Erwin Seligmann) mich quasi zur Madricha gewählt und hierhergeholt; und Dank meiner pädagogischen Talente (wer lacht da?!) ist es mir gelungen, es hier einigermaßen schön zu machen. Man behauptet immer wieder, das käme daher, weil ich aus einem »Familien-

Kibbuz« komme, das war auch der Grund, daß ich in den Wa'ad [Komitee] gewählt wurde. Wir haben hier genau eingeteilte Arbeitsplätze (d.h. ich muß immer abends den Plan ausarbeiten), nur ich bin nicht »eingeteilt«, weil ich immer überall sein muß und überall mitarbeiten muß. Ich kann jetzt auch perfekt kochen für 25 Personen, wir haben übrigens immer sehr gutes Essen. Natürlich ist die Arbeit nicht immer gleich schön. Es gibt, wie überall, Menschen, die einem entgegenarbeiten, und doch haben Elijahu Blum (Sohn von Landesrabbiner Blum, Emden) und ich uns jetzt sehr gut durchgesetzt.
Wir lachen hier sehr viel – manchmal kommt es uns unrecht vor, froh zu sein, wenn wir an unsere Angehörigen und all das Schwere denken – aber wir sind noch so jung und freuen uns miteinander und mit unserer Arbeit – wer weiß, wie kurz die Zeit überhaupt ist, die wir hier zusammen ein bißchen froh sein können . –
Ich bin so, ohne es zu wollen, auf dem Platz gelandet, auf den ich eigentlich gehöre. Auf Hachschara als Chawera – und doch gleichzeitig etwas erzieherisch tätig. Ich muß nämlich auch Schiurim geben etc. Diesen Schabbat z. B. haben Manfred Feiber, Blum und ich beim Oneg-[Schabbat] eine Szene aus dem »Jeremias« gelesen. Wir haben uns nämlich vorgenommen, alle Schiurim jetzt unter dem Motto »drei [Trauer] Wochen« zu machen. So lesen wir Jirmijahu [aus der Bibel], Jeremias von Zweig und etliches ähnliches Material.
19. 7. … Heute haben alle ihre Frühstücksbrote aus der Jeschiwa und von den Arbeitsplätzen zurückgebracht – und warum? Die Brote haben nicht geschmeckt, waren zu trocken etc. Und warum? Weil Eva das erste Mal, seit sie hier ist, keinen Frühdienst gemacht hat, und das andere Mädel hatte die Brote eben nicht mit »Liebe« (so sagten sie!) gemacht. Eigentlich müßte ich ja sehr stolz darauf sein, aber was wird aus den armen Chawerim und Chawerot, wenn ich wirklich von hier wegkommen werde? Wenn keine aus einem »Familien-Kibbuz« stammende [Chawera] ihnen ihre Sachen zurechtmacht? …
So könnt Ihr Euch vorstellen, daß ich sehr viel zu tun habe; ich habe noch mehr Dienst als Esther, so daß Mrs. Sklan (Vorstandsdame), als sie gestern herkam, sagte, ich sollte mir doch mal Freizeit gönnen! Morgen beginnen wir um 6 Uhr, und abends ist es immer 11-12 …
Also – ich bin zu müde und muß schließen. Schreibt alle bald wieder

Eurer Euch so liebhabenden Eva

o.D. – August 1939]

[Auszüge aus einem Brief von Eva; mit Schreibmaschine und Durchschlägen ausgewählt und abgeschrieben von Lotte Carlebach]

Lieber Pappi und liebe Mutti,

nur ganz rasch einen ganz festen Masal-Tow-Kuß zu Peters Bar-Mizwa-Schabbat. Mein Brief sollte schon viel früher fertig werden, aber Ihr wißt ja – zu viel Arbeit. Daher heute nur einen Gruß in einem kleinem Bildchen, daß Euch zeigt, wie glücklich und zufrieden Eure Älteste sich hier in dieser Arbeit fühlt.

Seid nur nicht traurig, daß dieser erste Bar-Mizwa-Schabbat von Piedel [Peter] so sein muß, ohne daß wir alle noch bei Euch sind. Wir Kinder sind doch schließlich dem lieben G'tt besonders dankbar, wenn wir immer wieder hören und wissen, wieviel Gutes Ihr dort noch tun dürft, und ich hoffe fest und bestimmt, daß wir den nächsten Bar-Mizwa-Schabbat von Peter m. G. H. schon wieder alle zusammen feiern werden. Das klingt zwar ein bißchen nach Predigt, aber Ihr versteht mich wohl, und wißt, was ich meine. Ich glaube, ganz wenige haben wohl nur einen solchen schönen Abschluß ihrer Kinderzeit, wie für uns alle noch diese Bar-Mizwa war. Wir denken ja nur immer und immer wieder an diese Tage. Freut Euch also, auch wenn Eure Kinder jetzt kein so ganz leichtes Leben haben, daß wir alle so lange zusammen sein durften und daß wir auch hier wieder zusammen sind. Wir werden uns schon ein richtiges und schönes Zuhause aufbauen, zu der Zeit, wenn G'tt es für richtig hält ...

In Gedanken ist diesen Schabbat
besonders viel bei Euch
Eure Eva

26. März 1940
Gwrych Castle
Abergele, North-Wales

B"H Meine süße geliebte Oma Loj"t

Ich habe mir schon so lang vorgenommen, Dir zu schreiben. Ich weiß gar nicht, wie lange es her ist, seit dem letzten Brief, aber ich habe so verschiedene Dinge auf dem Herzen. Als erstes Mutti und Pappi. Ich bin nicht zum Schreiben gekommen, als ich den Brief, den ich Dir einlege und zurückerbitte, bekam. Ich habe das mit Amerika nicht verstanden.

Tante Recha schrieb mir auch, daß Ignatz die Papiere für Pappi bald in Ordnung hätte. Was soll das alles bedeuten? Schreib mir doch sofort, was Ihr von den Sachen haltet, was Ihr darüber denkt. Denn [es] ist doch klar, daß ich auch meine Zukunft von der meiner Eltern abhängig machen [will]. Ich habe ihnen auch das geschrieben, daß ich mich natürlich bemühen werde, so weiterzukommen, daß ich ihnen dabei helfen kann, denn ich kann mir gar nicht vorstellen, daß ich es so haben soll, wie ich es mir wünsche, während sie dahin müssen, wo sie sich nicht wohlfühlen und noch dazu ohne Kinder.
Das 2. was ich gerne wissen würde, was ist im Kfar Hanoar mit Heini [Gotthold] passiert??? Man hört hier so Gerüchte, aber niemand weiß was Genaues. Außerdem weiß ich gar nicht, was ich Mirjam schreiben soll. Sie kann ich doch nicht fragen.
Hast Du meinen Geburtstagsbrief bekommen? Wie geht es Dir gesundheitlich? Wie geht es allen anderen. Tante Mirjam, Tante Trude usw. Grüße bitte alle recht herzlich von mir.
Schicke mir bitte Muttis Brief bald zurück.

Für heute sei vielmals gegrüßt und geküßt
Deine Eva

28. April [o.J. – 1940]
[wahrscheinlich Zusatz; der 2. Teil fehlt]
Liebe Mirjam!

Vielen Dank für Deinen Brief, den ich mit genau so einem »endlich« empfangen habe, wie Du meinen. Ich war schon ganz verzweifelt, so lange nichts von Dir gehört zu haben. Bevor ich jetzt irgendwas von mir schreibe, will ich nur rasch berichten, daß ich vor ca 14 Tagen einen Brief von Pappi und Mutti hatte. Sie schrieben sehr vergnügt von einem Purim, so schön, wie er eben sein konnte. Sie haben mir sogar ein Bildchen eingelegt. Du und Oma sollt auch eins bekommen. Ich hätte es Dir eingelegt, aber [ich habe es an] Buli, der jetzt vor Pessach krank ist (er hat Röteln, und da es ansteckend ist und er in einem Hotel wohnt, mußte er ins Krankenhaus. Er kommt aber morgen oder übermorgen schon raus) [habe ich es ihm] geschickt, damit er im K[rankenhaus] eine kleine Freude hat. Ich hatte inzwischen auch von Oma einen Brief, indem sie mir schrieb, daß Du so über mein Stillschweigen klagst. Ich

schreibe doch immer, alle 14 Tage. Von den anderen bekomme noch nicht mal ich hier Post!
Vor Pessach grault mir sicher genau so wie Dir, und ich habe immer im stillen gehofft, daß die Eltern doch noch vor Pessach rauskämen. Es mußte aber so gehen. Unsere Noar hier ist sehr befriedigt von dem Seder. Von mir kann ich nur sagen, daß es mir gar nicht vorkam wie ein Seder. Ich war dabei, d.h. so rein körperlich gesehen. Es ist alles so an mir vorbeigegangen. Auch die Vorbereitungen haben mich absolut in keine Jomtow-Stimmung versetzt ...
Ich habe schreckliche Sehnsucht nach Hause gehabt. Keiner von den Geschwistern hatte mir geschrieben. Da habe ich mich ganz besonders mit Deinem Brief gefreut. Wenn Du Oma schreibst, sei so gut und leg ihr den Brief ein, das Porto ist nämlich mit einer »wartax« erhöht worden, so daß ich nicht mehr so oft extra schreiben kann, da mein Geld diese Woche schon verausgabt ist. Nächste Woche bekomme ich neues, dann schreibe ich extra ...

7. Mai 1940
Gwrych Castle
Abergele, North-Wales
B"H Meine geliebte Oma Loj"t

Heute endlich komme ich dazu, Dir auf Deinen Brief zu antworten. Als erstes muß ich mich entschuldigen, daß ich mit der Maschine schreibe, aber an den vielen Fehlern merkst Du sicher schon, daß ich das Schreiben, bzw. Tippen ganz verlernt habe. Ich will also ein bißchen üben. Jetzt muß ich noch ein kleines Mißverständnis klären. Ich habe jede 14 Tage Nachricht von den Eltern gehabt, d. h. Eva Fl[oersheim?] hat mir geschrieben, daß die Eltern gesund sind und daß es ihnen gut geht. Richtige Post hatte ich erst 3 Mal. Ich schrieb schon Mirjam, daß ich ein Bildchen geschickt bekommen habe, auf dem sie G['tt]s[ei]D[ank] alle sehr gesund und gut aussehen. Mutti schrieb mir da nur, daß sie von Dir Post hatte, mit der sie sich sehr gefreut hat. Ich nehme an, daß sie Dir inzwischen auch schon geantwortet hat. –
[Diejenigen Jugendlichen von hier, die nicht mit nach Erez gingen], sind schon 17 Jahre alt und praktisch gesehen gar keine Jugend-Alija mehr. Mir ist es jetzt ganz eigenartig zumute, Wir haben uns so oft gerade über diese ältesten geärgert, sie haben uns Schwierigkeiten gemacht, und

doch sind wir alle zusammengewachsen wie eine Familie. Vielleicht [ist es] ein viel familiäreres Gefühl als zwischen Noar und Madrichim [Jugend-Gruppe und Leiter] in Erez-Jisrael, durch die eigenartige Lage, die uns hier zusammengebracht hat. Sie alle und wir aber doch auch, haben keine Post von Eltern und haben neben allen Problemen, die in jeder Gemeinschaft und vielleicht auch in jeder Noar-Gemeinschaft in diesem Alter noch ganz anders da sind, gemeinsame familäre Probleme. Ich kann mir jetzt viel leichter vorstellen, wie es Eltern zumute ist, wenn sie die Kinder in eine ungewisse Zukunft hinausschicken. [...] Vor allen Dingen eins habe ich gelernt, daß man alle Sachen, bevor man sie sich so vorschreiben läßt, wie »Distanz« halten, erstmal selber beurteilen lernt ...

Jetzt habe ich Dir erstmal ein ganz klein wenig von mir geschrieben. Ich weiß nicht, ob Du so genau daraus klug wirst, und mir ist selbst, als würde ich einen Brief an Mutti und Pappi schreiben, also Oma, bewahr ihn auf, ich werde bestimmt nicht nochmal sowas schreiben, und sie sollen es alles einmal sehen ...

Ich bin im allgemeinen ziemlich allein hier, und jetzt, da ich Ferien habe und nicht von früh bis spät eingespannt bin, habe ich viel zu viel Zeit über mich und alles so ein wenig nachzudenken. Heute war Arjeh Händler hier, der hat mich gefragt, ob es mir hier gefällt und ob ich zufrieden bin. Ich konnte ihm daraufhin gar keine richtige Antwort geben, denn ich bin mir selber noch gar nicht darüber klar, ob das alles, was ich jetzt hier tue, richtig ist ... Ich komme mir manchmal vor, als ob ich gar nicht ich selber wäre, und das alles eben so erlebe, oder besser gesagt, träume, um dann wieder aufzuwachen und zu Hause alle so weiterleben wie früher. Ich weiß, daß alle diese Überlegungen viel zu spät bei mir sind. Ich glaube wenigstens, daß andere Menschen sie schon viel früher haben; es kann aber auch dieses Gefühl daher kommen, daß ich für mich persönlich lernmäßig überhaupt kaum weiterkomme. Ich lese zwar ein wenig, ich lerne auch Iwrit, und Englisch habe ich gelernt, aber da ich doch immer nur meine eben errungenen Kenntnisse der Noar weitergeben muß, habe ich so das Gefühl eines sich Leerlaufens ... Jedenfalls hoffe ich, mit der nächsten Herbst-Schedule ein Zertifikat zu bekommen, was für eins, ist mir aber noch gar nicht klar. Vielleicht wäre es doch besser gewesen, ich hätte hier Matric gemacht, dann hätte ich jetzt schon ein Studentenzerti[fikat] kriegen können. Aber es wird

schon werden. Nimm es nicht alles so ernst, wie es sich anhört, aber ich mußte eben mal jemandem so schreiben, und wem sonst, wenn nicht Dir. Schließlich bist Du doch die Mutter meiner Mutter und verstehst mich sicher darum besser als alle anderen.
Also Oma, ich warte bald auf Antwort, d.h. viel antworten wird man gar nicht können, eben nur auf einen Brief von Dir, in dem Du mir schreibst, was du jetzt über mich denkst. Grüße Mirjam von mir. Sie hat Dir doch sicher den anderen Brief geschickt. Grüße auch Onkel Otto. Er soll mir auch mal schreiben!

Sei Du selbst vielmals gegrüßt und geküßt
von Deiner Eva

Sei aber wirklich nicht böse über die vielen Tippfehler!

Telegramm
From: War Organisation of the British Red Cross
and Order of St. John

To: Comité International de la Croix Rouge, Genève
Prisoners of War,
Wounded and missing Department
Fragesteller: Carlebach Eva
Red Cross Message Bureau 14, 5. Guilford Place,
London W.C.1

Dearest parents we are well hope the same from you Otto engaged with Mathilde Lachman Oma happy kisses love Eva

Date: 27. Juni 1940
Empfänger:
Carlebach Joseph
Hamburg 13
Ostmarkstr. 76, Germany 24. August 1940

Inniggeliebte Kinder! Wir sind wohlauf; Seid Ihr zusammen? Senden zärtliche Grüße voll Sehnsucht und Liebe. Wünschen Euch gesegnetes glückliches gesundes Jahr! Mutti Pappi Geschwister.

22. September 1940
4. Oktober 1940
[Erhalten: 30. Dezember 1940]

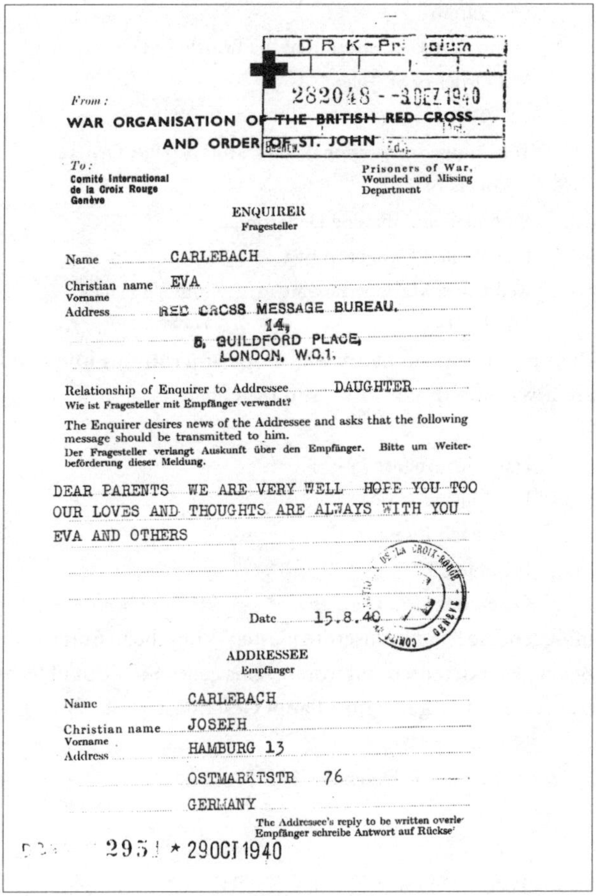
D R K - Präsidium
282048 - - 3 DEZ 1940

From:
WAR ORGANISATION OF THE BRITISH RED CROSS AND ORDER OF ST. JOHN

To:
Comité International de la Croix Rouge Genève

Prisoners of War, Wounded and Missing Department

ENQUIRER
Fragesteller

Name CARLEBACH
Christian name EVA
Vorname
Address RED CROSS MESSAGE BUREAU, 14, 5, GUILDFORD PLACE, LONDON, W.C.1.

Relationship of Enquirer to Addressee DAUGHTER
Wie ist Fragesteller mit Empfänger verwandt?

The Enquirer desires news of the Addressee and asks that the following message should be transmitted to him.
Der Fragesteller verlangt Auskunft über den Empfänger. Bitte um Weiterbeförderung dieser Meldung.

DEAR PARENTS WE ARE VERY WELL HOPE YOU TOO
OUR LOVES AND THOUGHTS ARE ALWAYS WITH YOU
EVA AND OTHERS

COMITÉ INTERNATIONAL DE LA CROIX-ROUGE GENÈVE

Date 15.8.40

ADDRESSEE
Empfänger

Name CARLEBACH
Christian name JOSEPH
Vorname
Address HAMBURG 13
OSTMARKTSTR 76
GERMANY

The Addressee's reply to be written overle[af]
Empfänger schreibe Antwort auf Rückse[ite]

2951 ★ 29OCT1940

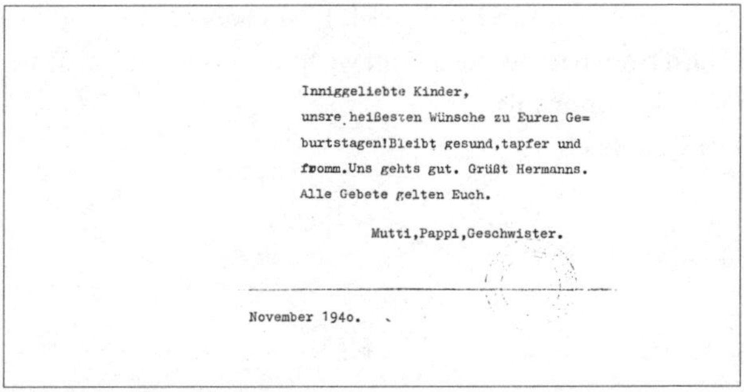
Inniggeliebte Kinder,
unsre heißesten Wünsche zu Euren Ge= burtstagen! Bleibt gesund, tapfer und fromm. Uns gehts gut. Grüßt Hermanns.
Alle Gebete gelten Euch.

Mutti, Pappi, Geschwister.

November 194o.

Telegramm von Eva Carlebach an die Eltern und deren Antwort, vermittelt durch das Rote Kreuz, Oktober-November 1940.

Telegramm

From: War Organisation of the British Red Cross
and Order of St. John

To: Comité International de la Croix Rouge, Genève
Prisoners of War,
Wounded and missing Department
Fragesteller: Carlebach Eva
Red Cross Message Bureau 14, 5. Guilford Place,
London W.C.

Dear parents we are very well hope you too our loves and thoughts are always with you Eva and others

Date: 15. August 1940
Empfänger:
Carlebach Joseph
Hamburg 13
Ostmarkstr. 76, Germany 29. Oktober 1940

Inniggeliebte Kinder, unsere heißesten Wünsche zu Euren Geburtstagen! Bleibt gesund, tapfer und fromm. Uns gehts gut. Grüßt Hermanns. Alle Gebete gelten Euch. Mutti Pappi Geschwister

November 1940
[Erhalten: 19. Dezember 1940]

Telegramm

Cable and Wireless Limited: 1. November 1940

Heard from parents are alright we four too how are you and grandmother wire if possible
Eva Carlebach

Briefe an Eva

[o.D. – Ende April 1939]

Mein geliebtes Evalein!

Rasch in der Schabbat-Stunde will ich noch Deine Karte mit der Nachricht Deiner glücklichen Ankunft bestätigen, und freue mich schon jetzt auf den vesprochenen Schabbat-Brief! Eben ruft mich Frl. Dr. Meyer an und sagt mir, daß ich für Juni so gut wie vorgemerkt bin zum Transport ! Ist das nicht prima?!!

Gleich nach Schabbat mehr, sei nicht böse über die Kürze, geliebter Mensch, ich entbehre Euch alle und freue mich schrecklich, daß Ihr diesen Schabbat alle zusammen seid. Meine Gedanken sind unentwegt bei Euch.

Sei gebenscht [gesegnet] und
in inniger Liebe geküßt von Deiner Mutti

22. Mai 1939

Mein süßes Evalein!

Das war mir eigentlich ziemlich schlimm, zu hören, daß Du noch immer so in der Luft hängst, zwischen Himmel und Erde. Das ist doch sicher für Dich kein angenehmer Zustand?! Was für Verhandlungen können da denn bloß so lange dauern? Es gibt doch nur 2 Möglichkeiten: Entweder sie [Mrs. Gaster] nimmt Dich – dann mußt Du allein sehen, ob es für Dich das Richtige ist, oder sie nimmt Dich nicht, dann mußt Du doch sehen, was anderes zu finden. Ein Gutes hat es vielleicht noch – daß Ihr dann wenigstens über Jomtow [Wochenfest] alle 4 noch zusammen seid.

Mutti vermißt Dich sehr, mein Evalein! Diese Woche waren wir in Lübeck, wo Pappi abends gesprochen hat. Und als wir dann abends um 11 ins Haus kamen, da dachte ich immer: Würde doch nun mein Evalein mal so aus dem Halbschlaf rufen: »Mooooотti!« Aber die Kleinen schliefen fest, allerdings das Gepietschte [Peter] blinzelte auch noch aus den Augen und wollte noch gute Nacht sagen.

... Ich habe Frau P. noch kein einziges Mal gesprochen, seit Du weg bist. Aber morgen, zu Jomtow, will ich ihr ein paar Blumen schicken. Bis jetzt habe ich noch nirgends Waldmeisterkränze gesehen, wenn es noch

welche geben sollte .... auch hat Zinner mir koscher Quark versprochen, vielleicht kommt also sogar noch Käsekuchen zustande, wenn auch nicht so schön wie Estherleins ...
Was machst Du sonst, mein geliebter Mensch? Ich kann so gar nicht recht aus Deinen Zeilen ersehen, was Du eigentlich den ganzen Tag dort machst? Hilfst Du Esther? Gottholds haben sich nach Deiner Adresse erkundigt, setze Dich doch mal mit ihnen in Verbindung. Sie haben mir zugesagt für »Frl. Eva« was zu versuchen.

Movement for the Care of Children from Germany, Ltd.
British Inter-Aid Committee
Telephone: Museum 2900 Ext. 1 Bloomsbury House,
Bloomsbury Street
London, W.C.1.
Please quote: S/SKS/ CE

27th June, 1939
Mrs. Carlebach
c/o Dr. Moller
2, Kings Crescent
London, N.4.
Dear Madam,
with reference to your interview with an officer of this department this morning regarding the question of the »polish stateless children« this is to confirm that the Movement for the Care of Children from Germany, Ltd., is willing to consider the bringing over of forty (40) children out of the two hundred that are with you, on the understanding that there is no objection to these children being placed in non-orthodox homes. This is not intended to imply that no efforts will be made to place these children in orthodox homes, but it must be born in mind, that the demand for an orthodox home for a Jewish child exceeds the supply.Mrs. Carlebach left in the Department a list of fourteen (14) children who were still in Germany and she stated »had been forgotten«. Would you be so good to give this list with full particulars regarding the children

to Reichsvertretung, Berlin Charlottenburg, Kantstraße 158, which organization will deal with the matter.

Yours truly

Stephany Kingsly Smellie

Executive Secretary.

1. August 1939

Mein Evalein,

ich warte mit Unruhe von einer Post zur anderen auf Nachricht von Esther.

Nun zwei amtliche Sachen:

1) Du kennst Jacob Schreiber, Peters Tutimus,(?) geboren 1.2.1926 in Hamburg. Bild anbei. Ausgewiesen, staatenloser Pole. Hat Möglichkeit, in wenigen Monaten mit der Jugend-Alija oder mit seinen Eltern nach Amerika zu kommen.

Kann man ihn vorerst für 1/2 – 3/4 Jahr entweder in die Jeschiwa [hier ist ca. eine.halbe Seite leer] von Mrs. Sklan bringen? (Er ist zwar erst 13 1/2 [Jahre], aber für sein Alter besonders verständig, ernst, großer, hübscher Junge) oder ins Bet Chaluz, daß er solange zur Schule gehen könnte. Sprich über beides gleich mit Mrs. Sklan. Ich will ihr nicht direkt schreiben, weil sie ohnehin mit Post überlastet ist.

2) Dringend! Ich höre eben, daß mein Antrag für die polnischen Kinder vom Home Office nicht bestätigt worden ist, daß also, wie ich von Anfang an wußte, von dort und von Berlin dagegen gearbeitet wurde und alle meine Mühe und Kosten umsonst waren. Rufe gleich Desmond H. an, und frage, wann Du ihn sprechen kannst.

Der Brief vom Movement hat hier bereits der Gestapo vorgelegen, alles war all right. Ein Zurückziehen von dort (450 Plätze hatte doch das Home Office zugesagt) hat für mich die größten Unannehmlichkeiten. Sprich sofort mit Desmond, er muß mir über das Movement (Sir Ch. Stead) schleunigst Genehmigung vom Home Office für 40 Hamburger Kinder besorgen. In der braunen Tasche sind noch 4 Schilling Fahrgeld. Was ist mit Esther? Erledige alles gleich,

Kuß Mutti

4. August 1939

Mein Evalein,

die ganze Woche im Bett, schrecklich kaputt. Pappi heute von Breslau zurück, wo Tante Bella G'tt sei Dank endlich außer Lebensgefahr [ist]. Ruthi hat die ganzen Tage gekocht. Nächste Woche so G'tt will bekommst Du die paar Bilder von den Kleinen.

Sei vergnügt, wie im letzten schönen Brief, gebenscht und geküßt von Mutti

20. August 1939

Mein Evalein!

Sorgen brauchst Du Dir nicht zu machen. Es ist nichts Besonderes. Nur eben ein bißchen viel ohne jede Hilfe. Vielen Dank für Deinen süßen Brief Anfang der Woche. Wie es mit den Sachen für Herrn H.(?) wird, kann ich noch nicht sagen. Er sagt mir, daß man ihm bei jedem Stück große Schwierigkeiten macht. Mal sehen, was ich kann, tu ich. Merri [Mirjam] ist auf Urlaub, 10 Tage Jerusalem, drei Tage Oma, große Freude natürlich … Was es Gutes, Neues gibt? Denkt Ihr daran, daß morgen vor einem Jahr Piedels (Peters) Bar-Mizwa war? War es nicht schön, und ist es nicht eine herrliche Erinnerung? Heute könnte man es bestimmt nicht mehr.

Als bißchen Ersatz für Cary habe ich jetzt Frl. Dr. Meyer. Wir schmusen oft abends am Telefon so lange, wie zur Zeit mit Cary. Gestern abend geschlagene 1 1/2 Stunden. Ich war schon im Bett, vor 91/2 fangen wir auch nie an. Sonst ist hier nichts mehr sehr schön. Aber wer weiß, wie es wo anders ist? Wenn Du Bulis Sache in Ordnung bekommst, wäre jedenfalls Ia …

Montag kommen Ruth und Noemi nach Wilhelminenhöhe.

[o.D. – Anfang September 1939]

B"H Mein Evalein,

wenn einer, bist Du es, der Post verdient, weil Du so fleißig und süß schreibst. Aber Du kannst Dir denken, daß ich ohne jede Hilfe nicht zum Schreiben komme. Baby ist zur Zeit einzigste Tochter im Haus, und sowie sie von der Schule kommt – flitzt sie mit ihrem Rad durch die Straßen, so wie mein Evalein früher, um Besorgungen zu machen. Das kann sie tadellos. Und Piedel (Peter) hat auch viel zu tun, lernt fleißig mit

dem Bachur ... Ruth und Nomie sind noch in Wilhelminenhöhe, scheinen nicht so sehr begeistert zu sein. Zu Schabbat schicke ich ihnen einen schönen Brief.
Tante Bella geht es etwas besser. Aber noch ist sie so schwach, daß sie noch eine Tag- und Nachtschwester braucht. Tante Sonja ist zur Zeit bei ihr. Wir fahren wohl die Woche mal rüber und sind voraussichtlich nächsten Schabbat in Berlin. Hier [unsere Wohnung] schließe ich zu, Peter und Baby kommen so lange zu Frau und Resi Meyer. Pappi hielt gestern in Schul einen wunderbaren Nachruf auf Benni Meyer.
Jetzt sind Kalman Rothschild und Dr. Blau auch weg – unsere letzten Freunde. Sei nicht böse, mein Evalein, die Kürze der Post steht im umgekehrten Verhältnis zu unserer Liebe.

Sei gebenscht und geküßt
von Mutti.

12. November 1939

Mein geliebtes süßes Evalein,
laß mich vor allen Dingen Dir zu Deinem 20. Geburtstag im Namen von uns allen innigste Wünsche aussprechen. Dasselbe gilt für den Geburtstag von Estherlein, der ja fast auf denselben Tag fällt. Gebe G'tt Euch ein gesundes, glückliches Jahr, daß Ihr den schweren Aufgaben, vor die das Leben Euch gestellt hat, gewachsen seid.
Uns allen geht es G'tt sei Dank gut. Wir hatten große Freude mit den pünktlichen und herzlichen Glückwünschen zu Noemis Geburtstag. Die drei Kleinen und Peter wachsen enorm, sie gehen in die Schule und haben ihren Tag mit schöner Arbeit gut ausgefüllt. Wir sind glücklich zu hören, daß Dir, geliebtes Kind, die Arbeit soviel Freude macht. Hat Esther noch so schwer zu arbeiten? Seid Ihr gesundheitlich auf der Höhe? Hast Du von ... Mirjam mal Nachricht gehabt? Ist Buli noch bei seinen Pflegeeltern, geht er noch zur Schule?
Nun will ich mich begnügen und sehr hoffen, von Dir bald wieder mal was Gutes zu hören.
Betet, daß bis zum nächsten Weihefest wir alle in Gesundheit vereint sind. Mit innigsten, heißesten Segenswünschen für Euch beide.

Seid umarmt und geküßt von Eurer,
Euch so liebenden, sich sehr nach Euch sehnenden
Mutti

1. Februar 1940

Mein gutes, geliebtes Evalein!

Als erstes möchte ich Dich heute bitten, der kleinen Judel zu ihrem 16. Geburtstag unsere sehnsuchtsvollsten, innigstens Glückwünsche zu übermitteln. Sie ist ja die Jüngste von denen, die herausgegangen sind, und hätte der Wärme des »Zuhauses« noch am meisten bedurft. Ich glaube, daß sie wohl noch ebenso viel Heimweh hat, wie speziell Mutti nach ihr Sehnsucht hat. Man hört und weiß so gar nichts mehr von ihr. Wie sind denn die pekuniären Verhältnisse jetzt bei ihren Pflegeeltern? Und wie steht sie mit dem Herren des Hauses? Noch so gespannt? Ist die Freundschaft mit Sidney noch so groß? Schreibt mir doch mal über alles, Ihr könnt Euch doch denken, mit wieviel liebender Sorge unsere Gedanken ständig mit Euch, bei Euch und um Euch sind! Unfaßbar ist uns auch Bulis Schweigen! Ist er auch gesund? Hat er gute Gesellschaft? Habt Ihr von Hilde mal was gehört? Hat Eva Sch. Euch eigentlich die Geschenke übergeben? Arbeitet Esther jetzt mit Dir an einem Platz? Ach, so unendlich viel Fragen möchte man stellen – stellt sie aber, wie so viele Fragen des Lebens, meist ins Leere.

Nach diesem langen Vorspruch komme ich nun erst dazu, Dir, mein geliebtes Evalein, innig zu danken für Deinen schönen Brief. Ich bin so unendlich froh, zu wissen, daß Du Dich dort in Deiner Arbeit wohl und am rechten Platz fühlst. Hast Du irgendwelche Aussicht, von da aus dem Ziel Deiner Sehnsucht näher zu kommen? Bleibe mir nur recht gesund und froh – ach, was glaubst Du, wie die große Tochter hier ihrer Mutter oft fehlt, mit einem zärtlichen Wort und einem süßen Blick! Arbeitet Eddl [Esther] noch bei Dir? Könnte man nicht Judel auch dorthin bekommen? Und Buli? Am liebsten möchte ich ja, daß Judith zur Jugend-Alija ins Kfar Hanoar kommt – ich möchte aber wissen, ob sie es selbst will. Laßt es uns doch wissen, und auch, ob Ihr die Möglichkeit hättet, das in die Wege zu leiten von irgendeiner Stelle aus. Von uns kann ich Dir eigentlich G['tt]s[ei]D[ank] nur Gutes berichten. D.h., wir sind alle gesund, und das ist das größte Geschenk, mit dem man sich täglich immer wieder freuen muß. Daß der Herr des Hauses diese Woche seinen Bar-Mizwa-Schabbat hat, daran werdet Ihr alle hoffentlich auch so denken, mit so viel Liebe, wie er an Euch denkt. Er fühlt sich sehr vereinsamt, hat viel Arbeit und sonst wenig Aussicht, weiterzukommen; daß heißt, mit Amerika kommt vielleicht doch noch mal was zustande, die Korrespondenz geht eifrig wegen eines Postens dort – aber es graut uns beiden davor, immer hatten wir noch gehofft, doch noch eines Tages mal nach Erez zu kommen …

Die Kinder machen uns G['tt Lob] viel Freude. Peter hatte das beste Zeugnis, geht unentwegt mit seinem Vater, ist nur auch sehr traurig, weil er keinen einzigen Freund mehr hier hat. Ruth ist süß, geistig sehr regsam und strebsam, liest Madame Curie und das Leben der Helen Keller, in Hebräisch weitaus die Beste und fühlt sich recht als große Tochter. Noemi, noch immer einen Kopf größer als sie, sehr beliebt, immer noch albern, ungeheuer schlagfertig und witzig und furchbar gut. Baby – ein Ausbund von Chein und Temperament, in der Schule schrecklich flüchtig, aber immer zum Kuschen. Sie wollte wissen, ob man im Tempel früher, wenn man kein Fleisch hatte, auch Schollen opfern durfte?!

An meine schrecklich vielen Tippfehlern siehst Du, daß ich sehr selten mehr mit der Maschine schreibe – überhaupt schreibe ich fast gar nicht mehr – ich bin auch immer zu müde. –

Diese Tage will ich auch nochmals an Eddlin [Esther] schreiben.

Denkt Ihr an Omas Geburtstag am 16. 2.?

Bleib mir gesund, liebes, geliebtes Evalein, seid mir mit allen aufs innigste geküßt und gebenscht [gesegnet]

Eure M.

[Postkarte] 20. September [o. J. –1940]

Frl. Eva Carlebach

p. A. Fr. Flörsheim

14 Albert Hahnplautsoen

Amsterdam

Mein gutes geliebtes Evalein,

Ich hoffe von Herzen, daß dieser Gruß Dich bei guter Gesundheit trifft. Du kannst Dir denken, wie schwer uns die Feiertage ohne eine Zeile von Euch waren. Bist Du noch auf Deinem alten Posten? Wo ist mein Buli? Siehst Du ihn manchmal? Sind Esther und Judith noch an der See? Uns geht es G'tt sei Dank gut; wir sind gesund und haben auch die Feiertage gut verbracht; sehr still, sehr ernst, voll Sehnsucht nach Euch. Doch geht es ja hier allen Eltern so.

Dies sollte nur ein kleines Lebenszeichen sein; ich hoffe, auch von Euch bald einmal zu hören. Unsere Gebete und heißen Wünsche für Euch alle sind in diesen Tagen von besonderer Innigkeit. Möge der liebe G'tt uns bald in Gesundheit alle wieder vereinen.

Grüße alle guten Freunde, seid Ihr alle gebenscht
und umarmt und geküßt
von Pappi (in Schul) und Mutti

[o.D. – Anfang November 1940]

[Zusatz auf einem Brief von Joseph Carlebach]

Geliebtes Evalein,

welch unendliche Freude war es zu sehen, daß Du nun endlich wieder so weit hergestellt bist, um schreiben zu können! Ob Du, ob Ihr alle es gespürt habt an den Hohen Feiertagen, wie heiß und wie innig wir für Euch gebetet haben und mit Euch im Gebet vereint waren! Gestern schrieben uns Eddl und Judel – wie glücklich ich bin! Nehmt Ihr geliebten Großen zu Eurem Geburtstag die aller – allerinnigsten Wünsche!

Bald schreibt Euch mehr
Eure Euch so liebende
sich so sehnende M.

Received November 1941

[Zusatz auf einem Brief von Joseph Carlebach]

Mein geliebtes Evalein!

Von mir bekommst Du heute nur einen kurzen Gruß. Schrecklich haben wir uns mit Deinen lieben Zeilen gefreut. Ich hoffe so sehr, wenigstens zu den Feiertagen, doch von allen Kindern ein paar Zeilen zu bekommen. Von Oma und vor 14 Tagen von Mirjam hatten wir sehr süße Briefe. Sie bedeuten namentlich immer einen Quell der Kraft und des Glückes, jedes Wort von Euch und von den Liebsten.

Zu Pappis Brief will ich nur noch bemerken, daß er bei seinem Bericht manches vergessen hat. Erstens, daß Frl. Dr. Meyer mit bei uns war; sie ist ja seit Monaten eigentlich unser ständiger Freitagabend- und Festtagsgast und wird uns allen sehr fehlen, wenn sie nun im Mai nach USA geht. Ich schicke Dir ein Bildchen mit ein, das Peter aufgenommen, leider ist er dadurch selbst nicht mit drauf. Sobald ich Abzüge habe, bekommen die anderen auch eins. Die Mittagsfestmahlzeit war schon abgeräumt (Bücklingsfrikadellen, prima, prima) Tante Martha war schon weg (sie hilft mir jetzt immer rührend im Haus und in der Küche), dafür waren da Frau Bodenheimer, Tante Henni Joel, Frau Dessau, Dr. Schoeps, die andern erkennst Du ja wohl selbst. Ich schreibe sehr bald nochmal, auch an die anderen Kinder. Wie ist es mit Judith geworden? Wird sie in einem Heim ausgebildet, oder wird sie bei ihren Vizeeltern wohnen bleiben? Es wäre doch gut, wenn sie da endlich wegkönnte.

Nun, mein geliebter Mensch,
sei innig umarmt und geküßt
von Deiner IMA

Auch ein Vater schreibt an seine Kinder

Fragment

[Ohne Datum]

Sei uns ein gutes Kind!
Verstehe es recht, daß Deine besten Freunde
Deine Eltern sind.
Wenn sie auch oft Dein Jugendbrausen dämmen,
Die Kraft, die stürmische, Dir hemmen,
Und doch sind sie es, die Deinen Lebenszielen
Wie du, verantwortlich sich fühlen.
Kein Füllhorn, das von allen Schätzen regnet,
Ist reicher als die Mutterhand, die segnet –

[o.D. – 10. Dezember 1938]

Leseder: Wajischlach

B"H Geliebte Kinder!

Jetzt um 10 Uhr abends kommt das Schönste des ganzen Tagewerkes: der Brief an Euch, gel. Kinder, die unsere Sehnsucht und unsere Freude sind. Eure Karte und dann der Brief von Euch, das atmete soviel Überraschung und Glück, daß wir mit Euch uns gefreut und die Erregungen der Fahrten und Ankunft miterlebt haben. G'tt sei Dank, daß Ihr so zufrieden seid, von allen Leuten hören wir das gleiche, daß alle Kinder beseligt sind. Das kann Euch rechten Mut geben; Anfang gut, das gibt Mut. Nun faßt Vertrauen, daß Eure Bahn gesegnet sein wird und Ihr schöne Tage der Entwicklung und der Arbeit haben werdet. Ich selbst als Euer Vater kann nur mit Stammvater Jakob in der Sidra sprechen: Katonti Mikol Hachassadim Umikol Ha'emet, ich bin zu gering für alle die Wohltaten und all die Treue, die der l[iebe] G'tt uns

beweist … Hier haben wir wenig Neues. Heute kamen Gottholds frei, große Freude. Auch von den jungen Menschen sind viele zurück, so Seinfeld u[nd]a[ndere]. In Schul benschen jedes Mal viele Hagomel. [Dankspruch der Errettung]. Nach Eurer stürmischen Seereise müßtest Du, gel[iebter] Buli, eigentlich auch Hagomel benschen.
Gute Nacht, gut Woch und gut Jahr.

Seid umarmt und geküßt in Liebe und gebenscht
von Eurem Vater Josef Zwi

[o.D. – April 1939]

Geliebte Kinder!

Langsam werdet Ihr mich für einen Rabenvater halten, so selten schreibe ich Euch. Aber Eure Briefe sind süß, unser Kompott am Schabbat. Besonders hat, lieber Buli, die Mitteilung mich glücklich gemacht, daß Du täglich einen Gemara-Schiur lernst. Lasse nie das Ideal aus den Augen, ein Lamdan [Tora-Gelehrter] zu werden. Auch ich habe ja ursprünglich die Wissenschaft als Beruf gehabt, aber immer als stille Liebe im Herzen die Tora gepflegt und bin ohne Nebengedanken am Rabbiner-Seminar gewesen, Tora zu studieren. So konnte ich später ein Rabbinat übernehmen. Tu Du dasselbe; rüste Dich mit demselben Handwerkszeug! Ob Du nachher ein berufliches Amt daraus machst, das ist gleichgültig …
Nun rüsten Eva und Esther auch die Englandreise. Dann wird es noch stiller bei uns. Aber Ihr werdet dann umso inniger zusammenstehen können und eine gemeinsame Zukunft auch für uns m.G.H. vorbereiten.

Guten Schabbat, geliebte süße Kinder,
laßt Euch benschen [segnen] und alles Gute
wünschen von Eurem tr[euen] Pappi

[Zusatz von Mutti]:
Dies ist ein kurzer Gruß. Prof. Israel, der auch gestern hier zu Gast war, läßt Judith besonders grüßen! Seid Ihr zum Seder zusammen? Tausend innige Grüße und Küsse, Sonntag und Montag schreibe ich mehr und jedem »richtig«.

Gut Schabbat seid gebenscht
von Eurer Mutti

[o.D. – 6. Mai 1939]

Erew Schabbat Kodesch »Emor«

B"H Meine geliebten Drei!

Tag und Nacht gehen unsere Gedanken und Gespräche um Euch, Euer Befinden und Eure Zukunft. Es ist trotz Eurer lieben und schönen Briefe doch alles so dunkel und unvorstellbar, wie Ihr lebt und was Ihr treibt. Unsere Zuversicht ist aber Euer Zusammensein, daß einer dem anderen Halt und Stütze ist. Wir werden uns von hier aus bemühen, ob wir Euch nicht durch auswärtige Freunde – leider habe ich nicht soviel, auf die man bauen kann – etwas Hilfe bringen können. Besonders erfreut waren wir, gel. Esther, daß Du auch im Hause der Verwandten Dich wohl fühlst. Die Kölner waren uns immer besonders treu wegen des innigen Verhältnisses, das ich zu ihrem sel. Vater [Rabbiner Dr. Emanuel Carlebach] hatte. Ich glaube, ich galt den Kindern immer als der Vertreter ihres Vaters, der ein besonders ausgezeichneter Mann war an Leib und Seele.

Von uns ist nicht viel Neues. Wir haben eine neue Couch in mein Zimmer bekommen und einige neue Stühle. Mutti hat auch den Bettbestand, der sehr schäbig war, etwas ergänzt. Die Stühle auf dem Balkon sind von Mutti angestrichen worden, ein Küchentisch rückte zum Balkontisch auf, und in die Küche kam ein neuer Waschtisch an seine Stelle. Das sind die größten Ereignisse der Woche.

Am letzten Sonntag predigte ich in Altona und sah die wenigen Zurückgebliebenen, die alten Gesichter wieder. Am »hervorragendsten« war der alte Jüdel[l]. Ich begrüßte ihn mit den Worten: »Sie sind aber unberufen rüstig!« Er erwiderte prompt:»Ich muß Ihnen offen gestehen, daß ich mich vor 70 Jahren bedeutend rüstiger fühlte.« Viele Altonaer sind gerade jetzt fortgekommen. Frau Eisner z.B. nach Erez. Man betet oben in der Klaus; die Damen sind im großen Lernsaal. Was die Welt faselt von meiner Erwählung zum Reichsrabbiner ist alles barer Unsinn. Da es an Rabbinern fehlt, fahre ich auch nach Berlin zum Predigen. Anfragen kommen allerdings von ganz Deutschland an mich. Unsere Kinder sind süß; zwei Wellensittiche sind als neue Pensionäre hinzugekommen. Ruthi fährt seit gestern stolz zu Rad, fotografiert eifrig, soweit die Schule Zeit läßt. Mutti ist immer an der Schreibmaschine, sie denkt in ihrer Güte an alle und alles.

Nun laßt Euch alle drei in inniger Liebe

benschen und umarmen und küssen
in Sehnsucht und Liebe von Eurem Pappi.

[o.D. – 23. Mai 1939]
Erew Schawuot [5699]
Mein geliebtes Estherlein!

Dein besonderer Brief, einzigartig in seiner Herzlichkeit und Liebe, verdient einen besonderen Dank. Ich fühlte es beglückend, wie wir uns verstehen und wie Du an Deinem Pappi hängst. Solch ein Brief tut wohl und gibt Kraft; in allen Schwierigkeiten und Enttäuschungen ist schließlich das einzige, was wir uns sichern möchten, die fromme Seele unserer Kinder. Ich habe ja leider immer viel an meinen Kindern versäumt; die viele Amtsarbeit ließ mich so selten dazu kommen, Aug' zu Aug' mit ihnen zu sprechen und zu lernen. An alle verschenkt man sich, nur die eignen Angehörigen gehen leer aus. Wie oft mache ich mir Vorwürfe, daß ich an Buli nicht genug getan, daß er eigentlich seinen Vater nur aufgeregt und ungeduldig kennt und gar nicht das innige Band erfahren, das gemeinsames Studium um die Seelen bindet.

Nun ist es zu spät; es geschah alles aus dem Zuviel der täglichen Aufgaben.

Als ich Deinen Brief erhielt, war ich deshalb so ergriffen, weil ich sah, daß Du mich trotzdem so recht verstanden hast, und ich hoffe, daß der liebe G'tt mir helfe, auch an allen andern Geschwistern zu erleben, daß sie in Tora und Mizwot ihren Lebensinhalt finden.

Ich küsse Dich, mein starkes, aufrechtes Kind. Sei weiter, wie Du bist, die fleißige, vor keiner Aufgabe bangende fromme Tochter.

Du beglückst so Deinen Dich benschenden
und gut Schabbes wünschenden Pappi

[o.D. – 23. Mai 1939]
Erew Schawuot [Wochenfest]
Geliebte Kinder!

Keneged Arba'a Banim, immer zu vier Kindern habe ich zu sprechen, meine zwei ältesten, unser Stolz und unsere Zier, meinen hoffnungsvollen Buli, der mir auf Schritt und Tritt fehlt, der mir heute so viel raten und helfen könnte, und mein Zuckerpudel, die lachende Freude früher unseres Hauses. So weh es tut, Euch entbehren zu müßen, so beglückend

ist es andererseits, daß Ihr zusammen seid und aneinander Heimatgefühl und alle Ideale des Elternhauses stärken könnt.
Nun kommt der liebe Jomtow. Strahlender Frühlung herrscht draußen. Mutti sucht wieder ihre Möschkränze [Moschuskraut, Waldmeister]. Der Käsekuchen steht für die Sachverständigen, zu denen ich nicht gehöre, bereit, und unsere Kleinen haben schon die Vorfreude, ebenso naiv wie früher. Mich quälen die drei Predigtsorgen, heute abend in der Markusstraße, morgen Innocentia, am 2. Tag in der Beneckestraße. Schabbat war ich wieder in Berlin und predigte dort. Da herrscht dort große Freude, weil sie es so selten haben. Donnerstag war ich mit Mutti in Travemünde, und abends predigte ich in Lübeck. Am schönsten ist es dann, wenn wir wieder zu Hause vereint sind.
In Berlin hatte ich nachmittags Jugendgottesdienst und Oneg Schabbat [Feier]. Ein Junge fragte mich, warum heißt das Fest gerade Wochenfest. Die 7 Wochen sind doch eigentlich ein Nebenumstand. Warum hat die Tora dennoch diesen Namen erwählt, um gerade die 7 Wochen zu betonen? Ich erwiderte: Es gehört zu den Wundern von Erez, daß die Reifezeit, von der Gerstenreife zur Weizenreife, vom Awiw zu Bikkurim, gerade 7 Wochen dauert. Die Naturregelmäßigkeit, die absolute Ordnung und g'ttliche Fürsorge für die Natur zeigt sich darin; aber so soll es auch in der geistigen Leistung des Menschen sein, er kann in fester Zeit, in 7 Wochen reif werden zur Tora [7 Wochen vom Auszug von Ägypten bis zur Offenbarung am Sinai-Berg]. Nicht in unendlicher Ferne darf das jüdische Ziel gerückt werden, sondern in greifbare Nähe. Und wenn wir wollen, können wir und unsere Kinder in fester Zeit das höchste Ziel erringen.
Das sage ich Euch, gel[iebte] Kinder. Setzt Euch in Tora ein festes Ziel in fester Zeit und werdet so gewiß reif und vollendet, wie die Pflanze in der Pflege des Gärtners. Daran erinnert uns immer der Name Schawuot.
Nun bensche ich Euch alle in Liebe und Innigkeit. Hoffentlich wirst Du, gel[iebte] Eva, bald Deine Aufgabe vor Dir sehen. Frage den lieben Alex, ob ich dem Chief Rabbi pesönlich schreiben soll und um Fürsprache bei Miss Gaster bitten soll. Antworte mir sofort. Ich glaube, er wird mir den Gefallen tun.
Jedenfalls, mein Evalein, fühle Dich wohl, es wird schon alles sich verwirklichen. Geduld bringt Rosen. Neuanfang kostet Opfer, auch an

Zeit. Wir denken immer an Euch.
Mit 1000 Grüßen und Küssen bin ich Euer
gut Jomtow wünschender Pappi

[o.D. – Juni 1939]
Mein geliebtes Evalein!
Unsere Gedanken und Wünsche sind immer bei Dir, denn wir fühlen mit Dir die Peinlichkeit des Suchens und Wartens. Wir können nur leider so wenig helfen, und ich muß hoffen, daß die liebe Mutti bei ihrem hoffentlich nicht fernen Besuch etwas Positives für Dich ausrichten kann.
Dein persönlicher Brief an mich hat mich ungewöhnlich gefreut. Bei der steten Arbeit, die meist menschliches Elend und Leid zum Gegenstand hat, ist es wie ein Sonnenstrahl, wenn so ein gutes Wort aus dem Munde des eigenen lieben Kindes einen trifft. Ach, goldenes Kind, es sieht so trüb und ernst im Judentum aus, immer neues Verhängnis. Soeben wird telefoniert, daß ca. 1000 Cuba-Fahrer [Passagiere eines Schiffes nach Cuba] von unterwegs zurückgeschickt sind und nun hierher ins Nichts zurückkehren müssen. Morgen kommen 300 in Cuxhaven verzweifelt an. Man kann da dem lieben G'tt gar nicht genug danken, daß Er uns seine Gnade bis heute bezeigt hat und vor ernsten Schwierigkeiten bewahrt hat.
Heute war ich in Altona, judenleer und still. Da dachte ich, wie oft wir durch die Straßen pendelten und wie mein Evalein dort als die große Tochter mir zur Seite stand. Es waren doch herrliche Zeiten, und Deine Entwicklung bedeutete immer eine neue Epoche unseres Lebens.
Halte Dich gesund und stark und erkämpfe Dir Deinen Platz, der liebe G'tt wird bei Dir sein, denn Du warst immer ein gutes Kind, voll Mitgefühl mit jedem und voll seelischem Verständnis für alle Juden. Ich hege die feste Zuversicht, daß Du noch vieles Schönes im Leben leisten wirst.
Ein gut Schabbes, lasse Dich benschen, in thee shall Israel bless, saying: God make thee as Sara, Rivka, Rachel and Lea.

1000 Kuschchens
von Deinem Pappi

[Zusatz:] Gut Schabbat, bald mehr.
Ich komme vielleicht diese Woche
Mutti.

10. Oktober 1939
Geliebte Kinder!
Alles im Leben wird erst in seinem vollen Werte erkannt, wenn man es entbehren muß oder wenn seine Erreichung mit Schwierigkeiten sich verknüpft. Was ein Briefgruß bedeutet, wer hätte es je ermessen, bevor er lange sehnsüchtig darauf gewartet hat? Meine Augen schmachten nach einem Lebenszeichen von Euch, besonders von dem gel[iebten] Buli und der gel[iebten] Judith haben wir seit Wochen nichts mehr gehört.
Setzt Euch bitte umgehend hin, um uns mit einigen möglichst ausführlichen, schlichten Zeilen zu erfreuen.
Ereignisreiche Wochen liegen hinter uns, aber G['tt]s[ei]D[ank] schön und gehaltvoll verlaufen. Wir sorgten uns zuerst sehr, ob wir dieses Jahr eine Laubhütte und die »4 Arten« haben werden. Zunächst schenkte uns Frau Benni Meyer einen Paradiesapfel aus Palästina, den ihre Kinder für ihren seligen Mann geschickt hatten. Alle Palmzweige hatte ich noch in Fülle. Die größte Sorge war dadurch von uns genommen. Die Gemeinde ließ eine kleine, aber niedliche Hütte am alten Platze hinten aufbauen. Nun begann die Reihe der Feiertage. Wir haben alle Gottesdienste wie normal gehabt, nur mit der Auflage, daß die Abendgebete vor Dunkelheit schließen mußten.
Auch in der Aula der Talmud-Tora-Schule war ein Gebetsraum hergerichtet, zugleich um dem Gebäude einen Abschied zu ermöglichen. So predigte ich am ersten Abend in der Beneckestr[aße], ersten Morgen Markusstr[aße], zweiten Abend in der T.T.R. und zweiten Morgen in der Beneckestr[aße], woran sich dann am folgenden Sabbat der Umkehr morgens und nachmittags Predigt und Vortrag in der Beneckestr[aße] anschlossen. Am Versöhnungstag morgens und abends war Schlußpredigt. Alles machte G['tt]s[ei]D[ank] tiefen Eindruck auf die Hörer.
Kurz vor Laubhütten kamen von Triest noch die Paradiesäpfel, viele waren auch von Freunden geschickt worden. So waren wir auch damit reichlich versehen. Ich sprach wieder häufig, ersten und achten Tag in der Beneckestr[aße], zweiten Markusstr[aße], dritten in der Jürgen

Titzstr[aße], der alten Portugiesensynagoge, am 4ten in Altona. Am letzten Tag war richtige Freude, Tanz mit den Kindern und Bonbons wie alljährlich.
Mein Kollege als Bräutigam [der Tora] war Herr Marcus Cohn. Nachmittags hatten wir noch schönen Empfang mit Schnaps und Kuchen. Es fehlte nichts. Nur eines doch: das wart Ihr, geliebte Kinder, damit die ganze Freude sich in Euren lieben Augen spiegele. Das Gespräch kam immer auf Euch.
In der Hütte hingen Eure Bilder, so daß Ihr wie die sieben biblischen Gäste mit um unseren Tisch versammelt wart.
Wäre auch noch ein Brief von Euch da gewesen, so wäret Ihr nicht stumme, sondern beredte Gäste gewesen, wenn Mutti in ihrer lieben Art ihn vorgelesen hätte. So holt das bald nach.

Laßt Euch inzwischen umarmen und benschen
in inniger Liebe
von Eurem stets an
Euch denkenden Pappi

[o.D. – Ende März 1940]
(Received 28. Juni (?) 1940)
Geliebte Eva!

Eine große Purim-Freude bereitete uns Dein lieber Brief. Es war, um biblisch zu sprechen, wie Regen auf dürres Land. Mit einem Mal gingen alle Blumen der Sehnsucht auf, wir sahen Euch alle vor unseren Augen und fühlten uns so recht in Freude mit Euch vereint. Ich wundere mich nur, daß Du immer allein die Fürsprecherin für den vierstimmigen Chor sein mußt und vor allem, warum die beiden Jüngsten sich so sehr in Schweigen hüllen. Du wirst verstehen, daß ich besonders viel an den lieben Buli denke, ob er wohl noch lernt und welche Fragen sein Herz bewegen.
Aber wenn er auch nicht selbst schreibt, so warst Du doch so eine liebe und glückliche Sprecherin für ihn und die anderen, daß es wirklich ein Feiertag war, als wir Deinen lieben Brief einmal und zweimal und im Kreise aller Kinder offiziell vorlasen.
Wir haben daraufhin alle Deine kleinen Bilder vergrößern lassen, um ein Dir einigermaßen gerecht werdendes auszuwählen, damit wir Dich

auch im Konterfei immer vor Augen haben. Auf dem Bild, daß wir ausgesucht haben, blicken Deine Augen in so idealer Sehnsucht in die Ferne und spiegelt sich in ihnen Dein goldenes Herz, das wir alle lieben und dem wir alle vertrauen.
Nun will ich Dir noch einiges von unserem Purim erzählen.
Am Abend lasen wir die Megilla bei uns im Haus und waren, nachdem die Mithörer sich verlaufen hatten, allein. Aber morgens hatten wir schon beim Kaffee Gäste und zu Mittag noch mehr: Tante Martha [Wolff] und Fräulein [Helene] Flörsheim. Später kamen dann noch zu Kaffee und Kuchen andere Freunde unseres Hauses. Das sind nicht mehr die alten Menschen, die Du kennst, aber liebe und gute Menschen, die mit uns sehr verbunden sind. Alle trugen Narrenkappen; für mich hatte man einen wunderbaren Pappzylinder wie für einen Droschkenkutscher ausgewählt. Die Kinder waren sogar maskiert und trugen Verse vor, die Tante Paula Kleve gedichtet hatte. Der Wein und der Butterkuchen schufen die nötige Atmosphäre, aus der heraus man zu einem glücklichen Selbstvergessen kommen konnte.
Natürlich war Mutter mit ihren Gedanken immer nur bei Euch. Als die Hamans–Taschen gebacken wurden, beschäftigte sie der einzige Gedanke, wie Ihr Kinder Euch immer freutet, wenn diese Kuchen in den Backofen geschoben wurden und ob Ihr sie jetzt entbehren werdet. Ich vermute aber, daß Du und Esther selbst solche gebacken habt, und daß die mütterlichen Rezepte auch in Eurer neuen Welt viele Leckermäuler befriedigt haben werdet.
Nun zieht langsam der Frühling wieder bei uns ein und damit zugleich auch wieder die größere Arbeit und Vorbereitung auf das Pessach-Fest. Ich hoffe aber doch, daß wir trotzdem von jetzt ab in regelmäßiger Korrespondenz bleiben werden. Ich mache mir oft große Vorwürfe, daß ich täglich so viele Briefe herausschicke, nur nicht an meine Kinder draußen.

Nun bleibe gesund und bleibe mit allen Geschwistern
auf das innigste gegrüßt und geküßt
von Deinem Pappi

8. April 1940

Meine geliebte Mirjam!

Gestern Abend öffnete ich durch einen Zufall die schon seit Monaten bei uns auf dem Korridor stehende, für Dich bestimmte Bücherkiste, um in einem Kunstbuch etwas nachzusehen. Darunter sind so viele schöne Sachen, die für Dich vorbestimmt sind: Rambams Moreh [Newuchim], Grätz Geschichte, Erdmanns Geschichte der Philosophie und vieles andere mehr, das nun vorläufig warten muß, bis es an Dich abgeschickt werden kann. Aber dabei dachte ich doch lebhaft an Dich und an die große geistige Arbeit, die Du neben der körperlichen leistest, und an die wertvolle Ausbildung, die Du, ganz in meinem Sinne, erfährst. Meine suchende, fragende und forschende Mirjam stand mir besonders lebhaft wieder vor Augen, und aus diesem lebendigen Kontakt heraus möchte ich Dir zum kommenden Feste meine Grüße schicken in den herrrlichen Frühling, der Dich umgibt und wo alles Hoffnung und Erneuerung atmet.

Wir brauchen auch ein bißchen innere Erneuerung, weil uns die großen Kinder fehlen, die ihre Jugend und ihr inneres Wachstum uns zuströmen. Die Briefe, denen wir vielleicht ein Echo des Innenlebens unserer Kinder entnehmen können, kommen auch nur selten, und die äußere Anregung durch Bücher fehlt uns ganz. Aber das Alte, ewig Junge, das Wort der Bibel und der Weisen, kann, wenn auch draußen wieder die Sonne scheint, einen alten, starren Menschen auflösen und wieder jugendkräftig machen, und das versuche ich nach besten Kräften.

Unsere Kinder sind allerdings auch richtiges sprudelndes Selterwasser oder auch Champagner, wenn Du willst. Peter ist ein kleiner Gelehrter geworden und hält uns auf Grund seiner Kenntnisse und Schulbildung große Vorträge über Physiologie, worüber er sogar mit den uns besuchenden Ärzten eifrig diskutiert, oder über Geschichte und Geographie, die er wie ein Papst unfehlbar mit politischem Blick beurteilt. Keine Frage der Gegenwart und der Zukunft ist ihm ein Problem, und alles trägt er in sehr gewählter Diktion und mit der Überlegenheit eines großen Kenners vor. Aussehen tut er wie aus dem Ei gepellt, die hohe Tolle eins a gebürstet, und den Schlips von so tadellosem Sitz, daß ich mich direkt genieren muß.

Die drei kleinen Mädchen, Hausmütterchen und eifrige Gehilfinnen ihrer Mutter, quasseln englisch und geben musikalische Konzerte,die ich, da selbst Klavierunterricht nehme, nur bewundern kann. Ich selber habe auch Englischunterricht und bin besonders in der schriftlichen Handhabung der Sprache schon so weit fortgeschritten, daß ich mir schon selbständig Phantasien in dieser Sprache leiste.
Im Haus ist es auch manchmal ganz fröhlich. Am Schabbat kommen immer die Kleinen aus dem Paulinenstift zum Frühstück zu uns ins Haus und erzählen uns was vor und bringen viel kindliche Stimmung. Besonders Evas kleiner Liebling, Erwin, klettert an mir hoch und läßt sich in seiner Liebebedürftigkeit ein bißchen verziehen.
Habe ich Dir eigentlich schon vom Purimfest erzählt? [...] Es war ein lustiger Tag mit vielen Gästen und bunten Narrenkappen für alle, und durch Verse von Tante Kleve ausgezeichnet. Allerdings so gut wie früher ist unser Chor nicht mehr und auch die Theaterdarstellungen wie in der Zeit, da Esterlein noch stiller Kapellmeister und Dirigent war. Dafür rücken Eure Bilder in unmittelbarer Nähe des Tisches und scheinen uns zu sagen: »Seht Ihr, ohne uns geht es doch nicht!«
Wir denken oft und tun das Menschenmögliche, um dieser Trennung ein Ende zu machen und selbst auf die Wanderung zu gehen. Aber bis jetzt ist noch alles nicht gelungen. Einige Aussicht besteht für die USA, und man muß abwarten, was geschieht. Der Gegensatz zwischen diesem und dem kommenden Jahr bleibt vorläufig noch für uns in Kraft und ist nur im Gebet und in der Sehnsucht zu überwinden. Nun, mein geliebtes Kind, lebe recht wohl und feiere recht vergnügt die schönen Tage des Festes, das uns im Geiste vereint. Wenn Du Dich mit Deinen Kameraden zur Festtafel setzest, dann stell Dir vor, daß das alles nur die Vorbereitung ist zu der großen Vereinigung, zu der wir alle streben.

In Liebe umarmt Dich

Dein P[appi]

[Zusatz]

Meine Süße, von mir bekommst Du heute nur einen kurzen Gruß – ich mag gar nicht daran denken – schon wieder ein Seder-Abend ohne die kleine Mirjam. Wie du uns fehlst!!
Nun ist doch wenigstens »ein Stück von Dir«, Margot, in Deiner Nähe. Ich kann mir die unendliche Freude vorstellen! Kann ihr Vater dort nicht [etwas] für Deinen tun?

Bald hörst Du mehr,
voll inniger Liebe und Sehnsucht
benscht und küßt Dich Deine IMA

[o.D. – September 1940 oder 1941]
Geliebte gute Kinder!
Nur mit der Feder kann ich zu Euch gelangen, um Euch den Liebesgruß zum Neujahrsfeste zu senden. Nicht mehr wie früher könnt Ihr mich zum G'tteshaus begleiten und dann in der süßen Intimität unseres Hauses Euch umarmen und küssen, mit Euch singen und sagen, Euch die Hand auf das Haupt zum Segnen legen. Wie sehr Ihr jetzt mir fehlt, wo Ihr reif und groß geworden, wo Ihr unser Leben bereichern und verschönern könntet, wo Ihr für meine geistige Arbeit mir den richtigen Resonanzboden bieten würdet, das kann ich Euch nicht sagen. Diese schmerzliche Trennung muß still und gefaßt getragen werden. Aber im tiefsten Herzen fühle ich mich dennoch jeden Augenblick durch Euch beglückt, höre ich mit Genugtuung, wie fleißig, bescheiden und strebsam Ihr seid, wie Ihr miteinander wetteifert, gut und fromm und schlicht Euren schweren Lebensweg zu gehen. Mein höchster Wunsch war es immer, aus Euch geistige jüdische Persönlichkeiten zu machen, die wissend und bewußt unsere Lehre und Lebensverfassung hochhalten, ohne Lärm und Dünkel, und bereit sind, unserem armen Volk zu dienen mit Herz und Hand. Daß ich gerade in den Entwicklungsjahren Euch fern bin, das tut weh, sehr weh; aber ich vertraue dem guten Kern in Euch, Eurer Liebe zu Euren Ahnen und Eltern, dem Schatze, den Ihr aus Jugendtagen mit Euch genommen, daß Ihr aus eigener Kraft selbständig den Weg wählet, den ich selbst mir für Euch vom Himmel erflehe. Jeder Brief von Euch, so selten sie sind, bestätigt mir, daß ich nicht in meiner Hoffnung mich täusche.
Nun nahen wieder die ernsten hohen Tage. Alle beten jetzt um Frieden; auch um Euretwillen kenne ich keinen sehnlicheren Wunsch, als daß die Schwere des Lebens ende und wir uns wiederzusehen begnadet werden. Dann hoffe ich jubeln zu können, wenn ich in Euch starke, geistige, bewußte jüdische Menschen wieder umarmen kann. Seid einander stets gute Kameraden, helft Euch gegenseitig, wenn wir Euch zur Zeit nicht helfen können. Wacht über Eure Gesundheit, über die Reinheit von Leib und Seele und verlangt vom Leben nicht viel. Auch wir alle haben

gelernt, mit wenig auszukommen, und ich kann sagen, es fehlt uns äußerlich G['tt]s[ei]D[ank] nichts. Wir werden satt und lachen mit den vier Jüngsten, die bei uns noch sind und gute Fortschritte machen. Wenn Mutter ihnen von Euren Kindheitstagen erzählt, dann horchen sie auf und schwärmen von der Stunde des Wiedersehens.
Ich bin jetzt mächtig in der Arbeit drin. Ich halte viele Vorträge, die viel Vorbereitung kosten, und meine Korrespondenz ist leider sehr groß. Oft auch reise ich in andere Städte, um zu predigen, denn es fehlt hier sehr an Rabbinern. Unsere Gemeinde hängt an uns mit großer Liebe, das muß ich bekennen, und so fehlt auch die Befriedigung im Amte nicht. Das wahre Glück aber wird erst wiederkehren, wenn wir mit Euch vereint sind, mit Euch, den ersten unseres Blutes, an denen wir so innig hängen. Möge das neue Jahr uns dieses Glück bescheren. Nehmt alle einen festen Kuß als Ausdruck der Liebe; werdet zu einem guten, gehaltvollen Leben eingeschrieben, wie es Euch segnend wünscht

Euer Euch liebender Pappi

[Ohne Datum;
(Received November 1941)]

Geliebte Eva!

Kein Wort reicht aus, um die Freude zu schildern, die Dein Brief am Vortage des Laubhüttenfestes ausgelöst hat. Wenn das Laubhüttenfest das »Fest unserer Freude« genannt wird, dann war für uns alle, von groß bis klein, eine besonders gehobene Feststimmung, weil eine drückende Sehnsucht von über sechs Monaten, die Sehnsucht Deine Handschrift wiederzusehen, auf ungeahnte Weise sich erfüllt hat. Wir haben durch Dich gleichzeitig auch über die anderen lieben Kinder gehört und wissen jetzt, daß die liebe Judith und die liebe Esther zusammen sind, was die liebe Mutti besonders erfreut hat, und können auch annehmen, daß unser geliebter Junge sich wohlauf befindet. Wir nehmen Deinen lieben Brief als ein gutes Vorzeichen, daß auch die Zeit einmal wiederkommen möge, wo wir uns nicht nur mit Briefen begnügen müssen, sondern zur Vervollkommnung der Festesfreude Ihr selbst wieder am Tische Platz nehmt.
Diesmal könnt Ihr nur im Bilde in der Sukka aufgehängt werden. Da war eine ganze Wand durch die fünf gleichmäßig gerahmten Kinderbilder geschmückt. Ob Ihr allerdings noch so ausseht wie damals, als Ihr

Abschied nahmt, ist zu bezweifeln. Von dem lieben Buli bekamen wir ein kleines Bild durch seinen Freund Alexander. Wir sahen darauf einen stattlichen jungen Mann mit feingebügelten langen Hosen, schon viel männlicher als damals, als er die Reise übers Meer antrat. Sonst war die Hütte noch genau ein Ebenbild der alten Zeiten, geschmückt mit Tannengrün und Ketten, den großelterlichen Bildern, den sieben Gästen, von den Kindern kunstvoll gezeichnet, und den alten Vorhängen, die schon traditionell als Wandschmuck dienen. Das Wetter hat es besonders gut mit uns gemeint, strahlende Sonne während der ganzen Tage.
Von den alten Gästen, die sonst bei uns erschienen, sind nicht mehr viele hier, aber die kleinen Kinder aus dem Paulinenstift und dem Waisenhaus, unter diesen Dein kleiner Freund Erwin, machten uns wieder ihren Besuch. Erwin hängt noch immer an mir wie an einem ihm fehlenden Vater und ließ sich auch nur unter Tränen von der Laubhütte trennen. Die kleine Schar ist auch oft am Schabbat zum Frühstück bei uns zu Tisch, wenn auch jetzt, wo sie ins Waisenhaus übergegangen sind, die Hausordnung einen Dispens nicht gerne sieht.
Du siehst, so weit es geht, bleiben wir dem Lebensstil von früher treu. Mutter versteht es immer, dem »Zuhause« den gewohnten Charakter zu erhalten. Als ich am letzten Sabbath meinen Vortrag in der Synagoge hielt, hatten sich alle die alten Freunde aus Altona dazu eingefunden und waren nachher zur »dritten Mahlzeit«, zum »Heringsmahl«, wie es früher hieß, wenn die Hamburger Freunde zu uns nach Altona herauspilgerten. Obwohl Mutter nicht vorbereitet war, hat sie doch Armeen aus dem Boden gestampft. Kuchen, Hering, Schnaps erfreuten die Gäste, und es herrschte eine sehr gemütliche Stimmung.
Nun kommt bald das Fest der Freude. Da werden wir Eurer in ganz besonders bewegter Erinnerung gedenken. Dieser Brief wird Dich wohl bis dahin nicht erreichen können, aber nachträglich sollt Ihr wissen, wie unsere Gedanken zu Euch gehen und wir uns wünschen, daß Ihr recht bald wieder schreibt. Wir sind sehr dankbare Empfänger.
Nun segne ich Dich mit allem Guten. Ich nehme Dich in die Arme und küsse Dich in inniger Liebe.

Dein Dich und die geb[enschten] Geschwister
liebender Pappi

Dumpfe Nachklänge

Vorbemerkungen

Der vorliegende Abschnitt umfaßt die Zeitspanne Anfang Dezember 1941 (Deportation) bis 1946, nach der unfaßbaren Gewißheit über das Geschehene.

Einige Quellen sind unmittelbare »Zeitzeugen«. Die übrigen Informationen sind nicht nach einem vorgegebenen Schema erfaßt worden, sondern beruhen auf sporadischen Aussagen, die bei oft zufälligen Zusammentreffen von den entsprechenden Personen gemacht wurden. Zu den folgenden, teils angedeuteten, teils genauer geschilderten Ereignissen sind weitere und ausführlichere Belege wie Veröffentlichungen und Archivmaterial vorhanden – nicht immer ganz frei von Widersprüchen in sich selbst oder untereinander. Diese Widersprüche sind sowohl durch die räumliche und zeitliche Distanz zu dem Geschehenen und durch traumatische Erlebnisse zu erklären, als auch durch die in den meisten Fällen nicht vergleichbaren Einzelschicksale. Allgemein betrachtet ergänzen sich die Quelle gegenseitig.

Einige Briefe werden vollständig veröffentlicht, von anderen Briefen dagegen nur Auszüge, in denen weitere, vorher nicht erwähnte Aspekte zum Ausdruck gebracht werden.

Fragmentarische Briefe

und Aussagen

Aussage von Anni und Rudi Ortlepp, Hamburg, Januar 1988,
1941 wohnhaft im Keller der Haller-(Ostmark)straße 76
[Die Ortlepps wurden zweimal, 1988 und 1989, von verschiedenen Personen interviewt; die Aussagen stimmen gänzlich überein]

»... 1940 bekamen wir den Keller in der Ostmarkstraße 76 zugewiesen, nachdem ich aus Gesundheitsgründen von der Militärpflicht befreit worden war. Die drei Kleinen kamen öfters zu uns runter, um zu spielen. Besonders Baby wurde von meiner Frau sehr verwöhnt [wir selbst hatten keine Kinder]. Wir sind gläubige Christen, und Dein Vater bat mich eindringlich, den Kindern gegenüber nichts vom christlichen Glauben zu erwähnen, wozu ich angesichts der Lage der Juden allerdings geneigt war. Als mein Bruder in Rußland gefallen war, kam Dein Vater, mir einen Beileidsbesuch zu erstatten ... Die Mutter habe ich sehr selten gesehen, sie war sehr still und zurückhaltend, mit ihrem großen gelben Stern ... Einmal schickte sie uns durch die Kinder etwas Kaffee, der ihr zugekommen war, und mehrere Male bekamen wir ein aufgeschlagenes Ei, in dem ein Blutströpfen war und das deshalb nicht koscher ist. Selbst bei den knappen Lebensmittelrationen achteten die Carlebachs auf koscher.

Als der Deportationsbefehl kam, waren die Eltern sehr gefaßt, die Mutter war ja fast nie rausgegangen, aber die kleinen Mädchen waren viel bei uns unten. Zur Deportation hatten sie nicht richtig warme Unterwäsche, und meine Frau Anni nähte noch schnell für Baby aus einer alten Flanellbluse Unterkleidung ...

Noemi schrieb uns [den Ortlepps] vom Deportationsplatz an der Moorweide noch eine Postkarte ... die ist uns leider verlorengegangen.

Zwischen Max Plaut und Arie Goral-Sternheim

Dr. Max Plaut:

»Die Deportationen führten bekanntlich zur Liquidierung der Juden. Innerhalb des Bezirks Nord-Westdeutschland, den ich von Hamburg aus betreute, waren die Abfertigungen vergleichsweise erträglich, ja im Vergleich zu anderen Orten (z.B. Hannover, Kassel, Berlin) h u m a n (v.u. gesperrt). Die Haltung der Deportierten war nicht nur gefaßt, sie war tapfer ... Aber die große Zahl wußte um das ihr vom Hitlerreich bestimmte Schicksal und trug es ...« (Die Opfer des Nationalsozialismus in Hamburg, 1965, S. 3).

» ... Die zur Deportation Bestimmten wurden zum 'Hannoverschen Bahnhof' (das waren nur 2 Gleise in der Nähe der nach Hannover gehenden Güterzüge) gebracht und mußten sofort den Zug besteigen. Für Ihre Eltern und Geschwister waren 2 Abteile von mir versichert(?) worden. Es waren Personenzugwaggons. Ihr Vater war Obmann für – Wagen ... Der sogenannte Bahnhof wimmelte von Gestapo, Schutzpolizei, Bahnpolizei und jüdischen Helfern, die Verpflegung, Trink- und Waschwasser in die Waggons brachten ... Alle haben sich mustergültig verhalten. Ihre Eltern und Geschwister gaben ein gutes Beispiel für würdige Ruhe und Haltung ...« (Brief von Dr. Max Plaut, 20. April 1973).

Arie Goral-Sternheim:

»... wer heute behauptet, es habe – etwa in Hamburg – einen auch nur irgendwo sichtbaren oder irgendwie spürbaren relevanten Ein- oder Widerspruch gegeben, oder es sei hier »humaner« zugegangen, lügt sich entweder ins eigene Geschichtsdossier oder kultiviert progressiven Erinnerungsschwund. Die Öffentlichkeit machte mit oder applaudierte oder sah feige weg.

... Hieß es nicht später in einer offiziellen Schrift der Hansestadt Hamburg, auch die Deportationen der Juden Hamburgs seien 'vergleichsweise zu anderen Städten Deutschlands humaner' vor sich gegangen? Was sind humane Deportationen ...?« (Jeckepotz 1989, S. 174).

Schriftliche Aussage von Salomo (Peter) Carlebach

Riga, Dezember 1941:

[Die Fahrt] Von Hamburg [bis Riga], 6. bis 9. Dezember 1941 ...

In Riga angekommen 1000 Hamburger und 250 von Lübeck und Schleswig-Holstein. Der [Ober-]Rabbiner [Dr. Joseph Carlebach] (er hatte Möglichkeit, auszuwandern) war der sogenannte Transportleiter und konnte in größeren Städten vom Waggon gehen und Postkarten schicken ...

[Eine Postkarte kam in Piotrikow (Polen) bei Rabbiner Lau an.] Große Kisten mit Klej Kodesch [Ritualien, Gebetbücher, hebräische Bibeln etc.] wurden mitgenommen.

In Riga Bahnstation, 20 km außerhalb Rigas, 1–1,5 km vom Lager Jungfernhof. Im Lager waren ca 4000 Juden aus Dortmund, Bayern, Wien. Am Bahnhof wurde eine Arbeitsabteilung von jungen, kräftigen Menschen ausgewählt, um auszuladen (Gepäck etc.). Die Transportteilnehmer wurden inzwischen mit Kolben und Begleitung der Transport–Wehrmacht und abgelöst durch SS – SS [haben] alle rausgetrieben. Zur Zeit des Transportes war[en] noch ziemlich erträgliche Zustände, die sich sofort mit Ankunft [gräßlich, gänzlich?] veränderten. Die

Transportteilnehmer durften nur Handgepäck mitnehmen. Großgepäck wurde geplündert. Reichtum des Judentums abermals von der SS geplündert.

Der Transport kam vormittags, ich kam abends. Als ich ins Lager [kam], waren Männer und Frauen getrennt und in [...]l (?) Scheunen und Ställen untergebracht. Sie waren auf Gerüsten eingepfercht. Diese Gerüste waren so hoch, daß ca. 50 Personen in dasselbe Stockwerk, einer unter dem andern gelegen [hat]. Eine Baracke, die ungeschützt und furchtbar kalt war, enthielt ca. 2000 Menschen. Zwei Geisteskranke wurden noch am Bahnplatz erschossen. Auch ein Onkel von mir [Simson Carlebach aus Lübeck] ist bei der Ankunft ins Lager zusammengebrochen und sofort gestorben. Er wurde noch ordentlich zur Kewura [Beerdigung] gebracht. Nach einer Nacht, in der ich in einer totalen Erschöpfung in einen tiefen Schlaf fiel, war ich mit Morgendämmerung zum Appell gerufen, wo alle Lagerinsassen für mehrere Stunden in eisiger Kälte stehen mußten, bis [wir] unter der Direktion eines SS. Unterscharführers und mit Hilfe von Barackenältesten in Arbeitskommandos eingeteilt wurden. Als Transportleiter wurde dem Vater ein besseres Quartier angeboten, welches er aber zurückstellte(?), weil er mit seinen Leidensgenossen zusammen in der Baracke verbleiben wollte. Er war nahezu 60 Jahre. Trotzdem hatte er dadurch die Gelegenheit, auszunützen, in seiner Baracke von Loch zu Loch zu kriechen und vielen verzweifelten Menschen zu helfen und den Menschen ein Wort des Trostes zuzubringen.

Das Essen zu dieser Zeit: An den ersten beiden Tagen war keine besondere Hungersnot, da reiche Proviante mitgebracht wurden und in der Küche verwertet werden konnte. Diese Lebensmittel waren der Hauptbestand der ersten Tage in der Küche.

Ich war zum Bahnhofskommando eingeteilt, um das restliche Gepäck und Gegenstände auszuladen. Wir hatten das Recht, jeder, einen Laib Brot ins Lager mitzubringen (durfte), dadurch konnten wir Kommando-Leute unseren Familien und Freunden aus Hamburg helfen.

Jeder Transport hatte seine eigene Küche, dadurch wurde die Fühlung zwischen den Transportteilnehmern aufrecht erhalten. Nach den Barackenstunden haben sich bei den Barackenältesten jegliche Landsmannschaften zusammengetroffen, um ihr Leid gegenseitig zu beklagen und durch diese Zusammenkünfte Vorteile zu erhaschen. Bis zu einer

gewissen Stunde am Abend durften die Männer ihre Familien in den besonderen Frauenbaracken besuchen ...
(Jerusalem, Jad Vaschem 1954).

Fanny Englard-Dominitz (schriftliche Aussage):
»... als wir näher [nach Jungfernhof] kamen, befunden [befanden] wir uns vor einem geöffnetem Stacheldrahttor, welches von lettischen Soldaten bewacht war, wir wurden wie in einen Käfig hineingestoßen. Die Frauen wurden in 2 ehemalige Kuhställe, die mit Kojen ausstaffiert waren, aufgeteilt, und die Männer wurden in einem großen Silo verfrachtet ...
Als erstes setzte sich Raw Carlebach für Mütter mit Säuglingen und kleinen Kindern ein, so daß sie eine bessere Behausung zugesprochen bekamen mit Beheizung ... soweit ich mich erinnere, war es ein großer verschlossener [geschlossener] Raum ...
Da ich mich mit der Tochter Noemi anfreundete während meines Aufenthaltes in Jungfernhof, war mir bekannt, daß ihre Eltern sich zum Ziel gesetzt hatten, das Los der Schwachen in Jungfernhof zu erleichtern; während andere Eltern ihre Kinder so wie eine Glucke nicht aus den Augen ließen, waren sich die Kinder der Familie Raw Carlebachs während der Tagesstunden alleine überlassen, weil das Ehepaar Raw Carlebach vollauf mit den Unglücklichen beschäftigt war ...
Für mich als alleinstehende 16jährige hatte die Freundschaft mit Noemi Carlebach großen Wert, da sie die Tochter von Raw Carlebach war, der für uns das Licht in der Finsternis darstellte ...
Nach 2 Monate[n], Februar 1942 kam[en] von Jungfernhof 200 junge Mädels nach Getto Riga, und ich habe seitdem, bis nach meiner Befreiung nichts mehr über die Familie Carlebach gehört ... (Bet-Chanan und Jad Vaschem, 1988 und 1991).

Brief von Ruth Nebel-Stern (Auszüge), California, June 7, 1988:
... I met your parents at the school building (T.T.R.) in Hamburg where a large group assembled to prepare for their destination, or destruction. After three days we boarded a train (which was not fit for humans) and were sent to Riga. The trip took one week. I became intimate with your parents. We related so well with each other. The entire group revered your father and were quite naive to think nothing bad could possibly

happen to anybody since we had the famous Rabbi Carlebach with us...We arrived in Riga and the S.S. Guards led us to the Camp Jungfernhof. This camp was most primitive and extremly depressing. Nobody could believe what was happening! We all slept in bunks, men, women and children – alltogether. Mine was next to your mother. I held her hand trying to comfort her in an attempt to hold back the tears. Your father, a most courageous man, seemed to keep everyone calm with his advice.

As for your statement about your mother caring for babies in the camp, please be adviced that this was not possible. Babies disappeared immediatly from the camp.

There were 5000 people at this camp, and within four weeks the 200 that were selected were all that remained. Because of your father's famous reputation, his many followers continued their blind faith in him, believing they would all survive. I witnessed your entire family board the bus when they left Jungfernhof, and it was a day of mourning for me. We had become so close, as though we were family. They were very special to me ...

The Germans took everyone's personal belongings immediatly. Consequentely, it is impossible to think that there could be any mementos such as letters, photographs, or documents. Since all my address books were also confiscated, I have no further information ...

Gerüchte aus den Jahren 1942 bis 1945

Die Hamburger Morgenpost (April 1943):

Oberrabbiner Carlebach ist in Riga eines natürlichen Todes gestorben.

Hazofe (Israel), 1943; (hebräisch):

Aus zuverläßlicher Quelle wurde bekannt gegeben, daß Oberrabbiner Dr. Joseph Carlebach in einem Gut bei Riga eines natürlichen Todes gestorben ist.

»Gemeindeblatt« De Montevideo, Nr. 19; 16. Januar 1943:

Nach einer Privatkorrespondenz aus New York ist Oberrabbiner Dr. JOSEPH CARLEBACH in Riga, wohin er deportiert worden war, kurz vor seinem 60. Geburtstag einem Herzleiden erlegen.

Rabbiner Elijahu Botschko, Montreux (Schweiz) 1943:

Oberrabbiner Dr. Joseph Carlebach s.A. Hamburg-Altona zum Gedächtnis. » …Einen Heldentod, einen wirklichen Heldentod starb auch Dr. Joseph Carlebach … Meuchelmörderisch … fiel dieser Riese zu Boden – und doch war sein Tod ein Heldentod, wie sein Leben das eines Helden war …«. (ISKAUR – Seelenspiegel, 1943, S. 129–138).

Dr. Ignaz Rosenak, New York:

Rabbiner C A R L E B A C H

In einer New Yorker jüdischen Zeitschrift findet sich in dieser Woche ein Nachruf auf den Hamburger Oberrabbiner Dr.Joseph Carlebach, meinen Onkel. Der Nachruf hat begreiflicherweise außerordentliche Bestürzung hervorgerufen. Der Nachruf ist vor längerer Zeit in der Schweiz erschienen, stammt aus der Feder des dort lebenden Israelit-Redakteurs Schachnowitz und gründet sich, wie er selber zum Ausdruck bringt, auf eine Nachricht von London … (Abschrift aus der Zeitung »Aufbau«, 3. Dezember 1943).

Auszüge aus Briefen von Familie Goldschmidt-Halberstadt

Frankreich/Schweiz, 16. Februar 1942:

… habt Ihr von Lojo (Deckname für Lotte und Joseph Carlebach) wieder gehört, oder sind sie verreist [deportiert] oder [nur] er?

Den 11. Juli 1942:

Wir haben gehört, daß Joseph und Familie sehr gut auf einem Gut bei Riga untergebracht seien und sich sehr wohl befänden. Direkte Nachrichten haben wir noch nicht erhalten.

Zürich, 12. April 1943:

Von Lotte bekommen wir zwar keine direkten Briefe, doch wurde uns versichert, daß Lotte, Jo und Kinder gesund sind.

Allerheiligenberg (Schweiz), den 28. März 1944:

(Zensur) … was für Nachrichten wir von Joseph [Carlebach] hatten. Während man vor etwa einem Jahr mit Unsicherheit nichts Gutes zu berichten wußte, hat jetzt jemand in Zürich von einem Bekannten Nachricht gehabt, daß Joseph ihm geschrieben habe. Das ist nur ein Lebenszeichen, aber wenigstens das … Das jüdische Wochenblatt der Schweiz hat auch dieselbe Nachricht gebracht.

… Fast habe ich ganz vergessen, die wunderbare Nachricht von Jo zu bestätigen … hoffentlich kommt auch bald Nachricht von den anderen und ausführlicher …

Brief von Esther, London:

25. Mai 1945

B"H Dearest Oma,

Thanks a million times for the lovely letter which I enjoyed reading as usually. I am sorry to say, that the news concerning Dad still puzzle me very much, because nobody so far has given any definite details, only they »heard«, that's not good enough for me.

I am very often going up to the Jewish Search Centre where they have long lists of the people from Theresienstadt, Buchenwald, Belsen etc. The last list of Belsen has only just come out, Dzialowskies were on it, Max Meyer and many people we know.

Let's hope, that they are all well; you can't get any information from anywhere …

Briefe von Schlomo (Peter):

Jüdisches Datum – K"b Tamuz [5705; 3. Juli 1945]

Achi Ve'achjotai Hajekarim! [Mein teurer Bruder und meine teuren Schwestern]

Aus dem Land der Tränen, des Todes und des Schreckens bin ich jetzt durch ein Nes Min Haschamajim [ein Wunder des Himmels], ins wirkliche Dasein zurückgekehrt.

Haschem Natan Vehaschem Lakach, Jehi Schem Haschem Meworach Me'ata Ve'ad Olam [G'tt gab und G'tt nahm – es sei G'ttes Name gelobt von jetzt bis in Ewigkeit]

Ich kann mehr nicht aussprechen, damit meine Tränen das Papier nicht durchweichen.

Was meinem Leben hier noch einen Sinn gibt, ist der Gedanke, die Erinnerung unseres Größten und Teuersten auf dieser Welt des Grauens und der Schlechtigkeit hochzuhalten. Vom seelischen Leid gedrückt, habe ich meinen ganzen inneren Halt verloren. Meine Gedanken versagen jetzt. All dieses kann ich in Worten gar nicht fassen. Wenn erst einmal meine Sehnsucht gestillt sein wird, kann [ich] das in Worte fassen, was jetzt mein Herz bedrückt.

Gesundheitlich bin ich jetzt ziemlich wieder auf der Höhe. Momentan wohne ich wieder in der Hallerstraße 76 in einem Zimmer. Tante Cilly und ihr Mann sind auf dem Heimwege nach Frankfurt a. M. vom KZ Theresienstadt.
Laßt mich alles wissen, was mit Euch los ist. Was machen unsere Lieben in Erez? Antwortet mir bald. Denkt daran, daß noch ein lebendiger Zeuge des größten Unglücks, das unser Leben erschüttern konnte, in Sehnsucht auf Euch wartet.

In Liebe umarmt und küßt Euch
Achichem Hakatan Schlomo
[Euer kleiner Bruder Schlomo]

Jüdisches Datum – Vav Be'aw Tsch"h, [5705; 16. Juli 1945]:
Hamburg Hallerstr. 76

B"H Achoti Chawa Hajekara! Loj"t [Meine liebe Schwester Eva]
Soeben brachte mir Chawer Binham Deinen Brief. Du kannst Dir vorstellen, mit welchem Gefühl ich Deine Handschrift gelesen habe. Ein Brief ist schon unterwegs, welchen Du inzwischen schon erhalten haben wirst. Leider ist dieses Lebenszeichen von mir mehr eine schlechte als gute Nachricht. Es fällt mir schwer, all die Einzelheiten in wirkliche Worte zu kleiden.
Hane'ehawim Vehane'imim Bechajehem Uwemotam Lo Nifradu
[Die Geliebten und die Sanften haben sich in ihrem Leben und ihrem Tode nicht getrennt]
Vier Jahre schweren KZs sind über mich hinweggegangen,und nur durch ein Nes Min Haschamajim [ein Wunder des Himmels] konnte ich es überstehen. All die schrecklichen Greueltaten, die Ihr jetzt täglich lest und hört, habe ich am eigenen Leibe erfahren, mit meinen Augen gesehen, erlitten und ertragen. Am 4. [6.] Dezember 1941 wurden wir alle zusammen nach Riga »evakuiert«. Am 26. März, den 6.[8.] Nissan 1942, war der schreckliche Jom Hadin [der Gerichtstag]. Von da an bin ich allein durch Hunger, schwere Arbeit, Makot Gedolot und sonstigen Entbehrungen den Weg des Galut gegangen. Durch neun verschiedene Lager, in denen jedem deutschen Sadismus auf immer andere Art und Weise gefrönt wurde, bin ich meinen Leidensweg geschritten, um jetzt in der Nähe von Danzig von der Roten Armee befreit zu werden. Über 300 km zu Fuß, das übrige mit der Bahn, habe ich mir mit Gewalt

er, etwa ein halbes Jahr nach
er Befreiung; Hamburg,
e 1945

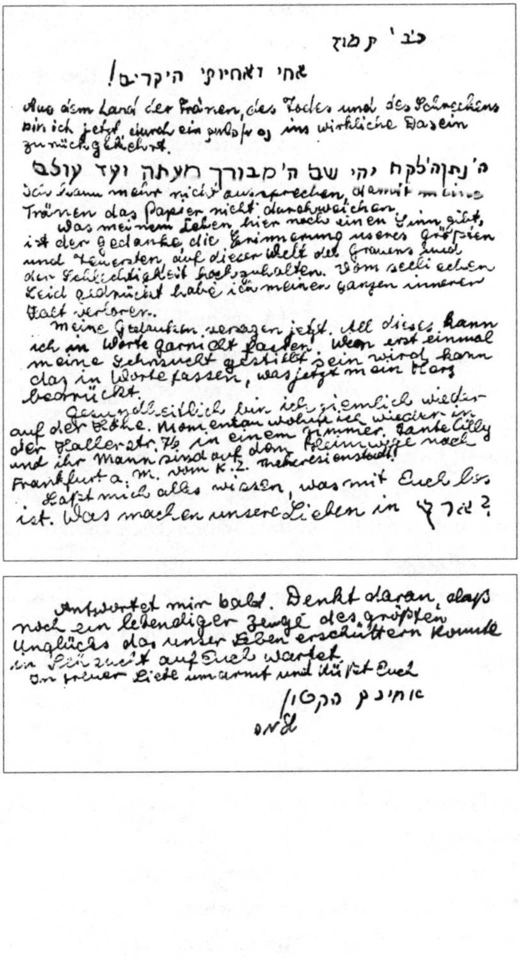

כ״ב תמוז

אחי ואחיותי היקרים!

Aus dem Land der Tränen, des Todes und des Schreckens bin ich jetzt durch ein נס גדול ins wirkliche Dasein zurückgekehrt.

ה׳ נתן ה׳ לקח יהי שם ה׳ מבורך מעתה ועד עולם

Ich kann mehr nicht aussprechen, damit meine Tränen das Papier nicht durchweichen.

Was meinem Leben hier noch einen Sinn gibt, ist der Gedanke, die Erinnerung unseres größten und teuersten auf dieser Welt des Grauens und der Schlechtigkeit hochzuhalten. Vom seelischen Leid gedrückt habe ich meinen ganzen inneren Halt verloren.

Meine Gedanken versagen jetzt. All dieses kann ich in Worte garnicht fassen. Wenn erst einmal meine Sehnsucht gestillt sein wird, kann das in Worte fassen, was jetzt mein Herz bedrückt.

Gesundheitlich bin ich ziemlich wieder auf der Höhe. Momentan wohne ich wieder in der Hallerstr. 7½ in einem Zimmer. Tante Lilly und ihr Mann sind auf dem Heimwege nach Frankfurt a. M. vom K.Z. Theresienstadt!

Laßt mich alles wissen, was mit Euch los ist. Was machen unsere Lieben in ארץ?

Antwortet mir bald. Denkt daran, dass noch ein lebendiger Zeuge des größten Unglücks das unser Leben erschüttern konnte in Sehnsucht auf Euch wartet.

In treuer Liebe umarmt und küßt Euch

אחיכם הקטן

שלמה

meinen Weg »nach Haus« gebahnt. Auch in Berlin bin ich gewesen. Auf dem Bet Kewarot [Friedhof], wo Dr. Preuss Alav Haschalom [Friede sei mit ihm] liegt, habe ich Tefila [ein Gebet] getan. Sein Kewer [Grab] konnte ich leider nicht ausfindig machen ... Die Sehnsucht meines Herzens [gilt] ... unserer geliebten Oma in Erez Jisrael und all den gel.[liebten] Geschwistern.
Hamakom Jenachem Etchem (Vegam Oti) Betoch Sche'ar Awalej Zion Viruschalajim [G'tt möge Euch, und auch mich, trösten zusammen mit all den Trauernden um Zion und Jerusalem].

Ein Brief aus Jerusalem:

Meine einzige IMA, meine inniggeliebte Mutti,
dieser Brief ist an Dich gerichtet. Der Wind wird seine klagenden Buchstaben bis zum Himmel emporwirbeln, sie mit den Wolken wie lose Blätter über Meere und Länder jagen und sie dann wieder fallen lassen, bis sie an Dein wundes Herz gelangen, irgendwo in der blutschlammigen, dunklen Erde des Bickernschen Hochwaldes bei Riga – um sie dort endlich hoffentlich für Dich zu liebenden Worten zusammenzutragen.
Ich schreibe Dir von Jerusalem, von der Ewigkeitsstätte, von dem Hügel des endlichen Friedens, dem Har Hamenuchot. Dort liegt Deine geliebte Mutter, unsere Oma Preuss: Sie ist bis an ihr Lebensende eine fromme Frau geblieben, die ehrfürchtig alle jüdischen Gebote peinlich genau befolgt und ausgeführt hat. Aber seit dem Tag der Unheilsbotschaft über Dein Schicksal, mit der schrecklichen Gewissheit, daß Ihr Euch in dieser Welt nicht wiedersehen werdet – seitdem ist sie nie mehr nach Schul gegangen. Unsere Oma, Martha-Rachel Preuss rechtete so auf ihre Weise mit G'tt, wie Erzmutter Rachel einst mit G'tt gerechtet hatte.
Nach ihren 84 Lebensjahren wurde Oma zärtlich zu ihrer letzten Ruhe getragen von Onkel Otto und Tante Grete, begleitet von all den lieben Verwandten und Bekannten aus der Gemeinde, für die Du stets gesorgt und nach denen Du so rührend in all Deinen Briefen angefragt hattest. Neben Oma liegt ihr Bruder, Dein Onkel Siegfried Halberstadt, an den Euer letzter Abschiedsbrief gerichtet war, unterschrieben: Joseph, Lotte und die Kinder.

Ich weiß über Deine Tränen im Konzentrationslager Jungfernhof, Deine Tränen über das Los von unserem Pappi, Deinem geliebten Mann, dem Genius, dem Du immer unnötige Sorgen und Kummer ersparen wolltest – und Deine Tränen über unsere drei Kleinen, die Du jedes in ihrer persönlichen munteren Entwicklung so treffend beschrieben hattest. Es sind Eure Kinder, Kinder der gegenseitigen Liebe und Verehrung.
Du weintest über sie Tränen, die nie getrocknet wurden ...
Auf der Mazewa, auf Omas Grabstein hier in Jerusalem, sind Eure Namen mit eingemeißelt, als Jad Vaschem, als ewige Erinnerung an Euer aufopferndes Leben und Euren Märtyreropfergang. Rings um Eure Namen liegen kleine Steinchen der Heiligen Erde, die wir und unsere Kinder, Deine Kinder und Deine Enkel bei ihren Besuchen nach alter Sitte dort niederlegen, so wie Du einst kleine Steinchen auf Opa Preussens, Deines Vaters Grabstein gelegt hattest. Von Zeit zu Zeit fährt einer von uns nach Berlin zum Adass-Friedhof am Weissensee, um auch sein Grab aufzusuchen, so wie Du es erhofft hattest. Auf diesem Weg pflege ich ein Steinchen von Jerusalem mitzunehmen als Gabe für Deinen Vater – von Dir.
Dies ist ein Brief von Jerusalem, von der Ewigkeitsstätte, von dem Hügel des endlichen Friedens, dem Har Hamenuchot. Ich stehe ganz nahe bei Deinem Namen, und von da aus geht der Blick bei klar durchsichtiger Aussicht auf die beschützenden Hügel rings um die Heilige Stadt, bis zu einem unendlichen Horizont.
Viele Male komme ich hierher, und viele Male nehme ich Abschied; es ist immer ein Abschied mit Tränen, aber nie mehr ein Abschied der Trennung. Denn Deine Worte und Deine Gestalt stehen vor mir, so klar, so geliebt, so unvergeßlich ... ich sehe das Antlitz meiner Mutter.
Ich schreibe nun hier Deinen Namen – Eure Namen nieder, so wie sie in hebräischen Lettern auf Oma Preussens Grabstein in Jerusalem mit eingemeißelt sind:

Tehe Ha'ewen Hasot Gal-Ed
Gam Lewita Elischewa-Chana (Lotte)
Schenafla Al Kidusch Haschem
Im Ba'ala Haraw Joseph Zwi Carlebach
Uwnotehem Ruth Noemi Sara
CH Nissan Tsch"b Ba'ir Riga
Hj"d
T' N' Z' B' H'

תהי האבן הזאת גל-עד
גם לבתה אלישבע חנה (לוטה)
שנפלה על קידוש השם
עם בעלה הרב יוסף צבי קרליבך
ובנותיהם רות נעמי שרה
ח׳ ניסן תש״ב בעיר ריגה
הי״ד

ת׳נ׳צ׳ב׳ה׳

So sei dieser Stein felsender Zeuge
für ihre Tochter Elischewa-Chana (Lotte)
Sie fiel als Märtyrerin G'ttes
Zusammen mit ihrem Gemahl, Rabbiner Joseph Zwi Carlebach
Und ihren Töchtern Ruth Noemi Sara
Am 8. Nissan 5702 bei der Stadt Riga
Nur G'tt kann ihr Blut vergelten
Ihre Seelen seien angehörig dem Bunde des ewigen Lebens

Jerusalem, in Deinem 50.Todesjahr
Im April 1992

Anhang

Glossar und Übersetzungen

Für die Wiedergabe von hebräischen Worten wurde die lautgetreue deutsche (und nicht die englische) Umschrift gewählt. Ein Apostroph ['] und ein nachfolgendes Kapitälchen zeigen an, daß zwei aufeinanderfolgende Vokale einzeln ausgesprochen werden. »V« steht im allgemeinen für den hebräischen Buchstaben »Vav«, »W« – für »Wet« (abgeschwächte Form von »Bet«).

A

ACHASCHVEROSCH (AHASWER, XERXES) – persischer König, Gestalt in der biblischen ESTHER-Rolle.

ACHI VE'ACHJOTAI HAJEKARIM! – Mein lieber Bruder und meine lieben Schwestern.

ACHICHEM HAKATAN SCHLOMO – Euer kleiner Bruder Salomon.

ACHOTI CHAVA HAJEKARA – Meine liebe Schwester Eva.

ADASS-JISROEL– Israel-Gemeinde; streng religöse Trennungs- oder Austrittsgemeinde in Berlin; bestand seit 1869.

ADASS-Friedhof – kleiner abgesonderter Friedhof für die Verstorbenen der Austrittsgemeinde in Berlin.

AFIKOMAN – (griech.), Nachtisch; ein kleines Stück MAZZA, das zum Abschluß der SEDER-Mahlzeit gegessen wird.

A"H – Abk. für ALAV (ALEHA) HASCHALOM – Friede sei über ihm (ihr), (dem oder der Verstorbenen).

AHARON – der erste Hohepriester, Stammvater des jüdischen Priestertums.

ALEPH BET – das hebräische ABC, bestehend aus 22 Konsonanten und 5 Schlußkonsonanten, von rechts nach links geschrieben (die Vokalpunkte werden nicht zu den Buchstaben gerechnet.

ALIJA – wörtl. Aufstieg; Bez. für Einwanderung nach Israel; Jugend-ALIJA ist die organisierte Einwanderung von Jugendlichen unter 16 Jahren nach Israel.

ALMEMOR (arab.; hebr. BIMA) – umgrenzter, meist erhöhter Platz, um die TORA von dort aus vorzulesen. Vorschriftsmäßig im Zentrum der Synagoge.

AMEN – So sei es! Bekräftigendes Schlußwort in Bibel und Liturgie.

ARBA'A MINIM – die 4 Arten: ETROG (Paradiesfrucht); LULAW (Palmenzweig); HADASS (Myrthe); ARAWA (Bachweide); Feststrauß zum Laubhüttenfest, der die Zusammengehörigkeit der verschiedensten Typen symbolisiert.

ARON HAKODESCH – Heiligenschrein für die TORA-Rollen.

ASSARA BETEWET– der 10. im jüdischen Monat TEWET, Fasttag zur Erinnerung an den Beginn der Belagerung Jerusalems unter Nebukadnezar.

ATA ECHAD VESCHIMECHA BARUCH – Du bist einzig und Dein ist Name gelobt.

AUMERN, SEFIRAT HAOMER – Allabendliche Zählung der 7 Wochen (49 Tage) vom PESSACH- bis zum SCHAWUOT-FEST (siehe auch OMER).

AWEL – Trauernder, AWEL-Jahr – Trauerjahr.

AWIW – Frühling; CHAG HA'AWIW – Frühlingsfest (PESSACH)

B

BA'AL KORE – Vorleser aus der handgeschriebenen TORA-Rolle, nach vorgeschriebenem Rezitations-Ritus (siehe auch LEINEN).

BA'ALE-BATIM – wörtl.: Männer der Häuser, Hausbesitzer (wohlsituierte) Familienväter.

BACHAD – Abk. für BRIT CHALUZIM DATIIM – Bund der religiösen Pioniere zum Aufbau des Landes Israel.

BOCHER, BOCHERIM (jidd.; hebr. BACHUR, BACHURIM) – junger Mann, junge Männer.

BAR-MIZWA (BAR-MIZVA) – Gebotspflichtiger; Bez. für Knaben, die mit 13 Jahren gebotspflichtig werden; mit Aufruf zu öffentlichen TORA-Vorlesung in der Synagoge und Anlegen der vorschriftsmäßigen TEFILIN, der Gebetsriemen und mit anschließender Feier.

BARUCH HABA – Gesegnet sei der Kommende, üblicher Willkommensgruß (nach Psalm 118, 26).

BASSAR – Fleisch, hier rituell geschächtetes Fleisch.

BAT-MIZWA (BAT-MIZVA) – Gebotspflichtige; Bez. für Mädchen, die mit 12 Jahren gebotspflichtig werden. Ohne jegliche vorschriftsmäßige Zeremonien. In letzten Jahren in Israel mit Feier und Ansprache des BAT-MIZWA-Mädchen verbunden.

BECHEJNT, CHEJN (jidd.), vom hebr. CHEN – anmutig, witzig, gewinnend.

BEKOWED, (jidd.), vom hebr. KAWOD (Ehre) – anständig, grundehrlich.

BERCHES – geflochtenes süßliches Weißbrot, auch CHALOT genannt.

Bereschit – Am Anfang; erstes Wort der Bibel und »Stichwort« des ersten Wochenabschnittes der Bibel (1. Moses 1, 1).
Beschana Haba'a Biruschalajim – (siehe unter Leschana Haba'a...).
Bet Hamidrasch – Lernhaus zum Studium hebr. Quellen.
Bet Hechaluz, Bet-Chaluz – Haus (oder Treffpunkt) der Pioniere.
Bet Kewarot – wörtl.: Haus der Gräber; Friedhof.
Bet Jakob – Jakobs Haus, Anrede für Frauen-Gruppen- oder Gemeinschaften (nach 2. Moses, 19, 3). Name einer streng orthodoxen Erziehungs-Organisation für Mädchen, in Polen von Sara Snierer 1912 gegründet, heute weltweit verbreitet.
Bet Mischpacha – Familienhaus.
B"H, BE"H – Abkürz. für Baruch Haschem oder BE'Ezrat Haschem, gelobt sei Gott, oder mit Gottes Hilfe.
Bikkurim – Erstlinge der Früchte, am Wochenfest dargebracht.
Birkat Hagomel (kurz: Hagomel; auch Gaumel Benschen) – kurzer Segensspruch nach Errettung aus Lebensgefahr.
B"N – Abk. für Beli Neder; ohne Gelübde, ohne ausgesprochene Verpflichtung.
Brit-Mila (kurz: Brit) – Bund der Beschneidung; Grundgebot des Judentums am 8. Tag nach der Geburt des Knabens zu vollziehen; mit der Namensgebung verbunden.
C
Chala, Chalot – (siehe unter Berches).
Chaluz, Chaluzim – Pionier(e) des Aufbaues des Landes Israel.
Chamez, Chomez – mit Sauerteig zubereitet; erweitert auf alle verbotenen Speisen am Pessach-Fest; Chomez-Kammer, ein besonderes Zimmerchen für das Geschirr, das am Pessach nicht benützt wird.
Chanukka – 8tägiges Weihe-und Lichterfest, meist im Dezember.
Charata (jidd. Charote) – Reue.
Charosset – lehmartig aussehende süße Speise aus geriebenen Äpfeln, Nüssen, Zucker, Zimt und Wein, für den Seder-Abend.
Chasan – Vorbeter in der Synagoge.
Chassid, Chossid, Chassidisch – ein Frommer, auf fromme Weise.
Chatan – Bräutigam.
Chawer, Chawera, Chawerim, Chawerot – Freund (Kamerad), Freundin, Freunde, Freundinnen.
Cheder – Stube, Zimmer; Bez. der Lernstube für kleine Kinder (Kna-

ben) der traditionellen Elementarschule; meist im Hause des Rabbis, des Lehrers oder auch im Synagogengebäude.

CHEN – (siehe unter beCHEJNT).

CHEWRA-SE'UDA – gemeinsame Mahlzeit; feierliche Mahlzeit der Mitglieder des Beerdigungsvereins.

CHOL HAMO'ED – Halbfeiertag vom 2.-6. Tag der PESSACH- und SUKKOT-Feste.

CHUPPA – Trauhimmel; erweitert – die Vermählungszeremonie nach jüdischem Ritus.

CHUZPA, verCHUZPET – Frechheit, frech.

D

DALFONIM – Unbemittelte.

DIE SIEBEN GÄSTE (siehe unter: USCHPISIN).

DOD (neuhebr.) – Onkel (bibl. Ausdruck für Freund oder Geliebter).

DRASCHA (eigtl. DERASCHA, DERASCHOT) – Predigt, Predigten; talmudischer Vortrag.

E

ELIJAHU – Prophet, Wundertäter und Eiferer für Gott (2. Könige 1, 3); Prophet der Verheißung (Malachi 3, 23); Vorbote des MESSIAS; Retter und Tröster in der Not und erwarteter Gast am SEDER-Abend.

EMOR – Sage! »Stichwort« eines Wochenabschnittes (3. Moses,21,1).

EREW, EREW SCHABBAT, EREW SCHABBAT KODESCH – Abend, Vorabend des SCHABBAT, Vorabend des heiligen SCHABBAT; Freitagabend.

EREZ ISRAEL (JISRAEL), EREZ AWOT – Das Land Israel, Land der Väter.

ESCHET CHAJIL – Frau der Tüchtigkeit, der Gewandtheit; Anfangsworte eines Liedes über Frauenlob (Sprüche Salomons 31, 1).

ESER KENEGDO – Gehilfin, passende Hilfe. Bez. Adams für Eva im Paradies (1. Moses 2, 20).

ESRA – streng orthodoxer Jugendbund (genannt nach der Persönlichkeit des biblischen Buches, ESRA).

ETROG – Paradiesapfel; zitronenähnliche Zitrusfrucht, mit besonders aromatischem Geruch, einer der vier Bestandteile des Feststraußes am Laubhüttenfest.

G

GANAW – Dieb, Gauner.

GALUT, GOLA – Diaspora, Zerstreuung Israels in der Welt.

GEMARA – engere, eigentliche Bez. des Talmuds.

GESERA, GESEROT – (böse) Verhängnisse.

H

HACHNASSAT ORCHIM – Gastfreundschaft.

HACHONES (jidd.; hebr. HACHANOT, HACHANA) – Vorbereitungen, Vorbereitung.

HACHSCHARA – Ertüchtigung; moderne Bez. für landwirtschaftl. oder handwerkl. Berufsausbildung zur Einwanderung nach Israel.

HAGGADA – Erzählung, volkstümliche Pessach-Erzählung, am SEDER-Abend vorgelesen und erklärt.

HAGOMEL, BIRKAT HAGOMEL – öffentlicher Dank-und Segensspruch anlässlich Errettung aus großer Gefahr.

HALACHA, HALACHISCH – Hauptbestandteil des Talmud; Grundlage der religiösen Praxis, dem Gesetz genau entsprechend.

HAMAN – Günstling des ACHASCHVEROSCH; Feind der Juden in der bibl. PURIM-Geschichte (siehe auch ACHASCHVEROSCH, PURIM).

HAMAKOM JENACHEM ETCHEM (VEGAM OTI) BETOCH SCHE'AR AWELEJ ZION VIRUSCHALAJIM – Gott möge Euch trösten (wie auch mich) inmitten der anderen Trauernden um Zion und Jerusalem. Trostspruch bei Trauerbesuchen.

HAR HAMENUCHOT – Berg der Ruhe, Name eines Friedhofes in Jerusalem.

HANE'EHAWIM VEHANE'IMIM BECHAJEHEM UWEMOTAM LO NIFRADU – die Geliebten und Sanften, unzertrennlich in ihrem Leben und ihrem Tod (nach 2. Samuel 1, 23).

HASCHEM NATAN VEHASCHEM LAKACH, JEHI SCHEM HASCHEM MEWORACH ME'ATA VE'AD OLAM – Gott gab und Gott nahm, es sei Gottes Name gelobt von jetzt bis in alle Ewigkeit.

HASKARAT NESCHAMOT (auch MASKIR, JISKAUR) – Seelengedächtnis an die Verstorbenen, Gefallenen und Umgekommenen; Gebet am Versöhnungstag und an den Schlußtagen der drei Wallfahrtsfeste.

HATIKVA – die Hoffnung; jüdische, hebräische Nationalhymne, verfaßt von Naphtali-Herz Imber (1856-1909).

HEFKER – wörtl.: Herrenlos, für jedermannn ankömmlich.

HESPED – Trauerrede.

HJ"D – Abk. für HASCHEM JINKOM DAMO, Gott vergelte sein Blut.

I

IMA – hebr. für Mutti.

IWRIT – hebr. Sprache, allgemeine Bez. für das wiederbelebte, moderne Neuhebräisch.

J

JAKOB – dritter Erzvater.

JAM – Meer: hier das Mittelmeer an Israels westlichem Ufer.

JESCHIWA – talmudische Hochschule.

JISKAUR – (siehe HASKARAT NESCHAMOT).

JOM HADIN – Tag des Gerichtes; hier: Todestag.

JOM HAKADDISCH HAKELALLI – der Tag des allgemeinen Trauergebetes; wurde für die Opfer des Holocaust angesetzt, deren Todesdatum nicht ermittelt werden konnte.

JOM KIPPUR – Tag der Sühne; Versöhnungstag, ernster Buß- und ganztägiger Gebets- und Fasttag. Heiligster Tag des jüdischen Jahres.

Jomtow – Feiertag oder Festtag.

J"D BE'OMER TRZ"T – der 19. Zähltag im OMER 5699 (23. 4. 1939).

JEZIW PISGAM (PITGAM) – Eherner Ausspruch; Anfangsworte einer synagogalen Dichtung zum SCHAWUOT-Fest.

K

KABBALA – Empfang, Überlieferung; seit dem 13. Jahrhundert engere Bez. für jüdische Mystik.

KALA – Braut.

KALA NA'A VACHASSUDA – liebliche und keusche Braut.

KASCHER, KOSCHER, KASCHRUT – recht, tauglich; den rituellen Speisegesetzen entsprechend.

KASCHER LEPESSACH, KOSCHER AL PESSACH – entsprechend den besonderen Speise-Vorschriften für PESSACH.

KATONTI MIKOL HACHASSADIM UMIKOL HA'EMET ... – ich bin zu gering für all die Gnaden und all die Wahrheit ... (nach 1. Moses 32, 10).

K"B TAMUZ – 22. Tamus; im Jahre 1945 entsprechend dem 3. Juni.

KEHILA, KEHILOT – Gemeinde, Gemeinden.

KELEJ KODESCH – wörtl.: Heilige Geräte; Ritualien, oft kunstvoll und aus teurem Material (Silber) angefertigt.

KENEGED ARBA'A BANIM – Von vier Söhnen ..., Gleichnis aus der PESSACH-HAGADA.

KENESSIA – Versammlungsort (auch Kirche); KENESSIA GEDOLA – Bez. für Tagung der streng-religiösen Welt-Organisation, AGUDAT ISRAEL.

KEREN TORA – TORA-FOND; Bez. für die Vereinigung, die sich für die Finanzierung der orthodoxen Erziehungsinstitute in Ost-Europa einsetzte.

KESSEF – Silber; Geld, Geldsumme.

Kewer, Kewura – Grab, Grabstein, Begräbnis.

KEFAR-NOAR – Jugenddorf; hier religiöses Jugenddorf bei Haifa.

KIBBUD AW VA'EM – Ehrung des Vaters und der Mutter (nach 2. Moses 20, 12; 5. Moses 5, 16).

KIBBUZ – Gemeinschaftliche, meist landwirtschaftliche Siedlungsgesellschaft.

KIDDUSCH – Längerer Segensspruch über Wein, am Schabbat und an Festtagen.

KI TAWO – Wenn Du kommen wirst ... »Stichworte« eines Wochenabschnittes der Bibel (5. Moses 21, 1).

L

LAMDAN – Gelehrter, in Talmud und anderen Quellen bewandert.

LEA – vierte Erzmutter, Frau des Erzvaters Jakob.

LECHA DODI LIKRAT KALA – gehe, mein Schatz, der (SCHABBAT)-Braut entgegen; Anfangsworte und Refrain eines Liedes, zum Empfang des SCHABBAT (verfaßt von Salomon Alkabez aus Safed im 16. Jh.).

LEHAWDIL – zum (großen) Unterschied; Bez. für zwei Gegenstände oder Situationen, die unpassend zum Vergleich sind, wie Heiliges und Profanes.

LEINEN, der Leiner – Vorleser aus der TORA-Rolle nach vorschriftsmäßiger Singweise.

LEKACH– Bisquittorte.

LESCHANA HABA'A BIRUSCHALAJIM – nächstes Jahr in Jerusalem. Herkömmlicher Segenswunsch; Abschlußvers der PESSACH-HAGGADA.

LESEDER: VAJISCHLACH – zur Ordnung (zum Wochenabschnitt), Stichwort: VAJISCHLACH, und er sandte aus... (1. Moses 30, 1).

LOJ"T – Abk. für LE'ORECH JAMIN TOWIM; Lange, in guten Tagen.

LULAW – junger, noch geschlossener Palmenzweig, einer der vier Bestandteile des Feststraußes am Laubhüttenfest.

M

MACHSOR, MACHSORIM – wörtl.: Kreislauf (des Jahres); Bez. für die Gebetbücher zu den verschiedenen Festtagen.

MADRICH, MADRICHIM – Leiter, Gruppen- oder Jugendführer.

MAKOT GEDOLOT – wörtl.: Große Schläge; schwere Leiden.

MAMON – Vermögen, Geld.

Maoz Zur Jeschuati – meiner Hilfe eherner Fels; Anfangsworte des traditionellen mehrstrophigen Chanukka-Liedes.
Masal-Tow – wörtl.: Gutes Glück; herkömmlicher Glückwunsch.
Mazewa – Grabstein; Erinnerungsmahl.
Mazza, Mazzot – ungesäuertes Brot, wie flache Fladen, für Pessach vorgeschrieben.
Megilla – Rolle, auf Pergament geschriebenes aufrollbares Buch; spezielle Bez. für das Buch Esther, Megillat Esther, mit der Purim-Erzählung (siehe auch Purim).
Meschane Makom Meschane Masal (Letowa) – Veränderung des Ortes – Veränderung des Glückes; Wendung des Schicksals (zum Guten); leicht abgeänderter talmudischer Ausdruck.
Meschugge – nicht normal, verrückt.
Messias, Maschiach – Gesalbter; der Erlöser aus dem Leid der Diaspora.
Mincha – wörtl.: Gabe, Opfer; Nachmittagsgebet.
Minhag – Führung, Sitte; Bräuche oder Besonderheiten, die sich bei der Ausübung von Ritualien im Laufe der Jahre in verschiedenen Ländern oder Städten gebildet haben.
Minjan – Mindestzahl von 10 Männern, die für das gemeinsame Gebet vorgeschrieben ist.
Mischlo'ach Manot – wörtl. Versand von Gaben (nach dem Buch Esther, 9, 19). Ein Gebot, am Purim die Freunde und mindestens zwei arme Leute mit süßen Gaben zu erfreuen.
Mischna, Mischnajot – Kern der mündlichen jüdischen Lehre; Gesetz und Religionsgesetz: in sechsteiliger, sachlicher Anordnung, im 2. Jahrhundert redigiert.
Mischpacha – Familie.
Misrachi – zionistische Welt-Organisation, erstrebt Aufbau des Landes Israel unter Einbehalt des religiösen Gesetzes.
Mizwa, Mizwot (Mizva, Mizvot) – Gebot, Gebote der jüdischen Religion; auch jede gute Tat und wohltätiges Handeln.
Mohel – Vollzieher der Beschneidung (siehe Brit Mila)
More Newuchim (kurz: More) – Führer der Ratlosen oder der Verirrten. Religionsphilosophisches Werk des Maimonides (Rambam), jüdischer Arzt und Philosoph aus Spanien (1135-1204).
Moza'ej Jomtow, Moza'ej Schabbat – wörtl.: Ausgänge; abendlicher

Ausklang des Feiertages oder des SCHABBAT.

N

NACHES, (jidd.), hebr. NACHAT – Freude, Befriedigung.

NEBBICH (jidd. nie bei Euch!) – bemitleidenswert, erbarmungswürdig.

NES MIN HASCHAMAJIM – Wunder des Himmels.

NOAR – Jugend, Jugendliche.

O

OFOT – Geflügel; hier bes. Hühner.

OHEW SCHALOM VERODEF SCHALOM – liebt den Frieden und jagt dem Frieden nach; Friedensstifter im Sinne des Hohenpriesters, Aharon (nach Sprüche der Väter 1, 2).

OLAM, AULOM – Ewigkeit, Welt; die jüdische Allgemeinheit.

OMER, BE'OMER – (siehe AUMERN).

ONEG SCHABBAT – Freude am SCHABBAT; Bez. für nachmittägl. Zusammenkunft am SCHABBAT, zum Singen, Vorlesen und Lernen.

OSSE SCHALOM – (hebr. Friedensstifter) Anfangsworte eines Spruches im täglichen Tischgebet und anderen Gebeten (nach IJOW 25, 2).

P

PANIM, PONIM – Gesicht, Ausdruck.

PARASCHA – Abschnitt; Wochenabschnitt der TORA-Vorlesungen; Angabe der PARASCHA ermöglicht Datums-Nachrechnung (siehe auch SIDRA).

PARNASSA, PARNOSSE – Ernährung; Einkommen.

PASSKENEN (jidd.) – entscheiden; auf religiösem Gebiet die endgültige Entscheidung treffen.

POSCHET (jidd; hebr.: PASCHUT) – gerade, einfach.

PE'A, PE'OT – wörtl.: Ecke, Ecken; Schläfenlocken; in Osteuropa weit verbreiteter traditioneller Brauch, diese wenig oder gar nicht abzuschneiden (nach 3. Moses 19, 27).

PESSACH – wörtl.: Überschreitung; in die Osterzeit fallendes, 7tägiges (in der Diaspora 8tägiges) Fest, zum Andenken an Israels Befreiung aus Ägypten; auch Frühlingsfest.

PURIM – wörtl.: Lose; Freudenfest anläßlich der Wendung zum Guten eines Planes (Los) Hamans, die Juden Persiens zu vernichten (siehe auch MEGGILA).

R

RACHEL – dritte Erzmutter, Frau des Erzvaters Jakob.

RAMBAM – Abk. für Rabbi Moses Ben Maimon (Maimonides), Cordova 1135-1204 Fostat (Grabmal in Tiberias); Leibarzt des Sultans in Ägypten; bedeutendster jüd. Philosoph des Mittelalters.

RASCHI – Abk. für Rabbi Schlomo Ben Jizchak (Jizchaki), Troyes 1040-1105. Größter klassischer Exeget von Bibel und Talmud. Seine Erklärungen, unentbehrlich zum wörtlichen Verständnis, sind zu allen Quellentexten in RASCHI-Schrift beigedruckt (siehe dort).

RASCHI-Schrift – halbkursive hebräische Quadraschrift.

RAW, RABBONIM, RABBANIM – Rabbiner, Talmudgelehrter.

RE'EH – Siehe! Anfangswort eines Wochenabschnittes der Bibel (5. Moses 11, 1).

REFUA SCHELEMA – vollständige Genesung; Segenswunsch für einen Kranken.

RIBOJNOJ SCHEL OJLOM, HOB RACHMONIS MIT DEINE JIDDEN (jidd.) – Herr der Welt, erbarme Dich Deiner Juden.

RISCH'UT – Boshaftigkeit; bes. den Juden gegenüber.

RISCHES MACHEN (jidd.) – durch auffälliges Benehmen Boshaftigkeit und Antisemitismus herausfordern.

RIWKA – zweite Erzmutter; Frau des Erzvaters JIZCHAK.

ROFE VELO LO – Arzt, aber nicht für sich selber; leicht abgeänderter talmudischer Ausdruck.

ROSCH HASCHANA – Jahresanfang; 2tägiges Neujahrsfest, als himmlischer Gerichtstag mit viel Gebeten und SCHOFAR-Blasen (Posaunenhall) in der Synagoge begangen.

S

SARA – erste Erzmutter; Frau des Erzvaters ABRAHAM.

SCHA'ALU SCHELOM JERUSCHALAJIM – fragt nach Jerusalems Wohlergehen (Psalmen 122, 6).

SCHABBAT (jidd. SCHABBES) – 7. Tag in der Woche. Seit der Weltschöpfung in der Bibel als Ruhetag angesetzt (1. Moses 20, 11).

SCHABBAT HAGADOL – der »Große SCHABBAT«. Jeweiliger Schabbat vor PESSACH; in der Synagoge durch besondere Predigt zum bevorstehenden Fest gekennzeichnet.

SCHALOM ALECHEM – Friede über Euch; Willkommensgruß, bes. für weit Hergereiste.

SCHALOM und BERACHA – Friede und Segen.

SCHAWUOT – wörtl.: Wochen; Bez. für das 2tägige Fest zum Empfang der heiligen Lehre (TORA), 7 abgezählte Wochen nach Pessach (siehe auch AUMERN). Auch Fest der Erstlingsfrüchte.

SCHE'ELA, SCHE'ELOTH – Frage, Fragen. Bez. für rabbinische Anfragen religiöse Probleme, bes. praktische Ausübung der Gebote betreffend.

SCHELOSCHA SCHAWUOT – drei (Trauer-)Wochen, zwischen den Fasttagen 17. TAMUS (Belagerung Jerusalems) bis 9. Aw (Tempelzerstörung).

SCHMA (eigtl. SCHEMA), SCHEMA JISRAEL – Höre Israel; Anfangsworte des Bekenntnisses der Einzigkeit Gottes (5. Moses 6, 4-9) im Morgen- und Abendgebet; Glaubensbekenntnis in der Todesstunde.

SCHEMITTA – wörtl.: Erlaß; im bibl. Gesetz alle 7 Jahre Brach- und Ruhestand des Bodens (3. Moses 25, 4-7).

SCHEMURIM – wörtl.: Gehütete, Bez. für MAZZOT, die unter besonders strenger Aufsicht vorschriftsmäßig für den SEDER-Abend gebacken werden.

SCHEWAT – Monatsname, ungf. im Januar-Februar, in Israel der Monat mit ersten Frühlingsanzeichen.

SCHIDDUCH – Vereinigung; Ehevermittlung.

SCHIUR, SCHIURIM – (wört.: Maß); Lehr- oder Lernstunde; bes. in jüdischen Fächern.

SCHIW'A – sieben; Bez. für 7tägigen, strengen Trauerritus nach einem Todesfall.

SCHIW'A ASSAR BETAMUS – der 17. im 10. Monat des jüdischen Kalenders; Fasttag zur Erinnerung an den Durchbruch der Mauer Jerusalems unter Titus.

SCHLEHMIEL, SCHLEHMASEL (jidd.) – wörtl. schlimmes MASAL, oder schlimmes Glück. Bez. für Pechvogel.

SCHLIT'A – Abk. für SCHEJICHJE LE'ORECH JAMIN TOWIM VE'ARUCKIM; er möge doch lange und gute Tage leben.

SECHIJA, SECHUT – Verdienst; bes. in Bezug auf die Frömmigkeit der Vorfahren.

SCHMUS, GESCHMUSE (jidd.) – (unbegründetes) Gerücht.

SEDER, SEDER-Abend – wörtl.: Ordnung, Anordnung; häusliche Feier am 1. (und 2.) PESSACH-Abend, mit verschiedenen symbolischen Speisen und Bräuchen. Im Mittelpunkt steht die Erzählung über Israels Befreiung aus der ägyptischen Knechtschaft (siehe auch HAGGADA, AFIKOMAN, CHAROSET).

SEFARIM – Bücher, heilige Bücher mit hebr. Quellentexten.
SEWER PANIM JAFOT – wörtl.: mit schönem Gesicht; ein Ausdruck (Sprüchen der Väter 1, 15), der besagt, daß jeder Mensch mit freundlicher Miene zu empfangen sei.
SIDDUR – wörtl.: Ordnung; Gebetbuch für die täglichen- und SCHABBAT-Gebete.
SIDRA – wörtl.: Einteilung, Reihenfolge; Einteilung der TORA in 54 Wochen-Abschnitte, zur allsabbatlichen Vorlesung (siehe PARASCHA).
SIKNA-Tag – Tag des Alters, Ehrentag zum 60. Lebensjahr (nach Sprüche der Väter 5, 21).
SIMAN TOW – gutes Zeichen; auch Bez. für Erfolg.
SIMCHAT-TORA – Gesetzesfreude; Festtag, freudiger Tag, bes. für Kinder, anläßlich des Jahres-Abschlusses der wöchentlichen TORA-Vorlesungen und Beginn eines neuen Lesezyklus; anschließend an das Laubhüttenfest.
SUKKA, SUKKOT – Hütte, Laubhütte, Laubhütten; 7tägiges (in der Diaspora 8tägiges) Fest, an dem ein Teil des Tages, bes. die Mahlzeiten, in der SUKKA verbracht werden; zur Erinnerung an Israels Wüsten-Wanderung und das provisorische Hüttenleben (siehe auch LULAW, ETROG).
SZ"L – Abk. für Secher Zaddick LIWRACHA – Das Andenken des Frommen sei zum Segen.

T

TA'ANIT – Fasttag; TA'ANIT ESTHER ist der Fasttag zur Erinnerung an Königin Esther, die drei Tage mit ihren Dienerinnen fastete, um des HAMAN böses Verhängnis abzuwenden (siehe auch HAMAN, MEGILLA, PURIM).
TALMUD – wörtl.: Studium, Belehrung; nächst der Bibel Hauptwerk des Judentums, nach vielhundertjähriger mündlicher Überlieferung aufgeschrieben (über die beiden Hauptbestandteile siehe MISCHNA und GEMARA).
TEFILIN – Gebetsriemen, die von Männern um den linken Arm und den Kopf geschlungen werden (nach 2. Moses 13, 9), bei dem Morgengebet der Wochentage.
TEHILLIM – Psalmen, Lobgesänge; Biblische Sammlung religiöser Lieder.

TENACH, TENA"CH – Abk. für TORA NEWI'IM K(CH)ETUWIM; die drei Gesamtteile der Bibel: 5 Bücher Moses, Propheten, Schriften.
TEREJFA, TREJFE – Begriff aus dem Kodex der Speisegesetze; ursprünglich auf ein, wegen Krankheit oder Verletzung verbotenes Tier bezogen; in erweitertem Sinne alles, was nicht Koscher ist (siehe dort).
TISCH'A BE'AW– der 9. im Aw (11. Monat des jüdischen Kalenders); Trauer- und Fasttag zur Erinnerung an die Zerstörung des ersten und zweiten Tempels und Jerusalems (586 v. und 70 n.).
T'N'Z'B'H, – Abk. für TEHE NAFSCHO (NAFSCHA) ZERURA BIZROR HACHAJIM; es sei seine Seele (ihre Seele) eingeschlossen im Bund des Lebens; herkömmliche Inschrift auf Grabsteinen.
»TOMOR« (TAMAR) – Dattelpalme; TOMOR-Margarine – eine Sorte koscherer Margarine mit »Palästina-Namen«.
TORA-Rolle-Mäntelchen – aus Samt oder Seide bestickte Umhülle für die zusammengerollte TORA.
U
USCHPISIN – Ein Plakat mit den Namen von 7 biblischen Gestalten, die in der SUKKA »zu Gast« sind (AWRAHAM, JIZCHAK, JAKOB, MOSCHE, AHARON, DAVID, SCHLOMO (oder JOSEPH).
V
VAW BE'AW TSCH"H – jüdisches Datum; der 6. Aw; umgerechnet in jenem Jahr, der 16. Juli 1945.
VE'AT ALIT AL KULANU – und Du überragtest sie alle; Teilvers aus dem Loblied (aus Sprüche Salomon 31, 29), ESCHET CHAJIL (siehe dort).
VEKABEZ NIDACHENU ME'ARBA KANFOT HA'AREZ – und sammle unsere Verstreuten von den vier Enden der Welt (nach Jesaja 11, 12).
Z
ZADDIK – (Gerechter), Frommer und Vollkommener.
ZAROT – Sorgen, Bedrängnis, große Not.
ZEDAKA (jidd. Zedoke) – Wohltätigkeit.
ZION – Hügel Jerusalems, auf dem die Burg Davids stand; gilt auch als Bez. für ganz Jerusalem.
ZOM GEDALJA – Fasttag am 3. TISCHRI (1. Monat des jüd. Kalenders) zur Erinnerung an die Ermordung des Statthalters GEDALJA.

Bibliographie und Quellenmaterial

(Ohne weitere Angaben [o. w. A.] bedeutet, daß zusätzliche bibliographische Hinweise nicht ermittelt werden konnten).

I – Bücher und Artikel

1. Adler, H. G., Der verwaltete Mensch – Studien zur Deportation in Deutschland. Tübingen: J.C.B. Mohr (Paul Siebeck), 1974.

2. Aus den Ereignissen des verflossenen Jahres. Israelitischer Kalender für Schleswig-Holstein für das Jahr der Welt 5688, vom 27. September 1927 bis zum 14. September 1928. Herausgegeben vom Verband der jüdischen Gemeinden Schleswig-Holsteins,S. 8-14.

3. Aus Kindern werden Briefe – aus Briefen werden Kinder. Isr. Familienblatt, Nr. 15, 15. 4. 1937.

4. Ben Maimon, Moses, Führer der Unschlüssigen. Übersetzung und Kommentar von Adolph Weiss, mit einer Einleitung von Johann Maier. Felix Meiner Verlag, 1924. Zweites Buch, Bd. II, S. 11.

5. Bentwich, Norman, They found Refuge – An account of British Jewry's work for victims of Nazi oppression, with an introduction by Viscount Samuel, PC, GCB, GBE. London: The Cresset Press, 1956.

6. Biberfeld, Eduard, Julius Preuß S"L. Der Israelit Nr. 40, 1.10. 1913, S. 3, 4, 5.

7. Billig, Sofi, Bericht über die Erlebnisse ihrer Deportation (1941-1942). In: Paul Sauer, Das Schicksal der jüdischen Bürger Baden-Württembergs während der nationalsozialistischen Verfolgungszeit 1933-1945. Stuttgart: W. Kohlhammer Verlag 1969, S. 431-432.

8. Botschko, R. E. (Hrsg.), Der Sinn des Wortes Jeschiwa – gewidmet der Jeschiwo in Montreux, von Oberrabbiner Dr. Carlebach s. A.. In Iskaur – Seelenspiegel. Montreux 5703/1943, S. 136-138.

9. Brodnitz, Friedrich S., Memories of the Reichsvertretung – A Personal Report. L.B. I. Year-Book XXXI, 1986, S. 267-277.

10. Bruhns, Maike / Krause, Thomas / Mc Elligott, Anthony /Preuschoft, Claudia / Schildt, Axel / Screntny, Werner, Hier war alles nicht so schlimm – Wie die Nazis in Hamburg den Alltag eroberten. Hamburg: VSA Verlag, 1985.

11. Carlebach, Esther, Meinem lieben Manne zum 70. Geburtstage – Daten von Amts- und Familien-Erlebnissen. Lübeck: Werner & Hörnig (Inh. Otto Lychenheim), 1915(?).

12. Carlebach, Joseph, Dr. Ephraim Adler s. A. Jüd. Presse 41, Nr. 5, 2. 1. 1910, S. 45-47.

13. Carlebach, Joseph, Zur Erinnerung an Sanitätsrat Dr. Julius Preuß S"A. Berlin: Druck von H. Itzkowski, Auguststr. 69, 1913.

14. Carlebach, Joseph, Ein Standardwerk. Biblisch-Talmudische Medizin von Dr. Julius Preuss. Berlin: S. Karger, 735 S. Die Jüd. Presse 44, Nr 28, 11.7.1913, S. 229-231.

15. Carlebach, Joseph, Die Geschichte der Juden in Altona. In: M. Gillis-Carlebach (Hrsg.), Joseph Carlebach, Ausgewählte Schriften. Hildesheim: OLMS-Verlag. 1982, Bd. II, S. 1299-1333.

16. Carlebach, Joseph, Keren Hatora-Fahrt zu jüdischen Kulturstätten des Ostens. In: M. Gillis-Carlebach (Hrsg.), Joseph Carlebach, Ausgewählte Schriften. Hildesheim: OLMS-Verlag, 1982, Bd. II, S. 1099-1190.

17. Carlebach, Joseph, Die jüdische Mutter. Deutsch-Israelitische Zeitung, Laubhütte 51, Nr. 13, 21. 6. 1934.

18. Carlebach, Joseph, Renegatentum des Geistes, Teil I; Elias Auerbach, Wüste und Gelobtes Land. Frankfurt/Main: Israelit und Hermon-Verlag GmbH, Jüdischer Buchverlag, 1937.

19. Carlebach, Joseph, Das gesetzestreue Judentum. Jüd. Lesehefte Nr. 15. Herausgegeben von A. Leschnitzer. Berlin: Im Schockenverlag, 1936.

20. Carlebach, Joseph, Rabbiner S. J. Rabinow, dem Leiter der Hamburger Jeschiwa zum Abschiedsgruß. Jahrbuch für die jüdischen Gemeinden Schleswig

Holsteins und der Hansestädte 1937/1938, S. 48-50.
21. Carlebach, Naphtali H., Joseph Carlebach and his Generation. New York: The Joseph Carlebach Memorial Foundation, 1959.
22. Carlebach, Naphtali H., The Carlebach Tradition – The History of my Family. New York: Published by the Joseph Carlebach Memorial Foundation Inc, 1973.
23. Cohn, Haim H. Einleitung [Lebenslauf Joseph Carlebachs]. In: M. Gillis-Carlebach (Hrsg.), Joseph Carlebach, Ausgewählte Schriften. Hildesheim: OLMS-Verlag, 1982, Bd. I, S. 1-9.
24. Deutschländer, Leo (Hrsg.), History of Beth Jacob Schools. Vienna: Published by Beth Jacob Center, 1933.
25. Die Amtseinführung des Oberrabbiners Dr. Carlebach. Israelitischer Kalender für Schleswig-Holstein für das Jahr der Welt 5687, vom 9. September 1926 bis zum 26. September 1927. Herausgegeben vom Verband der jüdischen Gemeinden Schleswig-Holsteins, S. 21-42.
26. Die Heilige Schrift – nach der deutschen Übersetzung D. Martin Luthers. Berlin: Britische und ausländische Bibelgesellschaft, 1936.
27. Die Israelitische Synagogengemeinde (Adass Isroel) zu Berlin (1869-1904) – Ein Rückblick. Berlin: Überreicht vom Vorstand, 19. Juli 1904.
28. Die jüdischen Opfer des Nationalsozialismus in Hamburg. Hamburg, 1965.
29. Dohnanyi, Klaus, Ansprache [zum 100. Geburtstag von Joseph Carlebach]. In: Oberrabbiner Dr. Joseph Carlebach 1883-1942. Hamburg, 1983.
30. Feier zur Einführung Sr. Ehrwürden des Herrn Oberrabbiners Dr. Joseph Carlebach N"J in der Synagoge Bornplatz Hamburg am Mittwoch, den 22. April 1936 (30. Nissan 5696).
31.Finkhäuser, Jen-Peter/ Iwersen, Evelyn, Die Juden in Altona sind längst vergessen. In: Stadtteilarchiv Ottensen e.V., »Ohne uns hätten sie das gar nicht machen können«. Hamburg: VSA-Verlag, 1985, S. 126–157.
32. Freimark, Peter / Kopitsch, Wolfgang (Hrsg.), Der 9./10. November 1938 in Deutschland - Dokumentation zur Kristallnacht.[5] Hamburg: Landeszentrale für politische Bildung 1988.
33. G.R., Joseph Carlebach S.A., Boletin Informativo, »Gemeindeblatt« Organo Oficial de la Nueva Congregacion Israelita de Montevideo. Nr. 19, 10. Schewat 5703/18. Januar 1943.
34. Gedenkbuch – Opfer der Verfolgung der Juden unter der nationalsozialistischen Gewaltherrschaft in Deutschland 1933-1945. Bearbeitet vom Bundesarchiv Koblenz und dem internationalen Suchdienst Arolsen. Koblenz: Bundesarchiv, 1986.
35. Gillis-Carlebach, Miriam, Ansprache. In: Erinnern für die Zukunft – Zum 50. Jahrestag des November-Progroms von 1938. Hamburg: Staatliche Pressestelle, Januar 1989, S. 24-32.
36. Gillis-Carlebach, Miriam, Rede [über Lotte Carlebach-Preuss]. In: Oberrabbiner Dr. Joseph Carlebach 1883-1942. Hamburg, 1983.
37. Gillis-Carlebach, Miriam, Jüdischer Alltag als humaner Widerstand – dargestellt in ausgewählten Dokumenten von Oberrabbiner Dr. Joseph Carlebach. Hamburg: Verlag für Hamburgische Geschichte, 1990.
38. Gillis-Carlebach, Miriam, Die drei Kleinen – Briefe der Schwestern. In: Charlotte Ueckert-Hilbert (Hrsg.), Fremd in der eigenen Stadt – Erinnerungen jüdischer Emigranten aus Hamburg. Hamburg: Junius, 1989, S. 153-158.
39. Goral-Sternheim, Arie, Jeckepotz – Eine jüdisch-deutsche Jugend 1914-1933. Hamburg: VSA-Verlag, 1989.
40. Hamburg-Altonaer Nachrichten. Israel. Familienblatt, Nr. 21, September 1932, S. 7.
41. Hirsch, Samson Rafael, Versuche über Jissroéls Pflichten in der Zerstreuung. Frankfurt/Main: Verlag von J. Kaufmann, 1889.
42. Kaplan, Marion A., The Making of the Jewish Middle Class – Women, Family and Identity in Imperial Germany. New York/Oxford: Oxford University Press, 1991.
43. Kaplan, Marion, Der Alltag jüdischer Frauen im NS-Deutschland. In:

Journal für Geschichte 1986, Nr. 1, S. 51-58; 55.
44. Katz, Joseph, Erinnerungen eines Überlebenden. Kiel: Neuer Malik-Verlag, 1988.
45. L. K., Die Einweihung des Gemeinschaftshauses. Jüd. Gemeindeblatt Hamburg, Nr. 1, 14. 1. 1938.
46. Lehberger, R./Pritzlaff Ch./Randt U., Entrechtet – vertrieben – ermordet – vergessen – Jüdische Schüler und Lehrer in Hamburg unterm Hakenkreuz. Hamburg: Behörde für Schule und Berufsbildung, 1988.
47. Lehmann, Julian, Oberrabbiner Dr. Joseph Carlebach, Altona – 50 Jahre. Hamb. Familienblatt, Nr. 5, 2. Februar 1933.
48. Lindemann, Mary, 140 Jahre Israelitisches Krankenhaus – Vorgeschichte und Entwicklung. Im Auftrage des Kuratoriums verfaßt. Hamburg, 1981.
49. Maurer, Trude, Abschiebung und Attentat – Die Ausweisung der polnischen Juden und der Vorwand für die Kristallnacht. In: Pehle Walter (Hrsg.) Der Judenpogrom 1938 - Von der Kristallnacht zum Völkermord. Frankfurt/Main: Fischer Taschenbuch Verlag GmbH, 1988.
50. Melcher, Peter, Weissensee – Ein Friedhof als Spiegelbild jüdischer Geschichte in Berlin. Berlin: Haude & Spenersche Verlagsbuchhandlung GmbH, 1968.
51. Michelson, Frida, I survived Rombuli (Translated from the Russian and edited by Wolf Goodman). New York: Holocaust Library 1979 <D 47 (4743)MIC>.
52. Mosel, Wilhelm, Wegweiser zu ehemaligen jüdischen Stätten in Hamburg. Hamburg: Schriftenreihe der Deutsch-Jüdischen Gesellschaft (DJG) Hamburg e.V., Heft 1, 1983; Heft 2, 1985; Heft 3, 1989.
53. Munk, Elie / Seidmann, Hillel, Ezra Munk 1867-1940 (translated by Moses Jung, from the Hebrew). In: Guardians of our Heritage (ed. Leo Jung). New York: Bloch Publishing House Comp., 5719/1958.
54. Nebel, Ruth, The Story of Ruth. In: R. Bridenthal / A. Grossmann / M. Kaplan (Hrsg.), When Biology Became Destiny – Women in Weimar and Nazi Germany. New York: Monthly Review Press, 1986.
55. Offenberg, Mario, Adass Isroel – die jüdische Gemeinde in Berlin (1869-1942), vernichtet und vergessen. Berlin: Museumspädagogischer Dienst, 1986.
56. Photofreund, Halbmonatsschrift der Photographie – Sonderheft Max Halberstadt. Heft 10, 15. November 1920.
57. Preuss, Julius, Biblisch-Talmudische Bezeichnungen der Gesichtsfarbe. In: Moritz Stern (Hrsg.), Festschrift zum vierzigjährigen Amtsjubiläum des Herrn Rabbiners Dr. Salomon Carlebach in Lübeck. Gewidmet von Freunden und Verwandten. Berlin: Druck von Itzkowski, 1910, S. 225-231.
58. Preuss, Julius, Biblisch-Talmudische Medizin. Beiträge zur Geschichte der Heilkunde und der Kultur überhaupt. Berlin: Verlag von S. Karger, 1911.
59. Preuss, Julius, Julius Preuss' Biblical and Talmudic Medicine. Translated and edited by Fred Rosner, M. D. New York: Hebrew Publishing Company, 1978. Sec. Printing 1983.
60. Projektgruppe Musik und Nationalsozialismus (Hrsg.), Zündende Lieder – Verbrannte Musik. Folgen des Nationalsozialismus für Hamburger Musiker und Musikerinnen. Hamburg: VSA-Verlag, 1988.
61. Randt, Ursula, Karolinenstraße 35. Hamburg: Selbstausgabe, 1984.
62. Richardz, Monika (Hrsg.), Selbstzeugnisse zur Sozialgeschichte 1918 - 1945, Bd. III. Stuttgart: Deutsche Verlags Anstalt, 1984.
63. Rosenzweig, Franz, Stern der Erlösung. Frankfurt/Main: J. Kauffmann, 1921.
64. Rosner, Fred, Julius Preuss: Father of Hebrew Medical Research. Offprint from Leo Baeck XXII of the LBI. London: Secker & Warburg, 1977, S. 257-269.
65. Schreiber, Albrecht, Wegweiser durch die Geschichte der Juden in Moisling und Lübeck. Lübeck: Druck und Verlag Lübecker Nachrichten GmbH, 1985.
66. Schreiber, Albrecht, Zwischen Davidstern und Doppeladler – Illustrierte Chronik der Juden in Moisling und

Lübeck. Kleine Hefte zur Stadtgeschichte Lübeck, Heft 8. Lübeck: Hrsg. Archiv der Hansestadt Lübeck, 1992.
67. Sefer Hatenach [Das Buch der Bibel] (hebr.).
68. Sommerfeld, Herbert, Jüdisches Schiff fährt ab – Hamburg 28.Januar. Jüd. Rundschau, Nr. 12, 8. 2. 1935.
69. Stein, Irmgard, Jüdische Baudenkmäler in Hamburg. Hamburg: Hans Christians Verlag, 1984.
70. Sudhoff, Carl, Julius Preuss. Sonderdruck aus der Münchener medizinischen Wochenschrift, Nr. 2, 1914, S. 1-3.
71. The Child-Estranging Movement – an Exposé on the Alienation of Jewish Refugee Children in Great Britain from Judaism. London: Published by the Union of Orthodox Hebrew Congreations, January 1944.
72. Thomas, Gordon / Morgan-Witts, Max, Das Schiff der Verdammten – Die Irrfahrt der St. Louis. Zug (Schweiz): Insel Verlag, 1976.
73. Urias, Siegfried, Die Hamburger Juden im Kriege 1914-1918 – eine statistische Abhandlung. Festschrift des vaterländischen Bundes jüdischer Frontsoldaten in Hamburg aus Anlaß seines 10jährigen Bestehens 1919-1929. Hamburg: Ackermann & Wulff, 1933.
74. Walk, Joseph (Hrsg.), Das Sonderrecht für die Juden im NS-Staat. Eine Sammlung der gesetzlichen Maßnahmen und Richtlinien – Inhalt und Bedeutung. Heidelberg/Karlsruhe: C.F. Müller Juristischer Verlag, 1984.
75. Walk, Joseph, Kurzbiographien zur Geschichte der Juden 1918-1945. (Hrsg. Leo Baeck Institut, Jerusalem). München, New York, London Paris: K. G. Saur, 1988.
76. Wamser, Ursula/ Weinke, Wilfried, Der Judenboykott vom 1. April 1933. In: Wamser, Ursula/ Weinke, Wilfried, Ehemals in Hamburg zu Hause – Jüdisches Leben am Grindel. Hamburg: VSA-Verlag, 1991.
77. Winter, David, Blätter der Erinnerung zum 50jährigen Bestehen des Israelitischen Frauenvereins zu Lübeck. Lübeck: Druck von Werner & Hörnig (Inh. Otto Lychenheim), 1927.
78. Wolff, Jeanette, Mit Bibel und Babel – Ein Gedenkbuch. Hrg. Dr. Hans Lamm unter Mitarbeit von David G. Grossmann und Norman Walter. Mit einem Vorwort von Herbert Wehner. Bonn: Verlag neue Gesellschaft, 1960.
79. Zweig, Stefan, The Children of Germany. Address at the House of Mrs. Anthony de Rothschild, London, on Thursday, November 30, 1933, to the Committee for the Luncheon at the Savoy Hotel, December 20, 1933, in aid of German Jewish women and children.

II – Erwähnte Kinder-/Jugend-Lesebücher und Klassiker

80. Aurelius, Marcus (o. w. A.).
81. Beer-Hoffmann, Richard, Schlaflied für Mirjam. Berlin: Fischer-Verlag ,1919, S. 6.
82. Benjomin mit dem Sack. Jüdischer Kinderkalender (o. w. A.).
83. Ben Maimon, Moses, Hajad Hachasaka [Die starke Hand] (hebr.).
84. Binding, Rudolf-Georg, Der Opfergang – eine Novelle. Leipzig: Insel-Verlag, 1922.
85. Birnbaum, Uriel, Die himmlische Stadt (o. w. A.).
86. Brod, Max, Reubeni – Ein Renaissanceroman. Berlin: P. Zsolnay, 1930.
87. Buck, Pearl [Sydenstricker], Die gute Erde – Roman der chinesischen Menschen (Übertragen aus dem Englischen Ernst Simon). Basel: Zinner-Verlag, 1933.
88. Carlebach, Esther, Der Tochter Zions Liebe und Leben – bearbeitet nach Chamissos Frauenliebe und Leben.[2] Frankfurt/Main: Verlag von J. Kaufmann (o.J.).
89. Curie, Eve, Madame Curie – Leben und Wirken. Wien: Berrmann-Fischer-Verlag, 1938.
90. Das schöne Hamburg – Bilder aus Vergangenheit und Gegenwart. Aufnahmen von Hans Hartz; zusammengestellt und erläutert von Professor Dr. Rudolf Schmidt. Mit einem Geleitwort von Bürgermeister Krogmann. Hamburg: Verlag Hans Andreas, 1938.
91. De Kruif, Paul, Mikrobenjäger. Zürich: Orell Füssli, 1935.
92. De Kruif, Paul, Bezwinger des Hungers. Berlin: Holle, o. J.

93. Der Gott der alten Hebräer (o. w. A.)
94. Die Erdrosselung der Kirche in Rußland (o. w. A.).
95. Eh' Mutter wiederkam (o. w. A.).
96. Erdmann, Johann Eduard, Grundriß der Geschichte der Philosophie (bearbeitet von Benno Erdmann). Berlin, 1896.
97. Ferien vom Ich (o. w. A.).
98. Fleg, Egmund, Ein kleiner Prophet (Übersetzung aus dem Französischen von Mimi Zuckerkandel). München: Piper, 1928.
99. Grätz, Heinrich, Geschichte der Juden – von der ältesten Zeit bis auf die Gegenwart (11 Bände). Aus den Quellen neu bearbeitet. Leipzig: Leiner, 1888-1909.
100. Hebbel, Friedrich, Genoveva. In: Werke. Neu durchgesehene Auflage. Berlin: Verlag der Bibliographischen Anstalt (o. J.), Bd. I, S. 58-200, Anmerkungen, S. 203-208.
101. Heine, Heinrich, Gesammelte Werke (22 Bd.). Hamburg: Hoffmann und Campe, 1866-1879 (Auswahl).
102. Kai aus der Kiste (o. w. A.).
103. Keller, Helen, Die Geschichte meines Lebens, Mit einem Geleitwort von Felix Holländer (Autorisierte Übersetzung von Paul Seeliger). [65] Stuttgart: Verlag von Robert Lutz, 1935.
104. Lemcke, Hugo, Die Witwe nach dem Herzen Gottes. Altenburg, 1935.
105. Madàch Emerich, Die Tragödie des Menschen. Dramatische Dichtung (aus dem Ungarischen übersetzt von Julius Lechner von der Lech. Mit einem Vorwort von Maurus Jòkai). Leipzig: Verlag von Philipp Reclam jun., 1937.
106. Mann, Thomas, Die Buddenbrooks (6. Aufl.). Berlin: S.Fischer-Verlag, 1922.
107. Mann Thomas, Der Zauberberg. Berlin: S. Fischer-Verlag, 1924.
108. Mann, Thomas, Joseph und seine Brüder. Wien: Berman Fischer-Verlag, 1934.
109. Mann, Thomas, Dr. Faustus. Stockholm: Berman Fischer-Verlag, 1947.
110. Münchhausen, Des Freiherrn von Münchhausen wunderbare Reisen (Aus dem Englischen mit Kupfern). Leipzig: Spamersche Buchhandlung, 1925.
111. Peukert, Will-Erich, Maria in der Ackerstraße – Eine Legende. M. Kaiserverlag, 1931.
112. Schiller, Friedrich von, Das Lied von der Glocke. In: Sämmtliche Werke (1. Bnd. Gedichte). Leipzig: Reclam jun., 1911.
113. Schopenhauer, Arthur, Aphorismen zur Lebensweisheit. In: Parerga und Paralipomena, 1851.
114. Springer, Anton, Handbuch der Kunstgeschichte (bearbeitet von Adolf Michalis; 8. Aufl.). Leipzig: Verlag von E. A. Seemann, 1907.
115. Wenn einer aus dem Blechnapf frißt (von Hans Fallada; o. w. A.).
116. Wetzig, Arthur (Text)/Popelka, Joachim (Musik), Die Reise um die Erde – ein Singspiel (o. w. A.).
117. von Wolzogen, Ernst, Wally, Die tolle Komteß. Berlin: Dr. F. X.Werzinger & Co. , 1923.
118. Zimmermann, Otto, Hansa-Fibel – Erstes Lesebuch für Hamburger Kinder (9. Aufl.). Braunschweig, Berlin und Hamburg: Verlag Georg Westermann 1927.
119. Zweig, Stefan, Jeremias, eine dramatische Dichtung in neun Bildern. Leipzig: Insel-Verlag, 1918; endgültige Ausgabe 1928.
120. Zweig, Stefan, Sternstunden der Menschheit. Leipzig: Insel-Verlag, 1927.
121. Zweig, Stefan, Rachel rechtet mit Gott – Legende. Mit Holzschnitten von Walter Preißer. Berlin (o. V.), 1930.

III – Unveröffentlichte Quellen und Archivalien, (Material ohne weiteren Nachweis ist aus Privatbesitz)

122. Acta in Vormundschaftssachen deft. Wolf Halberstadt, 22. Juli 1899. Staatsarchiv Hamburg (künftig: StA HH), Abtheilung I, Nr. 847, 15 S. (mit freundl. Hilfe von Herrn Sielemann).
123. Adressbücher Altona 1920-1936, StA HH.
124. Adressbücher Hamburg 1920-1941, StA HH.
125. Alphabetische Briefsammlung (Auswahl).

126. Bericht [an die Geheime Staatspolizei] über die Verlegung der Talmud-Tora-Schule aus dem Grindelhof 30 nach Carolinenstraße 35. Central Archives for the History of the Jewish People, Jerusalem (künftig: CAHJP Jer.), AHW TT/ 51.
127. Briefsammlung der Familie Goldschmidt (Privatbesitz Batja Goldschmidt).
128. Briefsammlung Joseph Carlebach.
129. Briefsammlung Kinder Carlebach.
130. Briefsammlung Lotte Carlebach.
131. Carlebach, Joseph, Am Sarge von Mathilde Halberstadt s. A., Dienstag, den 12. Juli 1932, 9 S.
132. Englard (Dominitz), Fanny. Jungfernhof bei Riga. Aufzeichnungen. 20 S.
133. Flocken, Werner, Augenzeugenbericht über Familie Lichtheim. Altona, 1990, 9 S.
134. Fotokopien der von der Oberfinanzdirektion Hamburgs an das Staatsarchiv Hamburg abgelieferten Deportationslisten der Geheimen Staatspolizei, Staatspolizei-Leitstelle. StA HH, Jüdische Gemeinden 992 e 2, Bd. 1.
135. Gerstein, Senta-Meyer, So wie es war. Port Orange (FL), Teil I, 1986; Teil II, 1987; Museum für Hamburgische Geschichte.
136. Gerstein, Senta-Meyer, Ich erinnere... Über Oberrabbiner Dr. Joseph Carlebach und sein Haus. Port Orange (FL) 1989, 11 S.
137. Geschichte der Familie Selig Samuel-Halberstadt in Hamburg. 5 S.
138. Gillis-Carlebach, Miriam, Mütter und ihre Kinder im Holocaust. Abgeschlossene Studie. Das Holocaust-Institut, Bar-Ilan Universität, 20 S. (hebr.).
139. Gillis-Carlebach, Miriam, Armenküche oder Pfundsammlung. Unveröffentlichte Studie. Bar-Ilan Universität, 19 S.
140. Grunfeld, Judith, Dr. Leo Deutschländer – D'Schmuel Deutschländer S"L, Haskoro - Memorial commemoriting the 50th Yahrzeit of Dr. Leo Deutschländer SZ"L, who made Sarah Schenirer's A"H dream true. London, 1985, 19 S.
141. Jahresbericht des Margarethen-Lyzeums 1908/1909. Berlin: Päd. Zentrum, Gutachtestelle für deutsches Schul- und Studienwesen.
142. Kinderfahrpreise [betr. Fahrscheine zweier Kinder derselben Familie]. StA HH, 30. 9. 1922.
143. Plaut, Max, Interview. Kreuzberg Collection 1953.
144. Preuss, Julius, Briefe und Tagebücher 1897-1905.
145. Preuss, Martha-Rachel, Memoiren einer sehr bekoveten Oma Preuss, 1951-1960, 15 S.
146. Protokollbuch der Israelitischen Gemeindeschule, Altona. CAHJP Jer., AHW/TT 200.
147. Protokollbuch der Talmud-Tora [(Ober)-Real]-Schule. CAHJP Jer., AHW/TT 5.
148. Regelungen btr. Kennkarte und Personalausweise. StA HH, Meldewesen B 63 c Bnd 1, S. 332-33.
149. Salinger, Salo, Stammbaum der Familie Salinger [Preuss] – seit circa 1787. 14 S.
150. Serloj-Preuss Noemi, Dor Ledor Jabia Omer – Erinnerungen an Familien Preuss und Lachmann. 13 S. (hebr.).
151. Städtische Kollegien Altona [betr. Heine-Denkmal]. Stadtarchiv der Stadt Altona, IVE 41, Vorlage Nr. 15.
152. Stammbaum Familie Carlebach.
153. Vermögenswerte. Der Oberfinanzpräsident Hamburg, Devisenstelle. Hamburg, 8. 11. 38.
154. Zeitungsausschnitte (teils o.D.).

IV – Aussagen

155. Bamberger-Flörsheim, Ruth, Jerusalem – mündl. Aussage, 1991.
156. Barkan (Hackenbroch)-Carlebach, Esther, Israel – mündl. Aussage, 1984.
157. Bera, Jutta, Hamburg – mündl. Aussage, 1988.
158. Bieberfeld, Henry, Kanada – schriftl. Aussage, 1991.
159. Borchardt, Rabbi Boruch, New York – mündl. Aussage (auf Tonband), 1988.
160. Brager, Ernst, London – schriftl. und mündl. Aussage, 1973.
161. Carlebach, Julius, Brighton – schriftl. Aussage, 1985; mündl. Aussage, 1991.

Bibliographie- und Quellenangaben zu den entsprechenden Kapiteln

Um Wiederholungen zu vermeiden, werden die in den einzelnen Kapiteln benutzten Bibliographien, Quellen, Aussagen usw. mit den Zahlen des durchnumerierten Bibliographie- und Quellenverzeichnisses angegeben. Die Kategorien des Verzeichnisses werden beibehalten:
I – Bücher, Artikel, Nachschlagewerke
II – Kurz erwähnte Kinder-/Jugend-Lesebücher und Klassiker
III – Unveröffentlichte Quellen und Archivalien
IV – Aussagen

Zur Einleitung
I – Nr.: 15, 42, 43.
III – Nr.: 138.
IV – Nr.: 184.
Der Hamburger Anfang
I – Nr.: 56, 73.
III – Nr.: 122, 124, 131, 137, 145.
IV – Nr.: 155, 173, 180.
Familie Preuss - Berlin
I – Nr.: 6, 13, 14, 27, 36, 41, 50, 53, 55, 58, 64, 70.
III – Nr.: 125, 130, 141, 144, 145, 149, 150.
IV – Nr.: 174, 179, 195, 201.
Zwischen Berlin und Kowno
I – Nr.: 11, 21, 22.
III – Nr.: 120, 145.
IV – Nr.: 179, 182.
In Lübeck
I – Nr.: 11, 20, 21, 22, 65, 66, 77.
II – Nr.: 88.
III – Nr.: 128.
IV – Nr.: 179.
Hamburg-Bieberstrasse 2
I – Nr.: 16, 24.
III – Nr.: 124, 130, 140, 147.
IV – Nr.: 178.
Ein Altonaer Umzug
I – Nr.: 2, 25.
III – Nr.: 123, 128, 136, 146, 154.
IV – Nr.: 183, 188, 193.
Carlebach-Gerichte
II – Nr.: 82, 118.
III – Nr.: 136, 154.
IV – Nr.: 172.
Die Israelitische Gemeindeschule
I – Nr.: 31, 69.
II – Nr.: 118.
III – Nr.: 123, 133, 146.
IV – Nr.: 161, 187, 194.
Kleine Zwischenfälle und Kranksein
I – Nr.: 36, 48.
III – Nr.: 125, 130.
IV – Nr.: 156, 180, 188.
Kennst du das Haus in der Werderstraße?
II – Nr.: 100, 114.
III – Nr.: 124.
IV – Nr.: 165
»Mein Onkel, der Rambam«
I – Nr.: 4, 12, 58, 63, 66.
II – Nr.: 83, 84, 86, 87, 93, 94, 97, 98, 102, 106-110, 115, 120.
III – Nr.: 128.
Freitagabend
I – Nr.: 33, 36, 37, 69.
III – Nr.: 123, 145, 154.
IV – Nr.: 192, 202.
Behnstraße 39 und die »Caro«
I – Nr.: 60, 61, 69.
II – Nr.: 116.
III – Nr.: 124, 129.
IV – Nr.: 156.
Ereignisse um 1933
I – Nr.: 16, 29, 31, 37, 47, 76, 79.
II – Nr.: 112.
III – Nr.: 123, 154.
IV – Nr.: 172.
In Donners Park
I – Nr.: 2, 37, 48.
II – Nr.: 101.
III – Nr.: 154.
IV – Nr.: 199.
Aus der Kellerküche
I – Nr.: 40, 49, 62.
III – Nr.: 135, 136, 139, 154.
IV – Nr.: 156, 161.
Eine Reise nach Erez Israel
I – Nr.: 21, 23, 68.
III – Nr.: 128.
Kinderbriefe an Pappi nach Israel
III – Nr.: 129, 130.
Klopstocktraße 25
I – Nr.: 28, 75.
III – Nr.: 123, 125, 128, 133, 154.
IV – Nr.: 156, 161, 176.
Zu Omas 60. Geburtstag

54, 78.
III – Nr.: 125, 127, 129, 132, 134, 138, 143, 154.
IV – Nr.: 163, 169, 184, 186, 189, 190, 199.
Ein Brief aus Jerusalem
II – Nr.: 121.
III – Nr.: 145

Abbildungsnachweis
Alle in diesem Buch reproduzierten Bilder befinden sich in Privatbesitz.
Aufgenommen wurden die Photos von
E. Bieber, Hamburg: S. 14, re. ob.;
E. Bieber, Berlin: S. 23;
E. Weise, Hamburg: S. 14, unt.;
H. Kammer, Berlin: S. 27, re. ob.; 28, ob.; 29 re. unt.; 29, li. ob.; re. ob.;
Globus Atelier, Berlin: S. unt.;
Max Halberstadt: S. 71; 159 ob.;
Alfred Benjamin: S. 119;
Photo Kastan; S. 159 unt.; 203 unt.;

Ich danke für die freundliche Hilfe bei der Beschaffung der Bilder:
Herrn Naphtali Carlebach: S. 51; 53;

Die Reihenfolge auf den Gruppenphotos wird jeweils von links nach rechts angegeben:
Bulis Bar-Mizwa, Januar 1936 (S. 159)
Reihe 1: Mirjam, Esther Carlebach aus Leipzig, Judith, Sara (Baby), Eva Halberstadt (Tochter von Onkel Max), Noemi, Ruthi, Onkel Felix Goldschmidt.
Reihe 2: Tante Martha Wolff, Eva, Esther Carlebach aus Lübeck, Manfred Levy, Lotte Carlebach, Großtante Cilchen Jacobson, Peter, Tante Trudchen Jacobson, Buli der Bar-Mizwa, Onkel Simson Carlebach aus Lübeck, Esther, Frau Schulz aus Altona, Tante Berta, (2. Frau von Onkel Max).
Reihe 3: Salo (Bobbl) Carlebach aus Leipzig, Rabbiner Rabinow, Onkel Moritz Stern aus Berlin, Rechtsanwalt David (?), Rabbiner Dr. Ephraim Carlebach aus Leipzig, Oberrabbiner Dr. Joseph Carlebach, Onkel Moses Carlebach aus Leipzig, Tante Cilly Neuhaus-Carlebach, Rachel Cohn-Schloss, Hanna Steinhof-Carlebach, Tante Bella Rosenak-Carlebach
Reihe 4: Rabbiner Eduard Duckezs, Paul Möller, Rechtanwalt Manasse, Sanitätsrat Dr. Louis Franck, Cäsar Steinhof, Rabbiner Dr. Leopold Neuhaus (?), Kantor Meno Cohn, Tante Resi Carlebach-Graupe aus Lübeck, Reb Eisner, Salo Carlebach aus Lübeck, Tante Nena Wolff (?), Mirjam Stern aus Berlin, Cary Möller-Samson aus Altona.
Peters Bar-Mizwa, August 1938, S. 203:
Reihe 1: Ruthi, Bili, Sara-Baby, Noemi, Eva, Mirjam
Reihe 2 (Mitte): Judith, Peter der Bar-Mizwa (Schlomo), Esther.
Reihe 3: Tante Sonja Carlebach-Persitz, Tante Martha Wolff, Onkel Moritz Stern aus Berlin, Tante Cilchen Jacobson, Tante Grete Goldschmidt-Preuss, Oma Preuss, Lotte Carlebach, Tante Bella Rosenak-Carlebach.
Reihe 4: Fiffi Carlebach-Zilberstein, (unbekannt), (unbekannt), Joseph Carlebach, Edith Carlebach aus Frankfurt, Cary Möller-Samson, Cäsar und Hanna Steinhof, Rabbiner Dr. Leopold Neuhaus (?), (unbekannt), Rechtsanwalt David, (unbekannt), Onkel Simson Carlebach aus Lübeck, Hanna Aber-Rosenak aus Bremen, (unbekannt), Tante Cilly Neuhaus-Carlebach aus Frankfurt, Salo (Bobbl) Carlebach aus Leipzig, (unbekannt), Salo Carlebach aus Lübeck,
Reihe 5:
Rachel Aber aus Bremen (?), Frau Schulz aus Altona, (unbekannt), Paul Möller aus Altona, Tante Resi Carlebach-Graupe, Kantor Meno Cohn, Tante Trudchen Jacobson, Max Meyer, (unbekannt), (unbekannt), (unbekannt), Edith und B. S. Jacobson, Reb Eisnner, Herr Joschua(?).

Personenregister

(Ein Sternchen* steht bei den Namen derjenigen Personen, die im Holocaust umgekommen sind.)

A

B

C

D

E

F

G

H

I/J

K

L

S

T

U/V

W

Z

Unsere Urgroßeltern väterlicherseits

Joseph-Zwi Carlebach 1802-1882, Viehhändler in Heidelsheim verh. mit Cilly Stern 9 Kinder	Alexander Sußmann Adler 1816-1868, Rabbiner in Moisling u. Lübeck, verh. mit Hanna Fischel-Joel 3 Kinder

Unsere Großeltern väterlicherseits

Salomon Carlebach, 1845 Heidelsheim -1919 Lübeck, Rabbiner verh.mit Esther Adler	Heirat 1872 12 Kinder	Esther Adler, 1853-1920 Lübeck Schriftstellerin, verh. mit Salomon Carlebach

I	II	III	IV	V	VI
Alexander (Alex) 1872-1925 Bankier Lübeck verh. mit Sonja Persitz Moskau 2 Kinder: Julius, Noemi (Mia)	Emanuel 1874-1927 Rabbiner Seminar- Direktor Köln,verh. Minna Joel 4 Kinder: David, Joseph, Moses- Daniel, Alex (Alexander)	Simson* 1875-1942 Bankier Lübeck verh. mit Resi Graupe* Jarotschin 4 Kinder: Felix, Ephraim, Salomon (Salo), Esther	Bela 1876 - 1960 U.S.A. verh. mit Leo Rosenak Rabbiner Bremen 3 Kinder: Dr.Ignatz, Cilly, Hanna	Ephraim 1879-1936 Rabbiner Schuldir. Leipzig,verh. mit Gertrud (Trudel)Jacoby Bromberg 5 Kinder: Esriel, Hanna, David, Cilly, Joseph	Sara 1880-1928 verh. mit Dr. Moritz Stern Bibliothekar Berlin 6 Kinder: Manfred, Cilly, Joseph(Joti), Ruth, Hanna, Mirjam
VII	**VIII**	**IX**	**X**	**XI**	**XII**
Moses (Mo) 1881-1939 Fabrikant Leipzig verh. mit Recha Cohn Eschwege 4 Kinder: Leni Naphtali, Salo(Bobbl)* Esther	Joseph-Zwi* 1883-1942 bei Riga. Oberlehrer u. Rabbiner Hamburg und andere Städte verh. mit Lotte Preuss* Berlin 9 Kinder Unser Vater	Cilly 1884-1968 verh. mit Leo Neuhaus Rabbiner Ostrowo Frankfurt/M USA 1 Kind: Ralph	David 1885-1913 Rabbiner Hannover	Mirjam 1886-1962 Hamburg, Paris, Israel verh. mit Wilhelm Cohn Bankier Eschwege 4 Kinder: Hermann, Alexander, (Ali) Leo*, Schlomo(Salo)	Hartwig 1889-1972 Rabbiner Baden, New-York verh. mit Paula Cohn Basel 3 Kinder: Zerline, Elijahu, Schlomo

I	II	III	IV	V	VI
Eva-Sulamit 1919- 1966 verh. mit Joseph Heinemann Breslau Rabbiner Israel 2 Kinder: Noemi, Ruth(Ruthi)	Esther 1920 verh. Shimon Hackenbroch Frankfurt Buchhalter Israel 2 Kinder: Joseph-Zwi (Jossi), Arie	Mirjam 1922 Dozentin,verh. Moshe Gillis Beuthen Oberlehrer Israel 4 Kinder: Michal-Chawa, Awraham- Rafael (Awri), Joseph-Zwi (Jossi), Ilana-Sara	Julius- Jizchak(Buli) 1922 Dozent verh. mit Myrna Landau Süd-Afrika Lehrerin 2 Kinder: Joseph-Zwi (Jossi), Esriel(Esri)	Judith- Janette 1924-1970 Textil verh. mit Geoffrey Heyman England 1 Kind: Ruth	Schlomo(Peter) 1925 (4Jahre KZ.) Rabbiner verh. mit Maud Katzenstein Amerika Lehrerin 7 Kinder: Elishewa, Sara Joseph-Zwi, Jona, Pinchas, Awraham, Menachem

Unsere Urgroßeltern mütterlicherseits

Jacob Preuss, 1828-1900 Schönlanke verh. mit Eva Salinger 1838-1906, Berlin 7 Kinder	Wolf Halberstadt, 1847-1875 Hamburg, Fleischer verh. mit Mathilde Wolff 1856-1932, Hamburg 5 Kinder

Unsere Großeltern mütterlicherseits

Dr.Julius-Jizchak Preuss 1861 Gr.Schoenebeck- 1913 Berlin, Arzt und Forscher, verh. mit Martha Halberstadt	Heirat 1900 3 Kinder	Martha-Rachel Halberstadt (Oma Preuss) 1876 Hamburg -1960 Israel verh. mit Julius Preuss

I	II	III
Charlotte (Lotte) Preuss* 1900 Berlin - 1942 bei Riga verh. mit Dr. Joseph Zwi Carlebach* 1883 Lübeck- 1942 bei Riga Oberlehrer und Rabbiner Jerusalem, Kowno, Lübeck Hamburg, Altona, Hamburg, bei Riga 9 Kinder **<u>Unsere Mutter</u>**	Margarete Grete) Preuss 1903 Berlin - 1963 Israel Kindergärtnerin verh. mit Felix Goldschmidt 1898 Paris 1966 Israel Geologe und Journalist Leipzig,Paris 5 Kinder: Batja, Eva-Julia (Chava), Julius (Jizchak), Mathilde (Michal), Schmuël (René)	Otto-Jacob Preuss 1908 Berlin - 1978 Israel Lehrer verh. mit Mathilde Lachmann 1919 Berlin Kunstgewerblerin Israel 4 Kinder: Noemi, Jizchak, Rafael(Rafi), Judith

VII	VIII	IX
Ruth-Rosa Cilly (Ruthi)* 11. 8. 1926, Hamburg 1942 bei Riga	Noemi* 24. 10. 1927, Hamburg 1942 bei Riga	Sara-Stella (Baby)* 24. 12. 1928, Hamburg 1942 bei Riga